胡岩民族研究文集

A COLLECTION OF WORKS ON MINZU STUDIES BY HU YAN

胡岩 著

教育部人文社会科学重点研究基地
中央民族大学中国少数民族研究中心

中央民族大学出版社
China Minzu University Press

图书在版编目(CIP)数据

胡岩民族研究文集/胡岩著. —北京:中央民族大学出版社,2017.5
ISBN 978-7-5660-1200-5

Ⅰ.①胡… Ⅱ.①胡… Ⅲ.①民族学—文集
Ⅳ.①C95-53

中国版本图书馆CIP数据核字(2016)第149950号

胡岩民族研究文集

作　　者	胡　岩
责任编辑	李苏幸
封面设计	汤建军
出 版 者	中央民族大学出版社
	北京市海淀区中关村南大街27号　邮编:100081
	电话:68472815(发行部)　传真:68932751(发行部)
	68932218(总编室)　68932447(办公室)
发 行 者	全国各地新华书店
印 刷 厂	北京盛华达印刷有限公司
开　　本	787×1092(毫米)　1/16　印张:21.5
字　　数	390千字
版　　次	2017年5月第1版　2017年5月第1次印刷
书　　号	ISBN 978-7-5660-1200-5
定　　价	68.00元

序　　言

前些日子，胡岩教授打电话，说请我为他的一本书写个序。我连忙推辞，理由很简单：没资格。我是这么说的，也是这么想的：我只长他一岁，也算是同龄人；同是恢复高考后1978年的大学生，都是学的历史，又都是民族研究领域的同行。我在中国社会科学院民族学与人类学研究所工作，曾长期担任民族理论室的主任，他在中央党校工作，也当过民族宗教教研室主任；我当中国民族理论学会常务副会长，他也是学会的副会长。所以，我们两个年龄相近，求学和工作经历相仿，“资历”也相当，我有何资格为他的书写序？但待他把书稿发过来看了以后，又觉得有了诸多感想，不能不说了！

我曾在党校系统工作过多年，对其工作性质也算了解。胡岩教授所在的中央党校是中国共产党的最高学府。它的教学科研工作，既有其他高等院校、科研机构的共性，也有其特殊性。教师特别需要在重大理论问题上和中央保持一致，又不能仅仅照本宣科，而应有自己的理解、把握和创新，并结合学员工作实际中存在的问题、遇到的困惑做出认真的分析、提出自己的观点。党校科研的特点既要专，又要杂；既要理论，又要现实实践。就我所知，胡岩教授的主攻专业是藏族历史。然而这本文集所涉至少有民族学、宗教学和藏学三门学科。三者虽联系多多，但毕竟各有所专、各有所归，而胡岩能在三界同时发力并有所成就，显示了鲜明的党校特性，也反映了他在教学科研工作中的艰辛探索。

本书分“民族篇”“宗教篇”和“其他篇”三部分，其中“民族篇”占了一半，说明作者的着力点还是在于民族研究，也贴合本书“民族研究文集”的大意。按说民族研究是我的本行，我有足够的发言权，但从书中的具体内容来看，概括在“民族篇”之下的篇目有现实问题，也有历史问题；有宏观的理论论辩，也有具体概念的分析讨论，我并不都有评判的能力。然而至少从我能做出评判的部分来看，大多数文章的观点我都是会给“赞”的，其中一些我还是“深以为然”的。如他在谈到民族术语的翻译和国际接轨问题时讲，与国际接轨是必要的，但有些“轨”未必能够简单地由中国一方所接上，

“可能还需要国人向世界介绍自己，请世界与中国接轨，理解中国。中国民族理论和民族学界面临着一个双重的任务：向国人介绍西方和向西方介绍中国，既不能自说自话、脱离世界、对国际上特别是西方的话语体系不予理睬，也不能照抄照搬、全然不要自己的话语体系”（《也谈涉及民族关系的中英文词汇——〈涉及民族关系的中英文词汇的再认识〉引发的若干思考》）。又如，作者在评价当前中国民族关系时对不恰当的“忧患意识”提出批评，认为“我们在民族关系问题上的忧患意识，应该保持在适当的‘度’之内。超过了这个限度，可能会导致怀疑我国的民族区域自治制度和基本的民族理论民族政策，伤害我们的道路自信、理论自信和制度自信，是不可取的”（《正确认识当代中国的民族关系》）。由于研究领域的相同，胡岩很多文章涉及的内容与我相关成果的内容都是很接近的。比如关于中华民族凝聚力和认同问题、关于民族区域自治的价值和意义、关于民族关系现状的评价等。这些问题除了认识上的相近之外，胡岩文章提出的一些观点更具启发性，甚至提出得也更早。

宗教学是我的知识“盲点”，但却与我的专业密不可分，因而胡岩这本书中的“宗教篇”对我就是一个“启蒙篇”，尤其是安排在该篇的打头文章《承前启后的重要文献——重读〈关于我国社会主义时期宗教问题的基本观点和基本政策〉》。文章认为，早在1954年，中国共产党在有关民族工作的文件中就已简明扼要地阐述了对于宗教的态度，而至1982年3月中央出台了《关于我国社会主义时期宗教问题的基本观点和基本政策》，也即宗教领域著名的“19号文件”，“比较系统地总结了新中国成立以来党在宗教问题上的正反两个方面的历史经验，阐明了党对宗教问题的基本观点和基本政策”，再至1991年2月中共中央、国务院发出《关于进一步做好宗教工作若干问题的通知》和2001年12月中央召开第一次全国宗教工作会议，呈现了中国共产党在半个多世纪解决中国宗教问题、特别是中国少数民族宗教问题的实践中，坚持与时俱进，不断丰富和发展马克思主义宗教观的进程。文章是围绕学习中央“19号文件”精神展开的，同时也贯穿了半个多世纪的过程，所以它对我们了解党在宗教问题上的基本观点和基本政策极为实用。文章也简略地谈到了如何认识宗教的性质，尤其是在民族地区实际工作中如何处理坚持原则和联系群众的关系的一些重要问题。从中我们领略了如何对待马克思主义的宗教“鸦片说”，了解了中央“积极引导宗教与社会主义社会相适应”思想的提出过程，也知道了在民族地区工作中应该有一个“随顺”的灵活性。这些问题，我知道在宗教学领域仍有着不同的理解，还有着十分激烈的争论，但作为中国共产党宗教理论和政策的基本观点是不可动摇的。

如果说，“民族篇”和“宗教篇”中多为严肃的论文，多少遮掩了胡岩才思和文采发挥的话，那在“其他篇”中这些光彩就充分释放出来了。所谓的“其他篇”，所收文章很杂，就题材来看就有调研随笔、读书笔记、纪念文章、时事评论，甚至书评影评等。胡岩的求学过程始终与历史没有分开，工作以后又面对的是复杂的现实问题；他外语好，多次到欧美国家研习交流。这是他能够取得成就的特殊背景。然而，当今社会，有此背景的人何其多也，可有这等视野和学问的学者又有几何？胡岩有很强的敬业精神和吃苦耐劳精神。据我所知，他曾经多次到内蒙古、新疆、西藏和甘肃、青海、四川、云南四省藏区调研。有的时候，简直就是自找苦吃。他在2000年援藏工作期间，结束假期返回西藏自治区党校时，就没有选择飞机，而是从西宁乘坐卧铺客车，一路了解青藏线沿途的风土人情，费时两天两夜回到拉萨的。有视野有见识，又有常人难以付出的努力，就不能没有出彩的成就了。收录在这部文集中的《三十天穿越藏区》，记述的是胡岩近20年前赴藏区和西藏的一次调研经历。这篇长文在1997至1998年的《党校报》上连载过，我却是第一次看到。胡岩的敬业精神和出色文采通过这篇散记展现得淋漓尽致。我不断地感叹，胡岩怎么能把调研过程描述得那么细致感人，议论得那么精彩，评点得那么专业。可以不夸张地说，这篇散记的水准在我们行当的同类作品中是少见的，甚至与专业的文学作品相比，也毫不逊色。它会让你在那个1997年暑期的30天，随着胡岩的笔触走过昌都、那曲、拉萨和阿里，遍览金沙江、布达拉宫、拉萨河和冈仁波齐神山，感受世界屋脊的壮美，体察西藏人民奋进的脉搏。毫无疑问，《三十天穿越藏区》表现的是胡岩笔触的柔情和浪漫，而《达赖喇嘛的新“橄榄枝”》又让我们见识了他尖锐辛辣的一面。针对十四世达赖对中央政策的攻击，胡岩用随手拈来的事实予以辩驳，用拷问的口吻予以揭露。比如他说：“中国政府并无达赖喇嘛所说大规模向藏区移民的政策……在中国，所有民族都是平等的。假如不许内地其他各族进藏，许不许藏族前来内地呢？假如限制是单方面的，那就不啻是给了某个民族以特权，其他民族怎么办？而假如一概限制，岂不又生出了所谓‘人权问题’？”这些文字，举重若轻、一语中的。

看了胡岩教授的文集，情不自禁地写了这一点文字，如果能算是一个“序”的话，我的结论就是：这本书耐看、好看，值得一读。

王希恩

2016年9月13日

目 录

民族篇

宗教篇

其他篇

民族篇

谬误中包含的真理

——评清末君主立宪派的中国民族观

中国是一个统一的多民族国家。中华民族是中国境内各民族的总称。中华民族中不仅包括了人口占绝大多数的汉族，而且包括了国内其他少数民族。中华民族的各个成员都在缔造祖国历史的过程中做出了自己的贡献。这在今天已经是一般的常识了。但是在20世纪之初，即便是当时中华民族的先进人物，由于历史的和认识的局限，也尚未清楚地认识到这一点。

20世纪初，正值清朝末年。中国面临着被帝国主义列强瓜分豆剖的严重危机，而反动腐朽的清朝统治者却抱定了“量中华之物力，结与国之欢心”的态度，为了保住一家一姓的天下，不惜卖国而求苟活，甘心做“洋人的朝廷”。这就使得以孙中山先生为代表的中国资产阶级革命党人得出了如下的结论：欲救中国，非以革命手段推翻清朝在中国的统治不可。

资产阶级革命党人的这种观点，与以康有为、梁启超为首的资产阶级立宪派的观点形成了鲜明的对立。康、梁二人都是戊戌变法的直接参与者，曾经领导了那场变法维新、强国强种的改良运动，走在时代潮流的前面。但当革命党人主张推翻清朝在中国的统治的时候，他们却力倡在中国实行君主立宪，仍旧把中国的希望寄托在清政府对政治制度的改革上。20世纪初，革命派和立宪派展开了一场大论战。这场论战的大是大非早已有公论，但论战中立宪派提出的中国民族观及其对于中华民族自觉过程的影响，长期以来似乎没有引起人们应有的重视。正确评价立宪派的中国民族观，有必要从这场论战谈起。

论战主要是围绕要不要以暴力推翻清王朝的统治，要不要建立资产阶级共和国，要不要改变封建土地制度三个问题进行的。但是论战之初，满族人是否是中国人的问题也成了双方争论的一个焦点。激愤的革命党人开始并不认为满族人是中国人。他们当时“中国人”的概念其实指的仅仅是汉人。所谓“中国为中国人之中国，我同胞皆须自认为自己的汉种中国人之中国”。

“吾国人皆一汉族而已，乌有所谓满人者哉！”① 都表明了这一点。革命派所呼吁动员其奋起革命的“四万万同胞”，也是“皇汉民族”的同胞。在一部分人的潜意识里，这四万万同胞不仅不包括满族，也不包括汉族之外的其他少数民族。中国革命的首要目的，就是受了260年压迫的汉族起来推翻满族的统治。无论是同盟会“驱除鞑虏，恢复中华，创立民国，平均地权”的纲领，还是当时出现在各种革命宣传文章中“汉种中之一汉种”“辕孙”“汉驹”等等笔名，都清楚地反映了革命党人的这种认识。

以康有为、梁启超为首的立宪派既然反对革命，主张实行君主立宪，则必须在下述两大问题上与革命派辩争：

1. 把当时的清朝皇帝——光绪帝奉为圣明君主，或至少可以作为一种权力象征，把保存封建制度说成符合中国国情，论证中国在当时的内外形势下“只可行立宪不可行革命”。

2. 阐明满人并非“异种”，而是与汉人皆为中国人，因而其皇帝有资格做中国的统治者。仅仅排满反满无法救中国。

在前一个问题上，立宪派在论战中被革命派驳得体无完肤。而在后一个问题上，立宪派却在有意无意之中把握着真理。尽管他们的初衷是反对革命、反对共和、鼓吹君主立宪，但他们在论战中阐发的中国民族观，则推进了中华民族对自身的认识，教育了国人，转变了舆论，以致后来也为以孙中山先生为首的资产阶级革命派所认可和接受了。

针对革命派掀起的声势浩大的反满宣传，康有为提出：满汉两族“于今日无可别言者也，实为一家者也”。满人与汉人“合为一朝，同化中国，教化礼乐、言语服饰无一不同”，“故满洲在明时则为春秋之楚，在今则为汉高之楚，纯为中国矣”。“虽非谓同母之兄弟，当亦比于同父异母之兄弟，犹为一家也”。他认为：“所谓满汉者，不过如土籍客籍籍贯之异耳。其教化文义，皆从周公、孔子，其礼乐典章，皆用汉、唐、宋、明……盖化为一国，无复有几微之别久矣。”他还指出，当时国人心目中的满汉区别，源于孔子在《春秋》中提出的夷夏之别。而孔子的夷夏之别实际上是指文明与野蛮的区别，是文化上的差异。“中国而为夷狄则夷之，夷而有礼义则中国之”。中国古时仅有二三千万人，经历了两晋南北朝以来氐、羌、鲜卑等族入主中夏及北魏孝文帝汉化，“计今四万万人中各种几半，姓同中土，孰能辨其真为夷裔夏裔

① 张枬、王忍之编：《辛亥革命前十年间时论选集》（以下简称《时论选》），第1卷，生活·读书·新知三联书店1960年版，第675、678页。

乎?”基于这种认识，康有为认为“谈革命者开口必攻满洲，此为大怪不可解之事”。“今者割地鬻民，赔款剥民，诚可痛恨，然此但太后、荣禄一二人之罪耳，于满洲全籍人无与也……革命者日言公理，何至并现成之国种而分别之？是岂不大悖谬哉”![1]

在当时的历史条件下，无论是资产阶级革命派还是立宪派，都没有能够对中国社会，对清政府进行阶级的分析。革命派在其反满宣传中，称满洲贵族入主中原是“彼以犬羊贱种入据九鼎”，骂五百万满人皆“蠢如鹿豕”。个别反满情绪激烈的革命派人士，如章太炎，则公开提出“汉族之仇满洲，则当仇其全部”。[2] 他们没有把少数满族统治阶级同广大满族人民区别开来，而是把满族作为一个整体加以反对，表现出强烈的大汉族主义。相比之下，康有为指出卖国者只是满族中的极少数人，虽然基本上是在帝党后党之间作区别，但毕竟较将满人一概骂倒的做法更接近真理。他提出的满族人同汉人一样也是中国人的观点，则构成了立宪派中国民族观的基础。

康有为的上述观点并不是偶然提出的。早在戊戌变法时期，他就向光绪帝提出了“君民合治，满汉不分”的主张，目的是要造成“只有所谓中国，无所谓满汉”，“合举国四万万人之身为一体，合四万万人之心为一心”的局面，以强中国而御外敌。还需要指出的是，康有为也是最早建议清朝改国名为“中华”的人。他说：“中国向用朝号，乃以易姓改物，对于前代耳。若其对外交邻，自古皆称中国。今东西国称我，皆曰支那……或即中华之转（音）也……今定国号，因于外称，顺乎文史，莫若用中华二字”。[3] 康有为的目的，固然是为了消弭因反满而行将发生的革命，但另一方面，早在大多数中国人认识到满族是中华民族的一个成员之前许多年，他已具有这样的认识，这的确是难能可贵而值得肯定的。

如果说，康有为的中国民族观是在对中国历史进行考察的基础上提出的，那么，他的弟子、辛亥革命前中国坚定的立宪派人士梁启超，则比乃师又前进了一步，开始运用西方的社会政治学说和理论观点来观察分析中国的民族问题。梁启超身上既有中国旧式文人爱国优民、以天下为己任的品格，又具备当时先进的中国知识分子了解欧美各资本主义国家政治制度和社会状况的素质。中国封建社会大一统的国家观念在他身上留下了深刻的烙印，西方资

① 《时论选》第1卷，第210－217页。

② 《时论选》第2卷，第93、553、754页。

③ 康有为：《请君民合治满汉不分折》，1898年8月。汤志钧编：《康有为政论集》，中华书局1981年版，第340－343页。

本主义国家关于民族问题的某些理论观点也深深地影响了他。他自身的这些文化背景，使得他能够在革命派激烈反满的形势下，在与革命派的论战中比较冷静地提出自己的中国民族观。

20世纪初，革命派在宣传反满和革命的同时，相当普遍地抱有一种错误的观点。他们认为，中国自从秦汉以来直到宋朝的历史都是一脉相承的。后来蒙古人灭亡了中国。明朝建立，恢复了中国。再后满族人又灭亡了中国。从清朝入关算起，中国早已亡国260年了。许多革命者的直接目的不是以革命手段推翻帝制，而是“光复”汉人的国家。显然，这是仅仅以汉人为中国人的典型的“正统”观点。当时，即使像孙中山先生这样的革命者，也在一定程度上持有这样的观点。① 就是梁启超自己，也一度流露过这样的认识。1902年前后，梁启超受德国政治学家布伦奇利（伯伦知理）学说的影响，思想开始发生重大转变，在反对革命、反对共和、主张君主立宪的同时，反对排满，不同意把满人视为外国人。在《论正统》一文中他提出：“不论正统则亦已耳，苟论正统，吾敢翻数千年之案而昌言曰，自周秦以后，无一朝能当此名者也。”② 这必然导致对仅仅以汉族的皇帝为中国皇帝，仅仅以汉族人为中国人的“正统”观点的否定。梁启超公开申明：“满洲人在明时实为中国臣民”。“中国自有史以来未尝亡国。爱新觉罗氏之代朱氏，乃易姓而非亡国。”爱新觉罗氏“以中国臣民而篡中国前代君主之位。此历史上所数见不鲜者，而亡国问题，安自发生耶！”③

20世纪初，“民族”一词从国外传入我国不久，其界定相当模糊，常被与“种族”“人种”等词相混用。人们不断对“民族”这个概念提出自己的见解。1905年，汪精卫在其所著《民族的国民》一文中列举了民族的六大要素，即：一、同血系；二、同语言文字；三、同住所；四、同习惯；五、同宗教；六、同精神体质。④ 汪精卫以这六大要素为标准进行衡量，认为满汉两族截然不同，主张建立汉族统治的单一民族的国家。梁启超在对此六要素逐项分析后指出：在此六项中，除一、六两项不可妄下结论外，“满洲人之同化于我者，既有四焉。”因此，“严格论之，满洲与我确不能谓为纯粹的异民

① 《孙中山全集》第1卷，中华书局1981年版，第88、296页。

② 梁启超：《饮冰室合集》，上海中华书局1936年版，文集第4册，《饮冰室文集》之九，第25页。

③ 梁启超：《饮冰室合集》，上海中华书局1936年版，文集第6册，《饮冰室文集》之十八，第56－59页。

④ 《时论选》第2卷，第83页。

族。”而“今日中国与满洲之关系，又绝非印度与英、安南与法之关系也。”梁启超还提出，清朝入关二百余年来，满族作为“少数征服者”，已经被作为“多数被征服者”的汉族所同化（这里，梁氏实际上是看到了满族被其所征服的汉族的较高文明所征服这一事实）。因此，对于满族来说，“畴昔虽不能认为同族，而今后则实已有构成一混同民族之资格也。”①

梁启超不仅认识到满族和汉族一样同为中国的民族，而且认识到除满汉两族之外，蒙古、回、藏、苗诸族也是中国的民族。以这样的认识为基础，他提出了自己的“大、小民族主义”。他说：“吾中国言民族者，当于小民族主义之外，更提倡大民族主义。小民族主义者何？汉族对于国内他族是也。大民族主义者何？合国内本部属部之诸族以对于国外之诸族是也。”中国应当“合汉合满合蒙合回合苗合藏，组成一大民族，提全球三分有一之人类，以高掌远蹠于五大陆之上”。②

当时，民族主义是革命党人用来宣传动员人民群众的一个重要口号。孙中山先生旧三民主义中的民族主义，是用“驱除鞑虏，恢复中华”这八个字来表达的。梁启超提出“大、小民族主义”，显然是在抵制反满排满的口号，反对推翻清王朝的暴力革命。对于后者，梁氏在辛亥革命之后自己已经认识到了错误。而对于前者，梁启超在视满人为中国人这一点上却掌握着真理。如果采取实事求是的态度，我们就应当承认，梁启超比大多数革命党人更早地认识到中国是一个多民族的国家，而不是汉族一族的国家。早在辛亥革命之前，他就已经比较明确地认识到中华民族是由中国国内各民族所组成的事实。他的“大、小民族主义”，不仅包含了视满族为中国民族的认识，而且包含了汉族联合国内其他各少数民族建立统一国家，共同抵御帝国主义侵略的思想。在当时的历史条件下，这一新的中国民族观无疑具有一定的积极意义。它对资产阶级革命派也发生了巨大的影响。

不可否认，辛亥革命前革命派的反满宣传曾有过强大的号召力，它使得清政府陷于极端的孤立之中，成为绝大多数中国人心目中一切罪恶的根源；它吸引了广大的汉族群众参加或同情革命，并得到了一部分汉族地主阶级的响应。但另一方面，“驱除鞑虏，恢复中华”这一反满的口号又有着严重的弱点。

---

① 梁启超：《饮冰室合集》，上海中华书局1936年版，文集第7册，《饮冰室文集》之十九，第27－31页。

② 梁启超：《饮冰室合集》，上海中华书局1936年版，文集第5册，《饮冰室文集》之十三，第75－76页。

首先，辛亥革命前夕，中国社会的主要矛盾是帝国主义和中华民族的矛盾，封建主义和人民大众的矛盾。帝国主义和封建主义是中国人民两个主要的敌人。但“驱除鞑虏，恢复中华”的口号却模糊了对这两个主要敌人的认识，使人民群众把一切仇恨简单地集中在满族统治者，甚至全体满族人身上。以孙中山先生为首的革命派，后来并没有局限在这一口号本来含义的范围内进行革命活动。正如毛主席指出的，“辛亥革命是革帝国主义的命，中国人所以要革清朝的命，是因为清朝是帝国主义的走狗”。[①] 但是，“驱除鞑虏，恢复中华”的口号还是使那些并不坚决反帝反封建的人可以偷运自己的主张。害怕与帝国主义进行斗争的人借此申明他们从事的革命仅排满不排外；不肯与封建主义彻底决裂的人则表示希望参加革命者“人人期于颠覆清廷而后止”。[②] 于是，一方面是革命的队伍壮大了，一方面也鱼龙混杂，泥沙俱下，致使清政府一被推翻，革命派也就四分五裂了。

其次，辛亥革命之前，中国这个统一的多民族国家已经有了两千年的历史。鸦片战争以来列强对中国的侵略，又使中华民族的各个成员遭遇到共同的危机，形成了共同的利益。中华民族多元一体的格局已经形成。“驱除鞑虏，恢复中华”的口号把满族及国内其他一些少数民族排除在“中华”之外，否认中国是一个多民族的国家，这又模糊了中华民族对自身的认识。革命派没有能够动员广大满族和蒙古族人民群众参加辛亥革命。直到革命之后的一段时间，广大满族群众仍然感到抬不起头。几十年间，在北洋军阀和国民党政府大汉族主义政策的压迫下，他们不得不隐瞒自己的民族成分，改用汉姓。所有这些，都是与“驱除鞑虏，恢复中华”这一口号有关的。

立宪派的中国民族观，对革命派反满排满宣传中的这一严重弱点，给予了尽管并不深刻，但却十分中肯的批评。

在革命宣传和与立宪派的论战中，革命派内部的观点并不完全一致。相当一部分人宣传反满排满，是为了推动革命，达到最终推翻清朝反动腐朽统治的目的。但是，当时确实还有一部分人是把反满排满本身当作目的的。这部分人的代表人物是章太炎。他们认为，排外（即反抗帝国主义的侵略）是次要的。中国亡于异族已经260年，今后不论外患如何，唯当以复仇为心，以排满为业。今日之革命，“以去满人为第一目的，以去暴政为第二目的”。他们甚至提出，倘若当时不是满人为皇帝，统治中国的不是异族的政府，则

① 《毛泽东选集》四卷合订本，人民出版社1969年版，第1402页。

② 《时论选》第2卷，第770页。

或许还可以采取革命之外的办法去除专制。满人当政，即使真行立宪，亦绝对不承认；而排满之后，无论专制立宪，均可甘心。① 这种主张，是要把一场政治革命变为民族复仇。持有这种主张的人，尽管为唤起民众、推动革命形势的发展做出了不小的贡献，但同时也深陷于大汉族主义的泥潭而难以自拔。其中有的人在辛亥革命前后转变为“国粹派”，他们的国粹，其实只是“汉粹”。

在大汉族主义的影响下，革命党有人提出过一些在今天看来十分荒唐的见解。他们曾认为，当年清朝在甲午战争中失败，国人有欢呼雀跃者，称汉人遭清朝涂毒二百余年，是日本人为其报了仇，这是可以理解的，是中国人爱国心的表现。② 他们还认为，1903 年沙俄占据东三省，大多数身为汉人的留学生发起拒俄运动，为满人恢复他们的“故宅”，则是“太背人情”的举动。③ 在革命后国家建设的问题上，他们不仅认为“两民族必不能并立于一政府统治之下”，对于满人，“必投之于荒服之外”，把满人逐至东三省后，“当与日本暹罗同视”，或如美洲白人之对待印第安人，待满人以“特别之法律”，而且提出在未来的中华民国中，西藏、回部、蒙古可以“任其去来”。④ 这种种混淆中华民族内部矛盾与中华民族同帝国主义之间的矛盾，把前者看得比后者更为严重，乃至于置国家统一于不顾的认识，显然是错谬至极的。

以孙中山先生为首的中国民族资产阶级是革命派的主流。孙中山在同盟会的纲领中，借用了明朝初年朱元璋的“驱逐胡虏，恢复中华”的口号。略加改动而成为“驱除鞑虏，恢复中华”。但他的反满宣传，目的在于唤起民众进行革命，推翻清朝的反动统治。其着眼点，首先在于推翻中国的封建专制制度。1905 年同盟会成立之时，有人主张用“对满同盟会”的名称，孙中山认为：“不必也。满洲腐败，我辈所以革命。即令满人同情于我，亦可许其入党。”⑤ 1906 年，他又指出：民族革命不是要尽灭满洲民族，“我们并不是恨满洲人，是恨害汉人的满洲人。假如我们实行革命的时候，那满洲人不来阻害我们，决无寻仇之理。”“照现在这样的政治论起来，就算汉人为君主，也

① 《时论选》第 1 卷，第 688 页；第 2 卷，第 119、469、608、952 页。

② 《孙中山全集》第 1 卷，第 222 页。

③ 《时论选》第 1 卷，第 686 页。

④ 《时论选》，第 2 卷，第 95 页，第 734 – 743 页。

⑤ 《太平杂志》第 1 卷，第 1 期，转引自费孝通等著：《中华民族多元一体格局》，中央民族学院出版社 1989 年版，第 110 页注。

不能不革命。”[①] 这就与上述单纯反满排满的主张划清了界线。

由以上情况来看，孙中山对满洲民族的认识在同盟会成立前后发生了转变，他已不再把满族人视为“外国人”了。而立宪派的中国民族观无疑是推动这一转变的重要因素。

以康有为、梁启超为代表的立宪派主张用改良主义的方式救国。他们害怕革命，不相信革命是当时条件下救国的唯一出路。在清末中华民族的危机日益严重，清朝统治者死心塌地卖国，顽固地维护封建专制制度的形势下，他们的主张为大多数中国人所唾弃是不可避免的。在与革命派的论战中，在最根本的问题即要不要用暴力推翻清朝反动统治的问题上，他们被彻底驳倒了。但是他们在这场论战中提出的中国民族观，却是一种全新的观点。如果说，他们在中国实行君主立宪制的观点是谬误，那么，他们提出的这一新的中国民族观，则是谬误中包含的真理。它突破了中国两千余年封建社会几乎一直占据统治地位的“夷夏之防”的观念，使处于内忧外患之中的中华民族对于自身的认识达到了一个新的高度。

立宪派的中国民族观大体上形成于辛亥革命前十余年间，有着深刻的历史原因。在此之前，当时先进的中国人中忠君、改良即在清朝统治范围内进行某些变革的思想占统治地位。这是因为清政府的卖国本质暴露得还不够充分，西方资产阶级社会政治学说的传入也十分有限。1898 年，戊戌变法失败。1900 年，清政府公开提出“量中华之物力，结与国之欢心”的卖国纲领。1903 年拒俄运动爆发后，清政府把爱国学生视作“革命党”，竟密谕各地督抚“可随时获到，就地正法”。这一切都使清政府的卖国嘴脸充分暴露出来。另一方面，20 世纪初，以西学为中国资产阶级启蒙的思想家严复的译著《天演论》等书开始风行于国内，西方资产阶级的政治学说被大量介绍进来，为一切想要改变中国、强国强种的中国人提供了新的精神食粮。“中国民气为之一变”。无论是倡言排满的革命派，还是提出新的中国民族观的立宪派，都从西方资产阶级“一个民族，一个国家”的理论中汲取营养。西方资产阶级民族理论的迅速传入，必然促使当时先进的中国人运用新的观念来重新考察中国的民族问题，提出自己的见解。

以孙中山为首的革命党人走在当时中国历史潮流的前面。他们一方面在

---

① 《孙中山全集》第 1 卷，第 325 页。另外，梁启超在 1902 年的政治小说《新中国未来记》中就曾表示过假如当政者不尽责，“就算他是老祖皇帝轩辕氏正传嫡派的家孙，也还是要和他过不去”的思想。见《饮冰室合集》，上海中华书局 1936 年版，专集第 19 册，《饮冰室专集》之八十九，第 24 页。

革命还是保皇这一重大问题上驳倒了立宪派，赢得了大多数觉悟的中国人的赞同和拥护，为辛亥革命做好了舆论准备，一方面也在反满的问题上受到康有为、梁启超等人主张的影响，接受了他们中国民族观中的合理内容，批判了自己队伍中一部分人——甚至自己本人早期的单纯反满思想，对于革命目的、革命对象的表述也更加明确了。到论战后期，革命派的反满宣传已基本摆脱了早期仅仅主张民族复仇的模式，不再动辄便是“扬州十日”“嘉定三屠”，不再鼓动“诛绝五百万有奇之满洲种”,[①] 而是把矛头集中指向清政府了。连曾经主张排满最为坚决、最为激烈的章太炎，后来也申明，“种族复仇者，本非外于政权而言。”“排满洲者，排其皇室也，排其官吏也，排其士卒也。若夫列为编氓，相从耕牧，是满人者，则岂欲剚刃其腹哉?”[②]

到辛亥革命前夕，早期反满革命宣传中提出的建立汉族人的中国的主张基本上消失了。由立宪派最先倡导的合汉满蒙回藏各族建立一个大民族国家的主张，逐渐得到大多数中国人的认同。国内各个民族的领袖人物和先进分子中越来越多的人认识到，在当时的世界格局中，中国各民族合则互利，分则俱伤。辛亥革命是以反满排满宣传为其舆论准备的重要内容的革命。然而这场革命真正爆发后，不但没有发生满汉民族间的仇杀，反而使“五族共和”成为当时大多数中国人的共识。中国各族各界人士在认同满族为中华民族成员之一这一点上不再有任何分歧和争论，满族统治者也明确表达了这种认同感。[③] 中华民国成立后，又多次以法律形式肯定汉满蒙回藏同为中国民族，组成统一国家。所有这一切当然有着深刻的历史原因，是由中国历史发展的内在规律所决定的。但是也不能否认，以康有为、梁启超为首的立宪派提出的中国民族观对于教育国人，转变舆论，加深中华民族对自身的认识和推动中华民族的自觉进程，都起到了巨大的作用，具有不可磨灭的历史功绩。

原载《民族研究》1994 年第 2 期，《人大复印报刊资料 · K3 · 中国近代史》1994 年第 5 期全文转载

---

① 邹容语，见《时论选》第 1 卷，第 651 页。

② 《时论选》第 2 卷，第 769 页；第 3 卷，第 51 页。

③ 1912 年 2 月以隆裕皇太后名义发布的清帝退位诏书中称：“今全国人民心理多倾向共和……予……特率皇帝将统治权公诸全国，定为立宪共和国体……仍合满蒙汉回藏五族完全领土为一大中华民国”。见《清实录 · 宣统政纪》,《清实录》第 70 卷，第 1293 页。

爱国主义、社会主义与中华民族的凝聚力

中华民族对于自身的认真、系统的研究，开始于20世纪的后半期。关于中华民族凝聚力问题的研究，则属于中华民族对于自身研究的一部分。而明确地提出这一问题，只是近十年的事。目前，国内舆论界对“中华民族的凝聚力”这一提法尚有不同的认识。有人提出过“中华民族的向心力”，这种提法过分强调了中原地区汉族对周边少数民族的吸引作用。有的学者提出，因“凝聚”二字有“固”“结”之意，故称“中华民族的聚合力”更为准确。党和国家领导人曾使用过“内聚力”的提法，但“中华民族的凝聚力”这一提法已逐渐为大多数人所接受和使用。

一、中华民族凝聚力的含义及该问题的提出

（一）中华民族凝聚力的含义

什么是中华民族的凝聚力？这就是中国各民族由于长期生活在统一的国家内而形成的民族认同感，就是由于长期的相互依存的经济文化联系与共同的生活、斗争而形成的对于共同利益密不可分的深刻认识，以及在上述基础上产生的各民族平等团结，繁荣发展，建设强大的统一国家的共同愿望。一句话，就是把中华民族的全体成员紧密地团结在一起的强大的内在力量。

中华民族的凝聚力不是凭空产生的。1988 年，费孝通提出了“中华民族多元一体格局”这一新概念。他指出：“中华民族作为一个自觉的民族实体，是近百年来中国和西方列强对抗中出现的，但作为一个自在的民族实体则是几千年的历史过程所形成的”,[①] 中华民族的自觉过程是在近代开始的。从某种意义上讲，正是西方列强对中国的侵略最初激发了中华民族的自觉，使中华民族的凝聚力迅速加强，团结一致，共同抵御外来的侵略。在昨天抗击帝国主义侵略的斗争中，在今天实现四化，振兴中华的经济建设中，中华民族

---

① 费孝通等著：《中华民族多元一体格局》，中央民族学院出版社 1989 年版，第 1 页。

正不断加深对自身凝聚力的认识，更加紧密地团结起来。我们完全可以自豪地说，中华民族是一个伟大的民族，有自立于世界民族之林的能力。

（二）辛亥革命时期中华民族自新觉醒

中华民族对于自身凝聚力的认识，经历了一个曲折的过程。今天我们说：中国是一个统一的多民族国家。中华民族就是现在中国境内具有民族认同的11亿各族人民的集合体。这已是一般的常识了。56个民族中无论哪个民族的成员，都认为自己是中国人，是中华民族的一员；同时认为其他55个民族的成员也是中国人，也是中华民族的一员。但在20世纪初，可以说，大多数觉悟的中国人还没有达到这种认识。

1903年，年仅18岁的邹容写了《革命军》这本震动了中国的书。他在书中公开鼓吹用革命手段推翻清朝政府的反动统治，依照西方资产阶级的民主制度，建立“中华共和国”。以《革命军》为代表的一大批革命书刊为后来的辛亥革命进行了舆论上的准备。但当时的革命宣传，却几乎全部是在“反满”的旗帜下，以反满宣传的形式出现的。许多革命者在号召中国人起来革命时，其“中国人”“同胞”的概念中是不包括建立了清王朝的满族人的。邹容称“中国为中国人之中国，我同胞皆须自认为自己的汉种中国人之中国”。更有文章开宗明义即说：“吾国人皆一汉族而已，乌有所谓满洲人者哉！”就连孙中山也一度认为，满洲人不是中国人，满洲人建立的清政府是外国的政府。在凝结为16字的同盟纲领中，“驱除鞑虏，恢复中华”的民族主义得到了最大多数人的拥护。尽管孙中山后来一再指出，民族主义并非是遇着不同种族的人便要排斥他。“我们并不是恨满洲人，是恨害汉人的满洲人。假如我们去实行革命的时候，那满洲人不来残害我们，决无寻仇之理”。但是，仍有一些人参加同盟会是为了种族复仇。他们投身革命是为了要“诛绝五百万有奇之满洲种”，或者把满人“投之于荒服之外”。革命胜利后，或将满人同化，或像白人对待美洲印第安人那样待之以“特别之法律”。[①] 这些人甚至提出同盟会的名称为“对满同盟会”。国内的其他少数民族，当时也被排除在“中华”的概念之外。

清末先进的中国人对清政府的刻骨仇恨完全是正义的，因为这是一个公然申明要“量中华之物力，结与国之欢心”的地地道道的卖国政府。革命党

① 张枬、王忍之编：《辛亥革命前十年间时论选集》，第1卷，生活·读书·新知三联书店1960年版，第675，678页。

人对清政府的仇恨，就是对侵略中国的帝国主义的仇恨。毛泽东曾经指出："辛亥革命是革帝国主义的命。中国人所以要革清朝的命，是因为清朝是帝国主义的走狗"。[①] 但是，把对清政府的仇恨推而广之，及于全体满族人，甚至把满族视为"异族"，以"非我族类，其心必异"的观点对待全体满族人，却无疑反映出当时革命党人对中国民族问题认识上的局限性。

当时有人认识到了这种错误。率先指出这一错误，申明中国是一个多民族国家的，是以康有为、梁启超为首的立宪派。他们与以孙中山为首的革命党人的根本分歧在于如何救中国——是革命，还是改良？立宪派主张保留帝制，在中国实行君主立宪。这就要求他们论证清朝的皇帝就是中国的皇帝，满族人就是中国人。他们这样做了。在与革命派的论战中，他们指出：把满族视为异族是错误的。"满洲与我，不能谓为纯粹的异民族"，"国际间……对于满、汉、蒙、回、藏各种民族，皆以为中国人……"[②] 因此，要满人"还我河山"是不可能的，因为满人就是中国人的一部分，立宪派主张，中国应当在立宪政体之下，合汉满蒙诸民族，建设东方一大民族之国家。康、梁等人从根本上说是这场论战的输家，辛亥革命使他们建立君主立宪制中国的主张破产了。但他们提出的中国民族观却显然是正确的。这一全新的中国民族观冲破了千百年来在中国封建社会占据统治地位的"夷夏之防"的窠臼，很快就为以孙中山为首的革命党人所接受。1911 年辛亥革命爆发后，孙中山以中华民国临时大总统的身份明确宣布："国家之本，在于人民。合汉、满、蒙、回、藏诸地为一国，则合汉、满、蒙、回、藏诸族为一人，是曰民族之统一"。[③]《中华民国临时约法》中载明：中华民国领土为二十二行省，内外蒙古、西藏、青海。清朝统治者在其退位诏书中也表示，赞成"合满、汉、蒙、回、藏五族完全领土为一大中华民国"。"五族共和"的口号一时间成为绝大多数中国人的共识。辛亥革命前夕在中国民族观问题上的争论，已经有了一个明确而现实的答案。

因此可见，正是 20 世纪初期特定的历史条件，对中华民族提出了自我认识的历史要求。辛亥革命不仅使中国在政治上实现了一次巨大的进步，而且使中华民族对自身及自己凝聚力的认识也发生了一次飞跃。

旧中国在近代以来始终没有摆脱遭受帝国主义侵略的苦难命运。帝国主

① 《毛泽东选集》四卷合订本，人民出版社 1967 年版，第 1402 页。

② 《辛亥革命前十年间时论选集》，第 1 卷，生活·读书·新知三联书店 1960 年版，第 230 页；第 2 卷，第 611 页。

③ 《孙中山全集》第 2 卷，中华书局 1982 年版，第 2 页。

义在侵略中国的活动中，也从来没有放弃分裂中国、分裂中华民族的企图。中国人民始终没有停止抗击帝国主义侵略的斗争，也一直把维护祖国统一和领土完整，反对民族分裂作为自己斗争的目标。在共同的斗争中，各族人民的联系更加紧密，更加认识到各民族具有共同的命运，彼此的根本利益是一致的。中华民族的凝聚力在抗击帝国主义的斗争中得到不断的增强。

（三）中国共产党人对于中国民族问题的认识

以毛泽东为首的中国共产党人始终重视中国的民族问题。中国革命的成功，是靠中国共产党人把马列主义的普遍真理与中国革命的具体实践相结合而获得的。解决中国的民族问题，是中国革命实践的一个组成部分。要解决中国的民族问题，就要正确地认识中国的民族问题，正确地认识中华民族自身。毋庸讳言，中国共产党人在这方面的认识经历了一个从幼稚到成熟的不断深化的过程。这突出地反映在党的民族纲领的发展变化上。

1922年7月中共在上海召开二大，宣言中有关民族问题的部分申明："……（三）统一中国本部（东三省在内）为真正民主共和国；（四）蒙古、西藏、回疆三部实行自治，成为民主自治邦；（五）用自由联邦制，统一中国本部、蒙古、西藏、回疆，建立中华联邦共和国"。次年6月在广州召开的中共三大通过的《党纲草案》中提出："西藏、蒙古、新疆、青海等地和中国本部的关系由各该民族自决"。① 直到抗日战争全面爆发之前，党的民族纲领都是强调民族自决权，主张实行联邦制的。我们从中不难看出当时党对解决中国民族问题的具体历史条件，对于中华民族在长期历史发展中所形成的强大的凝聚力，还缺乏深刻的认识。

抗日战争时期，党的民族纲领有了明显的变化，从强调民族自决权，主张实行联邦制改变为主要讲民族自治。在1938年9月召开的扩大的六届六中全会上，毛泽东做了题为《论新阶段》的报告，对党的民族纲领和政策作了详细的论述，提出"允许蒙、回、藏、苗、瑶、夷、番各民族与汉族有平等权利，在共同对日原则之下，有自己管理自己事务之权，同时与汉族联合建立统一的国家"。② 抗日战争胜利后，在党的领导下，我国的第一个少数民族自治区——内蒙古自治区于1947年5月成立。这为我党解决国内民族问题提供了重要的实践经验。

---

① 中共中央统战部编：《民族问题文献汇编》，中共中央党校出版社1991年版，第18、22页。

② 中共中央统战部编：《民族问题文献汇编》，中共中央党校出版社1991年版，第595页。

新中国成立前夕，我们党的领袖就是否以联邦制的国家形式解决国内民族问题进行了慎重的考虑。在1949年人民政协会议筹备期间，毛泽东曾就是否在中国实行联邦制的问题征求李维汉的意见。李维汉认为，我国国情与苏联不同，不宜实行联邦制。我国少数民族只占全国总人口的6%，并且呈大分散小聚居的状态。汉族与少数民族之间或几个少数民族之间往往互相杂居或交错聚居。各民族在中国共产党领导下平等联合进行革命，并没有像俄国那样发生民族分离。因此，单一制的国家形式，更加符合中国的国情。在统一的国家内实行民族区域自治，更有利于民族平等原则的实现。中央采纳了这个意见。

1949年9月7日，周恩来在一届政协召开前向政协代表做了《关于人民政协的几个问题》的报告，其中专门谈到了新中国解决国内民族问题的方针。他说："关于国家制度方面，还有一个问题就是我们的国家是不是多民族联邦制。现在可以把起草《共同纲领》时的想法提出来，请大家考虑"。"中国是多民族的国家，但其特点是汉族占人口的最大多数，有四亿人以上；少数民族有蒙古族、回族、藏族、维吾尔族、苗族、夷族（即彝族）、高山族等，总起来，还不到全国人口的百分之十。当然不管人数多少，各民族间是平等的……这里主要的问题在于民族政策是以自治为目标，还是超过自治范围。我们主张民族自治，但一定要防止帝国主义利用民族问题来挑拨离间中国的统一。如英帝国主义对西藏及新疆南部的阴谋，美帝国主义对于台湾及海南岛的阴谋。不错，这些地方是有少数民族的，但是他们一向是在中国领土之内……我们应该……把各民族团结成一个大家庭，防止帝国主义的挑拨分化。"报告还指出："任何民族都是有自决权的，这是毫无疑问的事。但是今天帝国主义又想分裂我们的西藏、台湾甚至新疆。在这样的情况下，我们希望各民族不要听帝国主义者的挑拨。为了这一点，我们国家的名称，叫中华人民共和国，而不叫联邦……我们特地向大家解释，同时也希望大家能同意这个意见。我们虽然不是联邦，但却主张民族区域自治，行使民族自治的权力。"①

1949年9月29日，中国人民政治协商会议第一届全体会议通过的《共同纲领》明确规定："各少数民族聚居的地区，应实行民族的区域自治，按照民族聚居的人口多少和区域大小，分别建立各种民族自治机关"。1952年，中央

---

① 中共中央统战部编：《民族问题文献汇编》，中共中央党校出版社1991年版，第1266—1267页。

人民政府政务院颁布了《民族区域自治实施纲要》。民族区域自治载入历次宪法，直到1984年，全国人大六届二次会议通过了《民族区域自治法》。民族区域自治不仅成为我党解决国内民族问题的基本政策，而且成为我们国家的一项基本国策和基本政治制度。

新中国成立初期，我国受苏联的影响是相当大的。我国仿照苏联模式建立起来的计划经济体制，一直运行了几十年。但是在对待国内民族问题方面，我们党坚持不断地探索一条符合中国国情、有中国特色的自己的道路，并且得到了各族人民的拥护和支持。这为我国民族问题的顺利解决奠定了良好的基础，也是与我党对中国民族问题的认识不断深化分不开的。

新中国成立后，党和国家对民族工作极为重视。为了实行民族区域自治和其他各项民族政策，需要尽快确认新中国这个多民族大家庭中究竟有哪些少数民族。新中国成立后不久，国家就开始组织力量进行民族识别工作。到1953年，对汇总登记的400多个民族名称进行甄别，确认了38个少数民族。至1979年确认基诺族，我国共确认了55个少数民族。这是一项前无古人的工作。在中国共产党的领导下，中华民族对于自身的认识达到了新的高度，中华民族的凝聚力得到了空前的提高。

（四）中华民族凝聚力问题的提出

在新中国成立之后的一段时间内，关于中华民族凝聚力问题的研究还没有真正开始。这一方面是因为学术界和理论界对我国各少数民族的分别研究以及民族关系的研究尚未充分展开，理论准备不足；另一方面是因为现实尚未提出研究这一问题的迫切要求。

进入20世纪80年代以来，国际国内的形势发生了重大的变化。我国坚持改革开放的政策，国民经济有了很大的发展。但同时，东南沿海率先开放及地区经济的迅速发展，又使得我国东部地区与西部少数民族地区经济发展方面的差距日渐拉大。我国民族关系中出现了一些新的、需要从理论上加以说明和在实践中予以解决的问题。国际上，原苏联、捷克斯洛伐克等多民族的社会主义国家宣告解体，南斯拉夫分裂后，多年处于战乱之中。由于国际上反华反共势力的鼓动和支持，20世纪80年代后期以来，在我国新疆、西藏等少数民族聚居地区的个别城市和乡村发生了多起骚乱或民族分裂活动。另外，在台湾，“台独”势力的活动也有所发展。

在这样的国际国内形势下，所有关心祖国和中华民族前途命运的中国人和海外华人都会提出这样的问题：中国的统一、中华民族的团结是否经得住考验？能不能得到巩固？祖国统一的大业能否最终实现？中华民族作为一个有着悠久历史、创造了灿烂的古代文明，而今在世界上人口最多的民族集合体，她存在与发展的内在规律和动力是什么？中国的社会科学工作者，特别是民族理论工作者不能回避对这些重大的理论和现实问题的回答。中华民族的凝聚力问题以及对这一问题的探讨和研究，就是在这样的背景下提出并展开的。

二、中华民族具有强大凝聚力的原因

江泽民在1992年1月召开的中央民族工作会议上说："我国历来是一个统一的多民族国家，在漫长的历史发展中，经过长期的锤炼，形成了具有强大内聚力的中华民族。把我国各民族维系于一个统一的大家庭中而又世代传承的纽带，主要有三个：一是国家的长期统一；二是各民族相依共存的经济文化联系；三是近代以来各民族在抵御外来侵略和长期革命斗争中结成的休戚与共关系"。这段话，对我们探讨中华民族凝聚力形成的原因有很大的启发。

（一）中华民族凝聚力在古代中国的形成和发展

在上述三条纽带中，一、二两条纽带的形成是中国历史长期发展的结果，这两条纽带是相辅相成的。在中国古代两千余年的封建社会中，中国统一的时期远远超过了分裂的时期，统一与分裂在时间上的比例大约是2∶1。在长期统一的国家内，各民族之间的政治、经济、文化联系日益密切。长期的共同生活和相互交往又使我们民族的祖先形成了强烈的大一统的意识。在此基础上形成的中华民族的凝聚力，是一种强大的内在力量。对中国的地理环境和历史进行分析，我们可以总结出中华民族的凝聚力在古代得以形成的主要原因有以下几个：

1. 自成一体而又互为补充的经济地理环境

中国的地理环境，自然地把中国的经济区域划分为北、中、南三个发展地带和东西两大部分，而中国的民族分布格局与这样的地理环境也是相吻合的。

从南北方向看，长城以北基本上是游牧、狩猎民族活动的天地，长城以南至秦岭、淮河一线是北方农耕民族与旱地农业发展地带，秦岭、淮河以南则是南方水田农耕民族与水田农业发展地带。在古代自给自足的自然经济占据主导地位的封建社会，游牧、狩猎经济与农业经济在一定程度上是互相依赖，互为补充的。相对来说，农业民族对游牧、狩猎民族的依赖要弱一些，游牧、狩猎民族对农业民族的依赖要强一些，但是彼此截然分开是不可能的。作为中华民族骄傲的长城，是以汉族为主的中原地区农业民族为了防御北方各游牧民族的南下而修筑的。长城也反映出农业民族与游牧民族之间割不断的经济、政治和文化联系。如果汉族等农业民族可以完全不与北方游牧民族交往，那么长城可以筑成一道没有关口的大墙。但事实并非如此。长城由东到西有许多关隘。因此，从某种意义上讲，长城正是我国古代北方各民族谁也离不开谁的象征和见证。举世无双的大运河，则是联系旱地农业区与水田农业区的大动脉。

从东西方向看，自东北大兴安岭到甘肃南部再到云南连一条线，可以大体上把中国分为东西两部分。东部湿润而适于农耕，东南部地区自古就是中国经济发达、人口集中的区域。西部干旱高寒，除戈壁荒原之外，是游牧区和绿洲农业区。其面积虽占全国总面积的一半以上，人口却从未超出全国总人口的10%。但是中国的西部并不因其人口稀少而在历史上无足轻重。西北的新疆、甘肃地区，是古丝绸之路的必经之地，汉唐以来一直占有重要的战略地位。西南部的青藏高原，曾因吐蕃政权的崛起而成为唐朝不敢忽视的地区。元代之后，由于藏传佛教的兴起及其在北方和西北蒙古族地区的广泛传播和巨大影响，西藏更具有了特殊重要的地位。

中国的地理环境决定了各地区各民族之间必然要发生密切的经济联系。东西部之间、农耕民族与游牧民族之间的经济交往贯穿于我国封建社会的始终。这主要地表现为西南地区的茶马贸易，北方游牧民族同农耕民族之间的畜产品、牲畜与布匹、粮食及其他手工业品的贸易，等等。当这些经济交往受到人为的破坏或不能满足需要时，战争往往被用来保证经济交往的继续；或者相反，当战争破坏了正常的经济交往时，各民族又强烈地需要恢复和平。伴随经济交往而进行的文化交流，更具有悠久的历史。

到了封建社会后期，古代中国的统一局面已经最后形成。东南地区是全国的经济重心，西北和北方多为军事要地，西藏则因其宗教文化的巨大的影响而在政治上居于特殊重要的地位。全国的政治中心要在经济重心和军事要地之间通过平衡进行选择，北京于是成为元、明、清三个统一王朝的首都。

各经济区域、各民族地区之间互相补充互相依存的紧密的内在联系，是中国长期统一和中华民族凝聚力形成的重要原因之一。

2. 大一统的传统政治理想

国家的长期统一为中华民族的形成和发展提供了良好的条件，也铸就了从统治者到黎民百姓大一统的传统政治理想。而这种大一统的理想，又反过来维护和推动着古代中国的统一，成为中华民族凝聚力形成的另一个重要原因。

秦汉以来，中国统一的时间较分裂的时间长出一倍。汉、唐、元、明、清等所谓“盛世”都是在统一的局面下出现的。在这些统一王朝的兴盛时期，中国国力强大，经济文化得到发展。这就在统治阶级以及人民群众中形成了一种传统的政治理想，即认为统一才是中国的正常状态，一旦出现了南北分裂，数朝并存的局面，则认为是不正常的。这时，一个受命于天的统治者，就要把重新统一中国引为己任。而臣民百姓也只有投身于中国的统一大业，才能名垂青史，泽被子孙。

三国时期是秦汉大统一后中国第一次出现分裂的时期。当时魏、蜀、吴三国的统治者均以吃掉对手，完成全国的统一为己任。西晋末年，北方战乱频仍，人民南迁。东晋时出现了为恢复中原而北伐不止的祖逖、恒温等人。隋初文帝越长江南攻陈朝，称“我为百姓父母，岂可限一衣带水不拯之乎”，其战争的理由与目的就是要统一全中国。封建统治者中也有不思进取，企图偏安一隅、苟且度日的，如南宋诸帝，则遭后人唾弃。生活在这样时代的文人往往为祖国不能统一而抱憾终生。诗人陆游在辞世之前，就留下了“死去元知万事空，但悲不见九州同。王师北定中原日，家祭无忘告乃翁”这样的绝句。所有这些，都反映出国家统一在古代中国人心目中占有多么至高无上的地位。

这种对于统一的执着追求和肯定，也通过小说等文艺形式反映出来，并由此而影响一代一代的中国人，形成他们关于祖国应当统一的强烈共识。例如在我国著名的古典小说《三国演义》中，一个贯穿全书的主题思想就是向往国家的统一。小说开篇就点出“话说天下大势，分久必合，合久必分”，但其着眼点仍在“分久必合”上。最后第一百二十回的标题就是“荐杜预老将献新谋，降孙皓三分归一统”。它以文学的形式，表现出古代中国人强烈追求国家统一的愿望。这种大一统的传统政治理想，也是中华民族凝聚力形成的一个原因。

3. 兼容并蓄的儒家文化

在中国漫长的封建社会一直居于主导地位的儒家文化，对于巩固祖国的统一，维系中华民族，同样起到了巨大的凝聚作用。诚然，儒家思想中有不少大民族主义和民族歧视的糟粕，例如强调“华夷之辨”，主张“非我族类，其心必异”，等等。然而另一方面，儒家“和为贵”和“四海之内皆兄弟”

的思想，宣扬人际和谐的思想，确实也起到了增强我们中华民族凝聚力的作用。

儒家文化是一种兼容并蓄的文化。在封建统治阶级的支持下，它自汉代起就获得了“独尊”的地位。但是这种地位并未使其成为一种排斥其他文化的文化。它与道教、佛教几乎一直是“和平共处”的。佛教作为一种外来的宗教，在中国的广泛传播还是在儒家学说的“独尊”地位在中国确立以后。历史事实证明，儒家文化具有巨大的包容和吸纳能力，它并不拒绝接受外来文化的影响。中国古代也曾数次发生过所谓灭佛的事件，但那是在佛教寺院的势力恶性膨胀，危及了封建王朝统治的特定历史条件下发生的，与西方反复出现，动辄历时数十、上百年的宗教战争不可同日而语。佛教、景教、基督教和伊斯兰教在中国的传播，乃至回族等中国少数民族的形成，都证明了儒家文化并非排外的文化。至于近代以来中国人民所进行的反洋教斗争，则完全是帝国主义利用宗教侵略中国所激起的反抗。无可否认，到了近代，由于中国的封建社会已经没落，儒家文化的封闭性也愈益严重，以至成为中华民族在近代落后的一个重要原因。尽管如此，儒家文化仍然保持着维系中华民族的作用。

儒家文化的巨大影响并非局限于汉族和中原地区。许多少数民族都受到了儒家文化深刻而广泛的影响。另一方面，儒家文化也从各少数民族的文化中吸取了丰富的营养。建立过中央政权的少数民族受儒家文化的影响尤其深刻。这些少数民族一旦进入中原地区，建立起统一全国的封建王朝，就必然要把儒家学说作为治国之道，而被当时较为先进的儒家文化所征服。正如马克思所说：“野蛮的征服者总是被那些他们所征服的民族的较高文明所征服，这是一条永恒的历史规律。”[①] 我国蒙古族建立的元朝和满族建立的清朝，都遵循了这一规律。在儒家文化的影响下，元朝和清朝的宗教、文化及民族政策，基本上都是兼容并存的。元朝的宗教政策十分宽容，各种宗教可以并存、竞争，元朝统治者则根据自己的需要“择善而从”，以至当时就有“以佛治心，以道治身，以儒治国”的说法，清朝为了笼络蒙古各部，大力推崇藏传佛教中的格鲁派，给予达赖、班禅等格鲁派首领以极高的待遇。其宗教政策，已经超出了宗教的范围，而成为其基本国策的一部分。所有这一切，当然是出自封建王朝的统治者巩固自己统治的需要，但客观上则促进了中华民族的整体发展。

① 《马克思恩格斯选集》，人民出版社 1976 年版，第二卷，第 70 页。

谈到文化方面的原因，还应肯定汉字对维系中华民族所起的巨大作用。汉字是一种非拼音文字。在中华民族人口中占绝大多数的汉族，在其文明发展进程中，选择了这样一种文字系统，可以认为是偶然的。但汉字一经被汉族所采用，由于它可以超越方言的差别而不发生拼写上的变异，便首先使汉族地区的文化联系日趋密切。后来，一些少数民族采用汉语作为自己的民族共同语言，也就自然地采用汉字作为自己的文字。汉字成为中华民族内部文化交往的重要工具。目前在我国的一些多民族地区，汉语文发挥着某种通用交际语言的作用。全国55个少数民族，有半数左右使用或局部使用汉语文。汉字对于增强中华民族的凝聚力，具有不可低估的作用。

其他一些少数民族的语言文字，例如藏语文及流行于部分少数民族中的宗教信仰，如藏传佛教、伊斯兰教等，也同样为增强中华民族的凝聚力做出了贡献。

4. 以羁縻、怀柔为基本内容的民族政策

由于中国从秦汉以来一直是一个多民族的国家，统一的时间又远较分裂的时间为长，国内的民族关系在很大程度上决定着政权能否巩固，因此，任何一个封建王朝都不敢忽视制订自己的民族政策这一重大问题。毋庸置疑，封建统治阶级所制订和实行的民族政策，不可能不具有民族压迫、民族歧视等大民族主义的性质。一些封建王朝在建国之初，也往往会采取屠杀等残暴手段镇压异民族的反抗。但其长期奉行的基本国策不可能如此。统治者必须调整自己的政策使之适合当时的情况，这样的民族政策才会是成功的。所谓成功，指的是巩固和加强了当时封建政权的统治。这种成功的民族政策，为历朝历代所沿用的对周边少数民族以安抚、怀柔为主的策略和措施，应该说也为中华民族凝聚力的形成起了一定的作用。

中国历代封建王朝成功地制订和实行的民族政策，可以一般地归结为“羁縻”政策。这是一种对于周边少数民族地区，在不改变当地民族的社会制度、生产方式、宗教信仰和风俗习惯的前提下，依靠和利用原有的上层统治者任官设制、实行统治的政策。它的出发点，一般只是要求当地少数民族政治上的归顺和服从。其所设之制，一般地讲符合当地的社会经济发展水平，考虑到了当地的传统，与中原汉族地区有区别。其所任之官，大多为当地少数民族的首领，并且基本上沿用当地少数民族所熟悉的称号，如汗王、台吉、伯克、噶伦，等等。这样，他们既是当地少数民族的首领，又是中央政权的命官，具有双重身份，又可以世袭。这种状况，直到明、清两代实行改土归流时才开始发生变化。

经济上，奉行羁縻政策的中央政权对边远少数民族索取的往往是仅具象征意义的贡物，并无苛重的赋役要求。为笼络人心，中央政权往往还以赏赐等名义给予少数民族上层经济上的好处。这种赏赐或回赠在数量上和价值上通常要超过贡物许多倍。我国历史上独具特色的“朝贡贸易”就是这样产生的。有的封建中央王朝甚至把从内地搜刮榨取的大量财富输往边疆少数民族地区，以换取当地首领政治上，有时甚至是名义上的服从与边境的安宁。

中央政权对于边疆少数民族的战争，很少是出于纯粹经济掠夺的目的，因为这样做在经济上往往是不合算的。战争的起因，或是最高统治集团要满足自己开疆拓土、好大喜功的愿望，或对某种奢侈品的贪欲，或是要剪除政治上的威胁或敌对势力，镇压反叛，保全封建帝王的尊严和权威。我国古代各民族间发生战争的原因是非常复杂的。尽管历史上这样的战争发生过许多次，但战争的时间比起各民族和睦相处的时间来要短得多，而且也并未造成中国的长期分裂。

汉、唐、元、清等朝的统治者还用和亲的方式来结好各少数民族的首领。和亲本来是封建统治阶级出于维护自身利益而采取的一种政治行为，但由于它客观上增进了各民族之间的了解和交往，在一定程度上制止了战争的发生，因而得到各族人民的肯定。像昭君出塞、文成公主远嫁吐蕃赞普松赞干布这样的故事，多少年来一直被各族人民传为佳话。

羁縻政策有值得肯定的内容，但这种政策无疑是一种大民族主义的民族不平等的政策。在汉语中，“羁”是马笼头，“縻”是牛缰绳。中央政权的统治者显然是把周边经济、文化发展相对落后的少数民族当作牲畜看待的，是歧视、压迫他们的。但另一方面，羁縻政策又较好地适应了当时的社会历史条件。它减少了战争和冲突的可能，加强了边疆少数民族地区与中原的政治、经济和文化联系，并且在一定意义上形成了中央政权处理民族问题的传统。因此，这种政策对于增进中华民族的凝聚力，巩固我们这个多民族国家的统一，也起到了积极的作用。

以上四条，即自成一体而又互为补充的经济地理环境，大一统的传统政治理想，兼容并蓄的儒家文化和以羁縻、怀柔为基本内容的民族政策，是我们中华民族的凝聚力在漫长的封建社会中形成、发展的主要原因，也是江泽民所说维系中华民族的第一、第二条纽带得以形成的主要原因。由此而产生的那种凝聚力是如此强大，以至于在200余年前的清代中期，发生了蒙古土尔扈特部从伏尔加河流域万里东归，返回祖国这样的壮举。我们完全有理由认为，中华民族的凝聚力超过了世界上的其他民族。

（二）近代以来中华民族凝聚力的增强

近代以来，列强的蜂拥入侵使中华民族面临亡国灭种的惨祸。无论是腐朽的清朝政府，还是反动的北洋军阀政府或国民党政府，都不能使中华民族抗击帝国主义的侵略，获得自身的解放。中华民族面对着对外反对帝国主义的侵略，对内争取各民族平等的双重任务，只有进行共同的斗争才能改变共同的命运。中华民族的整体利益空前鲜明地表现出来。各民族在抵御外来侵略和长期革命斗争中结成的休戚与共关系，成为维系中华民族的第三条纽带。

中华民族的所有成员都参加了近代以来反对内外共同敌人的斗争，都为中华民族的解放事业贡献了自己的力量。1840 年，英国资产阶级发动了侵略中国的鸦片战争。这时的清朝政府虽然已经腐朽不堪，但是统治阶级内部也涌现出一批著名的爱国主义者。像坚决禁烟的林则徐、邓廷桢，战死于虎门炮台的关天培，以身殉职、战死疆场的两江总督裕谦，沙角炮台守将陈连升，镇江守将海龄以及赴宁波参战的四川藏兵首将阿木穰、喀克哩等人。他们来自汉、满、蒙古、藏等各个民族，不仅是这些民族的优秀儿女，而且是中华民族的民族英雄。

如果说鸦片战争这场中华民族抗击外敌入侵、保卫自己生存权利的斗争是各民族共同进行的，那么，太平天国这场近代中国历史上规模最大的反对内部敌人的革命运动，也同样汇集了中国东南部各民族的力量。太平天国的主要领导人中，北王韦昌辉、西王萧朝贵等均为壮族。参加太平天国的将士是由汉、壮、瑶、苗、回、侗等各个民族组成的。太平天国革命沉重地打击了清王朝在全国的统治。

鸦片战争以后，不仅我国东南海疆受到帝国主义的侵略，中国漫长的陆路边疆也遭到了帝国主义势力的侵略和蚕食。中国的长期历史发展形成了少数民族大多生活在边疆地区的格局，抗击帝国主义势力对我国边疆地区侵略的任务历史地落在当地各少数民族身上，使他们成为边疆地区反侵略斗争的主体。新疆各族人民反对沙俄及英帝国主义侵略的斗争、东北地区各族人民反对沙俄及日本帝国主义侵略的斗争、台湾高山族人民反对美、日帝国主义侵占台湾的斗争、云南各族人民抗击英、法帝国主义的斗争、西藏人民抗击英帝国主义侵略的斗争，所有这些反侵略斗争，都是为了一个共同的目的。中华民族的所有成员，无论是汉族还是少数民族，都开始觉醒起来，形成了保卫祖国，保卫民族生存的共同责任感和各民族同为中华民族成员的民族认同感。而这种责任感、认同感形成的深厚基础，正是中华民族在长期历史发展过程中产生的民族凝聚力。

中国共产党成立之后，中华民族反对内外共同敌人的斗争有了新的领导核心。中国共产党人不仅把中华民族的彻底解放引为己任，而且从组织上把各族人民的优秀儿女吸收到自己的队伍中来。贵州水族的邓恩铭就参加了中共第一次代表大会。从 1925 年到 1927 年的第一次革命战争期间，党领导蒙古、回、壮、苗、满、朝鲜、黎等许多少数民族参加斗争，并在蒙古、回、壮等少数民族中建立了党的组织。第二次国内革命战争时期，党在广东、广西、湖南、湖北以及陕甘宁的壮族、瑶族、黎族、苗族、土家族和回族地区建立了革命根据地。1935 年红军长征，北上抗日，把革命的火种传播到侗、布依、彝、藏等更多的少数民族当中。

1937 年由日本帝国主义挑起的全面侵华战争，使得中华民族面临生死存亡的严峻考验。中华民族到了最危险的时刻，其整体利益也空前一致地体现出来。中华民族内在的强大凝聚力不仅把汉族和各少数民族紧密地团结起来，而且促使各派政治力量捐弃前嫌，团结御侮，共同对外。从兴安岭到五指山，日寇占领区的汉、满、朝鲜、蒙古、回、达斡尔、鄂温克、鄂伦春、赫哲、黎等各族人民以及云南的许多少数民族直接参加了抗日斗争。地处抗战后方的新疆各族人民和西藏藏族人民，则以捐款捐物、转运物资甚至诵经祈祷等方式积极支援内地各族人民的抗日斗争。抗战期间第二次国共合作局面的形成，体现了中国共产党人以中华民族整体利益为重的高风亮节。国共第二次合作既是中国共产党人努力斗争、逼蒋抗日的结果，也是全国人民、国内除亲日派和汉奸之外各派政治力量，包括国民党内部的进步爱国力量向蒋介石集团呼吁、斗争的结果。西安事变中张学良、杨虎城两将军的所作所为，就是典型的例证。在民族危亡的紧要关头，对于中华民族整体利益高于一切的共同认识，不仅导致了中国大规模内战的结束和全国抗战的开始，导致了第二次国共合作局面的形成，而且促使国民党内部各派系之间的矛盾有所缓和。

在长达八年的全国抗战期间，除汉奸卖国贼外，所有中国人都为彻底战胜日本侵略者贡献了自己的力量。牺牲在抗日战场上的国民党将士，与八路军、新四军以及其他抗日武装的官兵一样，同是中华民族的优秀儿女。相反，出卖中华民族利益，卖身投靠日本帝国主义，组建伪政权的汪精卫（伪南京国民政府主席）、溥仪（伪满洲国皇帝）、德穆楚克栋鲁普（又称德王、伪蒙疆联合自治政府主席）等人，无论他们是汉族还是少数民族，都是中华民族的千古罪人。

抗日战争的胜利，是自从鸦片战争以来中华民族在反对外来侵略的斗争中取得的第一次胜利。中华民族的民族意识经过八年抗战得到了极大的提高，中华民族的凝聚力也得到了进一步的加强。

我国的绝大多数少数民族与汉族一样，自古以来就生活在中国的疆域之中，就是在这片土地上形成和发展起来的。同时，也有为数不多的几个少数民族，例如东北地区的朝鲜族、广西的京族和新疆的俄罗斯族等，是近代以来或略早一些时候迁入中国境内的。在中国人民抵御外来侵略和反对共同敌人的革命斗争中，他们与汉族和当地其他少数民族同样结成了休戚与共的关系，做出了自己的贡献，成为中华民族的新鲜血液和新的成员。以朝鲜族为例，在近代反抗日本帝国主义侵略我国东北边疆的斗争中，朝鲜族人民就曾做出巨大的贡献。早在20世纪初年，他们就明确宣布，自己所居之地“乃中华之地”，自己是“中华之民”。① 中华民族在长期历史发展过程中逐渐形成的民族凝聚力，把我们56个民族团结在一个民族大家庭中，造就了今天中华民族多元一体的格局。

三、发扬爱国主义、社会主义精神，振兴中华民族

（一）爱国主义和社会主义是当代中华民族凝聚力的基础

爱国主义、社会主义与近代以来中华民族凝聚力的不断增强有着十分密切的联系。

自从进入阶级社会以来，人类文明的所有进步和人类社会的全部发展都是以国家为单位而取得的。爱国主义是为古往今来所有国家的人民所普遍具有的思想感情和心理体验。列宁曾经指出：“爱国主义是由于千百年来各自的祖国彼此隔离而形成的一种极其深厚的感情。”② 随着现代交通和通信手段的迅速进步，世界各国彼此隔离的局面早已被打破，各国间的交往不断增加，联系日趋密切，但是“爱国主义”这一“极其深厚的感情”却并未因此而受到削弱，相反，它依然在为各个国家的内部团结和社会发展起着积极的推进作用。当代世界上的各个国家，无论其采取什么样的社会制度，无不把爱国主义作为教育人民、团结人民的最有力的思想力量。

社会主义是一种思想体系，也是一种社会制度。中国共产党成立以来，一直把团结全国人民，在中国建立社会主义制度作为自己的奋斗目标。新中

① 《朝鲜族简史》，延边人民出版社1986年版，第21页。

② 《列宁全集》第35卷，人民出版社1985年版，第187页。

国成立后，社会主义制度是中国主体部分的基本政治制度。改革开放以来，中国的社会主义制度又不断地得到巩固和自我完善。实践证明，社会主义在中国具有强大的生命力。

爱国主义与社会主义，是今天中华民族民族凝聚力的精神基础和政治基础。

世界上没有哪个民族不爱自己的祖国，中华民族由于创造了悠久的历史和灿烂的古代文明，其爱国主义感情就更为深厚。世界上没有哪个民族在近代受到如此众多的帝国主义国家的长期侵略，由于自己的祖国曾经备受屈辱，中国人的爱国心也更为强烈。为了挽救祖国的危亡，“自从1840年鸦片战争失败那时起，先进的中国人，经过千辛万苦，向西方国家寻找真理。”① 他们曾经从西方学来了各种各样的主义：自由主义、民族主义、无政府主义、民主主义、改良主义，甚至还有法西斯主义。孙中山这样的爱国者和革命先驱也曾把西方的主义与中国的实际相结合，提出三民主义。还有人则尝试把中国原有的思想学说，例如儒学、佛学等等加以改造，作为救国的良方。许许多多的中国人梦想着教育救国、科学救国、实业救国。但是所有这些主义，这些努力，统统都没有成功。在一代一代的爱国者中，只有找到了马克思列宁主义，找到了科学社会主义的中国共产党人，才真正使中国获得了独立，使中华民族获得了翻身解放。

在近代中国，社会主义与爱国主义是统一的。尽管爱国的中国人未必都拥护和信仰社会主义，但领导人民打败帝国主义及其走狗，建立起社会主义中国的中国共产党人，则是当之无愧的爱国主义者。中国人民对于包括社会主义在内的各种主义是非优劣的判断标准只有一个，就是看它能不能救中国，能不能使中国富强。只有社会主义能够救中国，这一点已经得到证明了；社会主义能够使中国富强，这一点正在得到证明。

社会主义制度的建立，不仅使中华民族获得了翻身解放，而且根本改变了少数民族在旧中国受压迫、受歧视的状况，使中国国内的民族关系发生了巨大变化。新型的各民族平等、团结、互助的民族关系，党和政府对各少数民族及民族地区各项建设事业的关心和帮助，少数民族地区经济的迅速发展和人民群众生活水平的不断提高，使得中华民族的凝聚力比以往任何时候都要强大，各族人民的爱国主义感情也更加深厚和强烈。

---

① 《毛泽东选集》四卷合订本，人民出版社1967年版，第1358页。

（二）弘扬爱国主义，增强民族凝聚力的现实意义

在今天振兴中华民族的伟大斗争中，在我国向社会主义市场经济体制转轨，建设有中国特色社会主义的过程中，弘扬爱国主义精神、增强民族凝聚力，具有重大的现实意义。

这是因为，第一，祖国统一的大业尚未完成。十一届三中全会以后，中国共产党制订了和平统一祖国的方针，提出了中国大陆和台湾和平统一的设想，用“一个国家，两种制度”的办法来解决香港和台湾问题。国家的统一是中华民族的愿望，符合中华民族的最大利益，所有爱国的中国人无不表示赞成。但是我们今天面对的现实是，中国的主体，11 亿人口的地区实行的是社会主义，而台湾和香港 2500 万人口的地区实行的是资本主义。台湾和香港的绝大多数中国人同样是爱国的，但其中有些人可能并不赞成中国大陆实行的社会主义制度。为了完成祖国统一的大业，我们必须团结一切爱国的中国人。这种团结的基础不是社会主义，而是爱国主义。在谈到台湾和香港问题时，邓小平就一再指出，凡是中华儿女，不管是抱什么政治观点，只要站在民族的立场，维护民族的大局和民族尊严，不搞分裂，我们都要和他们团结，包括骂共产党的人，也要团结。① 在新的历史时期，发扬爱国主义，能够促进祖国统一大业的早日实现。

第二，国内外民族分裂势力的活动尚未停止。新中国成立以后，我国新疆、西藏等地区的一小撮民族分裂主义分子先后流亡国外，勾结国际反华反共势力，不断地从事分裂祖国，分裂中华民族的活动。东欧政局发生剧变和苏联解体以来，他们的民族分裂活动有所增加。某些西方国家中，也有人希望中国国内的民族矛盾最终将导致社会主义中国的解体。我们同国内外民族分裂势力的斗争，是一场长期而严重的政治斗争。对全国各族人民进行爱国主义教育，进行维护祖国统一和民族团结的教育，增强中华民族的凝聚力，无疑将有助于我们反对民族分裂的斗争。

第三，在建立社会主义市场经济体制的过程中，还需大力加强精神文明建设。爱国主义是我们民族的优秀传统，是精神文明建设的重要内容。爱国主义教育可以激发每一个中国人的民族自信心和自豪感，使年青一代把振兴中华引为己任。现在有一些人物质生活较快地富裕起来了，但精神上却日渐贫乏、空虚。社会上的各种腐败现象、拜金主义，都有不同程度的发展。许

① 《邓小平文选》第 3 卷，人民出版社 1993 年版，第 58—76 页。

多人不肯把共产主义作为自己的理想，但是完全可以把爱国主义作为自己的精神支柱，愿意为振兴中华奉献自己的毕生精力。爱国主义可以成为最大多数中国人的共同精神，爱国主义教育可以作为社会主义、共产主义教育的有益补充，对于抵制不良社会风气，唤醒一部分人的良知，提高全民族的文化素质，保障社会主义现代化事业的顺利进行，将会产生巨大的推动作用。

第四，我国经济的迅速发展，必将带来民族关系方面的深刻变化。邓小平指出："走社会主义道路，就是要逐步实现共同富裕"。[1] 共同富裕也包括了各民族共同富裕的内容。由于社会发展和地理环境等方面的原因，我国部分少数民族地区的经济发展一直比较落后。实行改革开放以来，这些地区与东南沿海地区以及内地发达地区的差距又在拉大。改变这种状况，既要依靠当地各族人民的艰苦奋斗，也要靠国家以及其他兄弟民族的支持和帮助。帮助落后的少数民族及民族地区发展经济和各项社会文化事业，是先富起来的地区和民族不容推卸的责任，也是社会主义制度优越性的重要体现。在最近召开的中央扶贫工作会议上，江泽民又一次强调了这一点。研究和阐明中华民族凝聚力形成发展的内在规律，揭示少数民族和汉族"谁也离不开谁"的必然性，有助于提高各民族间相互帮助的自觉性，从而促进民族团结，顺利地解决我国民族关系中不断出现的新问题，达到各民族的共同繁荣。

最后，弘扬爱国主义精神，坚持社会主义方向，还能使我们最广泛地团结几千万海外爱国同胞，共同为振兴中华民族而努力。

中国只有稳定，才能发展。只有坚持共产党的领导，才能有一个稳定的社会主义中国。社会主义的中国是今天中华民族凝聚力的坚实基础。内地的11亿中国人在社会主义的基础上团结起来，所有的中华民族子孙，包括内地同胞，台湾、香港、澳门的同胞以及海外华侨、华人在爱国主义的旗帜下团结起来，我们实现祖国统一和中华民族振兴的宏伟目标一定能够实现。

原载龚学增等编著：《民族问题与宗教问题讲座》第二讲，中共中央党校出版社1994年版

---

① 《邓小平文选》第3卷，人民出版社1993年版，第373页。

中国共产党对少数民族干部的培养

在长期的革命斗争中，中国共产党人十分重视少数民族干部的培养。中国共产党创建初期，一批出身于少数民族的青年在寻求救国救民真理的过程中，接受了马克思主义，成为中国共产主义运动的先驱。水族青年邓恩铭、回族青年马骏、郭隆真、刘清扬等人都曾参加过当时的励新学会、觉悟社、新民学会等进步团体，宣传马列主义和社会主义，成为我党早期的党员。1921 年 7 月，邓恩铭作为山东共产主义小组的代表，出席了在上海召开的中国共产党第一次全国代表大会。当时他年仅 20 岁，是党的一大代表中最年轻的，也是唯一的少数民族代表。还有一些出国勤工俭学的少数民族青年，信仰了马克思主义之后，在国外加入了中国共产党。这些中共早期的少数民族革命家为各地党组织的建立和发展做出了积极的贡献，有些人还担任了党内的重要职务。如邓恩铭曾任中共山东省委书记，张伯简曾任中共广东区执行委员会委员、两广区委军委书记。由于曾经在德国和苏联留学，张伯简具有较高的理论水平。他编写的《社会发展简史》，被毛泽东推荐给广州第六届农民运动讲习所的学员。

中国共产党在蒙古族青年学生中培养党员和干部的工作也是非常成功的。1923 年，中国北方党组织开始深入北京蒙藏学校的蒙古族青年中开展工作。荣耀先、乌兰夫、吉雅泰、李裕智、奎璧等人成为我国蒙古族最早的一批共产党员，并且组建了蒙古族的第一个党支部。这也是中共历史上的第一个少数民族党支部。这些蒙古族的第一批共产党员，后来成为领导内蒙古人民革命斗争的骨干力量。随着中国革命事业的发展，越来越多的少数民族先进分子接受了马克思主义，加入到党的队伍中来。例如壮族的韦拔群、陈洪涛、雷经天、高孤雁，满族的关向应、王俊，苗族的朱早观，侗族的龙大道、粟裕，土家族的姚彦、张昌歧、米世珍，彝族的王有德，朝鲜族的李东辉、朴镇淳、韩乐然，黎族的黄振士、白族的赵仙琴，等等，都是在中国共产党建党初期入党的。他们在党的早期革命斗争中发挥了积极的作用，做出了重要的贡献，有的牺牲在国民党反动派的屠刀下，献出了自己年轻的生命，有的在后来的革命斗争中锻炼成长为党和军队主持一个方面工作的领导人或将领。

大革命失败后，中国共产党人在毛泽东同志的领导下，建立起革命根据地，开始了农村包围城市、武装夺取政权的长期艰苦斗争。由于中央苏区所在的江西是我国少数民族比较少的地区，党的民族工作和少数民族干部的培养受到条件的限制。红军的长征改变了这种局面。1934 年 10 月，第五次反围剿失利，中共中央和工农红军 8 万余人被迫撤离中央苏区，实行战略大转移。震惊世界的长征历时两年，途经湖南、广西、贵州、云南、四川、西康、甘肃、宁夏、青海等省区，红军直接接触到苗族、瑶族、壮族、侗族、水族、布依族、仡佬族、土家族、白族、纳西族、彝族、藏族、羌族、裕固族、回族、蒙古族等十几个少数民族，为中国共产党深入了解国内各少数民族的情况，宣传自己的民族纲领，制订并实行党的民族政策创造了条件。这些少数民族的广大群众和僧俗首领从自己的亲身体验中认识了中国共产党和它所领导的红军。在党的领导和帮助下，上述地区的少数民族纷纷建立起自己的革命政权。其中主要有：西康省的藏族博巴政府，四川省的阿坝藏族苏维埃，四川省大凉山地区的彝汉联合政权——冕宁县革命委员会，茂县、理县、汶川羌族工农兵政权，川、陕、甘的回民自治政权，川、黔的土家、苗、汉各族苏维埃，等等。一批少数民族的先进分子参加了革命，加入了中国共产党，成为党在这些少数民族中培养的干部，其中有的人，像藏族的天宝等人，离开家乡跟随红军踏上了长征的道路，最后抵达延安。

日本帝国主义发动的全面侵华战争，使得中华民族的所有成员都面临生死存亡的危机。为了征服中国，日本帝国主义施展“以华制华”的毒计，在我国的各个民族之间，特别是在满族、蒙古族、回族和汉族之间挑拨分化，鼓动民族分裂。1932 年，日寇扶植清朝末代皇帝溥仪在我国东北建立了伪满洲国。1935 年，日本关东军邀请蒙古族败类德王（德穆楚克栋鲁普）访问伪满洲国，答应帮助他独立，建立“蒙古国”，随后组成了以德王为首的傀儡政权“蒙古联合自治政府”。日本帝国主义还在回族中散布“抗战是为了汉人”，蛊惑回族人民“保教不保国”，并以援助回族“自决独立”、建立“回回国”来进行欺骗。所有这一切，使我们党的领导人深切地感受到民族问题的前所未有的紧迫性和重要性。民族工作成为党的一项重要工作。

正是在这样的背景下，1939 年初，党中央成立了西北工作委员会（简称西工委），主持陕、甘、宁、青、新、蒙各省地下党的工作，特别是那些地区的少数民族的工作。西工委是党设立的第一个专门负责分管民族工作的机构。中国共产党以马克思列宁主义关于民族问题的理论为武器，系统地研究国内少数民族问题，开展少数民族工作，就是从西工委的成立开始的。1940 年，西工委相继拟定了《关于回回民族问题的提纲》和《关于抗战中蒙古民族问题提纲》。这两个提纲成为当时指导党的民族工作的纲领性文件。

在党中央所在地的陕甘宁边区，党特别注重少数民族干部的培养和少数民族地区的政权建设。延安中央党校于 1937 年开办了少数民族干部训练班，1939 年又开办了回族干部训练班，一批藏、回、苗、彝等少数民族的青年进入训练班学习。此后，西工委为藏族干部开办了学习班，在陕北公学成立了民族部。1941 年，在陕北公学民族部的基础上，创办了民族学院。一大批藏、回、苗、彝等少数民族的青年进入这些训练班或民族学院，学习革命理论和党的民族政策。我们党大批地培养少数民族干部，就是从延安时期开始的。同时，党还组建了回族和蒙古族的抗日武装。在抗日战争和后来的解放战争中及中华人民共和国成立之后，这批少数民族干部在革命和建设中发挥了巨大的作用。

党对于各民族的少数民族干部给予了极大的关心和爱护。1946 年，冀鲁边区的回民支队挺进东北，转战热河、辽宁、吉林、黑龙江等省，捷报频传。一天，突然接到上级的命令，回民支队一分为二，回族和汉族干部战士分编，汉族部队编入野战军开赴前线，而回族部队回到后方哈尔滨当起了铁道兵。共同生活和战斗了多年的战友们难舍难分，许多回族的干部战士对于上级的安排想不通，认为这是看不起他们。后来大家才知道，这是党中央、毛主席为了保存回族的革命力量而采取的措施。野战军作战频繁，伤亡大，有可能被打光。为了保存回族的革命骨干，党中央才做出了这一决定，让汉族部队承当更大伤亡的风险。这件事，反映出党中央对于少数民族干部的特殊爱护。

中华人民共和国建立之初，我们已经有了一支大约 1 万人的少数民族干部队伍。这无法满足当时革命和建设形势的需要。毛泽东同志及时地提出了大力培养少数民族干部的问题。1949 年 11 月，在给彭德怀同志和西北局的一份电报中，毛泽东指出："各级政权机关均应按各民族人口多少，分配名额，大量吸收回族及其他少数民族能够和我们合作的人参加政府工作……在这种合作中大批培养少数民族干部……一切有少数民族存在地方的地委，都应开办少数民族干部训练班，或干部训练学校。请你们注意这一点，要彻底解决民族问题，完全孤立民族反动派，没有大批从少数民族出身的共产主义干部，是不可能的"。不久后，毛泽东再次强调："民族区域自治地方要搞建设，便要有自己民族的干部，自己的科学家"。（《毛泽东文集》第 5 卷，第 20 页；第 7 卷，第 7 页）1951 年 11 月，中央人民政府政务院批准实施《培养少数民族干部试行方案》，明确提出“普遍而大量地培养各少数民族干部”的方针，逐步建立起中央民族学院和各地的民族学院，培养各少数民族干部的工作走向了正规化。

十一届三中全会召开后，党和国家工作的重心转移到社会主义现代化建设上来。与此相适应，培养少数民族干部的方针调整为“大力培养四化建设所需要的具有共产主义觉悟的少数民族政治干部和专业技术人才，为少数民族地区的社会主义现代化建设服务”。在有计划地增加少数民族干部数量的同时，采取多种措施提高他们的政治素质和业务素质，如选送少数民族干部到各级党校、干校、民族学院学习进修，到经济发达地区挂职锻炼，委托内地大专院校举办民族班，实行沿海地区和内地发达地区的干部交流，等等。我国的各级各类少数民族干部，已经从新中国成立初期的 1 万余人增加到 2000 年的 270 余万人。他们具有双重身份，既是党和国家的干部，是中国各族人民利益的忠实代表，又是本民族和民族自治地方的干部，是本民族人民根本利益的忠实代表。他们热爱社会主义祖国，热爱党，同本民族的人民群众有着广泛而密切的联系。他们通晓本民族的语言文字，熟悉本民族的风俗习惯和生活方式，熟悉当地的历史和现实情况，更能深刻地体察本民族人民的情感和疾苦，反映本民族人民的意见和要求。在贯彻执行党和国家的方针政策时，能够更好地同本民族和本地区的特点结合起来。在他们身上，集中地体现了中国共产党的性质和宗旨，反映出我国社会主义的民族关系。在领导各族人民进行社会主义四个现代化建设、坚持和完善民族区域自治制度、维护祖国统一、加强民族团结、与西方敌对势力和民族分裂主义分子的斗争中，他们的特殊作用，是汉族干部所无法取代的。我国少数民族干部队伍的成长壮大，是我们党的事业兴旺发达的保证。

原载《学习时报》2001 年 5 月 21 日第 5 版，原文署名周新

民族与民族概念的发展

历史学家、考古学家和古人类学家都告诉我们，人类从动物界分化出来，至少已经有了上百万年的历史。在漫长的原始社会时期，根本无所谓"民族"，人类社会的初始组织或人们共同体是氏族、部落、部落联盟，等等。距今数千年前，人类祖先的某些部分在生产和交换发展的基础上，创制发明了文字，开始了自己的有文字记载的历史，也就是文明史。正是从那时起，阶级、国家开始产生，古老的以血缘关系为纽带的氏族、部落和部落联盟开始解体，并逐渐被以地缘关系为纽带的新的人们共同体所取代。这种新的人们共同体，也就是我们今日所说的"民族"。显然，民族是一个历史的范畴，并不是从来就有的。

在人类划分为各个不同的古代民族之后，人们并未立即深刻认识到这一社会现象，许多民族早期的语言文字中也没有"民族"这个词汇。公元前9世纪，古希腊诗人荷马的诗中谈到过民族。马克思称在荷马的诗中，"希腊的各部落在大多数场合已联合成为一些小民族"。西方语言英语中的民族 Nation 一词最初是从拉丁文 Nasci 的过去分词演化而来的，指具有同一出生地或拥有某一特定地理区域的人们。① 到了17世纪，Nation 又逐渐具有了领土的含义，成为与国家 Country/State 语义相近的政治词汇。第二次世界大战后期成立的联合国，英文名称就是 United Nations。用一位西方学者的话说，"一个民族 Nation 就是一个拥有国家 State 的人民 People（A nation is a people in possession of a state）。"然而，如同许多抽象名词和概念一样，它所描述的社会现象的客观存在是一回事，人们开始认识到该现象，尝试用某一术语描述它是另一回事，而对该术语的科学界定和取得共识则又是一回事。在人们认识到民族的存在，谈论民族问题之后很长时间，人们对什么是民族的认识是模糊的，有歧义的。

近代西方学者对民族进行的界定中，德国政治学家伯伦智理的论点很有代表性。他认为民族的特质有八个：1. 其始也同居一地；2. 其始也同一血统；3. 同其肢体形状；4. 同其语言；5. 同其文字；6. 同其宗教；7. 同其风

① 王联：《关于民族和民族主义的理论》，《民族研究》1999年第5期。

俗；8. 同其生计（参见梁启超《饮冰室文集》）。马克思在《摩尔根〈古代社会〉一书摘要》、恩格斯在《家庭、私有制和国家的起源》中多处提到民族和民族问题，但却并未对“民族”概念进行明确的界定。这件事是由斯大林做的。1912 年底至 1913 年初，斯大林在《马克思主义和民族问题》中提出了他对什么是民族的回答：“民族是人们在历史上形成的一个具有共同语言、共同地域、共同经济生活以及表现于共同文化上的共同心理素质的稳定的共同体”（《斯大林全集》第 2 卷，第 294 页）。列宁对此文曾给予高度评价。[①] 尽管斯大林的民族定义数十年来引起很大的争议，但是它对于中国共产党人正确认识和解决中国的民族问题无疑发生了巨大的影响。

中国自古以来就是一个统一的多民族国家，然而在浩如烟海、汗牛充栋的中国古代文献中，虽有关于许许多多古代民族的记载和描述，却不曾出现“民族”这一概念，甚至绝少出现“民族”一词。现代汉语中的“民族”是从日文中借用的西方词汇和概念，它的历史至今不过百年左右。近代人王韬 1874 年前后在《洋务在用其所长》一文中说：“夫我中国乃天下至大之国也，幅员辽阔，民族殷繁，物产丰富……”这可能是汉语中第一次出现现代意义的“民族”一词，但此文不专在讨论民族问题。1899 年，梁启超在《东籍月旦》一文中使用了“东方民族”“泰西民族”“民族变迁”和“民族竞争”等新名词。然而当时他的民族概念，是与种族相混淆的，这从他在 1903 年《新民说》中称地球上有所谓“黑色民族”“红色民族”“棕色民族”“黄色民族”“白色民族”等等可以清楚地看出。汪精卫把民族的条件归结为六个：一同血系、二同语言文字、三同住所、四同习惯、五同宗教、六同精神体质。孙中山则提出凡有血统、生活、语言、宗教、风俗习惯等“五自然力”者，“可自行结合成一个民族”。[②]

在 20 世纪初发生的以孙中山为首的资产阶级革命派与以康有为、梁启超为首的保皇派的大论战中，建立清朝的满族是不是中国人成为双方争论的一个问题。孙中山为同盟会确定的“三民主义”纲领，其民族主义居于最重要的地位，是用“驱除鞑虏，恢复中华”八个字来表达的。在革命的宣传中，“反满”成为最有力的口号。康、梁等人为了论证“君主立宪”以及保留帝制的合理，则把“满人也是中国人”作为立论的基础，提出了一种全新的中

① 熊坤新：《斯大林民族定义之我见》，《世界民族》1998 年第 2 期。

② 梁启超：《新民说》，辽宁人民出版社 1994 年版。汪精卫：《民族的国民》，《时论选》第 2 卷，第 83 页。《孙中山选集》，人民出版社 1981 年版，第 592—593 页。

国民族观。这种民族观的关键在于提出了中国是一个多民族国家。尽管康、梁的改良主义终为国人所抛弃，但其中国民族观后来却为孙中山所接受。辛亥革命时期，汉满蒙回藏“五族共和”的口号得到中国各民族、各阶层的广泛认同，中国是汉族和其他民族的共同国家的观点开始深入人心。

中国共产党人登上历史舞台后，以俄为师，高举民族平等的旗帜，为中华民族的解放和中国国内民族问题的解决进行了成功的探索。1925 年，毛泽东在《〈政治周报〉发刊理由》中使用了中华民族的称谓。[①] 1939 年，毛泽东在《中国革命和中国共产党》中明确提出，“中国是一个由多数民族结合而成的拥有广大人口的国家”，列举了蒙古、回、藏、维吾尔、苗、彝、僮（即壮族）、仲家（布依族和云南省部分壮族的旧称）、朝鲜等少数民族，并且提出中国有数十种少数民族。中华人民共和国建立后，中国共产党根据马克思主义的民族理论，结合中国民族的实际，在各少数民族聚居的地方实行民族区域自治，进行了我国的民族识别工作，陆续认定了我国汉族之外的 55 个少数民族，建立起平等、团结、互助的社会主义的民族关系。

与此同时，我国民族理论和民族学界也在党的领导下不懈地推进有中国特色的民族理论研究，不断丰富马克思主义的民族理论。尤其是改革开放以来，在解放思想、实事求是思想路线的指引下，我国学者对斯大林的民族定义进行再认识，许多专家学者提出了补充完善的意见乃至新的民族定义。随着国门的打开，我国学者的眼界和视角也比过去更为开阔，越来越注意总结世界其他多民族国家解决国内民族问题的经验教训，吸收和借鉴国外学者的研究成果，提出自己新的见解。例如，针对英语中的“Nation”一词与汉语中的“民族”含义不尽相同，而英语中的“Ethnic Group”（目前一般译为族群）在汉语中多年未被正确理解和翻译的情况，已有学者著书立说，提出用“Nation”（甚至对外直接用民族的汉语拼音“Minzu”）来表达“中华民族”中的“民族”，而用“Ethnic Group”来表达构成中华民族的包括汉族在内的 56 个民族的“民族”。

民族既是一种人们共同体，一种社会现象，也是一个过程。在这个以和平和发展为主题的当代世界，民族在发展，人们对于民族的认识在不断深化，民族概念当然也处于演变和完善之中。中国共产党在新时期解决国内民族问题的理论探索和实践，必将为丰富和发展马克思主义民族观做出新的贡献。

原载《学习时报》2001 年 8 月 6 日第 5 版

① 中共中央文献研究室编：《毛泽东文集》第 1 卷，人民出版社 1993 年版，第 21 页。

肩负起中华民族先锋队的历史重任

——学习《江泽民论有中国特色社会主义（专题摘编）》

中华民族所创造的灿烂的古代文明成果，曾经为世界瞩目。但是近代以来，中华民族一度落后于时代潮流，成为列强侵略压迫的对象，蒙羞受辱。这种状况，自从20世纪中国共产党的诞生而开始发生变化。在中国共产党的领导下，经过整整八十年的奋斗，到21世纪初，中国人民已经拥有了一个欣欣向荣的社会主义祖国，这是中华民族发展的一个历史奇迹。这个历史奇迹的出现，是与中国共产党人在革命和建设的过程中正确地认识和处理中国的民族问题分不开的。在新的历史时期，要实现中华民族的伟大复兴，同样要处理好中国的民族问题。学习江泽民同志关于民族宗教问题的论述，可以使我们深刻认识中国共产党在新的历史时期所肩负的中华民族先锋队的历史重任。

一、用历史的眼光看待中国的民族问题

中华民族的发展有着自己的历史轨迹，有着不同于世界其他民族之处。中华民族是中国境内各民族的集合体，它作为一个自在的民族具有悠久的历史。但是，直到20世纪初，中华民族的成员才在共同反抗内外敌人的斗争中，开始实现近代的自觉过程，从一个自在的民族逐步转变为一个自觉的民族。中华人民共和国的成立，使得平等、团结、互助的社会主义新型民族关系有史以来第一次在中华民族的成员之间建立起来。我们今天常常用“三个离不开”来表述这种新型的社会主义民族关系——汉族离不开少数民族，少数民族离不开汉族，少数民族之间也相互离不开。用如此通俗的语言来表述中华民族各个成员在中国共产党领导下建立起来的新型民族关系，是以江泽民同志为首的党的第三代领导集体提出的。

江泽民同志指出：“我国历来是一个统一的多民族国家，在漫长的历史发展中，经过长期的锤炼，形成了具有强大内聚力的中华民族。把我国各民族维系于一个统一的大家庭中而又世代传承的纽带，主要有三个：一是国家的

长期统一；二是各民族相依共存的经济文化联系；三是近代以来各民族在抵御外来侵略和长期革命斗争中结成的休戚与共的关系。”这样三条历史的纽带，加上新中国成立后确立的平等、团结、互助的社会主义民族关系，使得祖国统一和民族团结成为中华民族全体成员的根本利益之所在。因此，任何内外敌人分裂中华民族的图谋都不会得逞。

民族区域自治制度把国家的集中统一领导与少数民族聚居区的区域自治紧密结合起来，具有强大的生命力。用历史的眼光看待中国的民族问题，就要始终不渝地坚持和不断完善这一制度。任何鼓吹“联邦制”或某一民族地区“高度自治”的做法，都是违背全国各族人民的根本利益和意志的，是根本行不通的。

二、用发展的眼光看待中国的民族问题

人类历史的发展进入21世纪，世界形势、国际格局和世界思潮都已经发生和正在发生巨大的变化。中国的民族问题，从形式到内容，也处于变化之中。以前处于主要地位的问题，有些已经不复存在，或者退居次要地位；以前不甚突出甚至并不存在的问题，不断产生出来甚至成为新的焦点、热点。在经过了数十年的社会主义建设之后，少数民族地区经济社会发展落后的问题日益显现出来。特别是在实行改革开放、由计划经济向社会主义市场经济转变、我国沿海地区和内地有了较快的发展、汉族地区与少数民族、民族地区的发展差距有所拉大之后，加快少数民族和民族地区的经济社会发展就显得更为迫切。正如江泽民同志所指出的：“现阶段，我国的民族问题，比较集中地表现在少数民族和民族地区迫切要求加快经济文化的发展……在新的历史时期，搞好民族工作，增强民族团结的核心问题，就是要积极创造条件，加快发展少数民族和民族地区的经济文化等各项事业，促进各民族的共同繁荣”。

冷战结束后国际环境的变化，市场经济发展带来的各民族交往和资金、人员流动的增加，中国加入WTO，社会急剧变化时期人们价值观念的更新，竞争意识、环境保护意识的增强，信息时代各种不同文化的冲突，西方敌对势力打着民族、宗教、人权等旗号，支持民族分裂主义势力活动对我国社会稳定和国家安全造成的危害，所有这些，都使得今天中国的民族问题已经不同于昨天，都要求我们用发展的眼光看待中国的民族问题，深入研究新形势下当代中国民族问题的新内容、新特点、新趋势，在坚持马克思主义民族理论基本原则的同时，与时俱进，不断创新，发展马克思主义的民族理论，指

导我们做好今天中国的民族工作。

三、用发展来解决发展中产生的民族问题

今天中国的民族问题，既有历史上遗留下来的，也有在中国改革开放的历史过程中新产生的。民族问题是社会总问题的一部分，而发展是硬道理。无论是历史遗留下来的还是新产生的民族问题，都要靠发展来解决，在发展的过程中解决。坚持以经济建设为中心，用发展来解决民族问题，才能逐步达到各民族的共同繁荣、共同进步。“三个离不开”的社会主义民族关系，在经济社会发展问题上突出地体现出来。江泽民同志指出：“少数民族和民族地区的经济社会发展，直接关系到我国整个现代化建设目标的顺利实现。民族地区的现代化同全国其他地区的现代化，少数民族的振兴同整个中华民族的振兴，是密不可分、互相促进的。”

正是在这样的思想指导下，中国共产党和中国政府在上个世纪末开始实施西部大开发的战略部署。西部大开发将使得我国西部民族地区的资源优势与东部地区的资金、技术和人才优势更好地结合起来，加快我国生产力的合理布局和协调发展，促进各民族的共同繁荣，使得共同富裕这一社会主义制度的优越性充分体现出来，增强我国的综合国力和抵御民族分裂主义的能力。

四、警惕国内外敌对势力利用民族、宗教问题“西化”“分化”我国的图谋

和平和发展是当今世界的两大主题。在中国国内，阶级斗争已经不是社会生活中的主要矛盾。中国的建设和发展机遇难得。然而，这个世界仍然不太平。某些西方国家和外部敌对势力不喜欢社会主义的中国，把中国的发展壮大，甚至把中国的存在本身视为其追求世界霸权的障碍和威胁，力图搞乱中国。而我国的一些分裂主义势力则卖身投靠，托庇于敌对势力，与之勾结，从事分裂祖国的活动。

针对这种情况，江泽民同志多次指出：“对于敌对势力在我国境内搞宗教渗透和进行民族分裂活动，要保持高度警惕。”“西方一些敌对势力与我国一些分裂主义势力加紧勾结，利用民族、宗教问题，不断挑起事端，就是企图在我国打开一些缺口，进而实现其‘西化’、‘分化’中国的政治图谋。我们千万不能麻痹大意。”近代以来中国的民族分裂活动，从来都是外国侵略势力策动的。而利用民族、宗教问题干涉别国内政，破坏别国的国家统一和民族团结，是当今世界霸权主义的一个突出表现。我们必须与之进行坚决的斗争。

江泽民同志的上述论述充分表明，中国共产党不仅是中国工人阶级的先锋队，同时也是中国人民和中华民族的先锋队。坚持马克思主义民族平等的基本原则，正确认识和妥善处理中国的民族问题，通过经济社会各项事业的发展促进中国各民族的共同繁荣和进步，警惕和反击国内外敌对势力利用民族、宗教问题“西化”、“分化”我国的图谋，正是代表了中国各民族、中国最广大人民的根本利益。在21世纪，中国共产党必将肩负起中华民族先锋队的历史重任，领导全国各族人民，实现中华民族的伟大复兴。

原载《中国民族报》2003年4月1日第3版

民族地区新农村建设应处理好几个关系

2006年春节刚过，中共中央就在中央党校举办了省部级领导干部建设社会主义新农村专题研讨班，胡锦涛总书记在开班式上做了重要讲话。接着，《中共中央国务院关于推进社会主义新农村建设的若干意见》公开发表。这是我国改革开放和社会主义现代化建设的一件大事，预示着若干年来影响我国经济社会全面进步的“三农问题”已经被置于“全党工作的重中之重”这样一个更加突出的地位，也预示着我国小康社会的建设将取得新的更加协调的发展。

今天的中国仍然是一个农业人口占多数的发展中国家，也是一个少数民族聚居区占国土面积一半以上的多民族国家。就人口而论，汉族地区的农村人口占全国农民的大多数；然而就面积而论，除去草原、森林、荒漠、戈壁和不适于人类生存居住的地区，少数民族地区也有着广大的农村和相当数量的农业人口。由于历史的和自然的原因，少数民族地区的农村往往更加落后，少数民族地区的农民往往更加贫穷，少数民族地区的农业往往更加不发达。正如胡锦涛总书记指出的那样，“民族地区实现全面建设小康社会的目标，需要付出更大的努力。”全面建设小康社会，最艰巨、最繁重的任务在农村。没有少数民族地区的小康，就没有全国小康。同样，要建设好我国的社会主义新农村，也必须建设好我国少数民族地区的社会主义新农村。少数民族地区社会主义新农村的建设，是我国社会主义新农村建设和经济社会协调发展的一项重要任务，也是构建社会主义和谐社会的必然要求。

一、少数民族地区社会主义新农村建设的特殊性

中华人民共和国建立半个多世纪以来，尤其是改革开放以来，在党和政府的领导下，各族人民共同团结奋斗，少数民族地区的各项经济社会事业已经有了巨大的进步。但是一般说来，与内地农村相比，少数民族地区农村经济发展的总体水平不高，发展不平衡，基础设施更加薄弱，交通和通信条件普遍较差，市场更加不发育，城镇化水平更低，部分少数民族农民群众的生

活仍很困难。与沿海和内地不同，与汉族地区不同，许多少数民族地区中心城市相对来说数量少，距离广大农村更加偏远，农村人口进城务工更加不便，他们的文化素质和教育水平亟待提高，观念需要更新。例如，地处祖国西南边陲的云南省，居住着25种少数民族，是全国民族最多的省份，有8个民族自治州，29个民族自治县，全省面积的94%是山地，有60%的人口居住在半山区、山区和高寒山区。“十五”期间，全省有73个国家扶贫开发工作重点县，尚有400万人未解决温饱，600万人需进一步巩固温饱，约300万人未用上电。又如，据北京市不久前的一项调查，郊区5个少数民族乡农民的人均年收入为5600元，比全市郊区农民平均水平6496元低896元。109个少数民族村人均年收入6360元，比全市郊区平均水平低136元。像西藏、新疆这样一些边远的少数民族地区，还面临着与邻国的边境问题、反分裂斗争和反对三股势力的斗争问题，部分地区的边境贸易还无法正常开展，经济发展时常受到内地农村很少遇到的种种问题的困扰。

但是，上述种种困难和不利条件只是问题的一个方面。另一方面，应该看到，少数民族地区在建设社会主义新农村的过程中也具有内地和汉族地区缺乏或不具备的某些优势。例如，那里独具特色的自然景观和人文景观，令内地人耳目一新的民族风情和文化遗产，少数民族纯朴的民风，独具特色的歌舞、服饰、节庆活动，那里清新的空气、洁净的河流、丰富的自然资源，等等，可以为发展旅游业和各种特色农业提供良好的条件。只是由于缺乏资金、技术和人才，交通不便，信息不灵，那里的区位优势、资源优势还没有真正发挥出来。所有这些，造成了少数民族地区社会主义新农村建设的特殊性。

二、少数民族地区社会主义新农村建设需要处理好的几个关系

党的十六届五中全会提出了建设“生产发展、生活宽裕、乡风文明、村容整洁、管理民主”的社会主义新农村的目标，这既是全国社会主义新农村的建设目标，也是少数民族地区社会主义新农村的建设目标。然而，由于少数民族地区的特殊性，在实现这一目标的过程中，特别要注意实事求是，处理好以下几个关系：

1. 经济发展与社会发展的关系

发展是硬道理。邓小平十几年前提出的这一著名论断，早已成为全国人民的共识。然而，在后来的一段时期内，我们有些同志曾经片面地把发展归结为经济发展，甚至简单地等同于GDP的增长，忽视了经济发展与社会发展

之间的密切联系，没有树立科学发展观和以人为本的理念。这种错误认识不仅造成了城市建设和工业发展的一系列问题，也造成了所谓的“三农问题”。“三农问题”在少数民族地区有着某些特殊的表现形式。例如，由于交通闭塞、信息缺乏和语言交流方面的制约，少数民族地区农民进城打工遇到的困难更多，更加缺少通过非农产业增加现金收入的途径，许多地区人均财政收入远远低于内地农村，很难拿出更多的资金进行基础设施建设。那里的医疗条件、教育水平、社会保障机制与内地相比有很大差距。长期的落后和闭塞，经济社会发展水平低，人口素质不高，也造成了部分少数民族群众安于现状，习惯于等、靠、要和不愿或不敢投身于市场经济竞争大潮的观念。

这就要求我们在少数民族地区建设社会主义新农村的过程中，首先制定更加优惠的政策，采取更加有效的措施，大力促进农村经济的发展，加大基础设施建设的力度，着力改善交通和通讯条件。尤其要注意因地制宜，因族举措，不照抄照搬内地或汉族地区的模式、经验，而要坚持从实际出发，结合当地的区情、族情，发挥本地区、本民族的优势，扬长避短，发展经济。其次，要注重人才的培养和人的观念的转变，从教育入手，千方百计让少数民族地区更多的学龄儿童享受到国民义务教育，使他们成为新一代有文化的公民。要协调好经济社会的全面发展，在生产发展的基础上，逐步建立起少数民族地区农村的医疗卫生和社会保障体系，提高群众的生活水平和质量。要坚持从群众中来，到群众中去的群众路线，调动少数民族群众投身于社会主义新农村建设的积极性，在他们自觉自愿的基础上，改变那些不卫生、不文明的生活习惯。在实现生产发展，生活宽裕的同时，实现乡风文明、村容整洁、管理民主。

2. 物质文明、精神文明与政治文明建设的关系

社会主义新农村的建设是一个系统工程，并不只以生产发展、生活富裕、农民经济收入增加、交通通讯条件改善等等物质文明的建设作为唯一的目标，而是应该同时重视精神文明与政治文明的建设。少数民族地区社会主义新农村建设的目标，除了与全国农村的共同性之外，还有其特殊性，尤其是精神文明与政治文明的建设，还具有自己的特色内容。在长期的历史发展过程中，各民族频繁迁徙，逐渐形成了大杂居、小聚居的分布格局。这是我国民族分布的一大特点。少数民族地区既有单一少数民族聚居的村镇，更有少数民族与汉族或多种民族成分杂居的村镇，民族关系是少数民族地区农村社会关系的重要内容之一。和谐的民族关系是少数民族地区社会主义新农村建设中的一件大事。在少数民族地区社会主义新农村的建设过程中，必须坚持巩固和发展平等、团结、互助、和谐的社会主义民族关系，大力弘扬爱国主义精神，通过多种形式的宣传教育，使各族干部群众牢固树立汉族离不开少数民族、少数民族离不开汉族、各少数民族之间也相互离不开的思想观念，促进各民族互相尊重、互相学习、互相合作、互相帮助。

民族区域自治制度是我国的一项基本政治制度，必须坚持并不断加以完善。少数民族干部和各类人才，是加快少数民族和民族地区经济社会发展，建设少数民族地区社会主义新农村物质文明、精神文明、政治文明的生力军。同样，居住和生活在少数民族地区的汉族干部群众也对当地的三个文明建设发挥着巨大的作用，忽视或不承认他们作用的观点也是不对的。如何在少数民族地区把民族区域自治制度同村民自治制度结合起来，提高各族群众的政治参与热情和能力，还需要不断地总结经验，探索规律。总之，只有坚持民族平等的原则，三个文明的建设并重，调动各方面的积极性，各民族共同团结奋斗，才能共同繁荣发展，建设好民族地区的社会主义新农村。

3. 经济发展、资源开发与环境保护的关系

我国的少数民族和民族地区主要分布在祖国的西部和边疆地区。世纪之交党中央国务院启动的西部大开发，为少数民族地区的经济社会发展注入了新的活力，带来了巨大的机遇。民族地区经济实力不断增强，农村各项社会事业发展加快，铁路、公路、电力、通讯等一批基础设施的建设有了较快发展，为推进民族地区新农村建设提供了有利的条件。民族地区广大干部群众建设新农村的愿望十分强烈，心情迫切，积极性高涨。

但是另一方面，我们还要认识到，我国少数民族地区农村落后面貌的彻底改变，不是一朝一夕就可以实现的。许多地方交通不便、信息不灵的状况不可能在短期内有普遍的改善，那里社会主义新农村的建设往往面临着更加独特的人口压力、资源压力和环境压力。我们对于少数民族地区人与自然关系的认识还有待于深化，需要不断探索适应少数民族地区农村的符合科学发展观和能够实现可持续发展的经济增长模式，把经济发展、资源开发、环境保护结合起来，特别是要避免重蹈内地有些地区以牺牲环境为代价实现经济增长，发展了经济，污染了环境，提高了 GDP，降低了生活质量的覆辙。坚决不再重复内地和沿海一些地区先污染、后治理的错误。少数民族地区农村的一个普遍的劣势是基础设施不足，交通不便，经济发展相对滞后，但是一个普遍的优势是生态环境较好，那里往往有着比内地更加清新的空气，更加茂密的森林，更加清澈的河流湖泊。这是一笔巨大的天然财富。在社会主义新农村的建设过程中，少数民族地区的各级领导必须树立正确的政绩观，各

族干部群众有权利拒绝违背科学发展观的经济增长方式，有责任保护好当地秀美的山川河流、自然环境、生态环境，为子孙后代造福。

4. **融入市场经济与保持民族特色，保护和发展本民族优秀文化的关系**

社会主义市场经济是20世纪末中国人民在中国共产党领导下做出的伟大抉择，中国向社会主义市场经济体制的转变，使我们逐步融入世界经济一体化的大潮，促成了中国经济的腾飞。中国的经济发展正在与世界接轨，一方面从中得益，一方面受到压力。这其中，就包括受到外来强势文化的压力。在建立社会主义市场经济体制的初期，少数民族地区的农村相对封闭，少数民族地区的农民绝大多数生活在自己的桃花源中，这种外来强势文化的压力尚不明显。随着市场经济的发展，特别是全国统一市场的形成，少数民族地区与外部世界的接触和联系逐渐增加，日益广泛深入地融入更大范围的经济活动之中。旅游业的发展和少数民族群众生活水平的提高，已经使一些少数民族农村地区与国外有了交往。少数民族农民开始走出家门、国门，务工、经商、求学、献艺，少数民族文化也因此与外部世界其他民族的文化发生碰撞，由是发生了保护和发展少数民族文化的问题。

民族文化是一个民族的重要特征和标志，是一个民族的根。少数民族文化是中华民族文化的重要组成部分，是中华民族宝贵的资源和财富。提倡“和而不同”是中华民族文化的价值理念和优秀传统。尊重和保护少数民族文化，支持少数民族优秀文化的传承、发展、创新，鼓励各民族加强文化交流，丰富各族群众的文化生活，不断提高各族群众的思想道德素质和科学文化素质，是党和政府的一贯方针。少数民族干部群众热爱自己民族的优秀文化，在经济社会发展的进程中保护和发展本民族的文化，是他们的热切愿望。我们要在学习和借鉴其他民族优秀文化的同时，继承和发扬自己民族的优秀文化。既不能自我封闭，孤芳自赏，也不能妄自菲薄，割断历史。对于上级党政部门领导来说，在少数民族地区社会主义新农村的建设过程中，如何处理好少数民族融入市场经济与保持民族特色，在学习借鉴外来优秀文化的同时，保护和发展本民族优秀文化，保持文化的多样性，还是一个新的课题。

各个少数民族大多有长期历史发展过程中保持下来的宗教信仰，宗教信仰成为一个民族形成共同心理素质的重要来源。宗教文化是少数民族传统文化的重要组成部分，不仅在历史上对于一个民族的形成和发展起过重要作用，就是在今天的日常生活中也还是维系本民族的重要纽带。在少数民族地区社会主义新农村建设的过程中，需要重新审视少数民族宗教的作用，引导宗教界人士弘扬各种宗教教义中爱国守法、扬善抑恶、平等宽容、扶贫济困等与社会主义社会道德要求贴近的积极内容，调动和发挥他们的积极性，把社会主义新农村的建设与贯彻落实党的宗教信仰自由政策，积极引导宗教与社会主义社会相适应结合起来。

建设好少数民族地区社会主义新农村，党的领导是关键。我们要加强基层党组织的建设，使之成为各族群众建设社会主义新农村的坚强领导。要善于总结经验，勤于学习探索，勇于正视困难，发动和依靠群众，充分调动各方面的积极性，采取切实得力的政策措施，扎扎实实地把民族地区新农村建设推向前进。在党中央国务院的领导下，我们一定能够在少数民族地区建设好经济发展与社会发展相协调，物质文明、精神文明与政治文明建设相协调，经济发展、资源开发与环境保护并重，少数民族特色和民族文化多样性得到保护和发展的社会主义新农村，为全国社会主义新农村的建设做出贡献。

原载《中国民族报》2006 年 3 月 10 日第 6 版

社会主义核心价值体系拒绝民族主义

“两个共同”（共同团结奋斗，共同繁荣发展）是新世纪新阶段我国民族工作的主题，任何形式的民族主义都是同这一主题不相符合的。当前客观存在的民族主义思想不应当成为社会主义中国对外交往的旗帜或对内处理各民族关系的指导思想。在资产阶级民族主义之外，没有一个无产阶级的民族主义；在狭隘的民族主义之外，也没有一个博大宽广的民族主义。在构建社会主义和谐社会的过程中，我们应当摒弃“弱国心态”，以宽广的胸怀和长远的眼光，对内坚持“三个离不开”（汉族离不开少数民族，少数民族离不开汉族，少数民族之间也相互离不开）思想观念的教育，弘扬爱国主义，拒绝民族主义，维护祖国统一和民族团结；对外提倡新的国际主义理念，把国际主义与爱国主义结合起来，使其成为社会主义核心价值体系的重要组成部分，提升中国和平发展的大国形象，为人类社会的文明进步和当代世界的和平发展做出贡献。

正确认识我国当前的民族主义问题

在今天改革开放、中国日益融入世界的情况下，在全球经济一体化的大背景下，国内知识界、理论界出现了倡导民族主义的呼声，这既是对于国内部分人民群众中日渐增长的民族主义情绪的表露，也是世界民族主义浪潮对于中国影响的反映。民族理论学界有责任对其中不健康、不正确的内容进行分析，予以实事求是和严肃认真的批评。

民族主义曾经是资产阶级民族国家建设过程中不可或缺的内容，也是中国这样的社会主义国家建设过程中难以避免的思想意识和倾向。20 世纪 90 年代以来，宣扬民族主义的人提出要构建“中华民族主义”，以对抗来自西方敌对势力政治经济上的压力，乃至资源紧缺的压力，用民族主义凝聚人心，实现国家的现代化。他们提出“中华民族需要民族主义”、“民族紧密团结便需要有民族主义”，他们一面承认很多情况下，“民族主义与爱国主义是一致的”，“民族主义与爱国主义是可以统一的”；一面又提出，“爱国主义并不如民族主义那样深刻”，民族主义“有超越爱国主义情感本身的意识形态功能和政治功能”，“讲爱国主义不能回避其民族主义的实质内容，不能回避其基本理论和基本理念，否则爱国主义就只能是一堆浅薄的、情绪化的东西”。似乎在今天的中国，仅仅宣传爱国主义是不够的，是不能把各族人民团结在一起的，唯有民族主义才可以在今日的中国起到凝聚人心的作用。

在论述马克思主义与民族主义的关系时，有人曲解在当时历史条件下马克思恩格斯提出的“全世界无产者，联合起来”这一口号的含义，不提革命导师关于民族主义造成的民族偏见和民族优越感“这些极端有害的东西归根到底只是大规模的利己主义”的观点，不提“无产阶级的政党不能容许向民族主义情绪”让步，“社会主义者要同一切粗糙的和精致的资产阶级民族主义的表现作斗争”的论述。在论述中国共产党与民族主义的关系时，漠视中国共产党长期反对两种民族主义的历史事实，把民族主义捆绑在爱国主义之后，甚至把毛泽东、邓小平称作伟大的爱国主义者、民族主义者，称我们党“始终高举爱国主义、民族主义的光辉旗帜”。

这样一批关注于民族主义研究的人，大多数是研究国际政治和国际关系问题的学者，而非国内民族理论和民族学界的学者。据笔者所知，后者也基本上没有作出回应。其原因之一，似乎是双方所说的“民族主义”在内涵和外延上有差异，不完全是同一事物。这中间既有指向外部的民族主义，也有指向内部的民族主义。然而，无论哪一种民族主义，其实质都有着密切的联系。最近，正是同一学术领域的学者对于学界倡言民族主义的观点提出了批评。例如，秦亚青和朱立群在《新国际主义与中国外交》一文中就提出了民族主义的问题。这篇以中国外交为主题的文章是以民族主义问题开篇的：“近年来，伴随着我国综合国力的不断提升，国内民族主义出现了新的发展势头。民族主义包含爱国主义的因素。但是，民族主义中也包含极端的成分。极端民族主义往往狭隘地界定国家利益，主张以极端方式追求国家利益，形式上似乎是爱国主义，但实质上则严重损害民族国家的利益。今天，时代发生了变化，中国外交也处于一个关键时期。中国需要爱国主义，但要摈弃非理性的极端民族主义；中国也需要国际主义，这就是和平与发展时代的新国际主义。”

20 世纪 90 年代以来，中国民族主义情绪的增长有其深刻的原因，也已经造成了一些负面的影响。就国内而言，无论是大民族主义，还是地方民族主义，两种民族主义倾向都有了某些新的表现形式。显然，民族主义在中国将长期存在，民族主义思潮的负面影响在中国也将会长期存在。

弘扬爱国主义，拒绝民族主义

自20世纪90年代以来，我国知识界和学术界出现的一些宣传和倡导民族主义的声音，在我国于国际社会展示和平崛起的大国形象之际，形成了一串不和谐的音符。有的学者提出，“必须要认真对待当下的民族主义，将其导向和平的、开放的民族主义，而不是尚武的、封闭狭隘的民族主义”；还有的学者呼吁“保持清醒的头脑，除对境外国外的叛国活动和反华势力进行反击以外，还要对国内群众中的民族主义情绪进行正确引导，把它纳入爱国主义和社会主义框架之内，建设当代中国的民族精神。”

民族主义不是我们的旗帜。首先，提倡民族主义不利于国内的民族团结。我国是一个统一的多民族的大国，半个世纪以来，“民族”的概念分别应用于作为整体的“中华民族”和作为个体的56个民族。这已经作为一种约定俗成为理论界和人民群众所普遍接受，短时间内难以改变。民族主义以民族为基本关注单位，而我们今天需要强化的是公民意识，并非民族意识。提出要构建“中华民族主义”的人，恐怕很难在理论上对各族群众解释清楚，为什么要提倡“中华民族主义”，而不能提倡各个民族的民族主义，以及如何这样做。在实践上，则可能导致对于少数民族感情的漠视。实际上，当他们提出“中华民族主义”口号的时候，要说的往往是爱国主义的内容。他们所说的民族主义的积极因素，可以包含在我们提倡的爱国主义、民族精神之中。而无法包含在爱国主义、民族精神之中的内容，正是民族主义中那些狭隘的、消极的因素。既然如此，那么，又有什么必要将爱国主义的内容冠以民族主义的标签来加以提倡呢？

其次，提倡民族主义不利于在国际上树立中国和平崛起的形象，为中国的发展营造良好的国际环境。尽管目前学术界对于民族主义没有一个为人们普遍接受的界定（这种情况很可能会长期存在下去），但是民族主义具有以本民族的利益作为思考和关注的中心、认为本民族的利益至高无上的基本特征，是一个客观事实。而纵观近半个世纪以来世界历史的进程，虽然一面有民族主义的兴起，一面也有“地区主义”或国际主义的壮大，最明显的实例就是欧盟的形成和欧洲一体化的发展。这种发展的理念基础，是一种“新国际主义”，而不是民族主义，它“通过把国家之间的认同从自私自利和主权界限行为转变为一种共有和平行为习惯的社会集团成员”，来建构集体利益和集体认同，制约恶性竞争与冲突，在合作中寻求地区和平稳定与共同繁荣发展。江泽民同志在党的十六大报告中指出：“中国外交政策的宗旨，是维护世界和平，促进共同发展。我们愿同各国人民一道，共同推进世界和平与发展的崇高事业。”改革开放以来，中国已经从世界体系的“局外者”向世界体系的“局内者”转变，从国际秩序的“挑战者”向国际秩序的“建设者”转变，全面融入国际社会，以合作谋和平、促发展。坚持与邻为善、以邻为伴的方针，提出睦邻、安邻、富邻的务实外交政策，寻求与亚洲国家共同崛起，与世界各国合作共赢。正如胡锦涛同志所说，“中国的发展离不开亚洲，而亚洲的繁荣也离不开中国”。尽管现存的国际政治经济秩序有许多不合理之处，但是中国不准备用极端方式改变这种秩序，获取自身利益。所以有的学者指出：“在全球化迅猛发展的背景下，中国的发展既需要爱国主义，也需要国际主义”，而且还要“呼唤各国加强新的国际主义意识和理念”。在这样的国际形势面前，提倡民族主义是不明智的。

第三，提倡民族主义有可能在理论上造成混乱。从20世纪50年代开始，中国共产党就提出了反对资产阶级民族主义的号召。当时和以后的相当长时期内，理论界把民族主义定义为“地主、资产阶级思想在民族关系上的反映，是他们观察、处理民族问题的指导原则、纲领和政策”。这种界定，并不否认资产阶级民族主义在历史上起到的进步作用，但是也明确指出了民族主义的消极作用。尽管有过失误，但是中国共产党长期反对各种资产阶级民族主义倾向、特别是大汉族主义和地方民族主义倾向的斗争，对于我国平等、团结、互助、和谐的民族关系的建立，发挥了积极的作用。在今天的国际国内形势下，把民族主义作为我们的旗帜，无疑会引起理论上的混乱。

原载《中国民族报》2007年5月18日第6版

在各民族共同繁荣发展过程中增进国家认同

7月5日发生在新疆首府乌鲁木齐市的那场打砸抢烧严重暴力犯罪事件，让世人为之震惊。暴徒在境外“疆独”分裂势力的遥控煽动和指挥策划下，蓄意制造事端，挑起民族冲突，对无辜的市民大打出手，致使150余个鲜活的生命转瞬丧失，千余人受伤。其出手之残忍、用心之险恶，令人发指！乌鲁木齐这个美丽、和平的城市，一时间遭到火光血影和暴力恐怖罪行的玷污。

这一有组织、有预谋的严重暴力犯罪事件，政治目的十分明显，那就是在中国改革开放30多年、中华人民共和国成立60年之际，在中国经济社会各项事业不断取得举世瞩目成就的时候，迎合西方某些敌对势力遏制中国发展的需要，挑动分裂，破坏我国的民族团结与社会稳定，阻挡我国的和平发展与中华民族的复兴。因此，这起事件既不是民族宗教问题，也不是人权问题，而是维护国家统一、民族团结、反对分裂的原则问题，它关乎我国各民族人民的根本利益。

目前，乌鲁木齐市的局势已经稳定。各族群众对于暴徒的野蛮行径表示了强烈的义愤。事件发生过程中，各族干部群众彼此帮扶、守望相助的感人事迹，证明了新疆各族人民的团结经受住了考验。

新疆是中华人民共和国的一个自治区。我国是法治国家。采取暴力手段非法剥夺他人生命财产，是任何一个法治国家都不能允许的犯罪行为。为了保护人民群众的生命财产安全，必须将犯罪分子绳之以法，以儆效尤。现在，部分暴徒已被捉拿归案，等待他们的将是法律的审判。此时此刻，各族群众一定要保持清醒的头脑，保持冷静和理性，不能采取任何激化矛盾的办法，以免因一时冲动酿成大错。新疆的维吾尔族等少数民族群众普遍信奉伊斯兰教。伊斯兰教是和平的宗教，爱国是信仰的一部分。少数犯罪分子不能代表任何民族、任何宗教。简单地把少数犯罪分子与某一民族、某一宗教画等号的想法和做法都是极端错误的。

我国是一个统一的多民族国家，又是一个经济社会快速发展、处于社会转型期的发展中国家。在快速发展过程中引发的各种社会问题，包括民族宗教问题，是客观存在的。为了妥善地解决民族问题，我国施行了民族区域自治制度。60 年来，民族区域自治已经从党和国家的一项基本政策，成为我们国家的一项基本政治制度。实践证明，这一制度符合中国的国情，必须坚持，同时，这一制度也需要不断完善，需要随着实践的发展而不断创新。今日中国的发展还远未达到民族融合的阶段。民族将长期存在，民族问题也将长期存在。与此相伴，民族意识、民族感情的存在也是现实的。但是另一方面，今天我国各民族之间的经济政治文化交往，较之一个世纪或半个世纪之前，又不知密切了多少倍。中华民族是一个整体。中国是各族人民的祖国，新疆也是各族人民的家园。各族人民的根本利益是共同的，取得的成绩是共同的，前途命运是共同的，面临的困难和挑战也是共同的。今天，我们更加需要增强中华民族的整体认同，增强每个人的公民意识和法制观念。正如笔者的一位维吾尔族朋友说的那样："我是维吾尔族，但是我首先是中华人民共和国的公民。"

在近代以来的中国历史上，新疆始终处于反分裂斗争的前沿。正是新疆各族儿女的共同斗争，才挫败了国内外敌人的一次次分裂阴谋。新疆又是我们今天倡导的"三个离不开"思想观念的诞生地。改革开放 30 多年来，特别是实施西部大开发之后的 10 年间，在党的领导与全国人民的支援帮助下，世世代代喝涝坝水的南疆百姓喝上了卫生甘甜的井水；祖祖辈辈骑着毛驴出行的少数民族兄弟坐上了汽车、火车。各族人民群众正实实在在地共享着改革开放的成果。"汉族离不开少数民族、少数民族离不开汉族、各少数民族之间也相互离不开"的理念，每一天都在为各族人民的生活所证实着；各民族共同团结奋斗，共同繁荣发展，每一天都在由各族人民努力实践着。

中国的发展与进步是和平的，并不伤害和威胁任何人。中国的发展和进步也是无可阻挡的，中国各族人民群众的国家认同、中华民族的凝聚力，必将在各民族共同团结奋斗、共同繁荣发展的过程中不断得到增进。而这种国家认同感和民族凝聚力，将使任何敌对势力的分裂图谋永远无法得逞。

原载《中国民族报》2009 年 7 月 10 日第 1 版

也谈涉及民族关系的中英文词汇

——《涉及民族关系的中英文词汇的再认识》引发的若干思考

《涉及民族关系的中英文词汇的再认识》（以下简称《再认识》）一文指出，我国在“民族”“族群”“族裔”等词汇的应用上存在与国际社会的普遍理解相冲突的情况。这就提出了一个很重要的问题，也是近年来中国民族理论界和民族学界争论甚为热烈的问题。然而，它并非一个简单的翻译问题，也不是可以通过一组译名的变更而轻易解决的。

一、汉语“民族”一词的英译多年来采用 nationalities，在国外引起误解

汉文“民族”的英译多年来采用 nationalities，例如中央民族学院原来的英文名称为 Central Institute for nationalities。这一译法的确在国外引起了某种程度的误解。北京大学教授孔庆东在韩国任教，就遇到了。他批评自己见到的那些不知道本国国旗的含义、也说不出本国的行政区划的韩国名校大学生，“怎么能够认为中国有 56 个民族就等于中国侵占了 55 个国家呢”?① 这里的误解恐怕就与上述译法有关。

《再认识》一文中的配套更改建议，部分内容是可取的。许许多多的海外学子，已经这样做了。笔者十几年前出国访学，用英语自我介绍，有时即自称“I am a Han Chinese”。问题在于，英语“Chinese”约定俗成已经有了“中国人”“中国的”“汉族人”“汉语”这样多重的含义。西方的普罗大众往往仍然认为 Han Chinese 就是 Chinese——这并不错；而 Chinese 就只是 Han Chinese——这就错了。越来越多的国外学者，特别是研究中国民族问题的学者已经熟谙个中关系，但是让西方老百姓明白中国人不只是汉族人，还需假以时日。更遑论西方还有别有用心的人故意制造混乱，不承认中国的少数民

---

① 孔庆东：《少爷小姐请读书》http：//www. tianya. cn/publicforum/content/no16/1/139154. shtml。2011 年4 月10 日。

族也是中国人。

二、当今世界既有单一民族国家，也有多民族国家

发生上述误解的另一个重要原因，是近代以来西方“一个民族，一个国家”理念的流行、西方话语体系的霸权地位、东西方历史文化发展的差异，以及当今世界许多外国人对于中国民族国情的不了解。《再认识》一文提出：“近代民族—国家革命以后，一个国家只有一个民族，一个民族只有一个国家，每个民族—国家内不同宗教、肤色、人种、历史起源属性的人群被称为‘族群’，英文为‘ethnic group’”。然而，当今世界民族与国家关系的实际情况千差万别，现实可能并非如此简单，“ethnic group”也难以涵盖所有国家不同宗教、肤色、人种、历史起源属性的人群。例如，英语 people 也有“民族”的含义。美国人惯于自称 we American people。加拿大作为一个移民国家，其人口占多数的英裔、法裔被称作两大“创始民族”（the founding peoples），这里就既非 ethnic group 又非 nation。而加拿大的先住民印第安人则被称作“第一民族”the First Nations，加拿大有“加拿大第一民族大学（First Nations University of Canada）”，所用又既非 ethnic group 又非 peoples。由此可见，“一个民族，一个国家”只能是对于一种民族—国家形态的理想描述或追求，或曰近代以来西方民族理论的一种观点。这种观点，可能适合一部分西方国家，也可能因其流行于多数西方国家而成为近代以来直至今天国际社会的普遍理解。但是在中国，自从百年之前辛亥革命时期提出“五族共和”的口号，“一个民族，一个国家”的观点就已经受到中国人的质疑了。

三、中国族类共同体的汉语名称的使用，必须考虑中国的历史和民族国情

鸦片战争爆发之后，古老的中国面临西方列强的侵略。那时，中国人的夷夏之别、华夷之辨是同中外之别、华洋之辨相混淆的。清朝政府起初并无外务部，是由理藩院处理涉外事务的。洋人的坚船利炮迫使中国人在开眼向洋看世界之后，试图师夷之长技以制夷，于是有了西学东渐，“民族”一词逐渐大行其道。虽然汉语“民族”在近代意义上的使用至今不过百余年，但是这百年间，却是中国社会大变动和中华民族的民族自觉经历旷古未有之大变局的时代。百多年来，汉语语境中的“民族”已经在双重意义上得到明确而普遍的使用。其始作俑者，当为近代学者梁启超。他在 1899 年《东藉月旦》中使用了“民族”一词，又在 1903 年提出了“大小民族主义”，使得“民

族”有了上位和下位的双重含义，即中华民族和中国的各个民族。其后，从孙中山到毛泽东，发展了这种用法，均在中华民族和中国各民族的双重含义上使用“民族”一词。1924 年孙中山在《中国国民党第一次全国代表大会宣言》中重新解释三民主义，提出“国民党之民族主义，有两方面之意义：一则中国民族自求解放；二则中国境内各民族一律平等。”1939 年毛泽东在《中国革命和中国共产党》中提出：“中国是一个由多数民族结合而成的拥有广大人口的国家。”“十分之九以上为汉人。此外，还有蒙人、回人、藏人、维吾尔人、苗人、彝人、壮人、仲家人、朝鲜人等，共有数十种少数民族，虽然文化发展的程度不同，但是都已有长久的历史。”[①] 上述两例，即是证明。

《中华人民共和国宪法》中没有出现“中华民族”，在“中华人民共和国是全国各族人民共同缔造的统一的多民族国家”、“中华人民共和国各民族一律平等”的法律规定中，“民族”一词都是用来指称中国各个“民族”的。

四、汉语“民族”需要用不同的英译，不可皆译为 Ethnic Group (s)，更不宜把“族群”的使用泛化

社会科学同一术语具有广义和狭义的不同含义，是多种语言中的常态。上举英语“Chinese”可为一例。仅就翻译而论，约定俗成的力量也不可小觑。印度和美国同为联邦制国家。印度由 28 个邦和若干中央直辖区组成，而美国由 50 个州和 1 个华盛顿直辖特区组成。同样的英文单词“state”，在汉语却译成了不同的“邦”和“州”，孰对孰错呢？恐怕都是对的，也很难强求一律。再就翻译而论，汉语的“城市县镇”能够和英语的 city、town、village 等等严格对译么？汉语的“胡同”呢？恐怕很难。于是“胡同”的英译普遍采用了汉语拼音“Hutong”。这里便发生了如何处理翻译中的可译与不可译的问题。

具体到“民族”，已经有母语为英语的西方研究中国民族问题的学者指出，“（汉语的）民族是一个非常复杂的词。把它翻译成英文，有好的翻译吗？没有。”[②] 这里出现了语义学上的一个困境，它不仅源自中国人使用“民族”概念一个多世纪以来已经将其中国化，更是由中国不同于苏联、美国等多民族/多族裔国家的历史发展和民族国情这一事实所造成的。

“民族”一词的英文翻译，在过去几十年间发生了很大变化。中国国家民

---

① 《毛泽东选集》四卷合订本，人民出版社 1969 年版，第 585 页。

② 参见周悦、朱高磊：《在比较中才能真正了解本民族文化——访美国著名人类学家郝瑞》，《中国社会科学报》2010 年 7 月 22 日第 5 版。

族事务委员会（国家民委）的英文名称原为 State Nationalities Affairs Commission of PRC，现已改为 State Ethnic Affairs Commission of PRC，缩写为 SEAC。而“民族区域自治”已经有了数种英译：

1. regional national autonomy；①

2. regional autonomy for ethnic minorities；②

3. regional ethnic autonomy。③

此外，过去也还有 the regional autonomy of minority nationalities 的译法④，但是似乎并无使用“nation minority”或“minority nation”者。

这些变化，反映了改革开放以来中国学术界的进步和中国学者认识的深化，是中国改革开放 30 年与世界接轨的结果。但是今天我们发现，有些“轨”未必能够简单地由中国一方轻易接上，可能还需要国人向世界介绍自己，请世界与中国接轨，理解中国。中国民族理论和民族学界面临着一个双重的任务：向国人介绍西方和向西方介绍中国，既不能自说自话、脱离世界、对国际上特别是西方的话语体系不予理睬，也不能照抄照搬、全然不要自己的话语体系。我们不能割断历史。有些社会科学术语，经过历史发展演进而形成，是反映着中国历史文化背景和中国国情的中国人的话语习惯和约定俗成，其名称或译名的变更不是一件轻而易举的事。

“民族”一词译英时采用 Minzu，可以说在某种程度上反映和适应了我们今天的需求。“民族”一词在有的场合可以译为“Ethnic”，如国家民委译名的变更，但在有的语境中，译为汉语拼音“Minzu”或许就更为可取。所以，中央民族大学的英文名称在2008 年11 月由“Central University of Nationalities”改为“Minzu University of China”（国内其他民族院校的英文名称尚未全部改过来）。而2001 年创刊的《中国民族报》在使用英文刊名 China Ethnic News 将近10 年之后，不久前改为汉语拼音 Zhongguo Minzu Bao，恐怕也是因为考虑到汉语“民族”的难以翻译。

汉语“民族”一词的翻译是一件颇不容易的事情，需要慎重行事。现在

---

① 吴仕民主编：《中国民族政策概览》，中英文对照，人民出版社 1995 年版。

② 国家民委官方网站，《中国的民族区域自治（白皮书）》英文版，发布时间：2005 - 02 - 28，http：//www. seac. gov. cn/gjmw/zwgk/2005 - 02 - 28/1177034000723263. htm。

③ 《中国的民族政策与各民族共同繁荣发展》（白皮书）》英文版，发布时间：2009 - 09 - 27，http：//wenku. baidu. com/view/17618087bceb19e8b8f6babc. html。

④ 见百度“民族区域自治”的英文翻译，http：//dict. baidu. com/s？ wd = % C3% F1% D7% E5% C7% F8% D3% F2% D7% D4% D6% CE#en。

不宜把在中国各民族意义上使用的“民族”一词简单地对应于英语“Ethnic”而一律译为“族群”。例如，不能够简单地把汉语中的“民族团结”改为“族群团结”，把“民族平等”改为“族群平等”，把中国的“民族区域自治”改为“族群区域自治”。“中华人民共和国是全国各族人民共同缔造的统一的多民族国家”、“中华人民共和国各民族一律平等”等法律规定，也不能够轻易改动。在应对涉及“民族”“族群”“族裔”等词汇的应用上存在的与国际社会的普遍理解不符的同时，我们今天还要应对涉及上述词汇“国际社会的普遍理解”背后的西方话语霸权问题。

另外，联合国的英文原文应该叫“United Nations”。这里只能是复数而不能是单数。

原载《学习时报》2011 年 5 月 23 日第 2 版

附　件

涉及民族关系的中英文词汇的再认识

作者：赖海榕

原载《学习时报》2011 年 4 月 4 日第 2 版。从略

中国共产党为什么能团结带领各民族共同奋斗

——写在纪念中国共产党成立90周年之际

今年是中国共产党成立90周年。90年来，党把马克思主义民族理论与中国的实际相结合，走出了一条正确解决中国特色民族问题的道路，团结带领中国各民族共同奋斗，不仅建立起一个各族人民当家做主、民族平等的独立国家，而且领导我们的国家迅速强大起来，各族人民生活日益富裕起来。回顾党团结带领各族人民走过的光辉历程，各族人民心存感激，对于未来充满了希望。

旧中国曾经是国内外反动势力的天下，是帝国主义列强的殖民地、半殖民地，灾难深重的中国各族人民处于三座大山的重压之下。那时的中国，“长夜难明赤县天，百年魔怪舞蹁跹，人民五亿不团圆。”1921年中国共产党的成立，预示着所有这一切将要根本改变。经过中国共产党领导下28年的艰苦奋斗、流血牺牲，中华人民共和国成立了。于是，“一唱雄鸡天下白，”中国人从此站起来了！人民公敌之外的所有的中国人，中国的各个民族终于翻身得解放，有了自己当家做主的祖国。

接受了马克思主义作为理论基础的中国共产党人，是中国人民和中华民族的先锋队。党从一开始就摒弃了狭隘的民族主义思想，以为中国人民和中华民族的解放和复兴不懈奋斗作为自己的宗旨。中国共产党为国家独立、民族富强所做的一切，旧中国的任何政党都没有做到，也无法做到。90年来的历史事实雄辩地证明，中国共产党代表了中华民族、中国人民的根本利益，代表了历史发展的方向。

中华人民共和国国家的基本制度，体现出新中国的国体和国家的性质，体现出中国是各民族团结友爱的大家庭。毛泽东主席和党的第一代领导集体经过慎重考虑，在《共同纲领》中确定实行民族区域自治制度处理国内的民族问题。在当时的历史条件下，这一制度不仅维护了国家的统一，而且极大地增进了少数民族对于中华人民共和国的国家认同感和对于中国共产党领导的中央人民政府的拥戴。分得了土地的维吾尔族农民库尔班·吐鲁木，一心一意要到首都北京来面见毛主席致敬。少数民族群众对民族区域自治制度、对人民领袖毛泽东主席的拥护和崇敬，反映的正是彼时彼地历史条件下各族人民的国家认同。

党的各项民族政策，则从一个侧面体现了党的宗旨。民族平等、民族团结是党制订各项具体民族政策的基本原则。根据这一基本原则，党拒绝像以前历朝历代的统治者那样搞什么“以夷制夷”“分而治之”，慎重稳进地开展少数民族地区的民主改革，尊重少数民族的宗教信仰自由，提出各民族风俗习惯的保持和改革由各民族自己自愿实行，废止对于少数民族有诬蔑歧视含义的地名。事实表明，在中国这样一个汉族人口占人口总数百分之九十以上的统一的多民族国家，汉族如何对待其他少数民族，事关民族团结、事关国家统一。中国共产党汲取苏联大俄罗斯民族主义造成民族关系不正常的教训，对各民族经常进行马克思主义民族观的教育，反对大民族主义和地方民族主义两种错误的民族主义，而又特别重视首先反对大民族主义，主要是大汉族主义，并对党的民族政策在全国各地的执行情况多次进行检查。

实践是检验真理的唯一标准，各族群众也正是从人民政府为他们办的实事中了解共产党、认识新中国的。新中国尽管百废待兴，财力有限，但是人民政府尽了最大的可能帮助边疆地区的各族群众。为了把公路修到西藏，毛泽东主席反复筹划，两次题词，要求筑路部队“为了帮助各兄弟民族，不怕困难，努力筑路！”在内蒙古牧区，党把中央机关从事民族工作的干部一直派到牧民群众的蒙古包里，和他们同吃同住同劳动，调查研究，了解情况，宣传介绍党的民族政策，并把牧民群众生产生活中的问题带回北京，以便中央采取措施予以解决；在藏区，藏族群众先是从进藏部队那里见到了“新汉人”，随后又从党和政府派去的援藏干部、医生、老师等身上了解到共产党的民族政策。因为共产党和人民政府派去的干部给他们办实事，有的地方群众像迎接活佛一样迎接共产党的干部。

中国共产党民族工作的实践，是在马克思主义民族理论指导下的实践；在实践的过程中，又不断地把马克思主义民族理论中国化，结合中国的国情，指导中国的民族工作。两相对比，国民党在其统治中国期间，其民族问题理论可曾有什么建树么？蒋介石认为中国各个少数民族不成其为民族，不过是汉族的“宗支”，但是同时，又无法否认国内蒙古族、藏族等等少数民族的存在，理论上自相矛盾，难以自圆其说，实践上无所作为。在国民党眼中，民族问题被归结为“边疆问题”，少数民族人民群众、老百姓的安危冷暖、他们受到的剥削压迫和经受的种种苦难，国民党政府何曾管过？帝国主义侵略中国边疆少数民族地区，给当地各民族造成的贫困和痛苦，国民党政府可曾采取过什么办法帮助各族群众解脱？中国共产党则不同，在早期虽曾提出实行联邦制的主张，但是随着对于中国民族问题认识的深化，终于在新中国建立前夕确立了民族区域自治政策。为了实行这一政策，中国共产党认认真真、实实在在地培养少数民族干部。如今，少数民族干部已经接近300万人。这样的事，不要说中国历朝历代，世界上哪个国家的哪个政党能做得到？

改革开放之后，在党中央的领导下，国家实施西部大开发战略，制订政策，完善办法，对口援藏、援疆，推动西部地区的开发和经济社会发展，让各族人民分享改革开放的成果。同时，坚持对各族干部群众进行“三个离不开”的教育，建立起平等、团结、互助、和谐的社会主义新型民族关系。中国共产党团结带领各族人民共同奋斗的成就，得到世界上许多不抱偏见人士的肯定和称赞。俄国杜马民族事务委员会主席、俄共老党员库普佐夫最近在接受中国记者采访时就表示，中共“公正和实事求是地解决存在的民族问题……让发达地区对口支援欠发达的少数民族地区，此举意义深远，在全国范围内极大地促进了各民族的和睦与社会和谐发展，对全中国人民共同富裕和加强国内稳定具有重要意义。”①

在过去的90年间，特别是在新中国成立之后的60余年间，中国共产党为什么能团结带领各民族共同奋斗？因为党以艰苦奋斗的精神赢得了各族人民的拥护；以坚持民族平等、民族团结的原则，坚决反对两种民族主义，特别是反对大汉族主义的立场赢得了各族人民的尊敬；以改革开放的成就赢得了各族人民的信任；以全心全意为人民服务的宗旨赢得了各族人民的爱戴。各族人民愿意接受党的领导，追随党的路线，为了建设美好生活而团结奋斗。

今天，我国民族地区的经济社会发展取得了巨大的成就，同时，我国的民族关系也发生了一些新的变化，我国的民族问题也出现了一些新的内容。这其中有些是发展中的新问题，有些则是发展不够遗留下来的问题。这就需要我们继续坚持马克思主义民族理论中国化，需要我们解放思想、实事求是、与时俱进，推动党的民族理论政策的创新发展，在做好民族工作、解决民族问题的过程中不断解决问题。我国的民族问题将长期存在。但是我们相信，

① 《光明日报》驻莫斯科记者杨政：《“中国共产党选择了正确的发展道路”——访俄杜马民族事务委员会主席、俄共老党员库普佐夫》，《光明日报》2011年6月10日第8版。

在中国化马克思主义理论体系的指导下，在中国共产党的领导下，我国各民族一定能够团结起来，共同奋斗，繁荣发展，并且在发展中增进彼此的交往交流交融、增强中华民族凝聚力，实现中华民族的伟大复兴。

原载《中国民族报》2011年7月1日第5版

近代以来中国人“民族”概念的形成和演变

“民族”作为一个外来词译介到中国，已经有了百多年的历史。而民族在中国这个文明古国的存在和发展，则有了久远的历史。长久以来，直至近代，在与世界范围的他国和他族的交往还比较有限的时代，中国人并没有“中华民族”的自觉。用费孝通先生的话，便是：“中华民族作为一个自觉的民族实体，是近百年来中国和西方列强对抗中出现的。但作为一个自在的民族实体则是几千年的历史过程所形成的。”[①] “民族”一词来到中国，为中国人所使用，为中国人所理解，其含义也在中国人使用和理解的过程中为中国人所改造。今天被中国人使用的汉语“民族”一词，无论与当年刚刚译介到中国时相比，还是与当今西方语境中的“民族”相比，都已经不完全相同了。

清末民初的中华民族，正在面临史无前例的近代民族国家构建的艰巨任务。其“中华”概念，无疑是千百年来“中华”概念的延续，但更是这一概念的发展。一百年前的“中华”，已经全然不同于“五胡乱华”时代的“华”，也已不同于元末明初朱元璋“驱逐鞑虏，恢复中华”时代的“中华”。1905年同盟会成立时，孙中山把自己的纲领“驱除鞑虏，恢复中华，建立民国，平均地权”阐发为“民族，民权，民生”三民主义。“民族”对应“驱除鞑虏，恢复中华”，有推翻满族贵族统治，复兴汉民族统治的意思；“民权”对应“建立民国”即建立资产阶级民主共和国的意思；“民生”则对应“平均地权”。

这时孙中山三民主义中的“中华”，可以视为汉族的同义语。其他一些同时代的中国人、革命者也是这样认识“中华”的。激愤的革命党人起初并不认为满洲人是中国人：“中国为中国人之中国，我同胞皆须自认为自己的汉种中国人之中国”。“吾国人皆一汉族而已，乌有所谓满洲人者哉！”等等，都表

---

① 费孝通等著：《中华民族多元一体格局》，中央民族学院出版社1989年版，第1页。

明了这一点。[①] 革命派所呼吁动员其奋起革命的“四万万同胞”，也是“皇汉民族”的同胞。在一部分人的潜意识里，这四万万同胞不仅不包括满族，也不包括汉族之外的其他少数民族。在他们看来，中国革命的首要目的，就是受了 260 年压迫的汉族起来推翻满族的统治。无论是同盟会的三民主义纲领，还是当时出现在各种革命宣传文章中“汉种中之一汉种”“辕孙”“汉驹”等等笔名，都清楚地反映了革命党人的这种认识。

但是他们错了——不是错在倡言用革命手段推翻清朝的反动统治，而是错在认定建立清朝的中国的统治民族满族不是中国人。这种错误当时就被主张维持清朝统治的保皇派抓住。梁启超指出：爱新觉罗氏“以中国臣民而篡中国前代君主之位”，此历史上所数见不鲜者……并进而提出中国应当“合汉合满合蒙合回合苗合藏，组成一大民族”。其师康有为甚至早在戊戌变法时就主张“满汉一家”，用“中华”二字作为国号。他们提出的中国民族观，成为其整体上被时代潮流所淘汰的保皇观点中的合理内核。孙中山先生毕竟是伟人，很快接受了对手的正确观点。及至数年后辛亥革命爆发，汉满蒙回藏“五族共和”的口号一时间为中国各民族、各阶层所认同。中国是一个多民族的国家，中华民族不只是汉族一族的观点开始深入人心。中华民族对自身的认识实现了一次历史性的飞跃，在民族自觉的路上迈出了一大步。

辛亥革命爆发后，孙中山于 1912 年 1 月在南京就任中华民国临时大总统，宣布“合汉、满、蒙、回、藏诸地为一国”，“合汉、满、蒙、回、藏诸族为一人”，五大民族建立一个共和制的新中国。在革命党人和袁世凯的压力下，在“五族共和”口号的感召下，清朝的满族统治者很快即被迫同意交出政权，并接受了“五族共和”的口号。1912 年 2 月，隆裕太后在以其名义颁布的《退位诏书》中表示：因“全国人民心理多倾向共和……特率皇帝将统治权公诸全国，定为立宪共和国体……仍合满蒙汉回藏五族完全领土为一大中华民国”。[②] 袁世凯上台后，也立即宣布：“现在政体改革，连共和五大民族，均归平等”。“现在五族共和，凡蒙藏回疆各地方，同为我中华民国领土，则蒙藏回疆各民族，即同为我中华民国国民”。[③] 这就表明，在民国取代清朝的政权交替过程中，满汉两族的统治者都承认了“五族”同为中国民族的事实，接受了“五族共和”的口号，也在中国是一个多民族国家的问题上达成

① 张枬、王忍之编：《辛亥革命前十年间时论选集》，第 1 卷，生活·读书·新知三联书店 1960 年版，第 675 –678 页。

② 《清实录·宣统政纪》第 70 卷，第 1293 页。

③ 《东方杂志》第 8 卷，第 12 号，第 3 页。

了共识。

“民族”概念的引进和使用，在辛亥革命前后这一风云激荡的历史时期，其含义并没有马上得到明确的界定。何为“民族”，在当时中国知识界中一度是模糊的。这也符合任何一个外来社会科学术语本土化的规律。辛亥革命曾被称作“种族革命”，当时的西方人也一度使用“Five Races”来描述中国的汉满蒙回藏“五族”。“Races/民族”与“Nationalities/民族”的区别那时基本上还不为中国知识界所知。

实际上，一个半世纪之前的“民族”概念就在西方也不是很清楚的，使用上也并不十分严格。当谈及欧洲各国的民族构成时，恩格斯认为：“欧洲没有一个国家不是一个政府管辖好几个不同的民族（nationalities）……没有一条国家分界线是与民族（nationalities）的自然分界线，即语言的分界线相吻合的。”也就是说，欧洲的许多国家是一国多族的。当时“族”的英文表达是“nationalities”。[①] 马克思曾经在其论及中国问题的著作中使用“race”一词。在《俄国的对华贸易》一文中，他把满族称作19世纪中国的“统治民族”：“（俄国）占领当今中国统治民族的故乡——黑龙江两岸的地方，才只有几年的时间。”英文原文为：It is several years since she（Russian）took possession of the banks of the River Amur，the native country of the present ruling race in China。[②] 这里“族”的英文表达则是“race”。

随着“民族”概念的使用，国人眼界渐开，在拿了西方的社会科学理论观点思考和探究中国民族问题的同时，逐渐发现不能简单照搬西方“一个民族，一个国家”的那一套来分析和解释中国的民族问题。但是“民族”一词的使用却从此不辍。1924年孙中山在《中国国民党第一次全国代表大会宣言》中重新解释三民主义，提出“国民党之民族主义，有两方面之意义：一则中国民族自求解放；二则中国境内各民族一律平等。”在“中国民族”和“中国境内各民族”双重的含义上使用了“民族”概念。中国共产党对此给予充分肯定，“完全同意上述孙先生的民族政策”。但是对于后来国民党“否认中国有多民族存在，而把汉族以外的各少数民族称之为‘宗族’”，则表示反对。[③] 大约从20世纪20—30年代开始，“种族”一词渐渐不复与“民族”

① 恩格斯：《工人阶级同波兰有什么关系》，《马克思恩格斯全集》第16卷，人民出版社1964年版，第175－176页（写于1866年1月底。原文是英文）。

② 马克思：《俄国的对华贸易》，《马克思恩格斯选集》第2卷，第11页。（Marx，*Russian Trade with China*。写于1857年3月。原文是英文）。

③ 《论联合政府》，《毛泽东选集》四卷合订本，人民出版社1969年版，第984页。

通用，退而专用于体质人类学研究中的“人种”。1939年毛泽东在《中国革命和中国共产党》中提出：“中国是一个由多数民族结合而成的拥有广大人口的国家。”“十分之九以上为汉人。此外，还有蒙人、回人、藏人、维吾尔人、苗人、彝人、壮人、仲家人、朝鲜人等，共有数十种少数民族，虽然文化发展的程度不同，但是都已有长久的历史。”[①] 此文前面的“多数民族”显然意为“多个民族”，亦即后面提到的十分之九以上的“汉人”和“数十种少数民族”所组成的中华民族的多个成员。这里，毛泽东也已经在中华民族及组成中华民族的汉族和“数十种少数民族”这样双重的含义上使用“民族”概念了。“民族”在此后的使用中，概念和定义逐渐清晰。及至20世纪50年代新中国进行民族识别，理论上受苏联影响固然很大，但是民族理论界也反复辩论探讨，认识到中国的民族、“民族”概念与苏联有着很大的不同，而“民族”概念在中国的双重含义也自此得以确立。

早在辛亥革命时期至中华民国初期，中国的少数民族领袖人物和知识分子也接受并使用了“民族”概念，以指称自己和国内的其他各民族。民国初立，以哲布尊丹巴为首的外蒙古王公宣布独立，蒙古地区发生分裂。而西蒙古王公会议于1913年初在归绥召开，内蒙古西部22部34旗王公一致决议“联合东蒙反对库伦（哲布尊丹巴驻地）”，反对外蒙古独立，会议通电声明：“数百年来，汉蒙久成一家，”“共和新立，五族一家……我蒙同系中华民族，自宜一体出力，维持民国”，接受了“五族共和”的口号。[②] 这份通电可以被看作是中国蒙古族等少数民族向国内其他民族和世界宣告自己是属于中华民族一个成员的政治宣言，也是少数民族使用“民族”概念的较早事例。

西藏的情形较为特殊。由于历史、地理及社会发展诸方面的原因，辛亥革命对于西藏的影响相对要慢要小一些。辛亥革命爆发时，十三世达赖喇嘛已经出逃英属印度，西藏局面混乱。1912年达赖喇嘛甫经返藏，即将原清朝驻军由印度递解出境，并中断了与中央政府的联系。但是，十三世达赖喇嘛从未宣布西藏独立。朱绣在其所著《西藏六十年大事记》一书中对他1919—1920年的西藏之行做了详细的记述：“国务院电咨甘督张广建特派专员朱绣、李仲莲及红教喇嘛古浪仓等轻骑简从由青海赴藏，与达赖联络感情……（1920年）四月上旬，朱绣等出藏回甘，濒行之际，达赖设筵祖饯，声言余

① 《中国革命和中国共产党》，《毛泽东选集》四卷合订本，人民出版社1969年版，第585页。

② 西盟王公会议招待所编：《西盟会议始末记》，第43页。参见费孝通等著：《中华民族多元一体格局》，中央民族学院出版社1989年版，第112页。

亲英非出本心，因钦差逼迫过甚，不得已而为之……余誓倾心内向，同谋五族幸福……”① 藏族人民的另一位领袖九世班禅也赞成“五族共和”的口号。尤其在1923年被迫离开西藏前往内地之后，他为中华民族的团结进步和国家的统一贡献了自己的力量。早在1925年，北京政府召开善后会议，班禅九世即在《班禅致善后会议消弭战祸实行五族共和意见书》中重申“五族共和”的口号，号召中国“五族人民同心合力如弟兄、如手足”，共建国家，并对国内军阀混战，当政者漠视边疆少数民族，在建设国家，帮助少数民族等问题上“徒作纸上之空言”的状况提出了批评。② 在其晚年，他致力于维护国家统一，呼吁政府和全国同胞“贯彻五族共和，共同抵御强邻之侵略”。直到圆寂之前，他还不忘呼吁“促成五族团结，共保国运昌隆”，“实现藏族与中国各民族的团结”。③ “民族”概念双重含义的运用，在这里已经十分准确而娴熟。

综上所述，可以看出，帝国主义列强利用中国是一个多民族国家来从事其侵略和分裂中国的活动，利用的是一个在中国长期的历史发展过程中形成的事实，而不是无中生有地把中国说成是多民族国家，让从孙中山到毛泽东的中国人皆“入我彀中”，再以售其奸。④ 民族既是一种人们共同体，一种社会现象，也是一个过程。民族的存在反映到人们的头脑中，成为民族概念和民族意识，这种概念和意识也在发展演变。以中国而论，一个多世纪以来，中华民族在发展进步，中国人对于中华民族、对于中国民族问题的认识在不断深化，“民族”概念当然也处于演变和发展之中。今天的“民族”一词在中国汉语语境中的使用已经有了一百多年的历史，学术界和中国社会已经约定俗成地普遍认可了“民族”概念的双重含义并予以使用：在“中华民族”层面的上位概念，和在56个民族层面的下位概念。“中华民族”中的“民族”大体可以等于英语中的Nation、Nationality或People，亦即中华民国时期曾经使用的“国族”。56个民族层面上的“民族”却并不完全等于英语中的Ethnic Group。换言之，我们可以把英文中的Ethnic Group译为“族群”，却难以

---

① 朱绣编著，吴君校注：《西藏六十年大事记》，青海人民出版社1996年版，第50页。

② 中国藏学研究中心、中国第二历史档案馆合编：《九世班禅内地活动及返藏受阻档案选编》，中国藏学出版社1992年版，第2－4页。

③ 《西藏地方是中国不可分割的一部分》（史料选辑），第464－465页，第507页。《九世班禅内地活动及返藏受阻档案选编》第7－9页。

④ 参见“结合中国从鸦片战争到抗日战争反抗帝国主义侵略的历史可以清楚地看到，汉、满、蒙古、回、藏等群体被称为‘民族’，实际上是源于帝国主义的阴谋。”马戎：《调整全体国民的“民族”意识定位》，《中国民族报》2011年1月7日第5版。

把汉文中作为下位概念的"民族"统统改为或译为对应于英文中 Ethnic Group 的"族群"。

从事中国民族问题研究的某些外国学者已经认识到了这一点。例如，华盛顿大学人类学教授郝瑞（Prof. Stevan Harrell）就提出"（汉文的）民族是一个非常复杂的词。把它翻译成英文，有好的翻译吗？没有。"[①] 笔者揣测，这应该是中央民族大学英文校名 2008 年 11 月由"The Central University for Nationalities"改为"Minzu（汉语拼音之"民族"）University of China"的一个原因。可能也是《中国民族报》英文刊名"China Ethnic News"2010 年 4 月改为汉语拼音"Zhongguo Minzu Bao"的一个原因。这既是语义学上的一个困境，源自中国人使用"民族"概念一个多世纪以来已经将其中国化；更是由中国不同于苏联、美国等多民族/多族裔国家的历史发展和民族国情这一事实所决定的。中国民族理论和民族学学者面临着一个双重的、甚至是含有悖论的任务：向国人介绍西方和向西方介绍中国，既不能自说自话、脱离世界、对国际上特别是西方的话语体系不予理睬，也不能照抄照搬、全然不要自己的话语体系。我们不能割断历史。那些经过长期历史演进形成的话语习惯和约定俗成，恐怕不是我们今人的好恶所能轻易改变得了的。

原载《中国民族报》2011 年 7 月 29 日第 05 - 06 版。《人大复印报刊资料・D5・民族问题研究》2011 年第 9 期全文转载。此文初刊时没有注释，现予补足

① 周悦、朱高磊：《在比较中才能真正了解本民族文化——访美国著名人类学家郝瑞》，《中国社会科学报》2010 年 7 月 22 日第 5 版。

基本制度要长期坚持，具体政策应抓紧完善

——学习十八大报告中关于我国民族问题的论述

一、正确认识中国的民族区域自治制度

胡锦涛在中国共产党十七大报告中提出："要坚持中国特色社会主义政治发展道路，坚持党的领导、人民当家做主、依法治国有机统一，坚持和完善人民代表大会制度、中国共产党领导的多党合作和政治协商制度、民族区域自治制度以及基层群众自治制度，不断推进社会主义政治制度自我完善和发展。"最近，他又在中国共产党十八大报告中提出："全面正确贯彻落实党的民族政策，坚持和完善民族区域自治制度，深入开展民族团结进步教育，加快民族地区发展，促进各民族和睦相处、和衷共济、和谐发展。"

党的两次全国代表大会报告，都提出要"坚持和完善民族区域自治制度"，具有重大的理论意义和现实意义。民族区域自治制度是载在宪法中的我国的基本政治制度之一，也是中国特色社会主义制度的重要组成部分。党的十八大报告指出："中国特色社会主义制度，就是人民代表大会制度的根本政治制度，中国共产党领导的多党合作和政治协商制度、民族区域自治制度以及基层群众自治制度等基本政治制度……以及建立在这些制度基础上的经济体制、政治体制、文化体制、社会体制等各项具体制度。中国特色社会主义道路是实现途径，中国特色社会主义理论体系是行动指南，中国特色社会主义制度是根本保障，三者统一于中国特色社会主义伟大实践，这是党领导人民在建设社会主义长期实践中形成的最鲜明特色。"坚持和完善民族区域自治制度，是做好新时期民族工作，处理好新时期国内民族事务的重要保证。

关于中国共产党在新中国成立以来领导国家实行民族区域自治政策、解决中国民族问题，以及后来确立民族区域自治制度并制订各项民族政策、处理中国民族事务的理论探索和历史进程，理论界和学术界已经有了比较多的论述。在中国共产党的领导下，中国各民族实现了前所未有的大团结；中国

共产党的民族工作，取得了举世公认的成就；中国的民族关系，发生了历史性的改变，实现了前所未有的进步。这些都是不容否定的历史事实。今天的问题是，改革开放三十余年来，中国经济社会快速发展，民族关系有所变化，民族问题不仅仍然存在，而且有了新的内容。近年来，在西藏、新疆这样的西部少数民族聚居区，还发生了一些实质上不是民族问题但又涉及民族问题的事件。学界政界及国内关心中国民族问题的社会各界人士对于党的民族政策、对于民族区域自治制度是否适合中国的国情，是否是一项正确的选择，等等，有所讨论，并进而提出了自己的批评意见和建议主张。这其中，既有对于历史的回顾，例如，对于20世纪50年代民族识别、一些西部少数民族聚居区行政建制变更的反思；也有对于现实的思考和未来的设想，例如，对于我国民族理论中“族群”“民族”等称谓的界定和使用，对于现行某些具体民族政策利弊得失的辨析。其中既有理论问题，也有实践问题；既有历史问题，也有现实问题。还有人提出了所谓“第二代民族政策”的概念。

真理越辩越明。理论创新需要解放思想，只有解放思想，不断创新，才能推动马克思主义民族理论中国化的进程，以之指导处理民族问题的实践，并在实践的过程中检验理论，丰富和发展中国特色社会主义民族理论。不同观点的交锋，会带来一个时期一定程度的思想迷茫。然而经过一场辩论，参与者的眼界会得到拓展，认识会得到提高，在新的基础上，在重大原则问题上不断取得共识。此前一段时间我国民族理论界的若干争论，正反映了这样的情况。而十八大报告中关于我国民族问题的论述，为我们提供了正确认识当代中国民族问题的理论指南。

中国的民族区域自治制度，是以毛泽东为领袖的中国共产党人在中华人民共和国成立之初，领导人民做出的慎重的历史选择，具有历史的必然性。60余年的实践证明，民族区域自治制度适合中国的国情，得到各民族的拥护和认同，巩固了国家的统一和民族的团结。然而60余年的实践没有能够证明这一制度是一个尽善尽美的制度，也没有使中国成为一个没有民族问题的多民族国家。可以预见，今后也做不到这一点。众所周知，世界上并无尽善尽美的社会制度，也没有完全不存在民族问题的多民族国家。采用了一种制度，就要准备承受其在一定历史时期内的缺点和负面作用。在经过了60余年的革命、建设、改革开放之后，中国今天遇到的民族问题，显然是我们的前人所没有遇到甚至没有想到的。不仅在民族问题领域如此，在其他领域也是一样。面对中国纷繁复杂的各种社会现象和经济社会快速发展而带来的种种问题，面对民族问题领域出现的种种新情况，在中国改革开放的大背景下，从维护国家统一和民族团结出发而对民族理论、民族政策提出的任何不同观点，都是正常的。一段时间以来围绕民族理论政策问题而开展的争论，总体上也是有益的。但是另一方面，正确认识中国的民族问题，要有历史眼光、人文关怀、宽阔胸怀，要讲辩证法，要有理论自信。胡锦涛在十八大报告中提出，“在改革开放三十多年一以贯之的接力探索中，我们坚定不移高举中国特色社会主义伟大旗帜，既不走封闭僵化的老路、也不走改旗易帜的邪路。”这一段论述，对于我们正确理解当代中国的民族问题和中国特色社会主义民族理论，具有重要的指导意义。简而言之，处理中国的民族问题，做好中国的民族工作，基本制度要长期坚持，具体政策应抓紧完善。只有长期坚持基本制度，才不会走上改旗易帜的邪路；而只有抓紧完善具体政策，才能避免走封闭僵化的老路。无论是邪路还是老路，对于我们这个统一的多民族的社会主义国家来说，都是走不通的路。

在民族平等团结的总原则指导下，新中国制定和实行的若干前无古人的对于少数民族的政策，一般称之为民族政策。民族区域自治制度，正是由这些党和国家的民族政策体现出来的。正确认识党和国家制订的一些基本的民族政策，同时对于某些具体的民族政策进行调查研究，与时俱进地加以调整和完善，今天已经需要突出地提出来。

二、正确认识民族平等与中国的民族优惠政策

民族平等是中华人民共和国制订各项民族政策的基本原则。长期以来，各项涉及民族事务的政策，往往对于少数民族给予照顾和优惠。在半个多世纪中，直到改革开放之后的一段时期，社会各界对于政府制订的这一类政策并无太多非议。近十年来，情况发生了很大变化。近年来已经有学者提出：“平等也许是最好的民族政策”（《中国可进一步完善民族政策》，《环球时报》2011 年 9 月 20 日）暗示中国今天实行的优惠照顾少数民族的政策造成了对于汉族的“逆向歧视”，亦即国家公民角度的不平等，要求取消按照民族画线的民族优惠政策。

平等是现代国家的一项公民权利，同样记载在《中华人民共和国宪法》中（“中华人民共和国公民在法律面前一律平等”）。但是，依据马克思的观点：“权利永远不能超出社会的经济结构以及由经济结构所制约的社会的文化发展。”（《哥达纲领批判》单行本第 14 页。《马克思恩格斯选集》第 3 卷第 12 页）笔者理解，这里提到的是权利在不同的社会生活条件下的相对性。“平等就在于以同一的尺度……来计量。”马克思接着举了以“劳动”作为尺

度来计量会造成劳动者虽然“劳动成果相同”，因为家庭状况不同从而获得生活资料“事实上的不平等”的例子，并进而提出“要避免所有这些弊病，权利就不应当是平等的，而应当是不平等的”。联系到民族平等问题，不难发现，中国的民族优惠政策，从公民个人的角度来说，就是国家给予了少数民族公民不同于汉族公民的优待。按照列宁的观点，这是由人口居于多数地位的民族对于少数民族在社会生活中的“事实上的不平等”的一种补偿。在当代中国，在一定的历史时期，这样的民族优惠政策仍然是需要的。

今天，应当从这一角度思考中国对于少数民族的优惠政策。中国的民族优惠政策在一定的历史时期仍然是需要的。现在一概取消，恐怕尚非其时。问题在于，说中国的民族优惠政策在一定的历史时期仍然是需要的，并不等于说此类政策在具体执行过程中可以一成不变地延续下去。某些已经执行了许多年的具体政策的确存在若干弊病，对于这样的民族优惠政策，今天是可以而且需要抓紧加以完善的。

三、调整和完善高考录取加分与计划生育等具体的民族优惠政策

在现实生活中，诸如高考录取与计划生育方面对于少数民族的优惠政策，最易使人们产生“不平等”的感受而遭物议。高考录取加分是一项十分复杂的政策，从一开始就并不限于少数民族考生。1950 年，国家教育主管部门就规定，高校招生对于“参加工作 3 年以上的革命干部和革命军人、兄弟民族学生以及华侨学生，考试成绩虽差，得从宽录取”。① 1978 年之后，一般来说，少数民族考生均享有加分照顾，乃至往往有汉族考生家长以不正当手段为子女修改民族身份。现在的问题是，在中国城镇化不断提高的今天，有越来越多的少数民族家庭已经在城市生活中经过了几代人的时间，其子女可以流利地使用国家通用语言汉语普通话和规范汉字，享受到和城市汉族家庭子女一样的优质教育资源，接受同样的从学前到高中的国民教育。同时，边疆地区的许许多多出身汉族家庭的考生，由于我国当前经济社会发展的不平衡，却无法享受到同样的教育资源。对于这样的少数民族考生的加分政策，需要从只以民族划线转变为既考虑民族、也考虑地区，应当适时加以调整。具体地说，像省会城市一类大中城市的少数民族考生可以逐步减少加分，最终过渡到不再加分；而对于来自边境县和贫困地区包括汉族在内的各民族考生可以考虑一视同仁，在一定的时期内给予加分。

---

① http：//baike. baidu. com/view/2413143. htm。

计划生育是中国的一项基本国策。对于少数民族，长期以来予以照顾。中国人口普查数据显示，中国内地2000年汉族人口为115940万人，各少数民族人口为10643万人。2010年汉族人口为122593万人，各少数民族人口为11379万人。同2000年第五次全国人口普查相比，汉族人口增加66537177人，增长5.74%；各少数民族人口增加7362627人，增长6.92%。十年间，中国内地汉族人口占全国总人口的比例从91.59%降至91.51%；各少数民族人口占全国总人口的比例则相应地从8.41%升至8.49%。（资料来源：2000年第五次、2010年第六次全国人口普查数据）中国已经面临人口老龄化问题，人口专家多有关于调整计划生育政策的建议。可参照前议高考加分的办法，即在偏远边境地区对于各民族家庭同样实行优惠政策。这样，使高考加分、计划生育逐渐从现行的只考虑民族因素而转变为既考虑民族因素也考虑区域因素，使得民族政策能够与时俱进，因地制宜，因时制宜，不断得到完善。

我国新时期的民族工作任重道远，我国的民族理论需要不断发展创新。创新的过程，既是反思和总结民族工作经验教训的过程，也是借鉴古人、向其他国家学习的过程。但是中国毕竟有中国的历史、中国的国情；中国共产党毕竟有自己的执政理念。这就决定了有些古人的或外国的东西，我们是学不了的。中国古代的统治者在处理当时的“民族问题”时秉持“非我族类，其心必异”的理念，采取分而治之、以夷治夷的策略，中国共产党人今天就不能这样做！据说有的西方国家要求劣势群体或族裔的成员自我申报，自认劣势再求得政府照顾，这样的“政治智慧”，没有考虑到劣势群体的人格尊严，我们这样的社会主义国家，又怎样学习呢？民族理论政策的创新不能否定我们的基本政治制度，不能否认中国共产党和政府60余年民族工作取得的成就和经验，不能背离宪法的基本原则。躺在过去的成绩上，夜郎自大、只是高唱赞歌，不肯正视现实问题，无法创新，只能是走封闭僵化的老路；而言必称希腊罗马，东施效颦，夸大我国民族关系中仍然存在的和新产生的问题，进而怀疑我们的基本政治制度，也不是改革创新。

党的十八大报告中还提出要建设优秀传统文化传承体系，弘扬中华优秀传统文化，推广和规范使用国家通用语言文字，繁荣发展少数民族文化事业，加强社会建设……加快健全基本公共服务体系，加强和创新社会管理，推动社会主义和谐社会建设。所有这些，都与做好民族工作有着密切的联系，也都是摆在全国各族人民面前的任务。正确认识和处理中国的民族问题，必须坚持党的领导，坚持马克思主义基本理论的指导。马克思主义和中国特色社会主义民族理论能够指导我们正确认识和处理中国民族问题的实践。马克思主义民族理论的中国化，中国特色社会主义民族理论的创新和发展，需要中国民族理论工作者的长期努力和不懈奋斗。民族理论工作者和民族工作者的理论创新和实践探索，也一定会丰富中国特色社会主义民族理论，推动中国民族关系的和谐发展。

原载《中国民族报》2012 年 12 月 7 日第 05 版，刊出时有删节

深入开展民族团结进步教育意义重大

党的十八大报告中提出“全面正确贯彻落实党的民族政策，坚持和完善民族区域自治制度，深入开展民族团结进步教育，加快民族地区发展，促进各民族和睦相处、和衷共济、和谐发展”。突出提出了“深入开展民族团结进步教育”的要求。做好这方面的工作，民族理论工作者责无旁贷，肩负着无可推卸的重任。

一、深入开展民族团结进步教育，事关国家的统一与中华民族的认同

中国是一个历史悠久的统一的多民族国家。旧中国的民族关系具有双重性，一方面长期存在大民族或统治民族对于少数民族或被统治民族的民族压迫，另一方面也长期存在各民族共处于一个中央政权统治之下，彼此政治经济文化的交往交流交融。近代以来，各民族团结奋斗，共同与国内外敌人进行艰苦卓绝的斗争，特别是与帝国主义支持挑动的国内反动势力分裂国家的阴谋活动进行斗争。中华人民共和国的建立，社会主义制度的建立，历史性地改变了旧中国的民族关系，废除了民族压迫和剥削制度，建立起平等、团结、互助、和谐的社会主义新型民族关系。但是，历史上遗留下来的民族隔阂、客观的民族差异，以及西部少数民族聚居区与东部汉族地区的经济生活发展不平衡依然存在，在这样的背景下，中国的民族关系成为中国最为重要也是最为复杂的社会关系之一。

当代中国民族关系的基本方面是平等、团结、互助、和谐的社会主义新型民族关系，六十余年来，许多问题得以在革命、建设、改革开放的进程中不断解决，然而民族问题也是客观存在的，并且将长期存在下去。在当前经济社会快速发展的情况下，某些问题在一定的历史时期还会突出显现。在中国共产党的领导下，在中国特色社会主义理论的指导下，我们能够不断地解决民族领域的这些问题，处理好中国的民族事务；而在解决问题的过程中，我们也要把存在问题的性质及其原因和背景向人民群众做出解释和说明。特

别是在改革开放的条件下，社会各界对于民族问题的思考，其参照系已经不仅仅是过去的中国，而是当今的世界各国。学者和对于民族问题感兴趣的社会各界人士，理所当然地会把世界主要多民族国家处理国内民族问题的方针政策、经验教训拿来同我们国家作对比，也理所当然地要求民族理论工作者对于现实中的民族问题做出回答，对于当前民族关系中尚不尽如人意之处做出说明，这就需要深入开展民族团结进步教育，使各族干部群众了解中国的民族国情，理解党和政府的各项民族政策，从而在各民族中形成这样的共识：国家统一，民族团结，是各民族的根本利益所在；中华民族是一个利益共同体，中国要繁荣发展，中华民族要实现伟大复兴，各民族一定要团结，要进步，要共同团结奋斗，共同繁荣发展。中国的民族问题，可以在中国共产党的领导下，在经济社会发展的过程中不断得到解决。

二、深入开展民族团结进步教育，事关中国的各个民族

民族团结进步教育，是对各族干部群众的教育，是各族干部群众的自我教育。教育的目的，是增加各族人民群众对于中国民族国情的了解，对于中国共产党和中国政府民族理论政策的了解，增强各民族的“四个认同”，即增强各族人民对伟大祖国的认同、对中华民族的认同、对中华文化的认同、对中国特色社会主义道路的认同。民族团结进步教育，不只是对少数民族干部群众有必要，而是对中国的各个民族都有必要。毋庸讳言，长期以来，确实存在民族团结进步教育方面的某些偏差。例如，党的民族理论政策，在一些地方对于少数民族干部讲得多，对于汉族干部讲得少；在少数民族聚居区讲得多，在汉族地区讲得少；对于各族群众讲得多，对于负责干部讲得少。这些偏差，在我国经济社会快速发展、各民族交往交流交融快速增进的今天，已经显得很不适应，甚至引发问题。所以，胡锦涛曾经强调，“全党同志特别是各级领导干部都要坚持学习和实践马克思主义民族理论，深入学习党的民族政策……要大力加强对马克思主义民族理论、党的民族政策和民族基本知识的宣传教育。不仅要教育群众，更要教育干部；不仅要教育少数民族干部，更要教育汉族干部；不仅要教育一般干部，更要教育领导干部。”这样，才能在全社会形成自觉维护民族团结、促进民族地区发展的良好氛围。

改革开放以来，东部和西部、城市和乡村、汉族和少数民族的政治经济文化各方面交流越来越密切、频繁，一方面各民族之间的共同点不断增加，另一方面，不同民族文化之间的碰撞也越来越多。受到过民族团结进步教育，掌握基本的民族知识的公民，就可以自然而然地站在平等的立场上，以历史

的眼光、尊重和包容的心态，对待其他民族的不同于自己的语言文字、风俗习惯、宗教信仰、价值理念，以文化自觉的理性思维来审慎观察和客观认识我们统一的多民族国家和我们国家的民族问题，从而由于对他人的尊重和得到对方的相应尊重，增进民族之间的团结。反之，则有可能在民族问题上苛求他人，自以为是，看不起其他民族及其文化，由于对他人的不尊重而招致对方的反感，伤害民族之间的团结。值得注意的是，在中国这样一个汉族占人口总数百分之九十以上的统一的多民族国家，汉族如何对待其他少数民族，事关民族团结、事关国家统一。中国共产党历史上采取的反对大民族主义和地方民族主义两种错误的民族主义，而又特别重视首先反对大民族主义，主要是大汉族主义的做法，在今后的民族团结进步教育中，仍然需要继续。同时，少数民族也应该自觉地抵制和批评本民族中的落后的、保守的甚至是错误的思想观念，反对地方民族主义的错误倾向。

三、深入开展民族团结进步教育，特别要重视各民族青少年的教育

各民族青少年是我们国家的未来，是中华民族的希望所在。青少年正是人生观、世界观形成的时候，青少年一代树立起民族平等、民族团结的意识，中国未来的国家统一和民族团结就有了坚实的基础和可靠的保证。因此，中国的民族团结进步教育，特别要重视对各民族青少年的教育。遗憾的是，到目前为止，我们还没有一套全国通用的中小学民族团结教育教材。据笔者所知，有关部门多年以前就已经开始组织编写这样一套教材，试用教材已经在一定范围内应用并征询意见，后经数易其稿，至今仍然未能正式出版发行。这样一套教材的编写，固然必须十分慎重，却不宜再事延宕。党的十八大报告又一次确认了中国特色社会主义民族理论的基本原则，确认了坚持和完善民族区域自治制度，提出了“深入开展民族团结进步教育”的要求。这样一套教材，应当抓紧编写，早日推出，以适应深入开展民族团结进步教育的需要。必须指出，不能苛求第一部这样的教材就是尽善尽美毫无瑕疵的。只要在重大原则问题上方向对头，表述清楚，适合青少年的阅读水平和能力，就应当抓紧完成并投入使用。在使用过程中，还可以不断听取各方面的意见建议，逐步改进和完善。在编写全国通用的中小学民族团结进步教育教材的同时，建议发挥各方面的积极性，鼓励和支持西部民族地区编写适合本地区实际的乡土教材，从而使对于各民族青少年的民族团结进步教育和爱国主义教育、公民教育和革命传统教育结合起来，使各民族青少年把对整个国家的民族国情的学习了解与对本地区各民族交往交流交融历史的学习了解结合起来，

使全国通用教材和各地乡土教材相互补充、相得益彰。

四、深入开展民族团结进步教育，大道理要讲，基本知识要普及，方法要创新

深入开展民族团结进步教育，要讲大道理，要用“三个离不开”的思想观念长期教育我国各族人民和后代，使“汉族离不开少数民族、少数民族离不开汉族、各少数民族之间也相互离不开”的思想观念深入人心，代代相传，把爱国主义教育、公民教育和民族团结教育紧密结合起来，使维护民族团结成为各族人民的自觉行动。

深入开展民族团结进步教育，要普及民族知识，使各族人民特别是年青一代懂得在长期的历史发展过程中，我们中华民族多元一体的格局是怎样形成的，在近代以来中华民族抗击外敌入侵的斗争中，我们各民族又是怎样团结奋斗，打败内外敌人，从一个自在的民族转变为一个自觉的民族的，从而提高各民族对于中华民族的认同感，提高作为中华民族成员的自豪感。应当采用各种形式和办法增进各民族之间的了解，促进各民族互相尊重、互相学习、互相合作、互相帮助，树立民族团结进步的先进典型，形成民族团结光荣，相互理解可贵，彼此帮助高尚的良好社会风气。

深入开展民族团结进步教育，内容要充实，方法要创新。领导讲话、评选先进、开会表彰、年终总结等形式仍然需要，但是要避免总是千篇一律的大话套话，应当有所创新。现实的社会生活是丰富多彩的，民族团结进步教育也应该贴近生活，贴近各族人民群众的愿望，紧密联系本地区的实际，直面群众身边和当前社会上的现实问题。在教育过程中，应当注意语言生动、举例贴切，不断总结经验，努力探索群众喜闻乐见、易于并乐于接受的方式方法。把开展民族团结进步教育同建设社会主义精神文明、同传播先进文化科学知识、同开展健康向上的乡村和社区文化活动结合起来。同时，注意利用新媒体和先进的信息技术，如互联网、移动通信等等，低成本、高效率地开展民族团结进步教育活动。

五、深入开展民族团结进步教育，不能回避民族意识问题

对于“民族团结进步教育”，部分学者有一种善意的担心，即认为民族问题，或“民族团结进步教育”应该以少讲甚或不讲为好。他们主张将这方面的教育融入青少年的公民教育和思想品德教育。因为他们担心，一讲“民族”，就会增强各民族青少年的民族意识，因而会带来负面的效果。有的少数

民族干部也有这样的想法和认识。一位 20 世纪 60 年代出生的从事西藏青少年工作的西藏干部曾经深情地回忆起自己的青少年时代，“在那个年代，大家没有‘你是汉族，我是藏族’的观念，只有‘我们都是中国人’的认识。我们这一代就是在那样一种温暖深刻的思想教育环境中成长起来的，所以我们有对中华民族的认同感、对伟大祖国的归属感和对中国共产党的忠诚感。我们深深热爱自己的民族、自己的祖国。”（德吉：《西藏青少年思想道德建设应与时俱进、增强实效》，《中国民族报》2010 年 1 月 29 日）他们回忆起自己青少年时期的民族关系，那时大家在一个学校、一个班级上学，彼此不分民族，何等融洽！应当说，这种担忧并非毫无道理。然而仔细思考，这却是一方面的道理。这里就发生了如何正确认识民族意识的问题，无法回避。

人的意识是其社会存在的反映，并对社会存在发生反作用。民族意识是民族这种客观社会存在的反映。“有民族就有民族意识，民族没有消亡民族意识就不会消亡。”一个多世纪以来，由于汉语语境中的“民族”已经历史地形成了“中华民族”和“56 个民族”的双重含义，谈论民族意识，也就自然有了中华民族的民族意识和各民族的民族意识这样双重的概念。无论汉族和少数民族，都有各自的民族意识。问题是，在当代中国，用“少讲民族”的办法来人为地“淡化”青少年一代的民族意识是否可行？在当代中国，小学里不讲“民族”，小学生可能没有民族意识；中学里不讲“民族”，中学生也可能还没有民族意识。到了大学甚至读研究生的时候，到了他们告别校园、走向社会的时候，恐怕就没有这种可能了。

在改革开放之前，计划经济时期，国内各民族的交往远不如今天这样密切，发展差距也不如今天这样明显和易于感知；各族干部群众中的大部分人，也很少国际视野，民族意识自然比之今天要淡漠。改革开放三十余年来，情况发生了很大的变化，民族意识客观上有所增强。无论我们给予其怎样的价值判断，这是一个无可回避的事实。有学者认为，正是这种民族意识的增强，引发了当今的民族问题，从而提出“淡化民族意识”或“淡化民族观念”，甚至提出“把‘三个离不开’的民族团结要求更好地升华为‘三个分不清’”（《第二代民族政策：促进民族交融一体和繁荣一体》），这可能是倒果为因了。

民族意识本身是中性的，“我们不能简单地把特定民族的民族意识视为消极甚至等同于分裂意识……”（朱维群语）。如果有一位少数民族公民表示，“我渴望见到有一天也有我们民族的科学家获得国家科学技术进步奖”。这样的民族意识，当属 56 个民族的民族意识，但是同时也属于中华民族的民族意识，是没有必要“淡化”的。

“人类始终只提出自己能够解决的任务。因为只要仔细考察就可以发现，任务本身，只有在解决它的物质条件已经存在或者至少是在生成过程中的时候，才会产生。”在中国，民族将长期存在，民族差异、民族问题将长期存在，因而由于民族的社会存在而形成的民族意识肯定也会长期存在。党和政府以及各种媒体可以引导，但是恐怕没有办法淡化或消除。我们今天能够也需要做的，不是一概而论地“淡化民族意识”本身，而是肯定和弘扬正确的民族意识，批评错误的民族意识。民族意识的淡化或消除，必然是一个长期的随着经济社会发展进步、随着实际社会生活中各民族的共同性日渐增加、发展差距逐步缩小而发生的自然历史过程。我们今天甚至难以准确预知或推测这样一个历史过程的未来结果。我们没有办法在一个存在着民族、民族差异和民族问题的社会中，淡化由社会存在产生并决定的一种社会意识，也不应该出于这样的担忧而拒绝或放弃开展民族团结进步教育。

党的十八大报告提出的“深入开展民族团结进步教育”是一项长期任务。在构建社会主义和谐社会的过程中，深入开展民族团结进步教育的目的，就是为祖国统一和民族团结打下坚实的思想基础，从而促进各民族和睦相处、和衷共济、和谐发展，通过各民族共同团结奋斗，共同繁荣发展，实现中华民族的伟大复兴。

原载《中国民族报》2012年12月28日第05－06版，刊出时有删节

中国历史上的民族宗教政策

中国自秦汉以来就是一个统一的多民族多宗教的国家。在漫长的历史发展过程中，中国历代封建王朝常常面临复杂的民族宗教问题，民族问题经常通过宗教问题的形式表现出来，成为影响民族关系的重要因素。对于历朝历代执掌中央政权的统治者来说，能否妥善地处理好民族宗教问题，关系到国家的盛衰，社会的治乱，政权的兴亡。中国历朝历代的民族宗教政策，是统治者治国方略的重要组成部分。认真考察中国历史上统治阶级的民族观、宗教观对于制订民族宗教政策的影响，总结历朝历代民族宗教政策成败得失的经验教训，对于正确处理好我国现实的民族宗教问题具有积极的借鉴意义。

一、先秦时期华夏民族统治阶级的民族宗教观

先秦时期是中华民族的形成时期。历经夏商周和春秋战国的长期发展，中国汉族和各古代少数民族先民之间的交往日益密切，彼此间有了更多的了解和认识，包括民族和宗教方面的了解和认识，但是由于当时交往和认识的局限性，统治者尚未产生明确的民族宗教政策。由于汉族后来人口众多，文化发达，建立中央王朝最早，时间也相对较长，因此，作为汉族先民的华夏民族统治阶级的民族宗教观念，对于后世的影响也较大。

从夏商周三代开始，古代中国逐渐形成了华夏居中，夷、狄、蛮、戎分处四方的格局。到了春秋战国时期，汉族先民的民族观已经大体形成，主要有以下几方面的内容：第一，明“华夷之辨”，立“夷夏之防”和“重夏轻夷”；第二，“天下一家”“四海之内皆兄弟”；第三，“用夏变夷”“修文德来远人”。

以孔子学说为代表的儒家思想，对于中华民族的影响极为深远。明“华夷之辨”和立“夷夏之防”是儒家民族观的核心思想。孔子在其《论语·八佾》中曾说：“夷狄之有君，不如诸夏之亡也。”意思是说，周边的夷、狄、蛮、戎等族即使有君长、有尊卑长幼的秩序，也不如中原华夏诸国没有君长的情况好（亡，古汉语中作“无”解；中国古代有所谓“国不可一日无君”

的说法。一个国家无君，被认为是处于极度混乱的状态）。孔子还提出“裔不谋夏，夷不乱华”，反对周边经济文化相对落后的各族武装进犯中原地区，干涉中原华夏族的事务。毋庸讳言，以孔子所代表的儒家民族观中，具有明显的“重夏轻夷”的倾向和歧视周边各族的大民族主义偏见。这种倾向和偏见在中国古代是不可避免的。

另一方面，儒家的民族观中也有“天下一家”“四海之内皆兄弟”的思想。孔子相信，周边各族与华夏族虽然言语习俗不同，但是人性是相同的，他们彼此之间“性相近也，习相远也”。夷、狄、蛮、戎虽然是文化上落后的异族，但也是与华夏一样的人类，与他们相互交往也必须讲诚信，重道德，彼此尊敬，“言忠信，行敬笃，虽蛮貘之邦，行矣。”也就是说，自己的行为符合“仁道”，可以感化落后的周边各族，使他们接受中原文化，化为华夏。在这种思想指导下，孔子提出了“修文德以来之”的民族同化政策。春秋战国之际，中原诸侯不仅彼此攻伐，而且还经常发动对于周边各族的战争，以掠夺财富，增加人口。孔子反对这种掠夺战争，主张不凭借武力，而是依靠中原地区先进的典章制度和礼乐文化吸引周边各族。“远人不服，则修文德以来之。既来之，则安之。”在教育上，孔子还提出了“有教无类”的原则。孔子的三千弟子中，就不乏来自周边各族的人。这种和平的民族同化政策，在中国古代成为传统，客观上起了积极的作用。

从夏商周三代到春秋战国时期，华夏族的古代宗教和宗教观已经初步形成。夏、商、周三代的传统宗教具有当时国家宗教的性质。春秋战国时期“礼崩乐坏”，原来的职业祭司卜、巫等等丧失了过去的社会地位，象征旧的社会秩序的周礼趋于瓦解，思想领域也出现了百家争鸣的局面。由于儒家学说后来在长期的中国封建社会取得了独尊的地位，因此，孔子的宗教观对于历代统治阶级宗教政策的制订，对于后来中国人的宗教心理和对各种宗教的态度，一直发挥着深远的影响。

天人关系或神与人的关系问题是诸子百家争论的问题之一。它的实质，在于是否承认主宰着人类和自然万事万物的超自然力量。孔子承认超自然力量的存在，把这种力量称之为“天”或“天命”。他的“死生有命，富贵在天”和“获罪于天，无所祷也”的思想，与古代宗教的天神崇拜有着直接的传承关系。“天”或“天命”不仅是支配自然和人的异己力量，后来还被逐渐地人格化，成为“顺之者存，逆之者亡”的“义理之天”。后来，天和祖先紧密相连，就使得“敬天法祖”的宗法性传统成为中国古代宗教的重要特色之一。天与君王紧密相连，就形成了“皇天”和“君权神授”的观念，使得君权与神权的结合成为中国古代宗教的另一个重要特色。

形神关系问题，即人是否有灵魂，死后是否变成鬼的问题，亦即是否存在一个彼岸世界的问题，也是百家争鸣中引发激烈争辩的有关问题。孔子在形神关系问题上怀疑鬼神的存在，对于人死后的世界给予了不可知论的回答。《论语》记载“子不语怪力乱神”，“未能事人，焉能事鬼”？“未知生，焉知死”？避免谈论鬼神，“敬鬼神而远之”。然而孔子却提倡孝道，主张祭祀祖先。“祭如在，祭神如神在”，主张以虔敬的心情进行宗教活动，而不必追究鬼神的有无。由此而开启了儒家淡化对于彼岸世界的鬼神迷信，注重今生今世修身、齐家、治国、平天下的入世传统。

孔子的这些思想，逐渐演变成为儒家学说的实用主义的宗教观，概括而言就是“神道设教”。封建统治者利用人民群众普遍相信的“鬼神之道”，编造种种神话，作为工具，举行隆重的祭天祭祖的典礼，设教以教化更多的人，达到巩固自己的统治的目的。儒家学说自从汉代取得独尊地位之后，其宗教观和“神道设教”的实用主义原则，不仅成为中国封建社会历代统治者制订宗教政策的指针，也是上述宗教政策区别于其他国家宗教政策的显著特色。中国的封建统治者基本上不受自身宗教信仰的局限，对各种宗教大多采取宽容的态度，完全功利地处理宗教事务，与中世纪西方基督教国家动辄发生宗教战争和对异教徒的迫害，或者中世纪伊斯兰教国家对于其他宗教难以容忍的状况，形成了鲜明的对比。

先秦时期的中国尚未形成统一的中央集权的国家，但是多民族、多宗教的局面已经出现。这一时期各个政权尚未提出明确的民族宗教政策，然而后来长期居于统治地位的华夏族统治阶级的民族宗教观念已经形成。它们有一个重要特点，这就是以维系华夏族的礼仪文化为出发点。不论原属华夏族还是夷、狄、蛮、戎，只要承认华夏礼仪，即是中国之人；不论何种宗教信仰，只要有益于人伦教化，即可见容于中国。具体的种族血缘和神灵信仰的差异，皆可存而不论，不加特别强调。这一特点，始终与封建统治阶级的民族偏见和大民族主义共存，同时也决定着中国历代民族宗教政策以和为本，兼容并蓄的基本取向。

二、秦汉时期的民族宗教政策

中国封建社会的民族宗教政策，在秦汉时期已经初具规模。当时中国的民族宗教情况较之先秦时期已经发生了巨大的变化。华夏族与夷、狄、蛮、戎诸族经过春秋战国时期数百年的交往、冲突与融合，开始转化为汉族。秦朝和汉朝的统一，使得中原地区的汉族和其他民族第一次有了统一的国家，与北方的匈奴族发生时战时和的关系。东汉时期道教的形成和佛教的传入，则成为中国宗教发展史上的大事。

民族政策方面，秦始皇于公元前221年统一六国后，派大将蒙恬率领十万大军北征匈奴，并修筑长城，建立起保卫国家西北边疆的万里屏障。在包括东南少数民族地区的全国范围内，秦朝推行郡县制，但是依据不同的民族情况采取不同的施政措施。例如，在东越地设置的闽中郡，在确立君臣隶属政治关系的前提下，由东越贵族自行治理。对归附的较大的少数民族或部落，则设立“属邦”。例如龟兹即秦之属邦之一。秦朝法律中设有“属邦律”，在秦朝政府中设立“典属国”官职，“掌蛮夷降者”。对于上述郡或属邦，秦朝不过问其事务，实行比较松散的管理。这种做法，后来发展为中国历史上的羁縻政策。

秦亡汉兴，汉承秦制。汉初历经高、惠、吕、文、景五代帝王60余年，政权逐渐得到巩固，社会经济得到恢复与发展。当时匈奴称雄于西北，不断南下侵掠。高祖七年（公元前200年）刘邦亲征匈奴失败后，不得已采纳娄敬建议，对匈奴实施和亲政策。其基本内容是：汉以宗室女为公主，嫁于匈奴首领单于为阏氏（夫人），岁给匈奴大量物品，约为兄弟，匈奴不犯汉边。直到汉武帝初年，汉朝一直实行这一政策。其间虽有匈奴破坏和约，发兵攻入汉朝边境之事，汉朝因国力尚弱，也不得不忍让维持。汉初对匈奴实行和亲政策，在兵力不足拒敌时作为缓和矛盾的手段，是一种迫不得已而采取的民族政策。这一政策客观上有利于汉匈两族之间的经济、文化交流。

汉武帝即位初，仍对匈奴“明和亲，约束，通关市，饶给之”，想以此阻止匈奴的骚扰抄掠，但无效果。这时汉朝国力已经强大，于是决心改变和亲政策，“举兵攻之”，开始了对匈奴的大规模战争。经过几次大战，汉匈关系发生了根本的变化，汉朝扩大了统治区域，双方进入相持阶段，出现了相对稳定的形势。

汉昭帝即位后，由于“海内虚耗，户口减半”，需要“轻徭薄赋，与民休息”，于是对四方民族采取以和为主的方针。宣帝时，匈奴发生内乱，呼韩邪单于归附汉朝。汉文帝为进一步笼络匈奴，以王昭君嫁与呼韩邪单于，在国力比较强大时继续实行和亲政策，使得和亲政策性质有了改变，收到很大功效。史称北边“数世不见烟火之警，人民炽盛，牛马布野。”客观上对促进民族和好，加强国家统一起到了积极作用。

从汉光武帝建武二十三年（公元47年）匈奴第二次分裂为南北匈奴到和

帝永元三年（公元91年）北匈奴崩溃的四十多年间，南匈奴与汉保持了和亲的和好关系，北匈奴与汉朝基本上处于敌对和战争状态。汉与南匈奴共同出兵击灭北匈奴后，一直到东汉灭亡，汉、匈基本上保持了和好关系。

汉朝还同西域民族乌孙首领和亲。汉武帝先后以江都王刘建的女儿细君和楚王刘成的孙女解忧为公主，嫁与乌孙王，密切了汉朝与西域民族的关系，对于汉朝统一西域，起到了积极作用。

汉朝所奉行的和亲政策客观上对于缓和民族矛盾，密切民族关系，促进各民族之间经济文化交流起了一定的积极作用。汉代以后，我国各族之间和亲屡见不鲜，就因为它在当时的历史条件下，确实是一种行之有效的民族政策。

两汉因袭秦时的属邦制度，改称属国。汉朝属国分布范围很广，从西北到西南、东北皆有，只纳赋税，其官员因部落而设。这不仅得到少数民族的拥护，而且有助于巩固汉朝的统一。汉朝又设置都护、中郎将、校尉等，以管理更大范围的少数民族地区。这种管辖形式也是“因其故俗”，不改变当地原有的社会制度和生活方式，给各民族首领保留相当多的权力。西域都护班超在任31年，由于执行“宽小过，总大纲”，顺依其俗的政策，收到了“得远夷之和，同异俗之心”的积极效果。汉朝更是大力在河套、湟水、河西以及西域轮台、渠黎、车师、鄯善等地开荒种植、扩大屯田，对于开发西部边疆，推动当地社会生产力的发展，安定人民生活，巩固汉朝统治，起到了不可忽视的作用。

对于北方逐水草而居、吃苦耐劳而骠勇善战的匈奴族，实行征战与防守相结合，辅之以和亲与开疆拓土、移民实边的政策，对于西北和东南各少数民族与归降部落，实行设郡县、立属邦（属国），因俗而治的政策，成为秦汉时期民族政策的基本内容。

宗教政策方面，夏、商、周三代的古代宗教，经历了春秋战国时期的强烈冲击，到了秦汉时期，已经面目全非。儒家学说的独尊地位已然确立。恰于此时，佛教在公元纪元前后传入中原地区，道教也在中国古代宗教信仰的基础上于东汉中叶产生了。

佛教发源于印度，创立者是佛祖释迦牟尼。约在两汉之际传入中原。西汉年间张骞通西域，当时西域一带的大月氏、龟兹、安息等国已经接受了佛教。随着中原地区与西域的交往，佛教沿着丝绸之路，由西域各国的使臣或僧人东传而入汉地。佛教传入之初被视为神仙方术的一种和少数民族的礼俗。汉朝的统治者在专门接待边疆少数民族首领的鸿胪寺接待西域僧人，也曾派人西行取经，建立白马寺供僧人驻锡，对于从西域来到中原地区传教的僧人给予了很高的礼遇。然而，也命令汉人不得为僧："唯听西域人得立寺邑，以奉其神，其汉人不得出家。"这一方面表明汉朝统治者对于外来宗教的宽容和尊重，允许西域使臣和僧人在中原地区保留自己的宗教信仰，另一方面也反映出汉朝统治者对于外来宗教的防范心理，担心其扰乱人心，影响社会的稳定。

道教是中国古代多种文化交汇融合的产物，是中国本土的宗教。东汉时期，长期流行于民间的神仙方术、巫术与先秦的道家思想相结合，孕育出早期的道教。道教以老子为教祖，其基本信仰是清静无为，长生不死，将儒家的纲常伦理与阴阳家的阴阳五行相生相克之说糅合在一起，杂以炼丹、养生等内容。早期的道教组织主要有张道陵创立的五斗米道、张角创立的太平道，等等。太平道后来转化为黄巾农民起义，给予东汉王朝以巨大的打击。

由于汉朝的封建统治阶级奉行罢黜百家，独尊儒术的文化政策，佛教、道教或者刚刚传入中原地区，或者处于初创时期，在社会上的传播范围有限，影响不大。待到稍有发展之时，东汉王朝已经濒于崩溃，统治者尚未来得及制订十分明确的宗教政策。

秦、汉作为封建王朝，其制订和推行的一系列民族宗教政策，反映了统治者的阶级本质。汉武帝"西逐诸羌，乃度河湟，筑令居塞"，侵夺羌人居地。羌民族被逐徙，自然起来反抗，汉统治者则以血腥屠杀手段进行镇压，尤以桓帝延熹至灵帝建宁年间镇压羌人的反抗斗争最为残酷。这种民族压迫政策，对于民族关系和社会发展起到了破坏和消极的作用。

秦、汉王朝是我国统一多民族国家形成的初期，其民族宗教政策也仅仅粗具雏形。然而，从总体上说，这些政策对我国统一多民族国家的形成和发展还是起到了促进、推动作用，在很多方面具有开创性，对于后世发生了重大的影响。

三、三国两晋南北朝时期的民族宗教政策

自东汉末年开始，中国历史经历了一段漫长的纷乱时期。由三国鼎立，到统一于晋，再演变为东晋和十六国的纷争，而后形成南北朝对峙的局面，最后才统一于隋。这个纷乱时期，也是中国历史上的一次民族大融合的时期。由于这一时期不存在一个统一的王朝，因而也没有出现统一的中央政权的民族政策。然而，在民族大融合与各民族文化相互交往的过程中，文化的和宗教的因素发挥了重要的媒介和黏合剂的作用，儒、释、道三教成为中华各民

族结合的共同心理基础。

这一时期的一个突出特点是北方少数民族入主中原，是相对落后的游牧民族对于农耕民族的军事征服。为了巩固军事征服的成果，对政治、经济相对先进的民族实行统治，各少数民族政权需要表明自己也是中原地区华夏文化的继承者，以证明自己的合法性。于是，以敬天法祖为特征的儒家文化被一些少数民族主动接受和吸纳，北方少数民族政权入主中原之后，忙于建郊坛、立宗庙、修社稷、定年号，成为一时的潮流。匈奴人刘渊首先在北方建立政权，以“后汉”为朝代名称，以元熙为年号。“追尊刘禅为孝怀皇帝，立汉高祖以下三祖五宗神主而祭之。”羯人石勒建立赵国，“……依春秋列国……改称赵王元年，始建社稷，立宗庙”。

在为被征服者的先进文化所征服的同时，各少数民族的统治者还往往把自己的祖先与华夏族的先贤或圣王联系起来。这在当时及以后史不绝书。匈奴族刘渊，“冒顿者后也……汉高祖以宗女为公主，以妻冒顿，约为兄弟，故其子孙遂冒姓刘氏。”赫连勃勃建立夏国，自称“朕大禹之后，世居幽朔”。北凉建国者沮渠蒙逊自称“姚氏舜后，轩辕之苗裔也”。这种做法，给各少数民族政权带来了政治上的好处。夏商周三代以来，敬天法祖，明“华夷之辨”、立“夷夏之防”成为华夏族的传统，“奉天承运”“君权神授”是对帝王统治权力合法性的最有力说明。采纳祭天祭祖的仪式，再辅以自称为华夏族的后人，使得上述少数民族政权的统治易于为中原地区的汉族所接受，并进而使得这些入主中原的少数民族自身融入汉族之中，达到了民族融合的结果。

另外也有一些汉族或少数民族的统治者采取了崇奉佛教的政策。例如建立后赵政权的石勒、石虎，广泛启用汉族士人参政，巩固了自己的统治。但是当汉族臣下建议其禁佛时，石虎并不同意：“朕生自边壤，忝当期运，君临诸夏，至于飨礼，应兼从本俗。佛是戎神，正所应奉。”信奉佛教，为入主中原的少数民族首领提供了宗教上的另一种选择，并不必然导致对汉族文化整体的排斥，反而可以增进本民族的凝聚力，摆脱在发达的汉族礼乐典章制度面前自惭形秽的心理缺失。

佛教传入中原地区之后，在南北朝时期经历了一个大的发展，也经历了传入中国之后的第一次灭佛的劫难。这既是一种异质文化与本土文化冲突的反映，也是佛教在中国化的进程中，与中国社会相适应的不可避免的发展阶段。

三国时期，崇尚清谈的文人士大夫已经受到佛教的影响。孔融称母腹与婴儿的关系不过如花与花瓶的关系，违背了注重孝道的儒家伦理纲常，后来被司马氏治罪。宋齐梁陈佛教势力壮大后，有僧人提出沙门不敬王者论，与封建皇权分庭抗礼，终于招致皇朝采取了禁佛的措施。经过几番冲突较量，佛教僧人终于认识到，在中国这块土地上，儒家的统治地位已然确立。佛教要生存和发展，必须依附于封建皇权，适应并吸收儒家文化。“不依国主，则法事难立”。而封建统治者对于俯首称臣的佛教也就不再视为异己力量，转而利用其生死轮回的一套儒家学说中并不具备的内容，“阴赞王化”。

在西晋与十六国对峙的时期，总体上说南方汉族政权对于佛教这种“夷狄之术”采取了禁抑政策，而北方的胡人政权则往往大力扶植佛教。于是出现了不少名僧前往北方少数民族统治地区弘法传教的现象，致使北方的佛教势力一度超过南方。

魏晋南北朝时期佛教在汉地的迅速发展，正值北方少数民族纷纷内迁，汉族的生存环境受到挤压和威胁之际。围绕如何对待这种外来而又为胡人普遍信奉的佛教的问题，汉族封建统治者中展开了一场争论。在争论中，“华夷之辨”的问题、儒释道三教孰优孰劣的问题，统统牵扯进来。主张以汉族文化为主体的人，提倡儒、道二教而反对佛教，认为佛教是夷狄之教，不可行于中国。信奉和赞成佛教的人则极力论证佛教对于封建礼教有益无害，儒释道三教可以并行不悖。反对佛教的人把宗教问题引申到民族问题。他们引用孟子的话“吾闻用夏变夷，未闻用夷变夏者也”，声称“吾子弱冠学尧舜周礼之道，而今舍之，更学夷狄之术，不已惑乎”。他们还从“尊夏贱夷”的民族歧视观点出发，论证道教优于佛教，称道教是教人不死之法，而佛教是教人无生之术。

针对反佛派挑起的夷夏之争，佛教徒进行了反驳。他们认为华裔同贵，不能以风俗习惯的不同来划分人的贵贱；他们批评道教宣扬长生不老之术，无一人一事可以证明，触到了道教的致命短处。这样，在为佛教争得在中国的生存空间的同时，也宣扬了一种比较平等的民族观。魏晋南北朝时期儒、释、道三教的冲突，使儒家学说的独尊地位受到一次挑战，也使强调“华夷之辨”的民族观受到一次冲击。三教冲突的结果，一方面儒家学说仍然居于统治地位，另一方面佛教和道教也在中原地区站稳了脚跟，取得了存在和发展的合法性。三教之人经过几百年的反复辩难，发现谁也不能吃掉另外一方或两方，而封建统治阶级也终于认识到，儒、释、道三教虽然形式不同，但在劝人向善，服从统治，安分守己，巩固纲常方面却具有相似的功效和互补性，同样可以为维护封建社会的宗法制度、等级制度服务。这样，涉及民族观、宗教观双重内容的儒、释、道三教之争，以社会普遍接受三教殊途同归的结论而告结束。对于外来宗教的宽容，又增进了汉族对于其他民族及其文化的理解和平等意识，减少了各民族之间的心理隔阂，并对后世统治阶级制订民族宗教政策产生了积极的影响。

四、隋唐时期的民族宗教政策

隋唐时期是我国由分裂到统一的转变时期。隋朝只存在了 37 年，然而却为唐朝更大范围更长时间的统一奠定了基础。隋朝的民族宗教政策也基本上为唐朝所因袭、沿用和发展。

经过魏晋南北朝数百年间的“五胡乱华”，北方少数民族大量南下，进入中原地区的匈奴、鲜卑、羯、氐、羌各族自觉自愿地融入汉族之中。勇猛尚武的主要以游牧经济为主的各少数民族融入汉族，使得以农耕经济为主的汉族的民族性格得到丰富和升华。中华民族多元一体的格局也有了新的发展。

隋朝和唐朝的皇室皆具有我国西北少数民族的血统，但又并非某一特定民族的后裔。这使得他们较少具有汉族统治者的民族偏见，容易接受一种宽容、平等的民族观，实行比较开明的民族政策。例如，隋文帝杨坚在给突厥汗王的诏书中就说：“朕受天命，子育万方……圆首方足，皆人类也。”唐太宗李世民则认为：“夷狄亦人耳，其情与中夏不殊。人主患德泽不加，不必猜忌异类。盖德泽洽，则四夷可使如一家；猜忌多，则骨肉不免为仇敌。”在这种思想指导下，李世民表示：“自古皆贵中华，贱夷狄，朕独爱之如一，故其种落皆依朕如父母。”唐太宗的话中虽不无自我溢美之词，但是，在这样一种民族观的主导下，唐朝确实对周边各少数民族基本上实行了宽和怀柔、“恩惠抚和”的开明的民族政策。唐太宗友好地接待前来朝贡的周边各族首领或使者，有的任用为官，还给以切实的物质利益。他曾经多次接见藏族建立的吐蕃王朝的使者，还应赞普松赞干布的要求，把文成公主远嫁到吐蕃。正是由于他对于周边各族采取了比较友好、温和的态度，边疆少数民族才对他表示敬意，乐于学习和接受唐朝的典章制度、礼仪文化。唐朝初年，周边各族“绝域君长，皆来朝贡；九夷重译，相望于道”，他们尊称唐太宗为“天可汗”，以表达对唐中央王朝的衷心拥护。

唐朝“恩惠抚和”的民族政策，主要表现在以下几个方面：

（一）用和亲的办法，加强同边疆少数民族首领的政治联姻关系。据记载，唐代公主正式与边疆民族首领成亲者共 17 人。比之两汉时期的和亲，唐代和亲更为积极广泛。汉朝的和亲对象只有匈奴与乌孙，唐则与吐蕃、吐谷浑、突厥、奚、契丹、回纥等民族都有联姻；汉朝出嫁者都是宗室女或宫女，唐朝的宁国、咸安、太和等公主却是“天子真女”；此外唐代和亲并不完全是发生在受到边疆民族军事威胁时被迫为之，而是为达到民族通好的目的，出于怀柔羁縻的宗旨而实施的。唐代和亲政策在客观上加强了民族间的友好往来，促进了内地与边疆的经济文化交流。唐朝文成公主、金城公主出嫁吐蕃，双方会盟立碑，确立起甥舅关系，“遂通姻好，数十年间，一方清静”，为密切藏汉民族关系做出了重要贡献，为后世所称道。

（二）通过册封方式，笼络各族上层人物。唐朝对于归附的各族君长都加以册封。设置羁縻州的即以其首领为都督、刺史，皆得世袭。有些北方民族君长被推举为可汗，具有实际统治权力，唐王朝只是履行册封仪式，承认其地位。唐朝的目的是经过册封以定君臣之分，确定唐朝和地方政权的领属关系。而地方民族首领，也需要由唐廷册封以提高其威信，从而确定自己在当地的统治地位。

（三）大量任用少数民族人士。据史书记载唐朝所任用的少数民族人士人数极多，著名者如阿史那社尔、契苾何力、尉迟胜、白孝德等，都是为国家统一事业做出重大贡献的杰出人才。

唐朝同秦、汉时一样，在中原地区施行郡县制，在周边少数民族地区则实行羁縻政策，设置羁縻府州。唐代羁縻府州具有以下特点：（1）羁縻府州远比直隶府州数量多；（2）普通府州直隶中央，羁縻府州则由边州都督府或都护府管辖；（3）羁縻府州大都“即其部落列置州县”，以该部落区域为州县范围，并直接由部落首领充当都督和刺史；（4）羁縻府州比直隶府州享有优惠的经济待遇。羁縻式的统辖措施虽然由来已久，但到了唐代才正式创设了羁縻府、州、县制度。这在一定程度上体现了对边疆民族经济条件和习俗的尊重，适应了边疆民族社会的实际情况，取得了积极的效果，并对后世具有深远影响。

对于各种宗教，与“恩惠抚和”的开明民族政策相适应，隋唐两代基本上实行的是宽松平和、三教并存的宗教政策，儒释道三教皆可合法存在。不仅佛教、道教在隋唐三百余年间有了发展，景教、伊斯兰教等外来宗教也是在此期间传入中国的。

隋文帝杨坚出生在佛寺之中，由尼姑抚养成人，虽然对佛教有特殊的感情，但也并不排斥道教。他曾说：“佛法深妙，道教虚融，咸降大慈，度济群品……故建寺立庙，以时恭敬。”至于儒家的礼教，杨坚更为重视，认为“礼之为用，时义大矣……道德仁义，非礼不成；安上治人，莫善于礼。”他开创的科举制度，其考试的基本内容就是儒学。唐太宗李世民作为开国之君，笃信人事而清淡鬼神。他认为佛教讲苦空，道教论虚无，或宣扬六道轮回、因果报应之说，或修炼长生不死、羽化登仙之术，均不可信，崇之过甚皆足以亡国。只有儒学才是立国的根本。但是唐代佛道二教都已经拥有众多的信徒，形成了庞大的社会势力，所以唐太宗对其也并不贬抑或排斥。为了化导百姓，稳定社会，他还大张旗鼓地在民众中倡导和利用佛教、道教。玄奘从印度求取佛经归来，他派大臣礼迎，并在慈恩寺为玄奘设立译场，翻译佛经。佛经译成之日，他亲撰《大唐三藏圣教序》，支持和推动佛教的传播。道教教祖老子名李聃，李世民竞与老子攀亲，称自己是老子的后裔。他自己不信佛教、道教，但却在一定程度上崇奉佛道二教，显然是从“神道设教”的政治目的出发，利用宗教来巩固自己的统治。

景教和伊斯兰教在唐代传入中国并得到一定的发展，也从一个侧面印证了唐初民族宗教政策的宽容和开放。景教是古代基督教的一支聂斯脱利派的中国名称。该派由于不赞成正统派的“三位一体”教义，被逐出欧洲，公元5世纪左右流行于中亚波斯一代，后沿丝绸之路传入中原。贞观九年（公元636年），聂斯脱利派教士阿罗本随商队来到长安，受到唐朝官方的欢迎。数年后唐太宗下诏：“道无常名，圣无常体，随方设教，密济群生。大秦国大德阿罗本，远将经像，来献上京。详其教旨，玄妙无为；观其原宗，生成立要；词无繁说，理有忘筌；济物利人，宜行天下。所司即于义宁坊造大秦寺一所，度僧二十一人。”很明显，李世民是以对佛道二教的知识来理解基督教的，并且从儒家宗教观“一致而百虑，殊途而同归”的原则出发对待基督教的。在唐太宗之后几代唐朝皇帝的支持下，景教在中国获得相当程度的发展，后来在唐武宗灭佛时遭到毁灭。

伊斯兰教在公元7世纪兴起于阿拉伯半岛，随着阿拉伯帝国的兴盛而向周围传播。唐人将阿拉伯帝国称为“大食”。一批又一批大食的商人和使者来到京城长安，被称作“蕃客”。他们生活在中原地区，自然把自己的宗教信仰也带入了中国。唐朝政府礼遇这些阿拉伯人，尊重他们的宗教信仰，在长安设立蕃坊给予居住的便利，听凭他们自建礼拜寺，任命一位德高望重的穆斯林为“蕃长”，主持宗教礼拜。对于穆斯林的宗教活动，唐朝政府基本上不加干预。当时的伊斯兰教主要在西来的穆斯林和胡人中间传播，对于汉族社会影响不大。有些穆斯林常年生活在京城长安，并与当地妇女结婚，其后代便成为中国回族的祖先。他们逐渐接受了汉文化，取汉名、读儒书，甚至参加科举考试，入朝为官，加速了伊斯兰教的中国化进程，也减少了儒学和道教对它的排斥。即便在后来唐武宗灭佛时，伊斯兰教也作为“大食殊俗”得以流传下来，成为后世中国穆斯林普遍信奉的宗教。

祆教和摩尼教在唐朝初期和中期也曾有过较大的传播。当时的大唐王朝国力昌盛，长安成为世界文化的中心之一，各种文化并行不悖，异彩纷呈。一般来说，唐朝统治者能够以一种开放和宽容的心态对待外来的异族宗教，听其与中原地区的诸种宗教并存。

唐代的民族宗教政策也有许多失误之处。如唐朝有些文臣武将好大喜功，边州官吏执政失当而引起与少数民族兵戎相见者不乏其例。征南诏的两次天宝战争与开元九年（公元 721 年）六胡州的大规模起事，都是唐朝的错误政策造成的。唐朝后期奢靡之风盛行，唐宪宗迎佛骨招致群臣反对，仍然一意孤行，引发社会动荡。唐武宗李炎会昌年间的灭佛，客观上虽有佛教过度发展，影响封建国家的财政收入的原因，但是李炎笃信道教，也是一个重要的主观原因。封建统治阶级利用政权力量崇道灭佛，也牵连到摩尼教、景教、祆教等其他主要由少数民族信奉的宗教。一些僧人或逃往藩镇，增加了藩镇的实力，或聚而为盗，加剧了社会的动荡。民族关系也受到了影响。

隋唐两代，除了唐朝后期武宗灭佛，株连景教、祆教和摩尼教，以行政手段干预各族群众的宗教活动之外，基本上实行了平等、宽容和开放的民族宗教政策。唐代所以成为中国历史上封建社会的鼎盛时期，与上述民族宗教政策的成功是分不开的。

首先，这一政策为“贞元盛世”的出现提供了有力的政治环境。对于周边少数民族实行羁縻政策、和亲政策，因俗而治，不在边疆强力推行中原地区的教化，稳定了边疆并带来了民族关系的和睦。对佛教、伊斯兰教、景教、祆教和摩尼教的宽容和对各教僧人的礼敬，加强了与天竺、缅甸、大食等邻邦的联系，有助于形成和平友好的周边环境。

其次，礼遇邻邦来使和商人，尊重其宗教信仰的政策，也促进了经济的交往。隋唐两代众多胡商来华贸易，由于政府听任其在中国建寺修庙，保持其传统的宗教习俗，不仅获得了他们的拥戴，也鼓励了他们来华贸易的积极性。大食和波斯的金银、玻璃器皿、珠宝和药材，西域的各种蔬菜、水果和农作物，源源不断地沿着丝绸之路进入内地，中国的丝绸、陶瓷和茶叶等等也被运往周边地区和国家。商业的发展，也使得长安成为世界各地名产荟萃的国际大都市。

第三，平等、宽容和开放的民族宗教政策也推动了周边各族与华夏族的文化交流。吐蕃、突厥等族与唐朝皇室联姻，高丽、百济、新罗和日本派遣遣唐使来华，或入国学学习汉文诗书等儒家经典，或进寺庙学习佛教的经律论三藏，吸收了华夏族的礼仪文化。同时，阿拉伯人的天文历算知识，科学技术成果，印度人的绘画、雕塑技艺，吐蕃、回纥的胡乐、胡旋舞和服饰装扮也传入中原，各民族的优秀文化在华夏大地汇聚、交融，形成了举世闻名的隋唐文明，也确立了后世封建统治者民族宗教政策的传统。

五、宋辽夏金时期的民族政策

唐亡以后，我国历史进入五代十国分裂时期。公元960年，赵匡胤建立北宋王朝。宋朝北部有契丹人建立的辽朝（后女真人灭辽建立金朝），西北有党项人建立的西夏及高昌回鹘，西南有吐蕃诸部及大理等许多民族政权的存在，中国呈现出错综复杂的政治局面。两宋王朝、辽、夏、金等汉族和少数民族的政权，都依据当时各自的国情，制订和实行了各具特色的民族宗教政策。

（一）宋　朝

宋朝是以汉族为主建立的封建王朝，也是中国历史上少见的软弱王朝。由于国力软弱，宋朝与北方的契丹族订立了屈辱的“澶渊之盟”，向契丹称臣纳贡。北宋末年，在金朝的打击下丧失了半壁江山。南宋偏安江南一隅，最后亡于蒙古族的铁蹄之下。宋朝统治者对境内少数民族的管理与统辖，基本上承袭了唐朝的政策，实行怀柔羁縻之策，在地方机构中仍分正州和羁縻州，羁縻州下设县。由于宋比唐时国力减弱，辖区缩小，所以其羁縻州大多设在南方和西南方。宋朝羁縻统治的最大特点，是“树其酋长”，建立土官统治，以达到“以夷治夷”（或作“以蛮治蛮”）的目的。宋对其南方、西南方诸族的羁縻政策大体上还是成功的，对少数民族的社会经济发展起到了积极作用，同时也加强了宋对该地区的统治。

在与西域诸国、回鹘、吐蕃诸部以及大理国和辽金政权的交往中，宋朝采取的仍然是宽和、抚绥的政策。在政治上，通过对各族首领的敕封，建立起程度不等的朝贡关系；在经济上，通过茶马互市和博易场进行广泛的物资交流。对于少数民族的宗教信仰和某些特殊的风俗习惯，大多采取宽容的态度。史载淳化二年（991年），荆湖转运使报告当地一少数民族首领杀了人，“取五脏及首以祀魔鬼。朝廷以其远俗，令勿问”。一些少数民族的宗教活动需要用铜，而由于铜可以用来铸钱，属于朝廷严格控制的物资，宋朝也酌情予以照顾。对于胡商的宗教，如伊斯兰教、犹太教等等，也不加排斥和压迫。

这些措施，不仅加强了与周边民族的政治、经济联系，甚至减少了一些外来民族对于汉族文化的隔膜、猜忌，最终导致像犹太人这样的外来民族成员自然同化于中华民族之中。

（二）辽　朝

辽朝的主体民族是契丹，其统治者制定了“因俗而治”的政策，其中最具特色的是表现在官制上的双轨制，即“官分南、北，以国制治契丹，以汉制待汉人”。与官制相一致，辽朝在辖境内蕃律和汉律并用。在地方建置上也是“因俗而治”，通过郡县制、部族制及边防军政机构，将众多民族统一于一个国家之中。服饰上也各适其俗，从而加强了对东北、北方、西北各民族地区的治理和开发。

辽朝勇于吸收其他民族尤其是汉族参与朝政，南面官中多是汉人。这种“蕃汉兼治”而又合一的政治体制，对后世王朝，尤其对以少数民族为主体民族建立的政权，如西夏、金、元、清等王朝均有很大影响。

（三）西　夏

西夏是党项人建立的王朝。公元 1038 年，党项拓跋部首领李元昊建立西夏国，与宋、金两国成鼎足而立之势。西夏建国后，一面接受儒学，不断汉化，一面大力发展佛教，开办译场，由国家组织大规模的译经活动。西夏君王对于译经活动十分重视，往往亲自参加，进行督导。参与译经的僧人，包括汉、回鹘、吐蕃等各个民族。佛教成为西夏与中原地区民族交往和文化交流的载体。西夏的统治扩展到河西走廊地区时，发现当地的汉、回鹘、吐蕃等族群众普遍信仰佛教。西夏统治者注意用佛教教化各族民众，缓和阶级矛盾和民族矛盾，特别是使汉族服从党项人的统治。这样，佛教又起到了推动民族和谐，保证边塞安宁的作用。

（四）金　朝

女真族建立的金朝统治北部中国百余年，基本继承了辽的典章制度，“往往因仍辽旧”。金朝也采取两套制度分别治理汉区和女真、契丹及其他北方民族地区，各民族上层都得以不同程度地参与朝政，尤其是汉人被大批任用。据金世宗时的不完全统计，位列宰相、执政官的汉人有十四人，契丹、渤海各二人。

宋、辽、金等封建王朝，对其他民族的上层采取笼络利用政策，而对广大下层民众则采取剥削和压迫政策，这是其民族统治政策的两个方面。宋朝加于南方民族的赋役、兵役负担，曾激起他们多次反抗。辽对女真、奚、室韦等民族，采用强制性的贡纳制，特别是不断对女真掠索海东青、北珠等土产，致使“女真人不胜其扰”，忍无可忍，被迫起而反抗，终于推翻辽的统治。金为了巩固女真贵族统治，分散各族力量，对契丹、渤海、奚、汉等民族采取强迫迁徙手段，给各族人民带来极大痛苦，自然激起他们的不满与反抗。军役也往往成为加在各族人民身上的沉重负担。如正隆五年（公元1160年），契丹人不愿从征，暴发了撒八、窝斡起义，给金朝以沉重的打击，此后金统治者对契丹人实行严格监防政策，更激起了契丹人的仇恨与反抗。

六、元朝的民族宗教政策

中国北方蒙古族贵族建立的元朝，实现了中国空前的大统一。元世祖忽必烈时，“一代之制始备”。这种“一代之制”也包括了对各民族实行统治的民族宗教政策和制度。概括起来，主要有以下几点：

（一）在中央和地方大力笼络各族上层，加以利用。朝廷中除蒙古人外，还有大量汉人及色目人都担任显要官职。对于边疆民族的上层贵族，元朝统治者常常用封官授爵、赏赐联姻等方式加强同他们的关系，以巩固在这些地区的统治。特别值得一提的是，元朝极为重视藏传佛教的作用，借助藏传佛教的力量，将西藏地区纳入元朝版图，并且创立了独具特色的帝师制度，加强了对于西藏的治理。

（二）在行政管理方面，实行“因俗而治”的政策。元朝在全国大部分地区实行行省制度，吐蕃、畏兀儿地区则分别归宣政院、大都护府统理，这样便将全国各个地区都纳入中央集权封建统治的有效管理中。元朝在汉地实行“汉法”；为治理吐蕃地区，实行政教合一；在南方及西南的少数民族地区，推行土官制度；在漠北地区，保持蒙古的千户制，等等。

（三）对各种宗教兼容并蓄。元朝疆域广大，民族众多，除佛教外，各族的宗教信仰还有伊斯兰教、基督教、道教等。元统治者容许一切宗教并尊重之，允许各民族有信教自由，对长期流行于中原地区的儒、释、道三教基本上平等相待，以致出现了“三教圆融”的局面。但是元朝统治者仍然以孔孟学说为治国之道。当时有儒如五谷，释如黄金，道如白玉的说法，以为佛教、道教固然玄妙精深，但是对于统治阶级治理国家来说，儒学才是须臾不可离开的。元朝兼容并蓄的宗教政策，对于蒙古贵族的统一事业产生了积极效果。元朝对于藏传佛教的尊崇和利用，得到了藏族僧俗首领的拥护，取得了很大的成功。

元朝虽然国祚不长，但其民族政策的一些积极方面确实有利于中央集权的加强与统一多民族国家的巩固，对后世也产生了较大影响。例如“行省”制度、专门管理少数民族地区的中央机构（宣政院）的建置、利用宗教力量统治吐蕃的方略、在西南与南方“以土官治土民”的土官（土司）制度等，都为后代封建王朝所效法和沿用。

元朝蒙古统治集团的民族宗教政策也有其消极的一面。为了对广大汉族进行统治，元朝制订了一系列不平等的压迫与歧视政策。其中最明显和最重要的是将民族划为四个等级，即蒙古人、色目人、汉人和南人，四等人在政治、经济与法律上的地位、待遇都不平等。元朝将民族压迫制度公开化、法律化，必然加剧民族矛盾，导致被压迫民族的强烈不满与反抗。元朝对边疆少数民族地区不断加重的赋役剥削，也激化了各族与元朝统治者之间的矛盾。总之，元朝所以不能长治久安，与其推行赤裸裸的民族压迫政策有很大关系。

七、明朝的民族宗教政策

朱元璋建立起的明朝继承和发展了历代封建统治者治理少数民族的种种思想，如“守备为本”“刚柔并济”（或称“威德兼施”）、“以夷治夷”“分而治之”等思想和策略。具体讲主要有以下几个方面：

（一）建立军事卫所和屯田。卫所制度是明朝兵制，当时被普遍推行到边疆和少数民族地区，并普遍实行屯田。这样既巩固了边疆，又发展了少数民族地区的经济和文化。

（二）明政府针对藏族地区政治势力分散，教派林立的特点，实行“多封众建，以分其势”的策略，封授了一系列法王、国师等高级僧职。同时又分封了五个实力强大的政教领袖为王，使其各自抚治一方。这样既加强了对藏族地区的统治，又使各派各自为政，不能形成特别强大的势力。

（三）在西北、西南和南方少数民族聚居区推行、完善土司制度，加强了对少数民族地区的管辖和统治。明代也开始在部分土司统治地区变羁縻间接统治为直接统治，即“改土归流”。“改土归流”的做法，后来一直延续到清朝和民国时期。

（四）明朝将互市作为一种羁縻政策加以推广，当时所设互市市场有马市、茶市和木市几种。在西南汉族与少数民族边境地区进行茶马互市，谕令少数民族首领进京朝贡，厚予回赐，形成事实上的朝贡贸易。对于北方的蒙古族，则用粮食、铁器和茶叶、布匹交换各类牲畜和畜产品。这样，使少数民族上层在对明朝称臣纳贡、确立臣属关系的同时，得到经济上的实惠，同时也部分地满足了各族人民经济交流的需求，加强了各族之间的经济联系。

（五）明朝对于少数民族的宗教信仰采取适应、利用的政策，以达到抚治各族的目的。总的来说，明朝的宗教政策是成功的，防止了因宗教信仰而引起的民族问题。

明朝的民族政策也有消极的一面。官府的横征暴敛，贪官污吏的敲诈勒索，不断引起各族人民的反抗斗争，明廷则施以残酷镇压。例如明英宗正统七年（公元1442年）明朝对广西大藤峡瑶、壮等族人民大起义的镇压，使当地民族遭到极大摧残，而明朝也损失甚大。另外，明朝对北方的蒙古族实行封锁政策，阻碍了对北方边疆的开发，不利于北方各族与中原汉族的正常来往，激化了民族之间的矛盾和冲突，在历史上起到了消极作用。

八、清朝的民族宗教政策

清朝是以满洲贵族为主，联合蒙古族贵族和汉族上层建立起来的我国历史上最后一个封建王朝，也是由少数民族建立的第二个全国性的政权。它的民族宗教政策，广泛地吸取了历代民族宗教政策的经验教训，具有丰富的内容和新的历史特点，其突出的特色是刚柔相济，恩威并用的两面性。就民族政策而言，清朝一方面吸取了元朝赤裸裸地推行民族歧视政策终于导致农民大起义的教训，另一方面仍然坚持首崇满洲、维护满族的特权地位，对国内其他民族实行专制统治；就宗教政策而言，清朝一方面实行“兴黄教以安众蒙古”的政策，利用宗教来怀柔远人，另一方面也对西北地区信奉伊斯兰教的穆斯林进行过残酷的镇压。清朝中后期，面对外来侵略，清朝曾经进行维护国家统一，反对民族分裂的斗争，但在错综复杂的民族和阶级矛盾中，最后仍然因为坚持专制统治，实行卖国政策，被辛亥革命所推翻。

（一）针对边疆民族建章立制，维护国家统一

清朝民族宗教政策的根本出发点，在于维护国家统一，防止民族分裂。入关之后，随着对边疆地区统治的扩大，清朝政府提高了早期只管理蒙古事务的理藩院的地位，其职掌范围也扩大到西北、西南边疆地区。清政府还针对少数民族地区的特殊情况，颁布适用于当地的法律条文，如《理藩院则例》《蒙古律例》《回疆则例》《藏内善后章程》《西宁青海蕃夷成例》《苗汉杂居章程》《苗民禁婚令》等。通过民族立法，既确保了满洲贵族的统治核心地位，又较好地协调了各方面的关系。在南方少数民族地区，清初一度沿袭元、

明两朝实行的土司制度。然而当土司制度割据一方，明争暗斗，对抗朝廷，压迫属民等弊端愈益明显时，自雍正年间开始，清朝依靠强大的经济军事实力，厉行改土归流。在西北地区，清朝为了剿灭蒙古准噶尔部的分裂势力，不惜历经康熙、雍正、乾隆三朝，倾全国之力进行反分裂战争，维护统一。这些做法，对于维护清朝的统治，促进社会的稳定和经济的发展是有利的，也是清朝能够长期保持其对全国各民族统治的重要原因之一。

（二）运用多种手段努力调整满汉、满蒙关系

清朝入主中原之后，满洲贵族处于汉族人口的汪洋大海之中。汉族历史悠久，文化发达，地主阶级知识分子和一般民众在清初对于清朝的统治心存抵触，屡屡以反清复明相号召。针对这种形势，清朝统治者在军事征剿和大兴文字狱的同时，施展各种手段拉拢利用汉族士大夫参与政事。官制方面，在保证“满洲根本”的前提下，主张“满汉一家”，满汉并用，不断提高汉官在朝廷和地方上的政治地位和经济待遇。文化方面，推崇儒学，利用修史编书的办法笼络汉族知识分子，消弭其反抗意识。

蒙古族勇猛尚武，崇信藏传佛教，对于清朝取得在全中国的统治意义极大。清朝不仅利用藏传佛教加强对于蒙古族的精神控制，而且皇室与蒙古贵族长期通婚。有清一代，满、蒙皇室贵族间的通婚活动，规模大，层次多，制度完善，影响深远。蒙古王公贵族一直和清朝保持着紧密的关系，“诚心誓好，凡一下诏，靡不敬从”，成为清政权的重要支持力量。清朝满汉、满蒙政策的成功，对于其政权的建立与巩固，无疑是一个重要因素。

（三）怀柔同化，因俗而治

因俗而治是中国封建社会历朝历代治理国家的切实可行的方式，也是清朝实行民族政策的指导思想。清朝入关之初就宣布“一切政治，悉因其俗”。清朝在中原地区实行传统的府、州、县制，在汉族地区崇尚儒学；在东北地区，主要实行军府制度；在蒙古族聚居的北疆地区，实行盟旗制度；在新疆地区分别采取州县制、盟旗制、伯克制；在西藏地区，派遣驻藏大臣，通过西藏上层实行政教合一的统治；在西南地区，改土司为流官。清朝政府“因俗设官”“顺俗而治”“从俗从宜”地实行统治，达到了加强管辖和维护国家统一的目的。

（四）优崇藏传佛教，分而治之；惩治不法僧人，打击分裂势力

清朝的宗教政策与民族政策密不可分，又极富特色，这突出地表现在利用和扶植藏传佛教作为精神统治的工具，以麻痹和统治广大蒙古族、藏族人民。清朝对藏传佛教上层人物给予极高的礼遇和各种政治、经济特权，尤其对藏传佛教格鲁派领袖赐以封号，给予很高的社会地位，以示尊崇。在蒙藏地区，清朝迎合当地人民普遍信奉藏传佛教格鲁派的实际情况，广建寺庙，优待僧众，为的是“兴黄教以安众蒙古”，“演教之地愈多，则佛法之流布愈广，而蕃夷向善者益众”。顺治年间，清朝首先册封了达赖喇嘛，康熙初年，又册封了班禅额尔德尼。册封班禅，已有分达赖喇嘛之势的意图。康熙朝中后期，又相继册封了蒙古喀尔喀部的哲布尊丹巴和内蒙古的章嘉两大活佛。清朝规定，他们地位平等，互不统属，以防止达赖喇嘛权势坐大。当达赖喇嘛、哲布尊丹巴在西藏和蒙古地方势力强大时，清朝皇帝则有意抬高班禅、章嘉的地位，以使其相互制约，便于清朝分而治之。

在优崇藏传佛教格鲁派、册封活佛的同时，清朝皇帝明确表示这只是因俗而治的权宜之计，绝不放松对于藏传佛教寺庙的管理，各寺僧人例有定额。清朝雍正年间青海罗布藏丹津叛乱，藏传佛教僧人参与其事。平叛后，清朝明令：“嗣后定例，寺庙之房不得过二百间，喇嘛多者三百人，少者数十人，仍每年稽查二次，令首领喇嘛出具甘结存档。”对于西藏各个寺庙的僧人人数，虽然不能完全控制，但也规定：“达赖喇嘛所辖寺庙之活佛及喇嘛，一律详造名册，于驻藏大臣衙门和达赖喇嘛处各存一份，以便检查。”

对于那些违法倡乱、分裂国家的僧人和喇嘛，清朝严惩不贷，以儆效尤。清朝乾隆后期，噶玛噶举红帽系喇嘛沙玛尔巴勾结廓尔喀人入侵，清朝派大军入藏，驱逐廓尔喀人。沙玛尔巴畏罪自杀，乾隆皇帝坚持索回其骨殖，以叛国罪论处。红帽系活佛自此不许转世。扎什伦布寺济仲喇嘛在外敌入侵时造谣惑众，被清朝“剥黄正法”。事后乾隆皇帝还专门颁发一道诏书：“朕于黄教素虽爱护，但必于奉教守法之喇嘛等方加以恩遇。若为教中败类，罪在不赦者，即当明证法典，断不稍为袒护。”正是在驱逐廓尔喀人入侵、惩治了沙玛尔巴和济仲之后，清朝制订了《藏内善后章程二十九条》，明确规定了达赖班禅等大活佛转世的金瓶掣签制度。

清朝的宗教政策，一方面顺应了蒙古、藏民族对于藏传佛教的普遍信仰，在一定程度上缓解了民族矛盾，密切了中央政权与蒙藏地区的关系，增强了中华民族的凝聚力，有利于清朝巩固其统治。但是另一方面，清朝利用藏传

佛教对于蒙古、藏民族实行愚民政策的做法，也严重地阻碍了蒙藏地区经济社会的发展。清朝对于信奉伊斯兰教的西北少数民族和西南大小金川地区藏族的野蛮征剿和屠杀，给少数民族造成极大的生命财产损失，产生了严重的后果。

（五）淡化夷夏之防，宣扬统一和睦

清朝是中国少数民族满族建立起的统一的中央政权。作为统治中国的少数民族，满族贵族一方面承袭了中原地区长期以来占据统治地位的儒家思想和传统文化，同时又保留了北方少数民族勇猛剽悍的性格，实现了中国版图的空前统一。然而，在入关之初，清朝统治者仍然受到汉族人民的反抗和汉族地主阶级士大夫的敌视。以正统自居的满族皇室，在入关后不失时机地对儒家传统民族观中严“夷夏之防”、“贵中华，贱夷狄”的观念提出批判，从思想上大力提倡中华民族大一统的思想，为自己统治的合法性辩护，反对民族分裂。雍正皇帝在其著名的《大义觉迷录》中申明：“自我朝入主中土，君临天下，并蒙古极边诸部落俱归版图，是中国之疆土开拓广远，乃中国臣民之大幸，何得尚有华夷中外之分论哉?”到清朝中期乾隆盛世，针对当时内外蒙古、新疆、西藏俱在清朝中央政府有效主权管辖之下的情况，清朝陆续编纂了《四体清文鉴》《五体清文鉴》（前者为满、蒙古、汉、藏四种文字的辞书，后者在《四体清文鉴》的基础上加上了维吾尔文字），以适应统一多民族国家政治经济文化发展的需要。一般来说，清朝对于汉族和其他少数民族的文化并不采取排斥的态度。用满、汉、蒙古、藏四种文字刻写的碑文、牌匾，在清代极为常见。紫禁城、颐和园等皇家宫禁之地的匾额，用满、汉、蒙古等族文字写成。而承德避暑山庄的丽正门门额，是用满、蒙古、汉、藏、维吾尔五种文字书写的。清朝民族政策中涉及文化政策的内容，一方面反映了落后的征服者为被征服者的先进文化所征服的规律，一方面也顺应了历史发展的潮流和趋势，巩固了多民族国家的统一。

总之，清朝的民族政策因袭了以往历代王朝的因俗而治、以夷治夷、恩威并施及和亲联姻、利用宗教力量等统治方略，但又不是对历史上民族政策的简单模仿，它是依据国情和清朝的统治需要而对于历朝历代民族宗教政策进一步完善的产物，在许多方面又有新的建树。在当时特定的历史条件下，清代民族政策对于安定巩固其疆域版图，加强多民族国家的统一，发挥了巨大的积极的作用。

清朝民族政策的根本目的，是为了巩固其封建统治，因而也具有明显的

阶级与时代的局限性。

第一，清代民族政策具有鲜明的民族压迫、阶级压迫性质。清统治者入主中原以后，以专制手段对待广大汉区的人民，在下令剃发易服的同时，严厉地推行保甲法，对汉人的控制极为严密。清朝一方面利用汉族士大夫，另一方面又采取防范、钳制汉族知识分子的政策。康、雍、乾三朝大兴文字狱，实行文化专制主义。清政府对边疆地区政治上的异己力量，无论是反清的民族上层活动，还是广大少数民族起义，无不实行残酷的镇压；即使是对分裂割据势力的铲除，也伴随着对广大无辜人民的杀掠。清朝对苗民和对回民的血腥屠杀，是其民族压迫政策的突出反映。

第二，清朝为防止汉族与边疆少数民族联合，加强其统治，往往采取封禁、隔离与分而治之的措施。不仅如此，清统治者还极力挑拨各民族以至同一民族内部的关系，以便从中渔利。

第三，清朝利用和扶植藏传佛教的政策，虽然密切了中央与地方的关系，有利于国家的统一，但由于藏传佛教在蒙藏地区盛行，寺院林立，僧侣众多，造成人口日益减少，人民的思想意志受到严重的麻醉腐蚀。正如史载，“人丁日减，种类日衰，极其迷信之深，有渐趋于澌灭，势所至也”。这种恶果，与清朝利用、扶植藏传佛教的政策有直接关系。

清朝的民族宗教政策，是其统治政策的重要组成部分。它的成败得失，对清代历史发展产生了深远的影响。

九、中华民国的民族宗教政策

（一）立法保证民族平等

中华民国是以孙中山为首的资产阶级革命党人发动辛亥革命，在推翻清朝统治的基础上建立起来的。清朝末年，西方资产阶级的政治学说在中国大地上已经有了一定的传播，资产阶级民族平等、信仰自由的观念，至少在知识界已经得到普遍认可。革命党人在宣传群众起来推翻清朝统治的时候，虽然以“仇满”“驱除鞑虏，恢复中华”相号召，但是还在革命爆发之前，中国是一个多民族国家，汉、满、蒙古、回、藏皆为中华民族成员的共识就已经基本形成。在这样的历史条件下，无论是北洋时期的北京政府，还是国民党建立的南京政府，都明确宣布“五族共和”，中国各民族一律平等，反对民族歧视和民族压迫，并且以法律形式将其规定下来。例如，1912 年 3 月公布的《中华民国约法》第五条即载明“中华民国人民，无分种族阶级宗教之区别”。1931年6月公布的《中华民国训政时期约法》、1946年11月通过的《中华民国宪法》，都规定“中华民国人民，无分男女、宗教、种族、阶级、党派，在法律上一律平等”。公开而明确地把少数民族和汉族具有平等的身份和权利写入宪法，这在中国的历史上还是第一次。比起历朝历代封建政权“内华夏而外夷狄”，或者“首崇满洲”之类的政策，无疑是一种历史的进步。

为了保证法律规定的民族平等，民国政府还采取了一些具体的措施和积极的步骤。例如，在议会和立法机关中，为少数民族代表保留了固定的名额。在政府机关中，设有管理少数民族事务的专门机关。北京政府时期称蒙藏院、蒙藏事务局。国民党政府建立后，设立了蒙藏委员会，专掌蒙古、西藏地区的少数民族事务。此外，还通过实行垦荒实边的政策，促进边疆经济的发展，并且注意尊重少数民族的宗教信仰和风俗习惯，促进少数民族教育事业的发展。

（二）反对民族分裂，维护国家统一

民国初年，中国的民族问题由于帝国主义的侵略而变得严峻起来。在沙皇俄国的支持下，外蒙古一度宣布独立。英帝国主义强迫北京政府参加西姆拉会议，支持西藏内部的民族分裂势力从事西藏独立的活动。而后，在日本帝国主义的策划和扶植下，出现了伪满洲国和华北的“满蒙联合政府”等傀儡政权。对于帝国主义的侵略图谋，北京政府和南京政府均进行了一定的斗争。例如，国民党六届二中全会决议指出：“我蒙藏回三族同胞俱为构成我中华民族之一员，而其分布之地区更为我领土不可分之一部”。民国政府采取了若干维护国家主权和领土完整的措施，许多具有爱国主义思想的官员，为维护国家统一，在政治、军事和外交领域同帝国主义的分裂图谋和少数民族上层中的分裂势力进行斗争。例如在西藏问题上，北京政府拒绝在西姆拉条约上正式签字。后来的南京政府坚持西藏问题为中国内政，拒绝就西藏问题与英国进行任何谈判，与英帝国主义分裂中国西藏的阴谋进行了长期的斗争。同时，注意尊重藏民的宗教信仰，优崇西藏的宗教领袖，通过对于宗教问题的审慎处理，达到维护祖国统一的政治目的。民国政府不断主动派员入藏，联络感情，增进了解。对于因各种原因前来内地的藏人妥善接待，通过各种机会，特别是重大宗教事件，开展政治攻势。在达赖喇嘛十三世圆寂、十四世坐床，班禅九世圆寂、十世灵童认定等关键问题上，坚持了历史定制和中央政府对西藏的主权。

对于西北地区的回族及其信奉的伊斯兰教，民国政府的政策具有典型的两重性。一方面，伊斯兰教在法律上得到了与中国其他各宗教平等的地位，受到法律的保护。另一方面，民国政府对待内地回族的政策却缺乏连续性，甚至前后矛盾。孙中山在民国初年曾经认为“回族在中国历代受压迫最甚，痛苦最多，而革命性亦最强”。后来他不再坚持“五族共和”，转而主张“民族同化”和“民族融合”。民国政府在数十年间，对于西北地区统称之为“回”的少数民族关注甚少，这从中央管理国内民族事务的机构皆冠之以“蒙藏事务局”，或“蒙藏委员会”的名称即可看出。南京政府否认内地回族作为一个少数民族的存在，后来甚至不允许使用“回族”的称呼，只以“回教”相称，认为他们只是“内地生活习惯特殊的国民”和“宗教信仰不同的国民”。后来蒋介石甚至根本否认了中国有不同的民族，认为各少数民族都只不过是汉族的不同的宗支。少数民族各项平等权利的保障更加无从谈起了。

在国民党不承认回族的政策的影响下，社会上不断出现歧视和侮辱回族或伊斯兰教的事件。国民党右翼分子戴季陶竟然公开提出要在回回二字旁边加犬字旁而加以蔑视。一些地区回汉关系紧张，国民党政府则采取“以回治回”的办法，镇压回族人民的反抗。

新疆是我国西北多民族、多宗教的少数民族聚居区，民族宗教情况十分复杂。当地少数民族的大部分信仰伊斯兰教，有些保存着萨满教的信仰，汉族信仰佛教、道教。一些少数民族跨境而居，与若干中亚民族历史上就有千丝万缕的联系。清末以来，国外帝国主义一直在利用新疆地区民族宗教情况的复杂性进行渗透，图谋不轨。民国时期，杨增新、金树仁和盛世才相继主政新疆，其中以杨增新时期新疆社会较为稳定，这与他实行了比较稳健、圆滑的民族宗教政策有关。杨增新在治理新疆期间，以当地民族为主要的依靠力量，重视新疆当地的特点，因俗而治。他尤其认识到了伊斯兰教的巨大社会影响力，注意尊重当地人民的宗教信仰，笼络、利用民族和宗教上层，特别是有权势、有名望的阿訇，密切与他们的感情。他因袭当地“传教阿訇概由地方百姓自公举”的传统，不准地方官员擅自委派阿訇，以服民心。同时，又对伊斯兰教加以防范和限制，尽可能地做到政教分离，禁绝教争，不许私设道堂，不许教徒念诵《古兰经》《圣训》之外的经典。他还特别注意坚决抵制国外敌对势力利用宗教搞侵略和分裂活动，从教育和建章立制入手，严格管理赴境外的朝觐活动，严禁外国人充当中国阿訇，对于英、俄帝国主义指使下的武装叛乱活动予以坚决镇压，毫不留情，从而捍卫了国家的统一。

无论北洋军阀、国民党官僚，甚至像孙中山先生这样的资产阶级革命家，都不可避免地存在着大汉族主义思想和民族同化的意识。孙中山希望中国民族融合，提出“应该把我们中国所有各民族融成一个‘中华民族’”，但是“务使满、蒙、回、藏同化于我汉族，成一大民族主义的国家”。在这种思想和民族观的指导下，国民党执政以后实行所谓“三民主义的边疆政策”，民族同化的倾向更趋严重。这就使得中华民国时期的民族宗教政策具有两面性。民族平等写入了宪法，但是又流于形式，甚至连形式上的平等都要打折扣。少数民族的宗教获得了法律上和形式上的平等地位，但是在实际上又常常受到歧视。例如，北洋政府1912年制订的《众议员选举法》规定，少数民族必须通晓汉语者方可当选议员。在边疆教育中也强迫少数民族放弃本民族语言，只学汉语，等等。

中华民国的政权把持在封建地主阶级和官僚资产阶级的手中。统治阶级的反动性，决定了中华民国的民族宗教政策还具有大民族主义民族歧视和民族压迫的性质。对于少数民族的反抗斗争，无论是北洋政府还是国民党政府，都曾采取过野蛮镇压的政策。甘肃的回族、广西的苗族都曾遭到国民党的屠杀。凡此种种，都说明民国时期的民族平等，更多地还是停留在表面上和口头上的。

中华民国时期的民族宗教政策，既保存有大量中国长期封建社会的糟粕，又开始受到西方资产阶级民族观、宗教观的影响，呈现出新旧杂陈，顺应时代潮流的民主性与落后于时代的封建性并存的特色。当时中国社会的半封建、半殖民地性质与掌握国家政权的大地主大资产阶级的阶级本性，决定了这一时期的民族宗教政策在许多方面仍然具有民族压迫和民族歧视的性质，表里不一，缺乏连贯性。孙中山晚年重新解释其三民主义，曾经把实现三民主义中民族主义的任务归结为“一则中国民族自求解放，二则中国境内各民族一律平等”。但是在中华民国时期，这两项任务都没有能够实现。

原载龚学增主编：《马克思主义民族宗教理论教程》（中共中央党校教材），附录二，中共中央党校出版社2004年版

调动一切积极因素
努力促进民族关系和宗教关系和谐

新中国成立后，我国各民族翻身解放，建立起社会主义的新型民族关系，开始为建设自己的美好家园而共同奋斗。但是，在当时国际上冷战和国内发生“左”的错误的情况下，特别是在以阶级斗争为纲的“文化大革命”期间，我国的社会关系表面上无事，实际上却并不和谐。进入21世纪，改革开放有了30年的经验和基础，我国国力大大增强，我们才迎来了构建社会主义和谐社会的大好时机。而社会主义和谐社会的重要内容之一，就是要建立起和谐的民族关系和宗教关系。

一、民族关系与宗教关系在我国社会关系中的重要地位

我国是一个多民族、多宗教的国家，民族关系和宗教关系的和谐既是社会整体和谐的重要内容，又是构建社会主义和谐社会的重要任务。努力实现我国民族关系和宗教关系的和谐，是建设社会主义和谐社会在民族关系和宗教关系上的必然要求，也是党中央在把握我国当代民族问题、宗教问题特点和规律的基础上提出的一项重要原则。党的十六届六中全会通过的《决定》指出：必须最大限度地激发社会活力，促进政党关系、民族关系、宗教关系、阶层关系、海内外同胞关系的和谐。这里明确列出了我国政治和社会生活中涉及党和国家工作全局的五种重要的社会关系，这也是进入21世纪我们各项工作中经常要面对、必须正确处理好的五种社会关系。努力构建社会主义和谐社会，需要实现这五大关系的和谐；也只有正确认识和处理好这五大关系，建设和谐社会的任务才能顺利完成。《决定》还要求，“认真贯彻落实党的民族政策，牢牢把握各民族共同团结奋斗、共同繁荣发展的主题，广泛开展民族团结进步活动，巩固和发展平等、团结、互助、和谐的社会主义民族关系，使各族人民和睦相处、和衷共济、和谐发展。全面贯彻党的宗教信仰自由政策，依法管理宗教事务，坚持独立自主自办的原则，积极引导宗教与社会主义社会相适应，加强信教群众同不信教群众、信仰不同宗教群众的团结，发

挥宗教在促进社会和谐方面的积极作用。”这些要求，为党带领各民族信教和不信教的人民群众构建社会主义和谐社会、构建和谐的民族关系和宗教关系指明了方向。

（一）我国的民族情况决定了民族关系的重要性

民族关系在我国社会关系中处于重要的地位。这种重要的地位，是由我国的民族情况决定的。民族关系，包括汉族和少数民族的关系、少数民族之间的关系、汉族人口居于大多数的内地和沿海地区与西部少数民族地区之间的关系，等等。达到民族关系的和谐，一要靠经济社会的协调发展，二要靠对各民族干部群众长期进行“三个离不开”思想观念的教育，牢牢把握各民族共同团结奋斗，共同繁荣发展这一民族工作的主题。

民族关系是我们这个统一的多民族国家中至关重要的社会关系之一。平等、团结、互助、和谐是我国社会主义民族关系的本质特征。改革开放以来，中国共产党不断深化对于我国社会主义民族关系的认识，丰富和发展了马克思主义民族理论。

我国各族人民共同缔造了统一的多民族国家，共同开拓了祖国的辽阔疆域，共同发展了灿烂的中华文化，各族人民的大团结具有深厚的历史渊源和广泛的现实基础。在漫长的历史进程中，我国各族人民密切交往、相互依存、休戚与共，形成了中华民族多元一体的格局，结成了牢不可破的血肉纽带和兄弟情谊，中华民族的凝聚力不断增强，各民族共同捍卫了祖国统一和民族团结，共同推动了国家发展和社会进步。民族区域自治是解决我国民族问题的基本政策，也是国家的一项基本政治制度，维护和促进了我国民族关系的健康和谐发展。实践证明，这一制度适合中国国情，得到各民族的衷心拥护，具有巨大的优越性和强大的生命力。继续坚持和不断完善民族区域自治制度，是构建社会主义和谐社会、巩固发展社会主义民族关系的根本保证。各民族平等、团结、互助、和谐是社会主义民族关系的根本属性。我国综合国力的增强，是我们建立和谐民族关系的基础。而我国各族人民团结奋斗的优良传统和实现中华民族伟大复兴的共同理想，则为建立和谐民族关系提出了内在的必然要求。2005 年 5 月，胡锦涛在中央民族工作会议暨国务院第四次全国民族团结进步表彰大会上的讲话中指出，要牢固树立和全面落实科学发展观，加快少数民族和民族地区经济社会发展，为我国社会主义物质文明、政治文明、精神文明与和谐社会建设全面发展做出贡献。发展是硬道理，是党执政兴国的第一要务，是解决中国所有问题的关键，也是解决民族地区困难和问题的关键。我国平等、团结、互助、和谐的民族关系，将在经济社会协调发展、科学发展的过程中逐步建立并不断完善起来。然而，和谐的民族关系不可能自然而然地建立起来，随着改革开放和社会主义市场经济体制的建立，我国社会的物质文化生活日益多样化、社会利益关系发生变化，我国西部少数民族聚居区与东部发达地区的发展差距在逐渐拉大。少数民族作为我国各民族大家庭中的重要成员，今天在实现其利益要求方面受到了自身条件和地区经济社会发展水平的明显制约。虽然这是发展中的问题，但是必须清醒地看到，由此而产生和加剧的矛盾不能不影响我国的民族关系。与此同时，国际上的民族分裂主义、宗教极端势力和暴力恐怖主义的活动，也对我国的民族关系产生着负面的影响。

中国共产党在民族关系中加入“和谐”，具有鲜明的时代特性和现实意义。现阶段各类与民族关系有关的矛盾持续存在，并正在成为或将要成为我国民族关系中的种种不和谐因素，正确处理这些矛盾，减少不和谐因素，成为我国建设社会主义和谐社会的重要方面。“和谐”的提出使我国社会主义民族关系的内容更加完整，是对我国各民族根本利益一致的大前提下，仍然存在各种矛盾的现实的承认，也是对于我国各民族文化、利益多元性的尊重，更是对在共同利益和目标基础上各民族平等、团结、互助等民族关系中的主导内容的强调。

（二）我国的宗教情况决定了宗教关系的重要性

中国不仅是一个多民族的国家，也是一个多宗教的国家。多宗教是中国基本国情的一个重要方面，是中国长期历史发展的结果。宗教关系也是我们这个统一的多宗教国家中至关重要的社会关系之一。宗教关系，包括信教的人和不信教的人之间的关系、信仰各种宗教的人之间的关系、政府宗教工作部门公务员和管理者与各宗教团体和信教群众之间的关系，等等。达到宗教关系的和谐，一要靠贯彻落实宗教信仰自由政策，遵守宗教方面的法律法规，二要靠信教的人和不信教的人之间政治上相互信任，信仰上相互尊重。

中国的汉族和少数民族中都有着为数众多的信仰各种宗教的人，中国不仅有三大世界宗教，也有本土宗教，不仅有制度化的宗教，也有大量的民间信仰。当代中国宗教徒信奉的主要宗教有佛教、道教、伊斯兰教、天主教和基督教。另外，我国还有东正教、大量的民间宗教和一些少数民族自己的传统民间信仰。在漫长的历史发展中，中国各宗教文化已成为中国传统思想文化的一部分，对于中华民族多元一体格局的形成发挥了巨大的影响。在长期的历史发展过程中，各种宗教和睦相处，从未发生过长时间和大规模的宗教战争或宗教冲突。这一历史特点，为我们今天促进宗教关系的和谐提供了重要的传统资源。在中国，各种宗教地位平等，和睦相处，中国的宗教关系是和谐的。中国公民可以自由地选择、表达自己的信仰和表明宗教身份。中国的宗教徒有爱国爱教的传统，有彼此和睦相处和与不信仰宗教的公民和睦相处的愿望。各宗教都倡导服务社会，造福人群，如佛教的“庄严国土，利乐有情”，天主教、基督教的“荣神益人”，道教的“慈爱和同、济世度人”，伊斯兰教的“两世吉庆”等。中国共产党和政府支持并鼓励中国宗教界团结信教群众积极参加国家的建设，在促进经济社会发展中发挥积极作用，鼓励宗教界发扬爱国爱教、团结进步、服务社会的优良传统，支持他们为民族团结、经济发展、社会和谐、祖国统一多做贡献。

中国的汉族和各少数民族都有宗教信仰。一些少数民族曾经长期信仰某种宗教，在历史上曾经长期存在全民信教的状况。今天，各少数民族全民信教的状况已经发生了根本改变。但是，少数民族长期信仰的作为传统文化载体的宗教，在各该民族群众中仍然不同程度受到信仰，发挥着作用。某些少数民族和民族地区的宗教活动，一般来说较之汉族和内地对于社会生活的影响仍然要广泛和深远。少数民族当中的部分共产党员、共青团员和不信仰宗教的群众，仍然存在某种程度的宗教感情或宗教情节。就全国各个民族来说，我国社会正处在深刻变革时期，社会结构和社会利益格局复杂变化，人们的思想观念日趋多样，一些人需要从宗教中寻求心理慰藉，宗教在各民族群众生活中的影响，在一些地方和部分群众中有所增强。

中国共产党人是无神论者，不信仰任何宗教；但中国共产党人又是历史唯物主义者，以科学的历史的观点看待宗教。既然宗教将长期存在，同时宗教问题又具有群众性和特殊复杂性，党和政府就既不能用行政手段压制宗教，也不能放弃对宗教事务的管理，而是要全面正确地贯彻党的宗教信仰自由政策，坚持依法管理宗教事务，坚持独立自主自办的原则，积极引导宗教与社会主义社会相适应，使宗教成为社会中的一种和谐因素。中国共产党要代表中国最广大人民群众的根本利益，这意味着不仅要代表大多数不信教群众的根本利益，也要代表各民族广大信教群众的根本利益。在我国社会主义条件下，信教群众和不信教群众在信仰上的差异，同他们在政治上、经济上根本利益的一致性相比，是次要的。因此，要教育和引导信教群众和不信教的群众、信仰不同宗教的群众，坚持政治上团结合作、信仰上互相尊重，共同为全面建设小康社会而奋斗。

（三）民族关系与宗教关系的内在联系

在我国，民族关系与宗教关系之间具有密切的联系。和谐的民族关系需要以和谐的宗教关系作为保障，和谐的宗教关系又是和谐的民族关系的体现，并且能够促进民族关系的和谐，其深层次原因就在于宗教与民族的内在联系。我国的人口中有两个“一亿多”，即各少数民族的人口有一亿多；各种宗教的信徒一亿多。尽管汉族中也有信教的，少数民族中也有不信教的，然而，毕竟汉族中大多数人不信教，而少数民族中大多数人信教。这样，在某些地区和某些情况下，信教与不信教的矛盾，就会在一定程度上表现为汉族与少数民族的矛盾。又由于宗教信仰具有民族性，信仰不同宗教的矛盾有时也会体现为生活在同一地区的不同民族之间的矛盾。宗教的民族性和民族的宗教性，造成我国的民族关系与宗教关系相对复杂，也对我们构建和谐的民族关系与宗教关系提出了挑战。

民族问题、宗教问题在世界范围的存在是一个长期的历史现象，各民族由于历史等方面的原因在经济文化发展上形成的差距很难在短期内得到解决。特别值得注意的是，随着冷战结束后国际形势的变化，民族因素和宗教因素在国际政治中的影响明显上升，各种民族主义思潮和活动趋于活跃，引发了一些国家和地区的冲突与内乱。民族分裂势力、宗教极端势力、暴力恐怖势力相互勾结、相互利用，使民族因素、民族问题、民族矛盾呈现出更为复杂的局面。民族分裂势力、宗教极端势力、暴力恐怖势力在我国周边一些地区仍然在通过各种手段对我国进行渗透、破坏活动。在新的历史条件下，西方敌对势力利用民族问题、宗教问题对我国进行“西化”和“分化”的阴谋和渗透活动仍然在继续。

民族分裂主义势力和宗教极端势力的存在和发展，是不以我们的意志为转移的。他们在中国的活动，既有冷战遗留的历史原因，也有现实复杂的国际背景。国际敌对势力不愿意看到中国的统一与和平发展，他们利用民族问题、宗教问题制造事端，在边疆民族地区进行分裂和颠覆我国的活动，是当前和今后一个时期其围堵中国、阻遏中国和平发展的一个重要策略。而新疆、西藏等地区则成为他们选择的主要目标。进入21世纪以来，在国际敌对势力支持下，境内外民族分裂主义分子在新疆和西藏制造了多起暴力恐怖事件和严重打砸抢烧事件，给少数民族和民族地区的社会稳定、给各民族群众的生命财产安全造成了严重的危害，破坏了社会的稳定，在国内其他地区造成了不良影响，也在国际上损害了中国的形象。“三股势力”的上述行为是对民主法制的践踏，是对民族团结的破坏。这从本质上讲，已经超出了民族问题、宗教问题的范围。然而，我们不能不看到，这些问题又与民族问题、宗教问题有着密切的联系。这是因为，长期以来敌对势力进行的各种分裂活动，往往打着民族、宗教的旗号。而在社会主义初级阶段，特别是在像新疆和西藏这样的边疆少数民族地区，民族问题和宗教问题还会长期存在。因而，各种民族分裂活动打着民族、宗教的旗号，也就还有一定的欺骗性，容易在国际社会和国内部分干部、群众中造成模糊认识，从而在一定程度上使我国民族问题、宗教问题的复杂性更加突出，成为对于我们做好民族宗教工作、维护国家统一和社会稳定、构建和谐的民族关系和宗教关系的严重挑战。对于这些情况，我们绝不能放松警惕。

二、努力促进我国民族关系的和谐，调动各民族构建社会主义和谐社会的积极性

半个多世纪以来，中国共产党团结带领全国各族人民共同建设社会主义国家，不断促进各民族的平等团结和繁荣发展，开创了具有中国特色的解决民族问题的正确道路。今天，我国各民族平等、团结、互助、和谐的社会主义民族关系已经形成并且不断得到巩固。全国各族人民同呼吸、共命运、心连心，显示出强大的凝聚力和创造力，焕发出促进经济社会发展、实现中华民族崛起的巨大积极性。进入新世纪新阶段，实现全面建设小康社会和建设社会主义和谐社会的宏伟目标，要求我们正确认识和把握新形势下的民族问题，切实做好民族工作，加快少数民族和民族地区经济社会发展，促进各民族共同繁荣发展，也要求我们切实调动各民族建设社会主义和谐社会的积极性。

（一）促进民族关系和谐，必须坚持和完善民族区域自治制度

民族区域自治制度作为我国的社会主义基本政治制度，既是实现和保障各民族政治上平等，充分享受当家做主权利的制度，也是促进民族自治地方经济社会发展的制度；既是维护祖国统一、增强民族团结的制度，也是充分调动各族人民建设社会主义和谐社会积极性和创造性的制度。党的领导、民族区域自治制度是我们建立和谐民族关系的保证。

我国的民族区域自治制度，在当代中国的具体历史条件下真正体现了各民族的平等，维护了国家的统一和各民族的共同利益，使各民族的团结有了坚实的政治基础，显示出强大的生命力，调动起各族人民建设社会主义和谐

社会的积极性。党和政府历来十分重视民族区域自治制度建设，民族区域自治制度被载入新中国成立初期的《共同纲领》和以后历次宪法，成为解决我国民族问题的一项基本政治制度。2001 年通过的修改后的民族区域自治法，正式确立了民族区域自治作为国家基本政治制度的法律地位。在 2005 年召开的中央民族工作会议上，胡锦涛同志进一步强调，民族区域自治，作为党解决我国民族问题的基本经验不容置疑，作为我国的一项基本政治制度不容动摇，作为我国社会主义的一大优势不容削弱。在党的十七大报告中，胡锦涛提出要坚持和完善人民代表大会制度、中国共产党领导的多党合作和政治协商制度、民族区域自治制度以及基层群众自治制度，把人民代表大会制度、中国共产党领导的多党合作和政治协商制度、民族区域自治制度以及基层群众自治制度一并表述为我国社会主义民主制度的四大形式。这清楚地表明了民族区域自治制度在国家政治制度中的重要地位，也充分表明了我们党坚持和完善民族区域自治制度的立场。只有坚持和完善这项基本政治制度，维护好、发展好各民族的平等权利，才能处理好汉族和少数民族、少数民族和少数民族以及各民族内部成员之间的关系，调动各民族建设社会主义和谐社会的积极性。

随着时代的发展，我国的民族区域自治制度需要不断完善。在社会主义制度下，我国实现了各民族政治上的平等，各民族共同繁荣发展具备了根本政治条件，各族人民的根本利益是一致的。随着我国经济、政治、文化和社会的发展，各民族相互学习、相互影响、相互帮助，共同因素不断增多。一方面，国家认同感、中华民族认同感不断增强，另一方面，民族特点和民族差异、各民族在经济文化发展上的差距将长期存在。实践充分证明，民族区域自治制度充分保障了少数民族当家做主的权利，对于加强民族团结，维护国家统一，加快民族自治地方发展，促进少数民族进步，起到了巨大的作用，极大地激发了少数民族的自尊心、自信心和自豪感，赢得了各族人民的衷心拥护。实行这个制度，我们巩固了平等、团结、互助、和谐的社会主义民族关系，顺应了中华民族多元一体的基本格局，保证了中华民族大家庭的根本利益，促进了 56 个民族和睦相处、和衷共济、和谐发展。这是中国共产党对世界和平发展的贡献，是中华民族对人类解决民族问题的贡献。

当前，我们正处在全面建设小康社会的关键时期，我国正处在工业化、信息化、城镇化、市场化、国际化深入发展的阶段，正处在全面建设小康社会的关键时期即发展的黄金时期和矛盾的凸显期，民族问题的普遍性、长期性、复杂性、国际性和重要性明显，要求我们必须研究新情况，解决新问题。

我们要站在全面建设小康社会、加快推进社会主义现代化的高度，在科学发展观的正确指导下，深刻把握我国经济社会发展的阶段性特征和民族问题发展变化的客观规律，毫不动摇地坚持和完善民族区域自治制度，认真贯彻落实党和国家的民族政策，把全国各族人民的智慧和力量凝聚到社会主义和谐社会建设上来，凝聚到实现中华民族伟大复兴的千秋伟业上来，不断开创改革开放和现代化建设新局面。在一个有着56个民族的13亿人口大国推进社会主义现代化，决定了我们要始终将民族问题作为建设中国特色社会主义必须处理好的一个重大问题，始终将民族关系作为我们这个统一的多民族国家中至关重要的一种社会关系，始终将民族工作作为关系党和人民事业发展全局的一项重大工作。只有坚持和完善民族区域自治制度，才能调动各民族建设社会主义和谐社会的积极性。

（二）促进民族关系和谐，必须坚持各民族共同团结奋斗，共同繁荣发展

民族关系是多民族国家中至关重要的社会关系。正确处理民族问题，调动各民族建设社会主义和谐社会的积极性，使各族人民和睦相处、和衷共济、和谐发展，对于我们建设社会主义物质文明、政治文明、精神文明与和谐社会，具有十分重大的意义。党的十六大把全面建设小康社会作为21世纪头20年全国人民的奋斗目标，指出我国正处于并将长期处于社会主义初级阶段，人民日益增长的物质文化需要同落后的社会生产之间的矛盾仍然是我国社会的主要矛盾。这一主要矛盾反映到民族问题上，就表现为少数民族和民族地区迫切要求加快经济社会发展与自我发展能力不足的矛盾。目前，由于种种原因，民族地区经济社会发展仍然面临着一些突出的困难和问题，同沿海发达地区相比存在着相当大的差距。全国贫困人口的大约一半在民族地区，全国扶贫攻坚重点县的大约一半在民族自治地方。民族地区实现全面建设小康社会的目标，还需要付出更大的努力。

各民族共同团结奋斗，共同繁荣发展是新世纪我国民族工作的主题，也是调动各民族建设社会主义和谐社会积极性的关键。共同团结奋斗，就是要把各族人民的智慧和力量凝聚到全面建设小康社会上来，凝聚到建设中国特色社会主义上来，凝聚到实现中华民族伟大复兴上来。共同繁荣发展，就是要牢固树立和全面落实科学发展观，千方百计加快少数民族和民族地区经济社会发展，不断提高各族群众的生活水平，让各民族人民群众共享改革开放和经济社会发展的成果。只有各民族共同团结奋斗，各民族共同繁荣发展才

能具有强大动力。只有各民族共同繁荣发展，各民族共同团结奋斗才能具有坚实基础。只有汉族和少数民族共享国家改革开放和经济社会发展的成果，各民族建设社会主义和谐社会的积极性才能充分地调动起来，各民族干部群众的国家意识、公民意识才能不断提高，中华民族凝聚力才能不断加强，我国社会主义物质文明、政治文明、精神文明与和谐社会建设的全面发展才会有强大的动力。

各民族共同团结奋斗，共同繁荣发展也是我们能够经受住各种困难和风险的考验、不断胜利前进的重要保证。我国现代化的发展进程，必然是中华民族的所有成员共同繁荣的过程。随着改革开放的不断深化，随着西部大开发和国内统一市场的扩大和规范化，各少数民族将获得更多更好的发展机会；随着国家政治、经济和社会保障制度的完善和创新，各项政策、法规的调整，我国平等、团结、互助、和谐的社会主义民族关系将得到进一步发展，共同的命运和利益将使中华民族的凝聚力进一步增强。但是，各民族发展起点、适应能力和自然、社会条件的不同又会带来新的发展差距。各民族之间交往联系的增多也会使文化差异、发展差距等引发摩擦矛盾。随着改革开放不断深入和社会主义市场经济不断发展，我国经济社会结构正在发生深刻变化，各种利益关系更为复杂，各种思想文化相互激荡，这一切必然会对我国民族关系产生深刻影响。民族分裂势力、宗教极端势力、暴力恐怖势力在我国周边一些地区仍然相当活跃，西方敌对势力不会放弃通过各种手段对我国进行渗透和破坏活动。在这样错综复杂的形势下，我们必须坚定不移地贯彻执行党和国家的民族政策，牢牢把握各民族共同团结奋斗，共同繁荣发展的民族工作主题，不断巩固和发展全国各族人民的大团结，为全面建设小康社会、实现中华民族的伟大复兴提供重要保证。

（三）促进民族关系和谐，需要全社会更多关注少数民族和民族地区的特点

党的十六大提出了我国21世纪头20年的奋斗目标，这就是集中力量全面建设惠及十几亿人口的更高水平的小康社会。加快少数民族和民族地区经济社会发展、实现各民族共同繁荣发展，是现阶段民族工作的主要任务。

目前，由于地理条件限制、发展基础薄弱、市场开发条件差、自身发展能力弱等原因，民族地区经济社会发展仍然面临着一些突出的困难和问题，同沿海发达地区相比存在着相当大的差距。民族地区实现全面建设小康社会的目标，需要付出更大的努力，采取更加得力的政策措施。加快少数民族和

民族地区经济社会发展，逐步缩小发展差距，实现区域协调发展，最终实现全国各族人民共同富裕，是党的民族政策的根本出发点和归宿，是我国社会主义制度的本质要求，也是加强民族团结、巩固祖国边防、维护祖国统一的必然要求。我们要更多关注少数民族和民族地区的特点，切实落实民族地区全面建设小康社会的各项任务，使民族地区的面貌更快地得到改变，让改革发展的成果更好地惠及各族群众，从而调动各民族建设社会主义和谐社会的积极性。

一般来说，我国的少数民族和民族地区，无论从人口数量、人口素质，还是从经济社会发展水平来说，都还处于相对弱势和落后的状况。在我国经济社会发展的全局当中，少数民族除了有内地同样存在的共同的问题之外，还存在自己的特殊问题。调动各民族建设社会主义和谐社会的积极性，在全国一盘棋的大局之中，在实行社会主义市场经济的条件下，需要全社会更多关注少数民族和民族地区的特点，对于少数民族和民族地区的利益给予一些特殊的政策倾斜和照顾。例如，对于边疆少数民族地区经济发展的扶持和帮助，对于少数民族文化的保护和发展，对于民族地区自然生态利益的关注和保护，等等。

由国家和政府出面，通过转移支付和其他形式的人力物力财力支持，保护和发展少数民族的文化，照顾少数民族的特殊利益，尊重其平等权利，有助于协调国内的民族关系，调动各民族建设社会主义和谐社会的积极性，将会对我国的民族关系产生有利的影响。发达地区要把支援少数民族和民族地区作为自己应尽的义务，进一步扩大支援的力度和广度，并积极探索更加有效的支援途径和机制。少数民族和民族地区要积极探索符合本民族本地区特点的加快经济社会发展的路子，坚持自力更生、艰苦奋斗，进一步解放思想、更新观念，充分发挥积极性、主动性、创造性，真正把各项优惠政策和各方面的扶持帮助转化为自我发展的能力。要鼓励东部发达地区先富起来的一部分人、鼓励年轻一代到西部少数民族地区支边、创业，使他们在发展自己的事业，实现自己的人生价值的同时，为解决民族地区目前的各种困难和问题，为少数民族群众的脱贫致富办实事、办好事，为建立和谐的民族关系做出自己的贡献。

（四）促进民族关系和谐，应当坚持对各族人民长期进行马克思主义民族观的教育

马克思主义的民族观是科学的世界观，它正确地说明了人类社会古往今

来纷繁复杂的民族问题，是我们正确认识民族问题的理论武器和正确处理民族问题的工作指南。坚持不懈地用马克思主义的民族观教育广大党员、干部和群众、特别是各民族的青少年一代，对于维护祖国统一、加强民族团结、调动各民族建设社会主义和谐社会的积极性，具有十分重要而深远的意义。

对于我国这样一个多民族国家的公民来说，在现实的社会生活中，每个人都会产生和抱有对待自己民族、其他民族、民族问题、民族关系的看法，民族问题是人们无法回避的现实问题。特别是在边疆少数民族聚居区，无论是汉族还是少数民族的公民，可以说时时处处都会遇到民族问题。有些事情，在内地并不表现为民族问题，在少数民族地区则往往会表现为民族问题，或带有民族问题的因素。比如，当前内地的各大城市都有民工问题，市民和外来民工在工作生活、衣食住行、社会保障、上学就医等方面都会发生矛盾。一般来说，这些问题在内地不会表现为民族问题，但是在少数民族地区则不然。外来民工或经商，或从事工程建筑、餐饮服务业，对于少数民族地区城镇居民的就业自然会发生影响，造成竞争，有些当地的群众就会认为是内地汉族和其他民族的民工抢了自己的饭碗。而外来民工因为有着不同的文化背景和生活习惯，也会发生看不起当地少数民族的情况，加上经济利益等方面的差异和矛盾，从而引发民族之间的关系问题。在当前改革开放不断深化的社会转型时期，不同社会阶层的某些利益差别和矛盾，可能会以民族问题的形式反映和表现出来。在现代化的发展进程中，随着社会的进步和民族素质的提高，民族意识的增强趋势也是不可避免的。这往往表现为政治上参与意识和自治、自主意识，加快本民族本地区的经济发展，享有平等发展机遇的意识，发扬具有本民族特色的传统文化的意识，等等。民族意识增强是民族发展过程中一定时期的一种必然现象，具有正面和负面的双重效应。引导得好，可以化为促进各民族发展的精神动力；引导不好，也可能对我国的民族关系产生某些消极的影响。而西方敌对势力、民族分裂主义分子和一些别有用心的人，还会乘机进行挑拨，鼓动和制造民族纠纷。这些问题假如处理不好，就会影响各民族建设社会主义和谐社会的积极性。

因此，对于各族人民，特别是在少数民族地区，对于各民族的党员、干部和群众进行马克思主义民族观的教育，就显得尤为必要。正如胡锦涛同志指出的：要坚持不懈地开展党的民族理论、民族政策、民族法律法规以及民族基本知识的教育，引导各族干部群众增强珍惜和维护民族团结的坚定性和自觉性。要加强民族团结的教育，用“汉族离不开少数民族、少数民族离不开汉族、各少数民族之间也相互离不开”的思想观念教育我国各族人民和后代，使“三个离不开”的思想观念深入人心。尤其要在各族青少年中开展多种形式的民族团结宣传教育活动，使“三个离不开”的思想观念深深扎根于各族青少年心中，代代相传。要把爱国主义和民族团结的教育紧密结合起来，使维护民族团结成为各族人民的自觉行动。要继续深入开展民族团结进步活动，鼓励各民族相互学习、相互交流，实现和谐相处、共同进步。[①] 要在西部大开发和各民族经济社会交往的过程中，采用各种形式和办法增进各民族之间的了解，促进各民族互相尊重、互相学习、互相合作、互相帮助，树立民族团结进步的先进典型，形成民族团结光荣的良好社会风气。要使各族人民特别是年轻一代懂得在历史上我们中华民族多元一体的格局是怎样形成的，在近代以来中华民族抗击外敌入侵的斗争中，我们各民族又是怎样团结奋斗的，在社会主义的新中国，尤其是改革开放以来，各民族又是怎样共同团结奋斗，共同繁荣发展，共享经济社会发展的成果，共享伟大祖国的尊严和荣耀的，从而提高各民族对于中华民族的认同感，提高作为中华民族成员的自豪感。

（五）促进民族关系和谐，还需要坚持反对两种民族主义倾向

我国宪法载明：“中华人民共和国是全国各族人民共同缔造的统一的多民族国家。平等、团结、互助的社会主义民族关系已经确立，并将继续加强。在维护民族团结的斗争中，要反对大民族主义，主要是大汉族主义，也要反对地方民族主义。国家尽一切努力，促进全国各民族的共同繁荣。”反对大民族主义和地方民族主义，是党和政府在处理民族关系问题上长期坚持的一个原则。自 20 世纪 90 年代以来，伴随着我国综合国力的不断提升，率先改革开放、发展富裕起来的汉族地区有些干部群众看不起少数民族，仍然相对落后和贫困的西部少数民族和民族地区中部分干部群众也存在封闭保守、排斥进步等不好的思想意识。还要看到，无论是人口广大的汉族还是人口数量较少的少数民族中，均不同程度地存在各种民族主义倾向，而我国知识界和学术界也出现了一些宣传和倡导民族主义的声音，对于这些民族主义倾向我们必须坚决反对。

首先，提倡民族主义会破坏国内的民族团结。民族主义违背了“两个共同”和“三个离不开”，如不加以反对，会严重影响民族团结和民族和睦。其

① 胡锦涛：《在中央民族工作会议暨国务院第四次全国民族团结进步表彰大会上的讲话》，《人民日报》，2005 年 5 月 28 日。

次，提倡民族主义有损于中国在国际上树立和平崛起的大国形象，为西方敌对势力“中国威胁论”的喧嚣提供借口，不利于为我国的发展营造良好的国际环境。第三，提倡民族主义会造成理论上的混乱。从 20 世纪 50 年代初期开始，刚刚成为执政党的中国共产党人就提出了反对资产阶级民族主义的号召。中国共产党长期反对各种资产阶级民族主义倾向、特别是大汉族主义和地方民族主义倾向的斗争，对于我国平等、团结、互助、和谐的民族关系的建立，发挥了积极的作用。在今天的国际国内形势下，我们提出构建社会主义和谐社会与建设和谐世界的理念，绝不能把民族主义作为我们的旗帜。

构建和谐的民族关系，与党和国家长期坚持的民族平等、民族团结的政策是一致的，与我们长期对各民族干部群众进行的马克思主义民族观的教育和爱国主义教育、与我们倡导的中华民族精神也是一致的。共同团结奋斗，共同繁荣发展是新世纪新阶段我国民族工作的主题，任何形式的民族主义都是同这一主题不相符合的。在人类历史发展到 21 世纪的今天，各种民族主义思想在我国还将长期存在，并对我国的社会生活和民族关系发生负面影响，这是一个客观事实，我们不可不加注意。在构建社会主义和谐社会的过程中，我们应当批评各种错误的民族主义倾向，以宽广的胸怀和长远的眼光，对内坚持长期在各族干部群众中进行“三个离不开”思想观念的教育，弘扬爱国主义，拒绝民族主义，维护祖国统一和民族团结，对外提倡新的国际主义理念，把国际主义与爱国主义结合起来，提升中国和平崛起的大国形象，为人类社会的文明进步和当代世界的和平发展做出贡献。

在充分认识我国民族关系本质上是平等、团结、互助、和谐的社会主义民族关系的同时，也应该认识到我国的民族关系还存在不尽如人意的方面。随着改革开放的深入扩大，随着国家经济社会各项事业的发展，需要不断处理好影响民族关系的新问题。我们一方面要坚持马克思主义民族观，坚持已经被实践证明是正确的中国共产党三代领导人关于民族问题的理论，另一方面，还要在变化了的条件下，不断推进解决中国民族问题的实践，及时总结新的经验，发展马克思主义民族理论。同时，还要教育我们的党员干部和各族群众正确认识反对两种民族主义、坚持民族平等、维护民族团结和促进各民族互助合作对于我们这样一个统一多民族国家的极端重要性，正确认识国家统一和各民族共同繁荣对于我们这样一个发展中的社会主义国家的极端重要性，用马克思主义的民族观观察和分析国际国内的民族问题，牢固树立中华民族是一个整体，汉族和少数民族、各少数民族之间谁也离不开谁的观念，让马克思主义民族观在我国各民族干部群众中日益深入人心，促进各民族的团结和共同繁荣进步，实现中华民族的伟大复兴。

半个多世纪以来，中国作为一个统一的多民族国家，以自己在中国共产党领导下的社会主义实践昭告世人，中国的民族问题是解决得比较好的。中国共产党不仅是中国工人阶级的先锋队，同时也是中国人民和中华民族的先锋队。中国共产党始终代表着中国各族人民的根本利益。今天，在建设社会主义和谐社会的奋斗过程中，我们必须调动各民族建设社会主义和谐社会的积极性，使全体人民始终保持昂扬向上的精神状态和朝气蓬勃的精神面貌，共同团结奋斗，共同繁荣发展，实现中华民族的伟大复兴。

三、促进宗教关系和谐，发挥宗教在化解社会矛盾中的作用

中国是一个存在多种宗教信仰的国家，汉族和少数民族中都长期存在大量的不同宗教的信仰者，这种状况还会长期存在下去。我国的宗教情况决定了宗教关系是我们这个统一的多宗教国家中至关重要的社会关系之一，宗教问题在我国的社会生活和政治生活中占有重要的位置，宗教工作是党和政府工作的重要组成部分。我们要在党和政府的正确引导下，正确认识和处理各种宗教关系，发挥宗教在化解社会矛盾中的积极作用。

（一）充分认识宗教在化解社会矛盾中的作用

发挥宗教在化解社会矛盾中的作用，首先需要客观认识宗教，特别是各种宗教的信仰者在构建社会主义和谐社会中的作用。在构成不同宗教的诸种要素中，人，即宗教信徒是最重要的。中国信仰各种宗教的各民族群众有1亿多人，随着人口的自然增长以及相关因素的变化，信教人数还在增加。这是一个庞大的群体，也是一股强大的社会力量。在社会主义初级阶段这一相当长的历史时期，我国宗教的社会作用仍然具有两重性，既有积极的一面，也有消极的一面。正如江泽民同志在《论宗教问题》中阐述的：“宗教的存在，是以大量群众信奉为前提的……由于宗教的这种群众性，宗教往往构成一种非常强大的社会力量，处理得好，可以对社会发展和稳定产生积极作用；处理得不好，就会产生消极作用，甚至产生很大破坏作用。关键看能否有效地管理和引导宗教，减少宗教中的消极因素，发挥宗教中的积极因素。”① 显然，正确认识宗教的社会作用的二重性，最大限度地减少其消极作用，最大限度地发挥其积极作用，特别是发挥宗教在化解社会矛盾中的作用，才能引

① 《江泽民文选》第3卷，人民出版社2006年版，第376页。

导宗教为构建社会主义和谐社会服务。

宗教之所以能伴随着人类社会的历史发展过程而长期存在，就在于宗教自身发挥着为人们所需要的社会作用。在不同的历史时期，宗教的社会作用有不同的表现形式，但是只要宗教存在，宗教的社会作用就会存在。作为一种复杂的社会历史现象，宗教既是一种以信仰为核心的有神论的意识形态，又是一种拥有大量宗教职业者和信教群众、经书典籍、教会组织和活动场所等设施并开展经常性集体活动的社会实体。在我国社会主义初级阶段这一相当长的历史时期，宗教积极的社会作用主要包括对于社会伦理道德的教化作用、对于社会成员心理情绪的调适作用、对于稳定社会秩序的帮助作用、对于文化建设和传播的推动作用、对于社会慈善和公益事业的倡导作用和对于世界和平与文化交流的促进作用，等等。

发挥宗教在化解社会矛盾中的作用，还需要我们正确认识我国现阶段的宗教关系。我国社会现阶段宗教关系的基本性质是人民群众的内部关系。以马克思主义和中国特色社会主义理论为指导的中国共产党，坚持辩证唯物主义的无神论的科学世界观，同时也坚持马克思主义的宗教观，不仅代表着中国不信仰宗教的人民群众的根本利益，也代表着中国信仰各种宗教的人民群众的根本利益，并且认为，信教群众和不信教群众、信仰不同宗教的群众，都是社会主义和谐社会的建设者，他们的公民权利和社会地位是平等的，他们的根本利益与奋斗目标是一致的，他们之间存在的分歧和矛盾，绝大部分属于人民内部矛盾。我国绝大多数的宗教职业者和信教群众在政治上热爱祖国，拥护社会主义制度，拥护中国共产党的领导，愿意在中国共产党和政府的引导下走与社会主义社会相适应的道路，为祖国的和平发展、为中华民族的伟大复兴贡献自己的力量。这就为发挥宗教在化解社会矛盾中的作用提供了必要的前提和保证。

发挥宗教在化解社会矛盾中的作用，还需要我们正确认识我国各个宗教教理教义中的积极内容。我国各宗教的教理教义和宗教伦理道德中，都有劝人弃恶从善、爱国利他、尊重生命、保护环境的内容。宗教教义中有许多内容是能够与建设社会主义的精神文明和先进文化相适应的，可以为构建社会主义和谐社会发挥积极作用。宗教大都有促进社会和谐的教化理念、道德规范和传统。佛教讲“庄严国土，利乐有情；慈悲喜舍、四摄六和”的精神。道教讲“齐同慈爱、和光同尘”，提倡贵生，敬重生命，关爱自然，主张天人和谐；伊斯兰教的“两世吉庆”“爱国是信仰的一部分”，以及对人友善宽容，当行则行，行止有度的“中道”思想；基督教提倡“荣神益人”，爱上帝，同时要“爱人如己”的基本精神。这些已经融入我国传统宗教文化中的大量的和平、非暴力、自然、和谐、慈悲、中道、平等、均衡发展的观念，不仅有助于宗教自身的稳定和谐，而且有助于宗教与社会其他方面关系的和谐。在当今社会转型时期，社会竞争激烈，部分社会成员思想活跃、情绪不稳，因躁动不安、贪欲、嫉妒、烦恼、失望、愤恨、困难、挫折等引起的浮躁情绪和社会失范现象比较突出。宗教能在信仰者群体中通过宣传教义、举行仪式等活动，加强信众对现行秩序的认同，舒缓人的精神危机，减少社会震动，甚至能够对不信教的人发挥一定的积极影响。挖掘和弘扬宗教教义、宗教道德和宗教文化中有利于社会发展、时代进步和健康文明的内容，为经济社会的协调发展和社会秩序的稳定提供支持，对今天仍然存在各种社会冲突、自然生态环境问题严重的世界也具有重要意义。正如李瑞环同志所说：“我国各大宗教教义中的许多内容，比如伦理道德方面的一些要求，与现时代社会发展的趋势，与我们所倡导的精神文明是一致的。宗教界对这些有益于社会，有益于人群的内容，要加以挖掘，加以整理，加以强调。”[①] 在构建社会主义和谐社会的过程中，各种宗教教义中的积极内容作为传统文化资源、各种宗教信徒作为社会力量，可以发挥积极的社会作用。

（二）发挥宗教在化解社会矛盾中的作用，要尊重和保护宗教信仰自由

中国共产党人是无神论者，不信仰任何宗教。但是，中国共产党人懂得宗教是人类社会发展到一定阶段的历史现象，有其产生、发展和消亡的客观规律。宗教信仰自由不仅是党的宗教政策，而且载入中华人民共和国宪法，成为国家意志。我国宪法规定：“任何国家机关、社会团体和个人不得强制公民信仰宗教或者不信仰宗教，不得歧视信仰宗教的公民和不信仰宗教的公民。国家保护正常的宗教活动。任何人不得利用宗教进行破坏社会秩序、损害公民身体健康、妨碍国家教育制度的活动。宗教团体和宗教事务不受外国势力的支配。”这些规定，都体现了对于宗教信仰自由的法律保护。

对于宗教信仰自由的全面正确的理解应该是：每个公民既有信仰宗教的自由，也有不信仰宗教的自由；有信仰这种宗教的自由，也有信仰那种宗教的自由；在同一宗教里面，有信仰这个教派的自由，也有信仰那个教派的自

① 《李瑞环邀请宗教团体负责人迎春座谈时希望发挥积极因素服务社会造福人群》，《人民日报》1998 年 1 月 30 日。

由；有过去不信教而现在信教的自由，也有过去信教而现在不信教的自由。尊重和保护宗教信仰自由，包括保护人们信仰宗教的自由和不信仰宗教的自由两个方面。任何强迫不信教的人信教的行为，如同强迫信教的人不信教一样，都是侵犯别人的信仰自由，因而都是极端错误和绝对不能容许的。

尊重和保护宗教信仰自由的实质，就是要使宗教信仰问题成为公民个人自由选择的问题。这样，信教和不信教的公民，在我们的社会主义国家，就有了平等的政治地位和公民权利。国家政权既不提倡和推行某种宗教，也不禁止或排斥某种宗教。既不用行政力量去消灭宗教，也不用行政力量去发展宗教。这样，在中国历史上长期存在和发展起来的各种宗教（包括民间信仰），就有了合法存在和发展的空间，各种宗教在化解社会矛盾中的作用就有了充分发挥的可能。

尊重和保护宗教信仰自由，发挥各种宗教在化解社会矛盾中的作用，必须坚持政教分离、宗教与教育相分离的原则。按照政教分离的原则，一切宗教都不得干预政治，干预政府事务，包括司法、教育、婚姻、计划生育等，都不得进行反对四项基本原则的宣传。公民在行使宗教信仰自由权利的同时，必须履行自己的义务。任何人不得利用宗教反对中国共产党的领导和社会主义制度，不得危害国家统一、社会稳定和民族团结，不得损害社会、集体的利益，妨碍其他公民的合法权利，不得利用宗教进行妨碍义务教育实施的活动，不得恢复已被废除的宗教封建特权和压迫剥削制度。对于各种宗教客观存在的消极作用，必须要有正确的认识，最大限度地减少那些消极作用。

（三）发挥宗教在化解社会矛盾中的作用，要坚持依法管理宗教事务

党的十六大以来，以胡锦涛同志为总书记的党中央根据国内外形势的发展变化，着眼于我们党执政兴国新的历史任务和国家事业发展的战略要求，高度重视宗教问题，以科学发展观统领宗教工作。针对境外利用宗教进行渗透日益加剧的情况，采取有力措施进行部署。颁布实施《宗教事务条例》，推动宗教事务管理进一步走上法制化轨道。强调要全面认识宗教产生和存在的深刻历史根源、社会根源、认识根源和心理根源，正确处理包括宗教关系在内的五大关系，从而提升了宗教工作的位置。党的十六届六中全会明确提出要“发挥宗教在促进社会和谐方面的积极作用”，党的十七大更加鲜明地提出“发挥宗教界人士和信教群众在促进经济社会发展中的积极作用”，这是对“积极引导宗教与社会主义社会相适应”理论的进一步丰富和发展。尤其是明

确肯定宗教界人士和信教群众可以为经济社会发展发挥积极作用，为做好新形势下的宗教工作开辟了新途径、拓展了新领域。党的四代中央领导集体对于宗教问题基本观点和基本政策的继承与创新，体现了马克思主义理论一脉相承而又与时俱进的品格，做到了基本观点明确，基本政策明晰，为我们在新的历史条件下正确认识和处理社会主义社会的宗教关系指明了方向。

中华人民共和国是法治国家。依法治国，在社会生活各个领域大力加强法制建设，是我国成功构建社会主义和谐社会的保证。国家依法管理宗教事务，是依法治国的组成部分。国家需要依法管理宗教事务，是因为宗教不仅是一种个人的思想信仰和单独活动，而且是一种社会组织和社会活动。当一个人的宗教信仰和宗教行为不与他人和社会发生关系时，享有完全的自由。一旦与他人、与社会发生关系，形成社会组织，成为社会活动，就必然要受到社会的制约，从而也就产生了管理问题。依法管理宗教事务，有助于发挥宗教在化解社会矛盾中的作用。

依法管理宗教事务，需要两个方面的努力。一方面，作为依法管理的主体，政府主管部门的工作人员要加强学习，掌握必要的宗教学识，提高对于党和国家宗教政策方针的理解，深化对于我国宗教国情和本地区各种宗教历史与现状的了解，不断提高依法执政、贯彻落实党和政府宗教信仰自由政策的水平。政府各级宗教工作部门不仅要以科学发展观为统领，总结经验，引导宗教界在上述领域发挥自己的积极作用，贡献自己的聪明才智，还要与学界和宗教界一起，进行理论、制度和实践的创新。尽管中国信仰宗教的人相对于不信教的人来说是少数，其绝对数量却很大。在全面建设小康社会和实现中华民族伟大复兴的共同事业中，他们也是我们的基本群众，是我们依靠的基本力量。他们的作用不可低估。要认真落实宗教事务条例，不断提高宗教事务管理的能力和水平，把发挥宗教界人士和信教群众在促进经济社会发展中的积极作用与抵御境外利用宗教进行渗透活动结合起来，把依法管理宗教事务与健全宗教自身各种规章制度结合起来，进一步推进宗教事务管理的法制化、科学化和现代化。管理也是服务。只有把宗教界人士和信教群众当成“自己人”，真正尊重他们的宗教信仰，全心全意地为他们服务，和他们交朋友，才能换来他们的尊重和真诚合作，也才能调动他们的积极性，引导他们爱国爱教，主动发掘各种宗教教理教义中的积极因素，带领广大信教群众投身于社会主义和谐社会的建设，发挥宗教在化解社会矛盾中的作用。

另一方面，宗教界人士也要提高认识水平，提高接受政府主管部门依法管理的自觉性。国家依法对宗教事务进行管理，既有利于更好地保护正常的宗教活动和宗教界的合法权益，也有利于防止和制止不法分子利用宗教和宗教活动制造混乱、违法犯罪，有利于抵制境外敌对势力利用宗教进行渗透，从而有利于国家的长治久安和发挥宗教在化解社会矛盾中的作用，不仅不违背宗教信仰自由政策，而且是全面贯彻宗教信仰自由政策的需要，是维护安定团结和各民族人民根本利益的需要，也是发挥宗教积极作用所必需的。

（四）发挥宗教在化解社会矛盾中的作用，要积极引导宗教与社会主义社会相适应

积极引导宗教与社会主义社会相适应，是处理好我国现阶段宗教问题的目的，也是构建社会主义和谐社会过程中宗教工作的主题。我国的各种宗教经历了中华人民共和国成立以来将近60年的曲折发展，在基本的方面，同社会主义社会是适应的。广大信教群众和绝大多数宗教界人士在社会主义的两个文明建设中发挥了积极的作用。积极引导宗教与社会主义社会相适应，就是要积极引导宗教在构建社会主义和谐社会中发挥化解社会矛盾中的作用。

引导宗教与社会主义社会相适应，就要以政治上团结合作，信仰上相互尊重为前提，注意充分发挥爱国宗教团体的作用。我国各宗教团体是信教群众自己的爱国组织。目前，有全国性宗教团体7个，区域性宗教团体3000多个。全国性宗教团体是：中国佛教协会、中国道教协会、中国伊斯兰教协会、中国天主教爱国会、中国天主教主教团、中国基督教三自爱国运动委员会、中国基督教协会。这些团体都是由宗教界爱国人士和信教群众代表发起并陆续成立的。我国各爱国宗教团体的相继建立，从根本上改变了过去我国宗教被帝国主义和国内反动统治阶级控制、利用的局面，改变了过去我国各宗教教派林立、互相对立的状态，反映了我国各宗教中各民族、各教派信教群众和宗教界人士在爱国主义、社会主义基础上的大团结，成为我国各宗教独立自主、由本国信教群众自办宗教事业的一个重要标志。

引导宗教与社会主义社会相适应，就要注意发挥爱国宗教团体的作用，特别是做好以下四方面工作：首先，宗教团体的领导权必须掌握在宗教界爱国人士手中。要创造一切有利条件，支持宗教界爱国人士积极开展工作，把爱国宗教界人士和广大信教群众团结起来，同一切敌对势力和敌对分子进行斗争，巩固和发展我国各宗教取得的积极成果。同时，还要重视对年轻宗教教职人员的培养教育工作，培养和选拔一批合格的宗教事业接班人。其次，要切实维护宗教团体的合法权益。只有宗教团体的合法权益得到尊重和保护，才能有利于改善宗教团体在宗教界人士和信教群众中的形象，使之真正成为

党和政府联系和团结信教群众的桥梁，发挥他们的积极作用。第三，切实帮助爱国宗教团体解决实际困难。第四，要支持宗教团体自主地开展工作。当前，要切实改变一些地方发挥爱国宗教团体作用不够的现象，支持和帮助爱国宗教团体加强自身建设，使之能够按照自身特点和规章自主地开展活动，真正成为有积极影响的社会团体。

引导宗教与社会主义社会相适应，还要继续发扬爱国宗教团体进行自我教育的优良传统，鼓励和支持爱国宗教团体经常对宗教教职人员进行爱国主义、社会主义、时事政策、法律法规等的学习教育，自觉接受党和政府的领导，遵守国家法律，不断提高维护国家和民族利益，坚持独立自主自办原则的自觉性。要推动宗教团体建立和健全各项规章制度。要积极扶持爱国宗教团体逐步实现自养，开展各项社会公益事业，有效地抵制境外敌对势力利用宗教进行的渗透活动。要加强对宗教界人士和信教群众的教育引导，深入开展爱国主义、社会主义的教育活动，培养和造就一支政治上靠得住、宗教造诣好、人品能服众的宗教界代表人士队伍。充分发挥宗教界和宗教团体的作用，确保宗教领域和谐稳定，维护社会安定团结。要对于宗教界人士和信教群众提出要求，做到爱国与爱教统一，坚持国家利益高于一切，自觉维护社会和谐稳定；做到守法与信教统一，正确处理国法与教法的关系、权利与义务的关系；做到入世与出世统一，以“出世”的精神做“入世”的事业，服务社会、造福人群；做到修身与治教统一，既自觉践行社会主义荣辱观，又恪守宗教戒律，洁身自好，率先垂范，弘扬正气，护国利民。

和谐是人类社会产生、发展、文明、进步的主旋律，也是人类社会活动普遍遵循的客观规律。党的十六届六中全会作出的《关于构建社会主义和谐社会若干重大问题的决定》提出“全面贯彻党的宗教信仰自由政策，依法管理宗教事务，坚持独立自主自办的原则，积极引导宗教与社会主义社会相适应，加强信教群众同不信教群众、信仰不同宗教群众的团结，发挥宗教在促进社会和谐方面的积极作用”。进入21世纪以来，一些国家和地区因民族矛盾和宗教纷争而动荡不安。但我们在党中央的领导下，保持了社会的长期基本稳定，为改革开放的成功推进创造了必要的条件。中国社会的安定团结，特别是宗教领域的和谐稳定，宗教界人士和信教群众功不可没。在促进社会和谐，弘扬宗教教义、宗教道德与宗教文化中有利于社会发展、时代进步的内容，带领和鼓励广大信教群众多做善行善举，努力促进信教与不信教群众和睦相处，维护不同宗教之间与宗教内部的团结方面，在联系信教群众，确保宗教领域和谐稳定，维护社会安定团结方面，宗教界代表人士的作用也十分重要。国家的和平发展，符合各族人民、信教与不信教群众和信奉各种宗教群众的根本利益。爱国主义是中华儿女的光荣传统，建设中国特色社会主义是我们共同的事业。13 亿中国人，无论信教的还是不信教的，今天都在分享改革开放的各项成果，分享社会和谐稳定的安宁环境，分享我们不断进步、繁荣发展的伟大祖国的尊严和荣耀。

30 年来的改革开放，我们的一条最基本的经验，就是始终坚持以经济建设为中心，聚精会神搞建设，一心一意谋发展。在发展经济、改善民生、造福社会、促进和谐稳定方面，宗教界有着发挥积极作用的广阔天地，可以在社会公益慈善事业、赈灾救助、环境保护、发展旅游文化等方面做出自己的贡献。只要我们全面贯彻党的宗教工作基本方针，实事求是地认识宗教在我国现阶段的地位，调动宗教界人士和广大信教群众的积极性，就一定能够发挥好宗教在构建社会主义和谐社会过程中化解社会矛盾的作用。

我们的共和国经过 60 年的革命建设，经过 30 年的改革开放，已经进入了和平发展、协调发展、科学发展的历史时期。党的十七大提出，要“牢牢把握各民族共同团结奋斗、共同繁荣发展的主题，保障少数民族合法权益，巩固和发展平等团结互助和谐的社会主义民族关系。全面贯彻党的宗教工作基本方针，发挥宗教界人士和信教群众在促进经济社会发展中的积极作用。”在新的历史时期，中国共产党已经确定了民族工作和宗教工作的基本方针。党和政府有这样的能力和胸怀，为包括中国各民族信教和不信教群众在内的 13 亿中国人谋利益、谋福祉，领导各族人民和睦相处，共同团结奋斗，共同繁荣发展；在共同建设此岸世界美好生活的同时，听凭每个公民依据自己的信仰和愿望，追求各自的彼岸幸福，使得我们这个多民族多宗教国家的民族关系和宗教关系日益和谐。

原载李君如等主编：《社会主义和谐社会研究》第十一章，中共中央党校出版社 2011 年版

新中国民族政策的历史演变

政策是国家或政党在特定的历史时期内为实现一定的目的或任务而规定的行动准则，它具有鲜明的阶级性。政策与理论既有联系又有区别。马克思主义民族理论是中国共产党制定民族政策的指南，而各项具体的民族政策则成为指导实践的准则。中国共产党对于中国民族问题的认识有一个不断深化的过程，在不同的历史时期内，面临的问题和任务也不同。因此，党的民族政策的内容和侧重点也就有所不同。中国共产党是中国各民族人民根本利益的忠实代表。坚持民族平等、民族团结和各民族共同发展、共同繁荣，是中国共产党制定各项民族政策的基本原则。

1949 年中华人民共和国成立时，中国的民族问题既是一个客观存在的复杂问题，又是一个关系到能否实现并维护国家统一和社会稳定的重大问题。中国共产党成为中国的执政党之后，自然而然地需要面对这一问题。在战争时期，在实践中，中国共产党无法从在全国执政的高度关注和处理国内的民族问题；在理论上，则受到苏联解决民族问题理论及政策的长期影响。由于苏联同中国无论历史还是现状都有巨大的差异，新中国成立后，中国共产党显然不能照搬苏联的经验和做法处理国内民族问题。这样一个现实，为中国共产党在民族问题领域把马克思主义中国化，创新理论，探索实践，提出了挑战，也提供了广阔的舞台。

中华人民共和国成立 60 年来，中国共产党处理国内民族问题取得了巨大的成就，积累了丰富的实践经验，形成了自己的理论和制度框架，也走过弯路，有过教训。60 年间中国共产党关于民族问题的理论与实践，可以分为前后两个阶段。

一、中华人民共和国成立初期至改革开放前夕民族理论的探索和民族工作的实践（1949—1978）

1949—1978 年这 30 年间，尽管十年的“文化大革命”给民族工作造成了巨大损失，但是党还是初步形成了一套比较完整的民族理论体系，以之指导实践并接受实践的检验，修正错误，完成了少数民族地区的民主改革，确立并发展了我国的民族区域自治制度，建立起新型的社会主义的民族关系，使少数民族地区的经济文化事业得到了巨大的发展。

（一）民族区域自治政策的确立

中华人民共和国成立后，党首先面临的一个问题，就是制订什么样的政策、采取什么样的制度来解决中国的民族问题。由于长期的“以俄为师”，中国共产党一直把“联邦制”作为党解决中国民族问题的纲领。直到解放战争期间，1947 年 10 月 10 日《中国人民解放军宣言》还提出“承认中国境内各少数民族有平等自治及自由加入中国联邦的权利。”① 但是，在 1949 年中国人民政治协商会议《共同纲领》这一临时根本大法中，已经转变为实行民族区域自治制度。《共同纲领》明确规定：“各少数民族聚居的地区，应实行民族的区域自治，按照民族聚居的人口多少和区域大小，分别建立各种民族自治机关。”其后，我国历次的宪法都明确规定：“各少数民族聚居的地方实行区域自治，设立自治机关，行使自治权。各民族自治地方都是中华人民共和国不可分离的部分。”党的民族政策发生了重大转变。这种转变，目前学术界一般认为是中共中央和毛泽东在内蒙古自治区成立两年的实际经验基础上，征询了李维汉的意见之后决定的。李维汉认为，我国国情与苏联不同，不宜实行联邦制。我国少数民族只占全国总人口的 6%，并且呈大分散小聚居的状态。汉族与少数民族之间或几个少数民族之间往往互相杂居或交错聚居。各民族在中国共产党领导下平等联合进行革命，并没有像俄国那样发生民族分离。因此，单一制的国家形式，更加符合中国的国情。在统一的国家内实行民族区域自治，更有利于民族平等原则的实现。李维汉则称其为“毛主席运用马克思列宁主义解决中国民族问题的基本政策……是解决中国民族问题的钥匙。”②

民族区域自治是国家一项基本的政策，当时尚未称之为基本政治制度。这一政策确立的一个重大意义，就是表明中国共产党在处理国内民族问题方面，开始摆脱苏联的影响，走自己的马克思主义中国化的道路。费孝通曾经说，“中国的民族区域自治，是毛主席、周总理和李维汉同志等，经过了很深

① 《人民日报》，1947 年 10 月 10 日第 1 版。

② 黄铸：《从主张联邦制到民族区域自治制度》，《中国民族报》2003 年 4 月 8 日第 3 版。李维汉：《统一战线问题与民族问题》，人民出版社 1981 年版，第 464 页。

入的研究，为解决中国民族问题做出的一个基本政策……毛主席亲自同我讲过，别的我们可以学苏联，这个我们不学。指的是苏联搞联邦制，我们搞区域自治。”①

这一政策确立的一个根本原因，是中国与苏联的国情不同，特别是中国作为一个统一多民族国家，发展的历史与苏联不同。中国共产党在1949年已经充分地认识到了这种差异。而这一政策确立的一个重要的外部原因，是当时中国受到的外部压力。1949年9月7日，周恩来在中国人民政治协商会议第一届全体会议召开前向政协代表做了《关于人民政协的几个问题》的报告，专门谈到这个问题：“关于国家制度方面，还有一个问题就是我们的国家是不是多民族联邦制。现在可以把起草（共同纲领）时的想法提出来，请大家考虑。中国是多民族的国家，但其特点是汉族占人口的最大多数，有四亿人以上；少数民族有蒙古族、回族、藏族、维吾尔族、苗族、夷族（即彝族）、高山族等，总起来，还不到全国人口的百分之十。当然不管人数多少，各民族间是平等的……这里主要的问题在于民族政策是以自治为目标，还是超过自治范围。我们主张民族自治，但一定要防止帝国主义利用民族问题来挑拨离间中国的统一。如英帝国主义对西藏及新疆南部的阴谋，美帝国主义对于台湾及海南岛的阴谋。不错，这些地方是有少数民族的，但是他们一向是在中国领土之内……我们应该……把各民族团结成一个大家庭，防止帝国主义的挑拨分化……任何民族都是有自决权的，这是毫无疑问的事。但是今天帝国主义又想分裂我们的西藏、台湾甚至新疆。在这样的情况下，我们希望各民族不要听帝国主义者的挑拨。为了这一点，我们国家的名称，叫中华人民共和国，而不叫联邦……我们特地向大家解释，同时也希望大家能同意这个意见。我们虽然不是联邦，但却主张民族区域自治，行使民族自治的权力。”②

1949年9月29日，中国人民政治协商会议第一届全体会议通过的《共同纲领》明确规定：“各少数民族聚居的地区，应实行民族的区域自治，按照民族聚居的人口多少和区域大小，分别建立各种民族自治机关”。1952年，中央人民政府政务院颁布了《民族区域自治实施纲要》。民族区域自治载入历次宪法，直到1984年，全国人大六届二次会议通过了《民族区域自治法》。民族区域自治不仅成为我党解决国内民族问题的基本政策，而且成为中国的一项

① 费孝通：《民族区域自治和少数民族的发展》，见《费孝通民族研究文集新编》下卷，中央民族大学出版社2006年版，第197页。

② 中共中央统一战线工作部、中共中央文献研究室：《周恩来统一战线文选》，人民出版社1984年版，第139－140页。

基本国策和基本政治制度。

（二）疏通民族关系与进行民族识别

新中国建立初期的民族关系存在诸多问题：历史上统治阶级长期实行民族压迫和帝国主义挑拨离间造成的民族隔阂，大民族主义（主要是大汉族主义）和地方民族主义造成的民族之间的相互不信任，边远少数民族对于中国共产党和新成立的中央人民政府民族政策的不了解，“少数民族免不了带着怀疑的眼光看汉族。”[①] 为此，1950 年春，中央决定向全国各民族地区派遣访问团，并邀请少数民族代表来京参观。当时称之为“派下去，请上来”，以着力疏通民族关系，加强同少数民族人民的联系。

从 1950 年 7 月到 1952 年年底，中央共派出四个民族访问团，累计行程达到 8 万多公里。“派下去”，派中央访问团到民族地区访问，是我国民族关系史上前无古人的一个壮举，也是新中国成立初期民族工作的一个重大举措。当时中央民族访问团的主要任务和活动是：传达中央人民政府和毛主席对全国少数民族同胞的深切关怀，对少数民族的上层人物或各界代表人物进行个别访问；根据不同地区、不同民族的具体情况，召开各种座谈会、各民族代表会或民族联谊会；宣传人民政治协商会议通过的《共同纲领》中的民族政策，密切中央人民政府与各民族的联系，加强民族团结；为一些少数民族地区举办民族干部短期培训班，协助具备条件的少数民族地区建立自治区或自治县。中央民族访问团的访问工作，在各族人民中产生了相当广泛和深远的影响，对传达党和国家对少数民族同胞的深切关怀，宣传《共同纲领》中的民族政策，贯彻党和国家的民族平等团结政策，疏通民族关系，密切少数民族与党和人民政府的关系，增进他们对国家民族政策的了解与信任，皆起到了重要作用。

“请上来”，是指组织边疆少数民族参观团、致敬团，特别是邀请他们当中的民族、宗教上层人士到北京和内地参观，以增进少数民族对祖国的了解，密切边疆民族地区同中央的联系。1950 年庆祝新中国成立一周年的时候，周恩来总理邀请 159 位各民族代表和 222 位文工团员参加国庆大典。此后，各地少数民族到内地参观致敬的人数逐年增加。中央对“请上来”的少数民族给予了特别的礼遇和关怀。1949—1964 年，毛泽东等党和国家领导人亲自接见的少数民族代表团、参观团、观礼团就达 268 个之多。

---

① 《周恩来选集》下卷，人民出版社 1984 年版，第 249 页。

"派下去""请上来"，这一来一往，在民族地区产生了广泛、深刻而久远的影响，赢得了少数民族群众对党的衷心拥戴，增进了边疆少数民族的爱国主义情感和各民族间的了解，为社会主义新型民族关系的建立创造了条件。此举充分体现了中国共产党的博大胸怀，广大少数民族群众得以直接了解新中国的中央人民政府和人民领袖的形象。一些基层干部政策水平低，因大民族主义倾向和工作作风简单粗暴而造成的失误，少数民族上层的一些认识上的错误，也得以消除。

为了实行民族区域自治，还要进行民族调查，进行民族识别。在旧中国，由于历代反动统治者奉行民族压迫政策，一些少数民族被迫隐瞒了自己的民族成分。此外，由于国民党政府把少数民族视为"国族"的大小宗支，许多民族得不到承认。新中国成立后，许多人恢复了自己的少数民族身份，许多民族向政府提出了承认自己是单一民族的要求。一时间，各种各样的民族称谓纷纷出现。新中国成立一周年时，仅到北京参加国庆观礼的少数民族代表中，就出现了60多种民族称谓。到1953年第一次全国人口普查时，各地调查统计出来的少数民族成分多达400余个。面对纷纷涌出的民族称谓，进行科学的识别成为必要。自20世纪50年代初开始，党和国家组织大批民族研究者和民族工作者深入少数民族地区，对待识别族体的族称、族源、分布地域、语言文字、经济生活、心理素质、社会历史等进行了综合调查和分析研究，并在充分尊重该族体人民意愿的基础上，尽量科学地甄别其民族成分并确定族称。

民族识别是中国共产党为了认真落实民族平等政策所做的一项开创性工作，在国内外没有任何先例可循。由于并没有现成的理论与实际经验可借鉴，起初曾经比较简单地套用斯大林关于民族的四个特征。[①] 但是在民族识别工作的实践中，发现了一些问题。例如，苏联党和政府依据人们共同体社会发展阶段和人口数量的不同，把本国的各种人们共同体分别称作"民族""部族""氏族"和"部落"，而在中国，"民族"一词的含义比较宽泛。自从辛亥革命时期提出"五族共和"的口号，再到抗日战争时期毛泽东提出中国共有"蒙人、回人、藏人、维吾尔人、苗人、彝人、壮人、仲家人、朝鲜人等数十种少数民族"，中国"民族"一词的使用一般不考虑人们共同体的不同社会发

① 参见施联朱：《民族识别与民族研究文集》，中央民族大学出版社2009年版，第767－772页。斯大林在1913年提出"民族是人们在历史上形成的一个有共同语言、共同地域、共同经济生活以及表现于共同文化上的共同心理素质的稳定的共同体"，即他关于民族的四个特征。见《斯大林全集》，第二卷，人民出版社1953年版，第294页。

展阶段。[1] 在民族识别中，从政治高度看，将国内的人们共同体统称之为“民族”，有利于坚持各民族一律平等的基本原则。1953 年，中共中央在讨论《关于过去几年内党在少数民族中进行工作的主要经验总结》时，毛泽东明确提出了民族识别的总原则，指出：“科学的分析是可以的，但政治上不要去区分哪个是民族，哪个是部族或部落。”[2] 根据这一指示，我国的民族识别工作没有对不同社会发展阶段的人们共同体在称呼上加以区分，尽管“有些少数民族还是属于部落或部族的性质”，在民族识别之后，并没有否认它是一个“民族”，各民族不分人口多少、历史长短、居住地域大小、社会发展阶段和经济文化发展水平高低，统统都称为民族，一律平等，一样享有和任何其他民族相同的权利，在政治地位上大家是平等的。[3]

（三）民族工作的检查总结与党在民族问题方面任务的确定

民族区域自治的基本政策已经确定，疏通民族关系的迫切工作已经开始并且取得了若干成绩。1951 年 5 月，中央人民政府政务院发出指示，对于旧社会遗留下来的带有歧视和侮辱少数民族性质的称谓、地名、碑碣、匾联等，分别予以禁止、更改、封存或收管。这些措施，让各族人民认识到党和政府民族平等团结政策与旧中国统治者民族压迫政策的根本区别。但是另一方面，还存在妨碍民族团结的各种民族主义倾向，具体地表现为在一部分汉族干部和人民中的大民族主义即大汉族主义倾向，在一些地区内占多数民族地位的某些少数民族中的大民族主义倾向，以及少数民族中的地方民族主义倾向。由于汉族人口众多，经济社会发展水平较高，在国家政治生活中居于主导地位，汉族干部和人民中的大汉族主义倾向，对于贯彻党的民族政策、促进民族之间的信任和团结，更为有害。党中央认为，只有首先克服大汉族主义，才能有利于克服地方民族主义。因此，在民族政策执行情况的检查中，着重对大汉族主义和某些地区的大民族主义倾向进行了批判和纠正。为了加强民族团结，消除妨碍民族团结的因素，1952—1953 年、1956 年，在全国进行了两次民族政策的教育和执行情况的检查。

1952 年 12 月，中共中央发出了《中央关于在少数民族较少地区必须检查民族政策执行情况的指示》。检查中陆续暴露出某些地方的民族主义的错误倾

① 《毛泽东选集》第 2 卷，人民出版社 1991 年版，第 622－623 页。

② 《当代中国的民族工作》上卷，当代中国出版社 1993 年版，第 276 页。

③ 费孝通：《民族区域自治和少数民族的发展》，《费孝通民族研究文集新编》上卷，中央民族大学出版社 2006 年版，第 127 页。

向，主要是大汉族主义的错误倾向相当严重。例如，西南少数民族地区在20世纪50年代发生过强迫少数民族剪发、改装的问题，西康省的某些汉族干部仍然怀有“敬蛮一寸，不如打蛮一顿”的旧观念。当地有的回民受到歧视和不平等待遇的情况严重，竟然使得他们表示“实在想造反，但怕对不起毛主席”。[①] 针对这些问题，1953年，毛泽东发出了“批判大汉族主义”的指示，严正指出：

“有些地方民族关系很不正常。此种情形，对于共产党人说来，是不能容忍的。必须深刻批评我们党内在很多党员和干部中存在着的严重的大汉族主义思想，即地主阶级和资产阶级在民族关系上表现出来的反动思想，即是国民党思想，必须立刻着手改正这一方面的错误。凡有少数民族存在的地方，都要派出懂民族政策、对于仍然被歧视受痛苦的少数民族同胞怀抱着满腔同情心的同志，率领访问团，前往访问，认真调查研究，帮助当地党政组织发现问题和解决问题，而不是走马看花的访问。

“根据不少材料看来，中央认为凡有少数民族存在的地方，大都存在着尚未解决的问题，有些是很严重的问题。表面上看来平静无事，实际上问题很严重。二三年来在各地所发现的问题，都证明大汉族主义几乎到处存在。如果我们现在不抓紧时机进行教育，坚决克服党内和人民中的大汉族主义，那是很危险的。在许多地方的党内和人民中，在民族关系上存在的问题，并不是什么大汉族主义的残余的问题，而是严重的大汉族主义的问题，即资产阶级思想统治着这些同志和人民而尚未获得马克思主义教育、尚未学好中央民族政策的问题，故须进行认真的教育，以期一步一步地解决这个问题。另外，应在报纸上根据事实，多写文章，进行公开的批判，教育党员和人民。必须深刻批评我们党内在很多党员和干部中存在着的严重的大汉族主义思想，即地主阶级和资产阶级在民族关系上表现出来的反动思想，即是国民党思想，必须立刻着手改正这一方面的错误。”[②]

---

① 《西康工作》，1953年第86期，1954年第64期。

② 《毛泽东文集》，第6卷，人民出版社1999年版，第269页。

1953 年 7 月，中共中央统战部召开第四次全国统战工作会议。会议的重点之一是总结一年来的民族政策执行情况检查。为此，统战部为会议起草了一份文件，即后来的“中共中央《关于过去几年内党在少数民族中进行工作的主要经验总结》”。毛泽东主持中共中央政治局会议讨论研究，对这份文件给予高度评价，于次年 10 月在党内批发。文件系统地总结了过去几年内党在处理民族问题方面的主要经验，并且提出了过渡时期党在民族问题方面的任务和政策：“巩固祖国的统一和各民族的团结，共同来建设伟大祖国的大家庭，在统一的祖国大家庭内，保障各民族在一切权利方面的平等，实行民族区域自治，在祖国的共同事业的发展中，与祖国的建设密切配合起来，逐步地发展各民族的政治、经济、文化（其中包含稳步的和必要的社会改革在内），消灭历史上遗留下来的各民族间事实上的不平等，使落后的民族得以跻于先进民族的行列，过渡到社会主义社会。”①

1956 年 12 月，中国共产党中央又发出了《关于进一步开展统一战线工作检查和民族政策执行情况检查的指示》，重点检查少数民族自治区执行土地改革与合作化政策中发生的问题。1957 年 7 月至 8 月，全国人大民族委员会和中央民族事务委员会共同在青岛召开民族工作座谈会，周恩来到会作了《关于我国民族政策的几个问题》的讲话，从理论和实践上全面系统地阐述了新中国的民族政策。

中华人民共和国成立初期两次民族政策的大检查和大学习，对于社会主义民族关系的建立和少数民族自治区各项事业的健康发展，具有十分重要的意义。

（四）少数民族中社会制度的改革与宗教信仰自由政策的贯彻执行

在旧中国，汉族与各少数民族在经济社会发展上是不平衡的。在新中国成立前，中国的壮族、回族、维吾尔族等三十多个少数民族的大约 3000 万人保存着封建地主经济，藏族等若干少数民族的大约 400 万人保存着封建农奴制，彝族的大约 100 万人保存着奴隶制，云南、黑龙江等边疆地区若干少数民族的 60 万人还保存着原始公社制度的残余。② 少数民族地区落后的社会制

① 《当代中国的民族工作》上卷，当代中国出版社 1993 年版，第 106 页。

② 费孝通：《对中国少数民族社会改革的一些体会》，《费孝通民族研究文集新编》上卷，中央民族大学出版社 2006 年版，第 314－331 页。

度，严重地束缚了各少数民族生产力的发展。少数民族从国家和法律上获得政治上的平等地位和平等权利之后，只有通过在各民族中实行社会制度的改革，摆脱阶级压迫，才能逐步走上各民族共同发展繁荣的社会主义道路。这样一场伟大的社会改革，是在中国共产党的领导下，在实行民族区域自治的同时，于新中国成立之初的大约10年间完成的。

一切从各民族和各民族地区的实际出发，对少数民族地区的特殊情况特殊对待，坚持慎重稳进的方针从事少数民族地区的社会改革和各项工作，这是新中国成立初期中国共产党处理我国民族问题的一项基本方针。在社会经济结构与汉族相同或大体相同的少数民族自治区，党和政府采取和汉族地区大体相同的方法，于1950—1954年间，按照国家土地改革的总路线和总政策，没收地主土地，分配给无地或少地的农民，完成了土地改革，废除了几千年的封建地主土地占有制度。此后，逐步开展了合作化运动，在1956年的全国社会主义改造高潮中基本上完成了社会主义改造。在藏族、傣族等封建农奴制地区和彝族的奴隶制地区的改革，则采取了慎重稳进、和平协商的办法，对少数民族上层实行赎买政策，对农奴主和奴隶主的土地及多余的生产资料、房屋，由政府出钱赎买，然后分配给劳动人民。但是，在西藏和四川凉山彝族地区，由于那里的农奴主和奴隶主拒绝改革，发动叛乱，民主改革是在平息叛乱的过程中或其后完成的。

在少数民族牧区的改革采取了更为和缓的方式，不斗争，不没收、不分配牧主的牲畜，只是废除了牧主、头人的封建特权和封建剥削。保留着原始公社残余的少数民族中，没有进行系统的民主改革，只是对于妨碍生产发展的旧制度和落后因素进行必要的改革，逐步地直接过渡到社会主义。

在社会改革中，在信仰伊斯兰教和藏传佛教的少数民族当中，特别注意了把宗教信仰问题同宗教中的压迫剥削制度加以区别，实行政教分离，宗教与行政分开，宗教与教育分开的原则。

宗教信仰自由政策，是中国共产党对于宗教问题的一项基本政策。宗教信仰自由是我国宪法规定的公民的一项民主权利。在少数民族当中执行这一政策，还有着不同于在汉族当中执行这一政策的特殊意义。这是因为，我国的许多少数民族长期保持着宗教信仰，特别是有些少数民族，在相当长的历史时期中只信仰一种宗教；而有些宗教，例如佛教和伊斯兰教，又为多个少数民族所共同信仰。宗教信仰在这些少数民族中的影响很深，在很多情况下，宗教信仰问题是和民族问题交织在一起的。因此，宗教工作在党的民族工作中占有重要的地位。中国共产党根据马克思主义的宗教观，结合中国宗教问题的实际，采取了保护和尊重宗教信仰自由的政策。正是在处理中国少数民族宗教问题的实践探索和理论思考中，党对于新中国成立初期全国范围宗教问题的认识，特别是对于宗教长期性的认识有了很大的提高。这种认识后来被凝练为宗教的“五性”。

1954 年，中共中央《关于过去几年内党在少数民族中进行工作的主要经验总结》的文件中，首次提出了中国少数民族宗教的长期性、民族性和国际性，多次提到少数民族大都信仰宗教，一些少数民族几乎是全民信奉宗教；指出共产党人是唯物主义者、无神论者，但是，绝不可以用行政命令的手段去使劳动群众也不信仰宗教，而要依靠政治、经济、文化教育事业的发展和社会改革的实践，自然地、间接地、迂回曲折地去逐步削弱宗教影响，任何简单急躁的做法都是错误的；提出要争取、团结一切可以争取、团结的宗教上层人物；对少数民族共产党员信仰宗教的问题要采取坚持原则又灵活处理的态度；同时提出要进行系统的调查工作和马克思主义宗教理论与党的宗教政策的研究，对宗教要长期采取十分谨慎的态度。①

（五）民族干部的培养

为了实行民族区域自治，需要培养少数民族干部。大力培养少数民族出身的共产主义干部，是党的一项重要政策，也是解决我国民族问题的关键。我们党在中国革命的各个时期都十分重视培养少数民族干部。中华人民共和国建立之初，我们已经有了一支大约 1 万人的少数民族干部队伍。这无法满足当时革命和建设形势的需要。新中国建立不久，毛泽东指出：“要彻底解决民族问题，完全孤立民族反动派，没有大批从少数民族出身的共产主义干部，是不可能的”。② 这是因为，我国的少数民族和民族地区在社会经济制度、历史文化发展、语言文字、宗教信仰和风俗习惯等方面都具有与汉族和汉族地区不同的特殊性，而少数民族干部出身于本民族，同本民族有着血肉联系和天然的感情，熟悉本民族和本地区的历史、现状及特点，通晓本民族的语言文字、宗教信仰和风俗习惯，而广大少数民族群众往往把本民族的干部看作是本民族的代表，愿意向他们倾诉心声、反映意见，也愿意听取他们的建议和劝告，接受他们的领导。少数民族干部对于改变本民族本地区的落后面貌

① 《中共中央批发全国统战工作会议〈关于过去几年内党在少数民族中进行工作的主要经验总结〉》，1954 年 10 月 24 日，中共中央文献研究室编：《建国以来重要文献选编》第五册，中央文献出版社 1998 年版，第 647－683 页。

② 《毛泽东文集》，第 6 卷，人民出版社 1999 年版，第 20 页。

有着强烈的愿望，对于加快本民族本地区经济文化各项事业的发展具有高度的使命感和责任感。少数民族干部具有不可替代的重要作用。

为此，政务院于1950年11月颁布了《培养少数民族干部试行方案》，确定了普遍而大量地培养各少数民族干部的方针，确定了以“培养普通政治干部为主，迫切需要的专业技术干部为辅”，以及“既培养少数民族出身的干部，又要培养适当数量的从事民族工作的汉族干部”的指导原则。1951年，政务院又批准在北京建立了中央民族学院，为国内各少数民族实行区域自治以及发展政治、经济、文化建设培养高级和中级干部。实行改革开放之前的30年间，经过党和国家的着力培养，全国的少数民族干部已达约80万人。

（六）民族问题理论探索与工作实践中的偏差和错误

1956年全国范围的社会主义改造基本完成，其后的两三年中，除西藏外，少数民族地区也相继完成了社会主义改造，处于不同社会发展历史阶段的各少数民族走上了社会主义道路，实现了社会发展阶段的伟大跨越。1956年9月，中国共产党八大召开，决定大力帮助少数民族发展经济和文化。中央统战部拟定了《1956到1967年全国民族工作规划大纲（草案）》，提出：进一步领导和帮助各少数民族进行社会主义建设，发展政治、经济、文化事业，根据各民族不同情况，大力发展农业和牧业生产，有计划、有重点地进行工业建设，逐步提高人民物质文化生活水平。《大纲》还提出了少数民族地区在政治、经济、文化等方面1967年所要达到的发展目标。①

从中华人民共和国成立到1957年，中国共产党坚持把马克思主义民族问题理论中国化，新中国的民族政策获得了巨大的成功，各民族获得了政治法律的平等，建立起社会主义的新型民族关系，也奠定了未来我国民族工作的良好基础。然而，1957年以后，由于“左”的思想抬头并逐渐在党内占据主导地位，党的民族理论探索发生偏差，民族工作实践也受到影响。这些偏差和错误，在十年“文化大革命”中恶性发展，使得党和国家蒙受了惨重损失。

“大跃进”和人民公社运动在少数民族和民族地区中的普遍开展，一方面使得政治上翻身做主、获得了平等权利的少数民族干部群众萌发了在经济文化方面迅速改变落后状态的强烈愿望，另一方面却违背了经济社会发展的客观规律。而主张实事求是、从实际出发，按照少数民族和民族地区特点和条件开展工作的正确意见，则在当时被看作右倾保守思想，受到批判。从1958

---

① 《当代中国的民族工作》上卷，当代中国出版社1993年版，第122页。

年下半年起，浮夸风、共产风以及照搬汉族地区经验的“一刀切”现象，开始在少数民族和民族地区泛滥。一些地方甚至刮起了“民族融合风”，县乡一级的民族自治地方被撤销，民族区域自治政策受到冲击，严重违背了新中国建立以来一直实行的尊重少数民族风俗习惯的政策。在中央，则开始批判民族工作中的所谓“右倾保守思想”，要求在少数民族自治区搞大跃进，彻底扫除“特殊论”“落后论”“条件论”，号召全国民族工作者和少数民族的广大干部群众“解放思想，破除迷信”。党对于少数民族上层的统一战线政策也受到冲击，整风、反右和反地方民族主义的斗争从党内扩展到党外。

“文化大革命”时期，林彪、江青两个反革命集团把20世纪50年代后期中国共产党在民族工作指导思想上出现的“左”的错误推向极端，全盘否定新中国成立以来的统战、民族、宗教工作取得的成就，诬蔑民族工作部门执行了一条“投降主义、修正主义路线”，各级民族工作部门纷纷被撤销。理论上提出社会主义时期“民族问题的实质是阶级问题”，把民族问题和阶级问题混为一谈，搞阶级斗争扩大化，认定社会主义时期的民族问题的实质是阶级问题，鼓吹少数民族问题就是阶级、阶级斗争和两条道路的问题，用阶级斗争的方式处理各种民族问题，造成阶级斗争扩大化。他们否认民族特点，否认社会主义时期民族的存在，认为讲民族特点和民族差别就是制造民族矛盾，就是搞民族特殊，就是反对民族融合。他们践踏民族区域自治政策，侵犯少数民族的平等权利和自治权利，诬蔑民族区域自治是“搞分裂”“搞独立王国”。在他们的极“左”路线的支配下，有些民族自治地方竟然不经过任何法律程序就被撤销，或被肢解、代管。1975年宪法中删去了自治权的具体规定，使民族区域自治失去了实际内容。林彪、“四人帮”还污蔑各级民族干部执行了所谓“刘少奇的修正主义路线”和“投降主义”，打击迫害大批少数民族干部，制造了大量的骇人听闻的冤案、假案、错案，如内蒙古自治区的所谓“新内蒙古人民革命党”案等，甚至发生了云南“沙甸事件”这样的严重违背民族政策，造成重大损失的恶性事件。在民族文化教育方面，很多少数民族大、中、小学校被迫停办，一些少数民族文字的推行工作被取消，少数民族语文翻译出版机构被撤销，民族语文机构被撤销，民族文字报刊被停办，许多民族文献资料、文物、古籍被当作“四旧”烧毁，民族语文专业人员被迫改行，少数民族的风俗习惯、生活方式被视为陈规陋习和“四旧”“迷信活动”，尊重少数民族风俗习惯的政策遭到了严重破坏。

“文化大革命”期间，民族地区经济建设是在曲折中发展的。少数民族和民族地区生产落后、人民群众生活水平低的状况没有根本改变。有的少数民族自治地方在“文革”期间甚至出现生产下降、群众生活困难的情况。例如西藏山南扎囊县，1500架氆氇机被当作“资本主义尾巴”没收。国家级贫困县察雅县片面追求粮食产量，导致1974年“粮食过了纲（要），要饭过了（金沙）江”，数以千计的群众向东过金沙江，向西过澜沧江外出讨饭。①

十年“文化大革命”期间，由于各族干部群众对错误路线的多方抵制，特别是在毛泽东、周恩来等老一辈革命家的关怀支持下，一些民族自治地方的经济建设，特别是工农业生产和能源、交通建设，仍有所发展。工业方面，由于一些少数民族地区地处三线，在加强“三线建设”的推动下，当地的工业交通事业得到了前所未有的发展机遇，少数民族地区有了一大批现代化的工业企业，特别是在宁夏、广西、青海、贵州、四川等地建成了一批大型厂矿，改变了那里的经济结构。据统计，截至1975年，全国民族自治地方的工业总产值达到154.3亿元（按1970年不变价格计算），扣除价格变动因素，比1965年增长129.8%，1966—1975年平均每年增长8.7%。②“文化大革命”后期，农牧业生产有所回升，一些民族地区的农牧业生产条件有所改善。

二、改革开放以来民族理论的创新和民族工作的成就（1979—2009）

实行改革开放之后，中国共产党认真总结新中国成立以来认识和处理我国民族问题正反两方面的经验教训，在民族问题上拨乱反正，纠正了理论上所谓“民族问题的实质是阶级问题”的“左”的错误，进一步强调民族问题的重要性，加强民族工作方面的法制建设，巩固民族区域自治制度，不断探索在社会主义市场经济条件下加快少数民族地区经济社会发展，维护祖国统一，加强民族团结，各民族共同繁荣进步的新路子，特别是提出了“三个离不开”的思想，明确了各民族“共同团结奋斗，共同繁荣发展”的民族工作主题，丰富了马克思主义民族理论的科学宝库。

国内方面，我国经济的迅速发展带来了民族关系方面的深刻变化。我国少数民族地区与东南沿海地区以及内地发达地区的差距在拉大。国际方面，20世纪80年代末90年代初发生了苏联、南斯拉夫等多民族社会主义国家的解体，使得中国的民族关系面临严峻的考验。正确认识和处理我国民族关系中不断出现的新问题，达到各民族的共同繁荣，成为中国共产党面临的民族

---

① 刘回年：《随同胡耀邦走西藏》，见《重大事件亲历》，新华出版社1999年版，第284页。
② 《当代中国的民族工作》上卷，当代中国出版社1993年版，第156页。

问题方面的新的挑战。

（一）彻底否定“民族问题的实质是阶级问题”

十一届三中全会召开后，中国共产党重新树立了正确的思想路线，果断地纠正了“文化大革命”时期“左”的错误。在开展真理标准大讨论、否定以阶级斗争为纲，实现了从“以阶级斗争为纲”到“以现代化建设为中心”的伟大转折的背景下，党和政府的民族理论工作者批判了“民族问题的实质是阶级问题”这一错误观点，从“左”的思想束缚下解放出来。

20 世纪 50 年代后期，中国共产党民族工作中出现了“左”的倾向，后来在理论上集中表现为所谓“民族问题的实质是阶级问题”的提法。这个提法源自 1958 年中共中央批转青海省委《关于循化撒拉族自治县反革命武装叛乱事件的教训的报告》的批语。1958 年 4 月，青海循化撒拉族自治县发生反革命叛乱，中央批语指出，在少数民族地区工作中，要时刻记住“在阶级社会里，民族问题的实质是阶级问题”，不把握阶级实质，是不能彻底解决民族问题的。到 60 年代初期批判统战、民族工作方面所谓“投降主义、修正主义路线”的斗争中，这个提法被扩大化、普遍化，提升为“马克思列宁主义的普遍原理”，并且去掉了前面“在阶级社会里”的限制词。“民族问题的实质是阶级问题”的提法把两个不同性质的问题混淆在一起，客观上成为一段时间我国民族工作中发生阶级斗争扩大化错误的理论依据，对于党和国家的民族工作，对于社会主义的民族关系造成了极大的危害。①

否定“民族问题的实质是阶级问题”这一错误观点，标志着中国共产党在民族理论方面重新树立“实事求是”的思想路线，得到了各民族干部群众和民族理论工作者的衷心拥护。

（二）正确认识和对待少数民族的宗教信仰

我国信仰宗教的人，从总体上说是两部分，一部分是汉族，一部分是少数民族。而少数民族中，无论宗教信仰者占少数民族总人口的比例，还是对于宗教信仰的虔诚程度，都远远超出汉族。尊重和保护少数民族的宗教信仰自由，始终是中国共产党民族政策的重要内容之一。

“文化大革命”期间，中国共产党的民族政策和宗教政策受到极大的破

---

① 黄铸：《人民日报特约评论员〈评所谓“民族问题的实质是阶级问题”〉的由来》，《中国统一战线》，2003 年第 9 期。

坏。1981年，党的十一届六中全会通过了《关于建国以来党的若干历史问题的决议》，标志着党在指导思想上完成了拨乱反正的历史任务。但是，宗教方面的拨乱反正工作仍然举步维艰。在一些少数民族地区，随着对“文化大革命”中“左”的错误的批判和党的宗教政策的落实，群众中长期受到压抑的宗教感情迸发出来，有发生宗教狂热的迹象。形势要求我们在宗教工作方面进一步确立解放思想、实事求是的思想路线，对宗教工作中出现的新情况、新问题进行认真的理论思考，提出既符合马克思主义基本原则，又切合中国社会主义初级阶段实际的党对于宗教问题的基本观点和基本政策。邓小平在1980年8月与十世班禅的一次谈话中明确指出：“对于宗教，不能用行政命令的办法；但宗教方面也不能搞狂热，否则同社会主义，同人民的利益相违背。”①

1982年3月，中央书记处形成了《关于我国社会主义时期宗教问题的基本观点和基本政策》的文件，作为1982年“19号文件”印发党内。文件比较系统地总结了新中国成立以来党在宗教问题上的正反两个方面的历史经验，阐明了党对宗教问题的基本观点和基本政策。对于少数民族的宗教信仰问题，文件指出：“在基本上全民信教的少数民族当中，生活在基层的共产党员，即使已经摆脱宗教信仰，但是如果拒绝参加任何含有某些宗教色彩和传统的婚丧仪式和群众性节日活动，则势必脱离群众，把自己孤立起来。因此，在这些民族中执行共产党员不参加宗教活动的规定时，也应当按照具体情况，区别对待，以利于联系群众。这些民族中的许多传统婚丧仪式和群众性节日活动，虽然含有某些宗教色彩和宗教传统，但是实质上已经成为民族风俗习惯的组成部分。我们的同志，特别是生活在基层的共产党员，既要在思想上同宗教信仰划清界限，又要在生活中适当尊重和随顺民族的风俗习惯。”“在基本上全民信教的少数民族当中，生活在基层的共产党员……执行共产党员不参加宗教活动的规定时，也应当按照具体情况，区别对待，以利于联系群众。”另一方面，“19号文件”重申了“共产党员不得信仰宗教，不得参加宗教活动，长期坚持不改的要劝其退党”的规定。同时，要求党的各级领导“一定要善于具体地分析各个民族和各种宗教的不同的情况，善于体察民族问题与宗教问题的区别和联系，并且正确地加以处理。一定要警惕和反对任何

① 中共中央文献研究室编：《邓小平思想年谱》，中央文献出版社1998年版，第134页。

利用宗教狂热来分裂人民，破坏各民族之间团结的言论和行动。”①

就在“19号文件”印发后不久，1982年年底，中华人民共和国第五届全国人民代表大会第五次会议通过了修改后的新宪法，重申了党和政府的宗教信仰自由政策，把中国共产党的宗教政策作为国家意志用宪法的形式固定了下来，同时也为党和政府贯彻执行宗教信仰自由政策提供了法律依据。党中央把正确对待和处理宗教问题作为社会主义建设事业中的一个重要课题，作为建设有中国特色社会主义的一个重要内容，提出要保持宗教政策的连续性和稳定性。

2001年12月，党中央召开了21世纪的第一次全国宗教会议。江泽民在全国宗教会议上的讲话中提出，在宗教问题上，要从革命年代主要强调与宗教作斗争，变为建设年代强调不信教群众与信教群众的大团结；要从一度强调宗教在阶级社会中被统治阶级所利用，因而具有精神麻醉的消极作用，变为实事求是地肯定宗教在社会主义初级阶段既有消极作用，也有积极作用，既要限制消极因素，也要调动积极因素；要从一度把信教群众视为落后面、消极力量，变为将他们视为自己人和积极力量，要求全党重视宗教工作，加强党对宗教工作的领导，积极引导宗教与社会主义社会相适应。在世纪之初形成了“全面贯彻党的宗教信仰自由政策，依法管理宗教事务，坚持独立自主自办的原则，积极引导宗教与社会主义社会相适应，加强信教群众同不信教群众、信仰不同宗教群众的团结，发挥宗教在促进社会和谐方面的积极作用”这一宗教工作的基本方针。2007年，党的十七大报告则进一步提出了“全面贯彻党的宗教工作基本方针，发挥宗教界人士和信教群众在促进经济社会发展中的积极作用”。②

（三）从“两个离不开”到“三个离不开”

党的十一届三中全会以后，我国进入了社会主义建设新时期。1977年，邓小平对当时我国民族关系的性质及其发展趋势重新做出基本判断，指出：“我国各兄弟民族经过民主改革和社会主义改造，早已陆续走上社会主义道路，结成了社会主义的团结友爱、互助合作的新型民族关系……在实行四个

① 国家民族事务委员会、中共中央文献研究室编：《新时期民族工作文献选编》，中央文献出版社1990年版，第169－170页。

② 胡锦涛：《高举中国特色社会主义伟大旗帜，为夺取全面建设小康社会新胜利而奋斗——在中国共产党第十七次全国代表大会上的报告》，《中国共产党第十七次全国代表大会文件汇编》，人民出版社2007年版。

现代化进程中，各民族的社会主义一致性将更加发展，各民族的大团结将更加巩固。”[①] 1981 年 6 月通过的《关于建国以来党的若干历史问题的决议》中指出：“改善和发展社会主义民族关系，加强民族团结，这对于我们这个多民族的国家具有重大意义。”1980 年 3 月 14 日至 15 日，中共中央总书记胡耀邦在北京主持召开了西藏工作座谈会。1981 年 4 月，中央批准了《云南民族工作汇报会纪要》，随后转发了《中央书记处讨论新疆工作问题的纪要》和《中央书记处讨论内蒙古自治区工作的纪要》。中央连续召开专门会议讨论少数民族自治地方和多民族省的工作，“两个离不开”即“汉族离不开少数民族、少数民族离不开汉族”的思想，就是在《中央书记处讨论新疆工作问题的纪要》中最早提出的。

在改革开放和建立社会主义市场经济体制的过程中，中国的民族关系发生了一些新的变化。一方面，随着党和国家的工作中心转变为经济建设，各民族的联系、交往和了解在增加，另一方面，民族之间经济利益上的矛盾、文化上的碰撞以及社会生活上的纠纷也在增多。当时民族理论上面临着拨乱反正的艰巨任务，民族工作任务繁重复杂，而有的刚刚走上领导岗位的同志，由于民族工作的理论素养和实际经验欠缺，一度对于新疆、西藏等少数民族自治区的有些判断和举措不符合实际。[②] 新疆、西藏部分汉族干部的内调，给当地的工作造成被动。与此同时，在境外敌对势力渗透以及反动宣传的影响下，民族分裂主义利用宗教进行的非法活动开始抬头。在民族地区出现了影响民族团结、引起民族关系紧张的事件。

1980 年 8 月，新疆发生了轰动全疆的“高旭事件”。南疆个别地方先后发生极少数民族分裂主义分子利用宗教煽动群众闹事的事件。而自治区主要领导在执行民族区域自治政策上产生了某些偏差，有人错误地提出要大批汉族干部退回内地，一些不利于民族团结的错误言论也流传起来。一时人心浮动，全区形势出现新的波动。1981 年，南疆军区政治部副主任乌拉太也夫在接受新华社记者采访时提出，在新疆，大汉族主义要不得，地方民族主义也要不得，少数民族干部和汉族干部要相互支持和团结。他的看法引起了邓小平同志的高度重视。小平同志还对“汉族离不开少数民族，少数民族也离不开汉族”的观点给予高度评价，认为“这个观点很正确、很好，大家都这样

① 《邓小平文选》第 2 卷，第 186 页。

② 陈奎元：《西藏的脚步》，中共中央党校出版社 1999 年版，第 196 页。

想问题、处理问题就好了。”①

1981年7月，中央书记处在讨论新疆工作时指出：“新疆的汉族干部要确立这样一个正确观点，即离开了少数民族干部，新疆的各项工作搞不好；新疆的少数民族干部也要确立这样一个正确观点，即离开了汉族干部，新疆的各项工作搞不好；如果汉族干部认为离开了少数民族干部也可以，少数民族干部认为离开了汉族干部也可以，都是错误的，危险的。”同年10月，中央书记处在讨论内蒙古自治区工作时重申了这个观点，并且要求“汉族干部和少数民族干部要继续加强团结，做到亲如手足，相依为命。”② 这是党中央“两个离不开”思想较早的完整表述。后来，党中央又用“同呼吸、共命运、心连心”这样形象而生动的语言，对我国社会主义的民族关系进行了概括。“两个离不开”的思想，是中国共产党结合中国具体国情对社会主义民族关系的一种深入浅出的概括。对于拨乱反正、恢复党的民族政策，加强汉族与少数民族之间的关系，引导各族干部群众一心一意进行社会主义经济建设，具有重要的现实意义。从那以后，关于“两个离不开”的思想和说法便开始见之于党的报刊、文件和大众舆论。

1990年，江泽民到新疆考察时，根据新疆民族关系的具体实际，在“两个离不开”思想的基础上，又提出了“少数民族之间也互相离不开”的观点，在“两个离不开”的基础上提出了“三个离不开”的思想，成为党中央对我国民族关系的历史和现实情况做出的科学判断，成为新时期我国处理民族关系的重要思想原则。1998年7月，江泽民在新疆视察期间，明确提出了“汉族离不开少数民族，少数民族离不开汉族，各少数民族之间也相互离不开”的重要论断。2005年，胡锦涛提出“要坚持不懈地开展党的民族理论、民族政策、民族法律法规以及民族基本知识的教育，引导各族干部群众增强珍惜和维护民族团结的坚定性和自觉性。尤其要在各族青少年中开展多种形式的民族团结宣传教育活动，使‘三个离不开’的思想观念深深扎根于各族青少年心中。”③

“三个离不开”思想的确立，对于改革开放以来中国社会主义市场经济体

① 中共新疆维吾尔自治区委员会：《新疆人民永远怀念邓小平》，《人民日报》，1998年2月19日。

② 国家民族事务委员会、中共中央文献研究室：《新时期民族工作文献选编》，中央文献出版社1990年版，第147－153页。

③ 胡锦涛：《在中央民族工作会议暨国务院第四次全国民族团结进步表彰大会上的讲话》，《人民日报》，2005年5月28日。

制下平等、团结、互助、和谐的民族关系的发展具有重要的指导意义。

（四）坚持和完善民族区域自治制度

新中国做出民族区域自治这一重大历史抉择，是基于对中国国情和民族问题实际的正确把握。在国家的统一领导下，各少数民族聚居地方实行区域自治，设立自治机关，行使自治权，民族区域自治制度的上述内涵和特征，体现了国家尊重和保障少数民族自主管理本民族内部事务的精神，反映了民族平等、民族团结和各民族共同繁荣的原则，凝结了中国共产党和中国人民的实践经验与政治智慧。作为国家的一项基本政治制度，民族区域自治是社会主义政治文明在民族问题上的集中体现，反映了社会主义的本质要求，构成了社会主义的政治优势。实践证明，这项制度充分保障了少数民族当家做主的权利，对于加强民族团结，维护国家统一，加快民族自治地方发展，促进少数民族进步，起到了巨大的作用。60 年来，民族区域自治制度极大地激发了少数民族的自尊心、自信心和自豪感，赢得了各族人民的衷心拥护。靠着这个制度，我们巩固了平等、团结、互助、和谐的社会主义民族关系，顺应了中华民族多元一体的基本格局，保证了中华民族大家庭的根本利益，促进了 56 个民族和睦相处、和衷共济、和谐发展。这是中国共产党对世界和平发展的贡献，是中华民族对人类解决民族问题的贡献。

1984 年颁布的《中华人民共和国民族区域自治法》成为民族区域自治作为中国政治制度之一的法制化进程的标志。1987 年中共中央和国务院批转的《关于民族工作几个重要问题的报告》提出新时期民族工作的根本任务是："坚持四项基本原则，坚持改革、开放、搞活的基本国策，紧密结合少数民族地区和少数民族实际，从民族平等、民族团结、民族进步、相互学习、共同致富出发，以经济建设为中心，全面发展少数民族的政治、经济和文化，不断巩固社会主义的新型民族关系，实现各民族的共同繁荣。"① 1992 年，中央民族工作会议召开，一系列加快民族地区发展的相关政策相继出台。会议明确提出：现阶段我国的民族问题，比较集中地表现在少数民族和民族地区迫切要求加快经济文化的发展。加快少数民族和民族地区的发展，不仅是一个重大的经济问题，也是一个重大的政治问题。全党同志一定要充分认识做好这项工作的重要性和紧迫性。各民族共同繁荣成为执政的中国共产党在推进

---

① 《中共中央、国务院批转〈关于民族工作几个重要问题的报告〉的通知》，《新时期民族工作文献选编》，中央文献出版社 1990 年版，第 303－304 页。

中国现代化过程中的重要目标。

党的十五大明确把民族区域自治制度与全国人民代表大会制度，中国共产党领导的多党合作、政治协商制度一道，确立为我国的三项基本政治制度。根据十五大精神新修订的《民族区域自治法》，在法律上把民族区域自治制度确立为我国的基本政治制度。这是我们党在中国特色社会主义政治制度上，也是在民族工作理论与实践方面的一个历史性贡献。

在新的历史条件下坚持和完善民族区域自治制度，是依法治国、建设社会主义法治国家的重要内容，也是发展社会主义民主政治、建设社会主义政治文明的必然要求。坚持和完善民族区域自治制度，必须全面贯彻落实《民族区域自治法》，建立健全中国特色社会主义的民族法律法规体系和监督机制。《民族区域自治法》集中体现了党的民族政策，体现了各族人民的共同意志，是坚持和完善民族区域自治制度的法律保障。经过修订，这一法律日臻完备。中共中央总书记胡锦涛明确提出，要在各族干部群众特别是领导干部中加强《民族区域自治法》的宣传教育，依法做好民族工作；要抓紧制定《民族区域自治法》的实施细则，把法律的原则规定具体化，确保这一法律得到全面贯彻落实；各级党委和政府要带头贯彻《民族区域自治法》，认真研究和解决这一法律实施过程中遇到的问题，坚定不移地把这一法律实施好。截至2004年，全国155个民族自治地方，已经制定了133个自治条例、280个单行条例和65个变通规定和补充规定。这些法律法规的制定与出台，标志着坚持和完善民族区域自治制度进入了一个新的历史阶段。

当前，中国正处在全面建设小康社会的关键时期。在一个有着56个民族的13亿人口大国推进社会主义现代化，决定了中国共产党要始终将民族问题作为建设中国特色社会主义必须处理好的一个重大问题，始终将民族工作作为关系党和人民事业发展全局的一项重大工作。坚持和完善民族区域自治制度，不仅是中国共产党民族理论探索和民族工作实践经验的深刻总结，也是中国共产党执政60年治理国家得出的结论，是团结带领各族人民发展中国特色社会主义的重要保证。只有坚持和完善民族区域自治制度，才能把国家的富强、民主、文明、和谐与民族的繁荣、发展、进步、和睦更好地结合起来，才能将各民族的共同团结奋斗、共同繁荣发展更好地结合起来，实现社会和谐与中华民族的伟大复兴。

（五）改革开放以来的民族理论创新与民族工作成绩

1987年，党的十三大提出了中国正处在社会主义初级阶段的论断，制定了党的基本路线，全党的工作重心转到了经济建设上来，党的民族工作也进入了新的历史时期。1997 年，党的十五大提出要高举邓小平理论伟大旗帜，把我们的事业全面推向 21 世纪。江泽民同志在党的十五大报告中提出的“全面贯彻党的民族政策，坚持和完善民族区域自治制度，切实加强民族工作，巩固和发展平等、团结、互助的社会主义民族关系，促进各民族共同繁荣进步”，成为党在民族工作方面的指导方针。

世纪之交，党中央在邓小平“两个大局”战略构想的基础上，提出实施西部大开发。这是关系全国发展大局，关系民族团结和边疆稳定，关系中华民族复兴的宏伟战略任务。党的十六大明确要求，西部大开发要在 10 年内取得突破性进展，通过几十年乃至整个 21 世纪的艰苦努力，建设经济繁荣、社会进步、民族团结、山川秀美的西部地区。西部地区主要是民族自治地方，少数民族主要聚居在西部。全国 5 个自治区、30 个自治州已经全部纳入了西部大开发的范围。在一定意义上，实施西部大开发，就是实施民族地区大开发；实现西部大发展，就是实现民族地区大发展。西部大开发明确把加快民族地区发展、促进各民族共同繁荣作为这一战略的重要着眼点和出发点，因而成为党和国家在新的历史条件下继续处理好民族问题的重大战略举措。

改革开放 30 年来，少数民族干部从改革开放之初的 80 万人增长到 2008 年的近 300 万人。这支队伍已经成为包括政治干部和专业技术人员在内的、门类比较齐全的、能够进行社会主义现代化建设的干部队伍。全国的民族院校，则从中华人民共和国成立初期的一所，发展到目前的 12 所。这是新中国成立以来民族工作方面根本性、历史性的伟大成果，是我国民族地区建设、发展、改革、稳定的重要保证。

胡锦涛在 2005 年召开的中央民族工作会议的讲话中强调指出，做好培养、选拔、任用少数民族干部的工作。建设一支政治坚定、业务精通、善于领导改革开放和社会主义现代化建设、深受各族群众拥护的高素质的少数民族干部队伍，对于加快少数民族和民族地区经济社会发展、推进我国民族团结进步事业、维护祖国统一和社会稳定，具有决定性意义。民族干部的培养、选拔、任用是一件管根本、管长远的大事，需要制定周密计划，明确目标任务，完善政策机制，认真组织实施，持之以恒地抓下去。只有充分认识培养少数民族干部的重要性，对他们热情关心、严格要求，充分信任、放手使用，把更多优秀少数民族干部特别是年轻干部选拔到各级领导岗位上来，使他们在改革、发展、稳定的大局中发挥更大的作用，才能为完善民族区域自治制度，构建社会主义和谐社会，促进各民族共同发展繁荣，提供强有力的组织保证。

在全面建设小康社会的新阶段，支持民族地区发展是中央的既定方针。坚持以人为本，树立和落实可持续发展、协调发展和全面发展的科学发展观，通过多方面的努力，将使民族地区的发展实现新的跨越，使各族群众的生活得到实实在在的改善，使我国民族团结进步事业的基础更加巩固。

世纪之初，中国共产党把观察、研究和处理中国民族问题的基本观点和政策概括为10个方面：

1. 民族的产生、发展和消亡是一个漫长的历史过程，社会主义时期是各民族共同发展、繁荣的阶段，各民族间的共同因素在不断增多，民族特点、民族差异将长期存在。

2. 民族问题是社会总问题的一部分，我国现阶段的民族问题只有在建设中国特色社会主义的共同事业中才能逐步解决。

3. 国家统一是各族人民的最高利益，各族人民都有维护祖国的安全、荣誉和利益的义务。

4. 各民族一律平等，国家保障少数民族的合法权利和利益。

5. 各族人民要互相尊重，和睦相处，不断巩固各民族的大团结。

6. 各民族要加强互助合作，努力实现共同进步和繁荣。

7. 发展经济、改善生活是我国现阶段民族工作的主要任务，是解决其他各种问题的基础。

8. 民族区域自治是中国共产党对马克思主义民族理论的重大贡献，是解决我国民族问题的基本制度。

9. 不断提高各族人民的思想道德素质和科学文化素质，努力造就一支宏大的德才兼备的少数民族干部队伍。

10. 民族问题和宗教问题在一些地方往往交织在一起，在处理民族问题时要注意贯彻党的宗教政策。①

这些基本观点和政策，是中国共产党对我国民族工作实践经验的科学总结，是被实践证明了的正确的理论和政策，是党把马克思主义民族理论中国化的成果，表明中国共产党关于民族问题的理论和政策初步形成了比较成熟的体系。

进入21世纪，党和国家事业的发展进入了一个新阶段。十六大进一步确

---

① 国家民族事务委员会：《中国共产党关于民族问题的基本观点和基本政策》，民族出版社2002年版，第2-3页。

定了民族工作的大政方针，并明确把做好民族工作作为我们党领导人民建设中国特色社会主义必须坚持的基本经验。2003 年 3 月，胡锦涛同志在参加全国政协十届一次会议少数民族界委员联组讨论时指出："落实十六大确定的各项任务，实现全面建设小康社会的宏伟目标，就是要更好地实现各民族的共同繁荣发展。实现各民族共同繁荣发展，需要各民族共同团结奋斗。共同团结奋斗，共同繁荣发展，这就是我们新世纪新阶段民族工作的主题。"2007 年，党的《十七大报告》提出要"牢牢把握各民族共同团结奋斗、共同繁荣发展的主题，保障少数民族合法权益，巩固和发展平等团结互助和谐的社会主义民族关系"。[①] "各民族共同团结奋斗、共同繁荣发展"这一民族工作主题的确定，是对改革开放特别是十三届四中全会以来民族工作基本经验的精辟总结，是对新世纪新阶段民族工作任务的高度概括。确定这样的主题，符合民族工作的客观实际，代表了各族人民的共同利益。

原载郭德宏、王海光、韩钢主编：《中华人民共和国专题史稿》（卷五）——"世纪新编"（1990—2009 修订本），四川出版集团、四川人民出版社 2009 年版，第 610－632 页

① 胡锦涛：《高举中国特色社会主义伟大旗帜，为夺取全面建设小康社会新胜利而奋斗——在中国共产党第十七次全国代表大会上的报告》，《中国共产党第十七次全国代表大会文件汇编》，人民出版社 2007 年版。

我们今天为什么要坚持民族区域自治制度

中国的民族区域自治制度是中国共产党人根据中国国情和党对于马克思主义的理解以及处理国内民族问题的基本原则制订的基本政策，也是国家的一项基本政治制度。60 余年的实践证明，民族区域自治制度适合中国的国情，巩固了国家的统一和民族的团结，促进了少数民族和民族地区经济社会各项事业的发展，也体现了国家对于国内少数民族的政治承诺，得到中国各民族的拥护和认同。今天要坚持民族区域自治制度，必须与时俱进，不断完善这一制度。

民族区域自治作为中国处理国内民族问题的一项基本政策和基本政治制度，已经实行了 60 余年。改革开放以来，一方面，中国国力不断提高，整个国家发生了巨大变化，也随之进入了社会矛盾的突显期。另一方面，中国与世界的交往和联系日益增加，国人眼界大开，理论界对于世界其他多民族多族裔国家处理国内民族问题的理念原则、制度规章和方针政策有了此前无法比拟的了解。20 世纪 90 年代，苏联等若干多民族的社会主义国家解体，世界范围的又一次民族主义浪潮兴起。这些国家处理国内民族问题的教训，令人警醒。西方敌对势力多年培植的分裂势力借机发力，我国西藏、新疆等边疆少数民族自治地方的暴力犯罪活动不断，直至出现了 2008 年的拉萨“3・14”事件和 2009 年的乌鲁木齐“7・5”事件。虽然上述事件本身不是民族问题、宗教问题，但是与民族问题和宗教问题有着密切的联系，也理所当然地引发了国人对于民族问题、宗教问题的普遍关注。中国的民族区域自治制度和相关的民族政策成为学界政界和民间的热点话题，引发越来越多人们的理论思考和争鸣。

党中央近年来多次提出，要坚持和完善民族区域自治制度。对于当今围绕民族区域自治制度的种种疑问，有必要进行深入的理论思考和探讨，做出回答。

一、民族区域自治制度是中国共产党人根据中国国情和党对于马克思主义的理解创立的国家基本政治制度

中华人民共和国建立前夕，经由成为执政党的中国共产党建议，中国人民政治协商会议制定的《共同纲领》规定，“中华人民共和国境内各民族一律平等……各少数民族聚居的地区，应实行民族的区域自治”。在随后的数十年间，中央人民政府一面领导了少数民族和民族地区的民主改革，一面进行了全国范围的民族识别，在少数民族聚居区建立起自治区、自治州、自治县（旗）三级民族自治地方。党和政府宣布的民族平等原则以及中国人民长期追求的各民族平等团结有了坚实的政治和法律基础。

新中国建立初期中国的民族理论无疑受到苏联的巨大影响，但是民族区域自治却并非照搬苏联模式，而是中国共产党人在当时根据中国国情和自己对于马克思主义的理解制定的处理本国民族问题的基本政策，后来成为国家的基本政治制度。

由于长期的“以俄为师”，中共一直把苏联实行的“联邦制”作为党解决中国民族问题的纲领。直到解放战争期间，1947 年 10 月 10 日《中国人民解放军宣言》还提出“承认中国境内各少数民族有平等自治及自由加入中国联邦的权利。”① 但是，在 1949 年中国人民政治协商会议确立的《共同纲领》这一具有临时宪法性质的文件中，已经转变为实行民族区域自治。《共同纲领》明确规定：“各少数民族聚居的地区，应实行民族的区域自治，按照民族聚居的人口多少和区域大小，分别建立各种民族自治机关。”其后，我国历次宪法都明确规定：“各少数民族聚居的地方实行区域自治，设立自治机关，行使自治权。各民族自治地方都是中华人民共和国不可分离的部分。”党的民族政策发生了重大转变。这种转变，目前学术界一般认为是中共中央和毛泽东在内蒙古自治区成立两年的实践经验基础上，征询了李维汉的意见之后决定的。李维汉认为，我国国情与苏联不同，不宜实行联邦制。当时我国少数民族只占全国总人口的 6%，并且呈大分散小聚居的状态。汉族与少数民族之间或几个少数民族之间往往互相杂居或交错聚居。各民族在中国共产党领导下平等联合进行革命，并没有像俄国那样发生民族分离。因此，单一制的国家形式，更加符合中国的国情。李维汉称其为“毛主席运用马克思列宁主义解

① 《人民日报》，1947 年 10 月 10 日第 1 版。

决中国民族问题的基本政策……是解决中国民族问题的钥匙。”① 费孝通曾经说，“中国的民族区域自治，是毛主席、周总理和李维汉同志等，经过了很深入的研究，为解决中国民族问题做出的一个基本政策……毛主席亲自同我讲过，别的我们可以学苏联，这个我们不学。指的是苏联搞联邦制，我们搞区域自治。”②

实行这一政策的一个根本性的内部原因，是中国与苏联的国情不同，特别是中国作为一个统一的多民族国家，历史的发展进程与苏联不同。而实行这一政策的一个重要的外部原因，是当时中国受到来自西方敌对势力的威胁和压力。1949 年 9 月 7 日，周恩来在《关于人民政协的几个问题》的报告中，代表中共中央向参加中国人民政治协商会议第一届全体会议的代表们专门就这一问题进行了解释："关于国家制度方面，还有一个问题就是我们的国家是不是多民族联邦制。现在可以把起草（共同纲领）时的想法提出来，请大家考虑。中国是多民族的国家，但其特点是汉族占人口的最大多数，有四亿人以上；少数民族有蒙古族、回族、藏族、维吾尔族、苗族、夷族（即彝族）、高山族等，总起来，还不到全国人口的百分之十。当然，不管人数多少，各民族间是平等的……这里主要的问题在于民族政策是以自治为目标，还是超过自治范围。我们主张民族自治，但一定要防止帝国主义利用民族问题来挑拨离间中国的统一。如英帝国主义对西藏及新疆南部的阴谋，美帝国主义对于台湾及海南岛的阴谋。不错，这些地方是有少数民族的，但是他们一向是在中国领土之内……我们应该……把各民族团结成一个大家庭，防止帝国主义的挑拨分化。”

以民族区域自治来处理国内的民族问题，是中国共产党提出的，也是经过其他民主党派和政治力量赞同的。周恩来继续说：

> “任何民族都是有自决权的，这是毫无疑问的事。但是今天帝国主义又想分裂我们的西藏、台湾甚至新疆，在这种情况下，我们希望各民族不要听帝国主义者的挑拨。为了这一点，我们国家的名称，叫中华人民共和国，而不叫联邦。今天到会的许多人是民族代表，我们特地向大家解释，同时也希望大家能同意这个意见。我们虽然

① 黄铸：《从主张联邦制到民族区域自治制度》，《中国民族报》2003 年 4 月 8 日第 3 版。李维汉：《统一战线问题与民族问题》，人民出版社 1981 年版，第 464 页。

② 费孝通：《民族区域自治和少数民族的发展》，见《费孝通民族研究文集新编》下卷，中央民族大学出版社 2006 年版，第 197 页。

不是联邦，但却主张民族区域自治，行使民族自治的权力。”①

经过充分协商，与会代表接受了中国共产党的主张。一届政协一次会议通过的《共同纲领》才明确规定国家以民族区域自治作为处理中国民族问题的基本政策。

民族区域自治实行之初，并非没有阻力。以新疆为例，1951 年讨论实行民族区域自治时，在新疆还有党内同志提出建立自治共和国的主张。② 当时的争论并非新疆是否改省建立自治区的问题，而是建立自治区还是实行苏联那样的联邦制的问题。③ 1955 年筹备改新疆省为自治区时，党内外都有部分人认为这种做法不符合马列主义的民族自决原则，不同的声音仍然存在。

就是在决定了建立自治区之后，名称也经过了一番讨论。当时只有内蒙古自治区已经于 1947 年成立。其名称中的“内蒙古”，既是地区名称，也包含了民族名称。新疆则不然。可能的名称有两个：“新疆自治区”和“新疆维吾尔（族）自治区”。1954 年 11 月 13 日，中央电告中共新疆分局，自治区的名称以前者为好，并责成分局就此事在党内外更大范围征求意见。1955 年初，又向新疆省党政领导人转达了毛泽东“叫新疆自治区，以不加维吾尔族为有利”的意见。然而，“经过长时间的酝酿，维吾尔族的高级干部，除赛福鼎、包尔汉同志表示由中央决定即如何执行外，其余都要求称‘新疆维吾尔自治区’。”新疆分局中的其他民族干部经过反复考虑，绝大多数也认为称“新疆维吾尔自治区”较好，并上报中央。中央同意了新疆各民族大多数干部的意见。④ 周恩来后来总结说：“在成立新疆维吾尔自治区时，我们没有赞成采用维吾尔斯坦这个名称。新疆不仅有维吾尔一个民族，还有其他十二个民族，也不能把十三个民族搞成十三个斯坦。党和政府最后确定成立新疆维吾尔自治区，新疆的同志也同意。称为新疆维吾尔自治区，‘帽子’还是戴的维吾尔民族，因为维吾尔族在新疆是主体民族，占百分之七十以上，其他民族

---

① 中共中央统一战线工作部、中共中央文献研究室编：《周恩来统一战线文选》，人民出版社 1984 年版，第 139 – 140 页。

② 朱培民、陈宏、杨红著：《中国共产党与新疆民族问题》，新疆人民出版社 2004 年版，第93 – 103 页。

③ 清朝政府 1884 年正式决定新疆建省，此后新疆省的建制一直延续至 1955 年。

④ 中共中央文献研究室、中共新疆维吾尔自治区委员会：《新疆工作文献选编》，中央文献出版社 2010 年版，第 130 – 132 页。朱培民、陈宏、杨红著：《中国共产党与新疆民族问题》，新疆人民出版社 2004 年版，第 116 – 117 页。

也共同戴这个帽子。”①

中国共产党制定民族政策的一个基本原则，就是民族平等。新疆的维吾尔族是中国境内一个人口较多、历史悠久、居住相对集中的少数民族。当民族区域自治政策已经确立，内蒙古自治区已经建立之后，在新疆不建立自治区，不实行民族区域自治的政策，是不适当和不可能的。我们今天考察当初是否应当保留“新疆省”的建制，不在新疆建立自治区的问题，不能忽视当时的历史条件。

实际上，直到20世纪50年代中期，即我国的五个自治区中的四个都建立起来之后，关于中国应不应该实行苏联那样的联邦制的争论仍然存在。直到1957年，周恩来在《关于我国民族政策的几个问题》的讲话中，还在不厌其烦地继续他在1949年做过的解释：“历史的发展使我们的民族大家庭需要采取与苏联不同的另一种形式……在中国适宜于实行民族区域自治，而不宜于建立也无法建立民族共和国。历史发展没有给我们造成这样的条件，我们就不能采取这样的办法。历史发展给我们造成了另一种条件，就是中国各民族杂居的条件，这种条件适宜于民族合作，适宜于实行民族区域自治。”② 李维汉则直到20世纪60年代初，还在向新疆维吾尔自治区的干部就此进行解释。

我们今天如果以实事求是的态度回首当年，可以发现民族区域自治是当时唯一可能的选择——我们党已经认识到中苏之间民族国情的差异，认识到不可照抄照搬苏联模式，联邦制当然不是选项；而中国共产党作为中国各族人民根本利益的忠实代表，在当时种种历史条件的制约下，一下子把中国变成全部以省为单位的单一制国家，也不可能成为选项。这样，说是“选择”了民族区域自治，其实有其历史必然性，有其“历史路径”的依赖。如同恩格斯所说：“历史是这样创造的：最终的结果总是从许多单个的意志的相互冲突中产生出来的，而其中每一个意志，又是由于许多特殊的生活条件，才成为它所成为的那样。这样就有无数互相交错的力量，有无数个力的平行四边形，由此就产生出一个总的结果，即历史事变，而这个结果又可以看作一个作为整体的、不自觉地和不自主地起着作用的力量的产物。”③

---

① 周恩来：《关于我国民族政策的几个问题》，《周恩来统一战线文选》，人民出版社1984年版，第375页。

② 周恩来：《关于我国民族政策的几个问题》，《周恩来统一战线文选》，人民出版社1984年版，第372－373页。

③ 恩格斯：《致约·布洛赫》（1890年9月21－22日），《马克思恩格斯选集》，人民出版社1976年版，第4卷，第478页。

1952年，中央人民政府政务院颁布了《民族区域自治实施纲要》。民族区域自治载入历次宪法，直到1984年，全国人大六届二次会议通过了《民族区域自治法》，2001年经第九届全国人大第二十次会议修正通过。2005年颁布了《国务院实施〈中华人民共和国民族区域自治法〉若干规定》。在建立社会主义法治国家的进程中，涉及民族区域自治制度的各项法律法规也在不断完善。民族区域自治不仅成为中国共产党处理国内民族问题的基本政策，而且成为中国的一项基本政治制度。

二、较长时期的实践证明这一制度适合当代中国的国情

60余年的实践证明，民族区域自治制度适合中国的国情，巩固了国家的统一和民族的团结，促进了少数民族和民族地区经济社会各项事业的发展，得到中国各民族的拥护和认同。

列宁曾经指出：

> “发展中的资本主义在民族问题上有两种历史趋势。民族生活和民族运动的觉醒，反对一切民族压迫的斗争，民族国家的建立，这是其一。各民族彼此间各种交往的发展和日益频繁，民族隔阂的消除，资本、一般经济生活、政治、科学等等的国际统一的形成，这是其二。
>
> “这两种趋势都是资本主义的世界性规律。第一种趋势在资本主义发展初期是占主导地位的，第二种趋势标志着资本主义已经成熟，正在向社会主义社会转化。马克思主义者的民族纲领考虑到这两种趋势，因而首先要维护民族平等和语言平等，不允许在这方面存在任何特权……其次要维护国际主义原则，毫不妥协地反对资产阶级民族主义（哪怕是最精致的）毒害无产阶级。”①

改革开放以来，在中国特色社会主义特别是市场经济的发展过程中，中国的民族问题也显现出两个历史趋向。一个趋向是国内统一市场的迅速发育和各民族人口流动的迅速增加，各民族经济政治社会文化各方面交往交流交融的增进，民族之间各种联系的日益发展和频繁，民族关系越来越密切。另

① 列宁：《关于民族问题的批评意见》（1913年10－12月），《列宁全集》第2版，第24卷，人民出版社1990年版，第129页。

一个趋向是国内各民族群众对于促进本民族本地区经济社会发展和提高自身物质文化生活水平愿望的日益强烈，维护本民族本地区各项利益的权利意识或曰本民族意识的日益提高。

在这样的历史条件下，党中央提出了新世纪民族工作的主题“两个共同”，即“各民族共同团结奋斗，共同繁荣发展”，并且反复强调，民族的产生、发展和消亡是一个漫长的历史过程，社会主义时期还不是民族消亡的时期。这个基本观点，已经成为学界政界的共识。胡锦涛指出：“民族区域自治制度，是我国的一项基本政治制度……实践证明，这一制度符合我国国情和各族人民的根本利益，具有强大生命力。民族区域自治，作为党解决我国民族问题的一条基本经验不容置疑，作为我国的一项基本政治制度不容动摇，作为我国社会主义的一大政治优势不容削弱。”①

民族区域自治制度的实质，就是要从法律上和制度上对于少数民族的权利予以保障，并给予边远地区和人口较少的少数民族某些优惠待遇和照顾。从公民个人的角度来说，就是给予了部分少数民族公民个人一定意义上的照顾。按照列宁的观点，这是对于社会生活中大民族对于小民族的“事实上的不平等”的一种补偿。现在有些学者质疑民族区域自治制度，这就要求我们回答，这样的制度安排在今天的中国是否还需要？

胡锦涛2005年5月《在中央民族工作会议暨国务院第四次全国民族团结进步表彰大会上的讲话》中给出了如下的一组数据：“2004年，民族自治地方人均生产总值只有全国平均数的67.4%，农民人均纯收入只有全国平均数的71.4%。”所以，民族地区实现全面建设小康社会的目标，需要付出更大的努力。事隔5年，2010年，国家民委经济发展司在国家民委网站公布了2009年民族自治地方农村贫困监测结果，这份统计范围包括5个自治区、25个自治州、85个自治县的数据显示：2009年年末民族自治地方农村贫困人口为1954.7万人，比上年减少147.7万人，贫困发生率为16.4%，比上年下降1.2个百分点。民族自治地方贫困人口在减少。然而，2009年，民族自治地方农村贫困人口占全国农村贫困人口（3597万人）的比重为54.3%，比上年（52.5%）上升1.8个百分点；贫困发生率比全国（3.6%）高12.8个百分点。按照新的贫困标准，2006年至2009年，民族自治地方农村贫困人口占同期全国农村贫困人口的比重分别为44.5%、52.2%、52.5%和54.3%。民族

① 胡锦涛：《在中央民族工作会议暨国务院第四次全国民族团结进步表彰大会上的讲话》，《人民日报》2005年5月28日第1版。

自治地方贫困人口占全国贫困人口的比例呈逐年增加的趋势。①

国家实施西部大开发战略以来，中央政府在西部少数民族和民族地区的财政转移支付力度是很大的。但是上述数据说明，我国东部和西部的经济发展差距仍然很大。西部地区是我国少数民族的聚居区，一般来说，我国的少数民族今天仍然是“弱势群体”，在经济社会发展中仍然需要国家的帮助、照顾和扶持，需要各项优惠政策，也需要民族区域自治制度这样的制度安排。如果今天遂然加以改变，“所要付出的代价是我们负担不起的”。②

三、这一制度体现了国家对于国内少数民族的政治承诺

除了“历史路径”的依赖和适合中国国情之外，我们今天坚持民族区域自治制度，还有一个重要原因，就是因为这一制度体现了国家对于国内少数民族的政治承诺。

广义的“民族区域自治”，中国古已有之，元明之后的土司制度即其一端。但是这样一种“自治”又是与民族压迫和阶级压迫联系在一起的。新中国成立后建立起人民的政权，既要同过去的民族压迫制度实行彻底的决裂，又要维护国家的统一，还要解放各民族的劳苦大众。而这一切任务，又都是在少数民族与汉族的隔阂还很深，社会发展阶段与内地汉族地区差距很大的历史背景下提出的。这样，民族区域自治就不仅是新中国处理国内民族问题的一项基本政策，而且是新的中央人民政府对于各少数民族的一种政治承诺——在新的人民共和国中，少数民族的各项基本权利将受到国家法律的保护。毛泽东曾经从汉族和少数民族相互帮助的角度谈及这个问题：

> “要反对大汉族主义。不要以为只是汉族帮助了少数民族，而少数民族也很大地帮助了汉族……现在，我们帮助少数民族很少，有些地方还没有帮助，而少数民族倒是帮助了汉族……少数民族在政治上很大地帮助了汉族，他们加入了中华民族这个大家庭，就是在政治上帮助了汉族……少数民族在政治上、经济上、国防上，都对整个国家、整个中华民族有很大的帮助。那种以为只有汉族帮助了少数民族，少数民族没有帮助汉族，以及那种帮助了一点少数民族，

① 《民族自治地方贫困人口占全国比重逐年增加》，《中国民族报》2010年8月31日第1版。

② 王希恩：《也谈在我国民族问题上的“反思”和“实事求是”——与马戎教授的几点商榷》，《西南民族大学学报》（人文社科版），2009年第1期。

就自以为了不起的观点，是错误的。”①

当毛泽东说这样一番话的时候，他恐怕更多的是作为一个出身汉族的党和国家领袖，在劝勉和告诫中国的出身汉族的各级党政领导干部。

中华人民共和国宪法和民族区域自治法则把这种政治承诺用法律形式确定下来，使其成为国家的意志。我国的宪法，一直是既有公民范畴，又有民族范畴的。宪法中同时规定了“中华人民共和国各民族一律平等”（总纲）和“中华人民共和国公民在法律面前一律平等”（第二章），还规定了“在维护民族团结的斗争中，要反对大民族主义，主要是大汉族主义，也要反对地方民族主义”（总纲）。经过党和政府多年的宣传教育，民族区域自治制度得到广大内地的汉族群众的认可，因为他们愿意为了国家和自己的长远利益付出代价甚至牺牲，支援边疆少数民族；这一制度更得到广大边疆少数民族群众的拥护，因为他们从这一制度中得到了实实在在的好处，在分享祖国繁荣进步、改革开放的成果，分享社会主义制度对于他们正当权益的维护和带给他们的荣耀。这一制度巩固了国家统一和民族团结，加强了社会主义的民族关系，也增加了各民族群众的中华民族认同感和国家认同感。

当前，在谈及民族区域自治制度时，存在不同的观点和认识。从理论探讨和学术研究的角度来说，这是正常的现象。应当指出，任何一种制度的优越性的体现、任何一项政策的贯彻落实，都需要一个过程；而且，制度和政策本身也需要随着时间的推移和情况的变化不断加以完善。今天，中国特色社会主义在实践中，中国的民族区域自治也在实践中。某些政策还没有完全落实，或在贯彻落实的过程中发生一些偏差，并非一定是制度或政策本身的问题。例如，我们现行的计划生育优惠政策、高考加分政策等等具体政策，以及干部任用的某些习惯性安排，等等，皆非民族区域自治制度的必要内容，不是一成不变的，可以而且应当随着时代和现实条件的改变加以调整。这也从一个侧面说明，我们今天要坚持民族区域自治制度，就必须与时俱进，不断完善这一制度。

原载《科学社会主义》，2011 年第 4 期

① 《在中国共产党全国代表会议上的讲话》，1955 年 3 月 21 日，《毛泽东文集》第 6 卷，人民出版社 1999 年版，第 405 页。

论中华民族的百年认同

辛亥革命和中华民国的建立，开启了近代中华民族百年认同的历程，也开启了中华民族从自在到自觉的转变。一百多年来，中华民族的认同有了极大的增强。在此之前，清朝实现的古代中国国家版图的大统一，为近代以来中华民族的认同奠定了基础。鸦片战争和列强的入侵，促成了中华民族意识的觉醒，认识自己在世界上的位置和自身的组成，回答何为中国、谁是中国人的问题。“中华民族”一词在辛亥革命时期正式出现，此后，中华民族认同逐渐形成并得以增强。中华人民共和国建立之后，中华民族的认同达到了新的水平。中华民族一百多年来形成的强烈认同，是国家统一、民族团结和实现中华民族伟大复兴的宝贵思想资源、坚实基础与可靠保证。

中华民族的认同，是指中国各民族人民认同中华民族的问题。中华民族的形成，贯穿于秦汉以来古代中国统一的多民族国家两千余年的发展中，是一个长期的历史过程。清朝中叶以后，统一的中央集权国家版图的最后确立、国内各民族交往交流及与外部世界联系的增加，为中华民族认同的形成奠定了基础。鸦片战争之后，伴随各民族反抗外敌入侵的斗争，“中国人”的意识日益强烈，中华民族的认同趋向自觉。辛亥革命以来的一百余年间，中华民族的认同，中华民族对于自身和外部世界的认识，有了更加巨大的进步。中国人有了非常明确的中华民族认同，中华民族从一个自在的民族转变为一个自觉的民族，“中华民族”成为全体中国人的名称。中国人实现了民族的独立自主，国家日益进步富强，进入了实现中华民族伟大复兴的历史进程。

一、清朝的统一与中华民族认同基础的形成

清朝的统一是近代中华民族认同的重要历史基础。清朝的建立者是中国的少数民族满族。满族繁衍生息在中国的东北，以其 17 世纪上半叶的数十万人口，本难以成就统一中国的大业。但是历史却为其提供了种种得天独厚的条件。如在民族关系方面，人口众多、活动地域广大的蒙古族在清朝初年已经普遍信奉了藏传佛教格鲁派。清朝在入关之前就与生活在祖国西南部的藏

族建立了联系，并确立了“兴黄教以安众蒙古”的政策。①

清朝定鼎中原，一面镇压中原地区汉族人民的反抗，一面以盟旗制度、皇室联姻、尊崇藏传佛教等措施加强对于蒙古各部的控制笼络，一面以册封达赖喇嘛、班禅额尔德尼、派遣大臣率军驻藏等办法加强对于西藏的治理，经历清朝前期顺治、康熙、雍正、乾隆四朝一百余年，特别是在乾隆朝中期西北蒙古准噶尔部对清朝的威胁消除之后，清朝在全中国的统治已经巩固，中原地区汉、满等族与北方蒙古族、西南藏族、西北和南方各族人民的交往规模及其密切程度，超过此前历朝历代。

中国的民族分布不仅有东西的差异，而且有南北的不同。大体上南部多崇山峻岭、江河湖泊，民族众多而活动地域狭小；北部和西部多草原大漠、戈壁荒原，其间多有河谷或绿洲灌溉农业，民族较少而活动地域广大。清朝前期四朝一百余年间的对内用兵，除剿平吴三桂、东南沿海收复台湾等战事之外，基本上都在西北、西南地区完成。乾隆帝自诩的“十全武功”即为明证。② 战争是当时各民族交往的方式之一。这些战争以及清朝在统一全国、加强治理过程中的政治、经济、文化措施，增进了各民族之间的交往，增进了中国西部、北部蒙古族、信奉伊斯兰教的各族穆斯林（当时被称之为“回”）及西南部藏族等一些少数民族对于统一多民族国家的认同。一个明显的标志，就是清代官书《五体清文鉴》的刊布。

早在明代，在我国北方部分地区已经出现了汉、蒙古、藏、女真四体文字的碑刻。例如，今青海乐都县城南的瞿昙寺中，保存有明朝洪武年间的汉藏两种文字对应的碑刻，明永乐十一年（1413）树立的《奴儿干永宁寺碑》，也有汉、蒙古、藏、女真四种文字的“六字真言”。但是终明一代，汉、蒙古、藏、女真四体文字的碑刻还只是偶然散见于个别地方。到了清乾隆年间，满、汉、蒙古、藏四种文字的碑刻、匾额等等已经逐渐增多。乾隆年间，在先后完成了《三体清文鉴》（满、蒙古、汉三种文字）、《四体清文鉴》（满、蒙古、汉、藏四种文字）之后，编纂了《五体清文鉴》（满、蒙古、汉、藏、维吾尔五种文字）。《五体清文鉴》的编纂具有十分重要的历史意义。这五种民族文字，除汉文外，其余皆为中国古代北部和西部地区人口众多、生活地

① 清乾隆帝：《喇嘛说》，乾隆五十七年（1792 年）。原碑现存北京雍和宫，碑刻为满、汉、蒙古、藏四种文字。参见张羽新：《清政府与喇嘛教》所附“清代喇嘛教碑刻录”，西藏人民出版社 1988 年版，第 340 页。

② 乾隆自诩为“十全老人”。并作《御制十全记》，建碑勒文，记其“十全武功”为：两征金川、两征准噶尔、平定回部、征缅甸、攻安南、平定台湾、两征廓尔喀。

域广大、社会影响突出的主要几个少数民族的文字。清代官方编修的这部空前的辞书，反映了清朝中央政府治理统一多民族国家的现实需要，以及中国中原地区满、汉等族和周边蒙古、维吾尔、藏等少数民族交往增加的需要，客观上为后来中华民族的认同提供了文化方面的重要基础。

清朝初年，就开始与“外国”打交道。这种“外国”已经是近代意义上的“外国”，而非中国古代中央政权的“藩属”。但是，清初的几位皇帝在圣旨和朱批奏折中常常提到的“中外一家”，其所指并非外国，而是指边疆少数民族。真正的外国，则倾向称其为“夷”。康熙二十八年（1689），清康熙帝在雅克萨之战后与俄罗斯缔结了《中俄尼布楚条约》，这实际上是中国中央政府与外国政府签订的第一个国际条约。乾隆五十八年（1793），清朝又接待了英国的马嘎尔尼使团。正是在与真正的“外国”打交道的过程中，清朝统治者的“中外之别”开始从“华夷之辨”中分离出来，逐渐将“夷”字专指“洋人”——外国人。对国内边疆少数民族，则不再使用“夷狄”字样和称谓。这当中固然有清朝统治者出身满族，不愿也不许被称为“夷狄”的原因，但是另一方面，清朝疆域的相对确立及其与近代意义上“外国”交往的日渐增加，显然也是一个更为重要的原因。

试举一例。乾隆五十二年（1787），陕西巡抚巴延三即因奏折中称呼西藏达赖喇嘛所派使者为“夷使”而遭到乾隆帝严厉斥责：

> “本日巴延三奏报前藏达赖喇嘛遣使过境日期一折，内称‘夷使’字样，甚属错谬。国家中外一家，况卫藏久隶版图，非若俄罗斯之尚在羁縻，犹以外夷目之者可比，自应以来使堪布书写为是。乃一任庸劣幕友混行填写‘夷使’字样，率而具奏。巴延三于此等陈奏事件全不留心寓目，何至糊涂若此？著传旨严行申饬。”①

《五体清文鉴》的编纂，以及上述乾隆帝斥责陕西巡抚巴延三的事例，从不同的角度表明，随着清朝完成和巩固中国的统一，国内各民族交往的增加以及与周边外国、特别是俄罗斯的接触，统治阶级逐渐有了比较明确的中国和外国的界分，逐渐厘清“华夷之辨”与“中外之别”的分野。及至1840年

① 《清实录·高宗实录》，乾隆五十二年十一月壬申，第1292卷，第304页，中华书局影印1986年版，第25册。需要指出的是，第二次鸦片战争后，清政府被迫同意让外国公使常驻北京，在公文中不再用“夷”字来称呼外国人，并成立了外交机构——总理各国事务衙门，在对外关系上开始脱离“朝贡”“理藩”和“夷务”的传统理念，逐渐向近代国际外交制度与规则靠拢。

鸦片战争爆发，“中国”与“外国”的界定更趋清晰。综上，辛亥革命百余年来中华民族认同所取得的进步，清代中国统一多民族国家二百余年的历史发展是其重要基础之一。

二、列强的入侵与中华民族意识的觉醒

清朝是由清皇室联合满、蒙古、汉等封建统治阶层共同进行统治，而满族是当时实质上的“统治民族”。清代前期的满汉关系，是当时最重要的、最敏感的社会关系。满族统治者一面宣称“满汉一家”，一面实际上由满族王公大臣把持朝廷的多数要职，辅佐皇帝治理国家。清朝前期和中期，中枢宰辅和封疆大吏，如军机大臣、驻藏大臣、西宁将军、伊犁将军，等等，率皆由满族或蒙古族皇亲贵胄出任。这样一个满、蒙古贵族施行专制统治的封建政权，在1840年鸦片战争爆发之后，在中国面临被瓜分豆剖的危机、执政者面对列强的侵略提出“量中华之物力，结与国之欢心”的卖国主义主张，并由于担心丧失自己的统治特权而坚持不肯采取任何实质性的改革措施之后，自然要遭到资产阶级革命派的唾弃。[①] 与此同时，中华民族的认同，在是否认同兴起于中国东北的清朝统治者及其所属的民族满族为中国人的问题上，发生了歧见。

辛亥革命之前，中华民族还是一个自在的民族，对于自身的民族构成，亦即“我是谁”的问题，尚不清楚。就连“中华民族”一词也刚刚出现。[②] 若干官员和文人已经开眼向洋看世界，向西方寻求救国救民的真理，但是囿于当时的眼界，很多人思想观念中的“中国人”还只是汉人和朝廷中做皇帝、掌实权的满人，因而其“中国”还只是“中国本部”（China proper）。不仅如此，见到列强鸱张，迫于形势逼人，便欲殖民而固边隅；虑及中国孱弱，担心边疆不保，则思鬻地以求自强。中国边疆，被视为可以出卖之地；地既可卖可割，其地所繁衍生息的边疆各族，显然也没有被当作与内地满、汉等族

① “量中华之物力，结与国之欢心”，语见清光绪二十六年十二月二十六日上谕，故宫博物院明清档案部编：《义和团档案史料》下册，中华书局1959年版，第944－947页。

② 目前学术界基本上认同，梁启超提出了从“民族”到“中国民族”，再到“中华民族”这样一系列的概念，是以“中华民族”一词指称中国境内汉满蒙回藏等所有民族的第一人。他1903年发表的《政治学大家伯伦知理之学说》一文，主张中国“合汉合满合蒙合回合苗合藏，组成一大民族”。梁启超：《政治学大家伯伦知理之学说》，《饮冰室合集》第2册，中华书局1988年版，文集之十三，第76页。此后，梁启超又写了《历史上中国民族之观察》一文，得出“现今之中华民族自始本非一族，实由多数民族混合而成”的结论。梁启超：《饮冰室合集》第5册，中华书局1988年版，专集之四十一，第4页。

平等的中国人，甚或根本不在某些论者的考虑之中。

清政府对外卖国，对内民族压迫的政策，引发了清末的革命危机。孙中山提出了“驱除鞑虏，恢复中华”的三民主义，并与以康有为、梁启超为首的改良派进行辩论。辩论的焦点是以“革命”还是“改良”救中国。[①]

20 世纪初发生的这样一场辩论，正值中国面临数千年未有之变局。康有为针对当时革命派提出的反满排满主张，在其《辩革命书》中指出：无论满族抑或蒙古族，“皆吾同种”，都是中国人。清朝统治者“割地鬻民、赔款剥民，诚可痛恨，然此但太后、荣禄一二人之罪耳，于满洲全籍人无与也”。笼统地排满反满，有导致中国分裂乃至亡国的危险。[②]《辩革命书》的寓意之一，在于论证从顺治到光绪的历代清朝皇帝，都是中国人，并为保皇派维护清朝统治的主张张目，反对革命。但是，其强调满族、蒙古族“皆吾同种”，当然是很正确的。

1903 年，梁启超也对革命派的反满排满宣传提出了质疑：“排满者以其为满人而排之乎？抑以其为恶政府而排之乎？……必离满洲，然后可以建国乎？抑融满洲民族乃至蒙苗回藏诸民族而亦可以建国乎？”对这一问题，梁启超当然有自己明确的观点，这就是他提出的“大、小民族主义”：“吾中国言民族者，当于小民族主义之外，更提倡大民族主义。小民族主义者何？汉族对国内他族是也。大民族主义者何？合国内本部属部之诸族以对于国外之诸族是也”。[③] 他所提倡的“大民族主义”，当然不是半个世纪之后国人所说的“大民族主义”，而是着眼于实现国内各民族的团结和认同。这一观点不仅包含了视满族为中国民族之一的认识，而且包含了汉族与满、蒙古、苗、回、藏诸族共同抵御列强侵略，联合建立统一国家的思想。梁启超在当时的历史条件下能够有这样的认识并且率先提出这一观点，的确难能可贵。它给予国人、特别是以孙中山为领袖的革命派以深刻的启迪，并成为辛亥革命时期“五族共和”口号得以提出的先声。

从那时起，面临国家转型的中国人开始逐渐地认识到，中国是一个有着自己悠久历史的统一的多民族国家。在民族问题上，有着数千年历史的中国

① 参见胡岩：《谬误中包含的真理——评清末君主立宪派的中国民族观》，《民族研究》1994 年第 2 期。

② 康有为：《辩革命书》，张枬、王忍之编：《辛亥革命前十年间时论选集》，生活·读书·新知三联书店 1960 年版，第 1 卷上册，第 215 页。

③ 梁启超：《政治学大家伯伦知理之学说》，《饮冰室合集》第 2 册，中华书局 1988 年版，文集之十三，第 74 – 76 页。

同西方的某些单一民族国家是不同的。

孙中山组建同盟会，提出“三民主义”作为革命纲领：即“驱除鞑虏，恢复中华，建立民国，平均地权”。革命初期，满洲人在革命党人心目中并非中国人，而清朝政府也不被革命党人视为中国政府。[①] 在与以康有为、梁启超等改良派的辩论中，以孙中山为领袖的革命党人接受了梁氏提出的“大、小民族主义”的观点，使得辛亥革命推翻封建专制统治的政治革命色彩越来越浓，而“驱除鞑虏”的“种族革命”色彩越来越淡。在同以康有为、梁启超为首的反对以革命推翻清朝的立宪派的激烈辩论中，孙中山终于认识到，对方关于满人同为中国人的观点有其合理成分，而自己革命队伍中有些人的反满排满宣传，也确有偏激之处。

从 1905 年同盟会成立之日起，孙中山逐步改变了过去对满族排斥和歧视的态度，接受了康、梁等人中国民族观中的合理内核，申明革命的目的不是什么“种族复仇”，而是彻底推翻中国的封建专制制度，建立民国。“就算汉人为君主，也不能不革命”。“我们并不是恨满洲人，是恨害汉人的满洲人。假如我们实行革命的时候，那满洲人不来阻害我们，决无寻仇之理。”[②] 这就进一步辨明了反满与革命的关系。在孙中山的影响下，连当年革命队伍中主张反满排满最为激烈的章太炎等人也开始转变思想，认为满族“亦是中国人民”，应与汉族等国内其他民族平等共处于一国之中。[③] 辛亥革命时期，革命党人一面坚持“共和”的主张，一面承认了中国境内的满、蒙古、回、藏诸族同为中国民族，明确提出了革命目的是“合汉满蒙回藏，为一大共和国”的口号。[④] 中华民族的认同，在辛亥革命前夕的这样一场关乎革命还是改良的大辩论中，有了新的增进。

三、辛亥革命和中华民国时期中华民族认同的形成

辛亥革命推翻了清朝在全国的专制统治。孙中山先生于 1912 年 1 月在南京就任中华民国临时大总统，宣布“合汉、满、蒙、回、藏诸地为一国”，

---

① 孙中山：《支那问题之真解》，1904 年 8 月 31 日，附《中国问题的真解决》（另一译文），《孙中山全集》第 1 卷，中华书局 1981 年版，第 244 页。

② 孙中山：《在东京〈民报〉创刊周年庆祝大会上的演说》，1906 年 12 月 2 日，《孙中山全集》第 1 卷，中华书局 1981 年版，第 325 页。

③ 章太炎：《致留日满洲学生书》，1911 年 10 月 10 日，《章太炎政论选集》上册，中华书局 1977 年版，第 520 页。

④ “民国议和全权代表伍廷芳致蒙古同乡联合会复电”，见郭孝成：《蒙古独立记》，载于中国史学会主编：《中国近代史资料丛刊 · 辛亥革命》（七），上海人民出版社 1957 年版，第 291 页。

“合汉、满、蒙、回、藏诸族为一人”。[1] 中国五大民族联合建立一个共和制的新国家。清朝统治者在革命党人和袁世凯的共同压力下，在旧的政权体系已经实际崩溃，无法继续进行统治的形势下，同时，也是在“五族共和”口号以及“清室优待条件”的感召下，被迫同意交出政权，也接受了“五族共和”的口号：

> “今全国人民心理多倾向共和……特率皇帝将统治权公诸全国，定为立宪共和国体……总期人民安堵，海宇乂安，仍合满蒙汉回藏五族完全领土为一大中华民国”。[2]

袁世凯就任总统后宣布：

> “现在政体改革，连共和五大民族，均归平等”。“现在五族共和，凡蒙藏回疆各地方，同为我中华民国领土，则蒙藏回疆各民族，即同为我中华民国国民”。[3]

这样，在中华民国取代满洲贵族建立的清朝的政权交替过程中，过去的清朝统治者和新的中华民国的领导人都接受了“五族共和”的口号，承认了“五族”同为中国民族的事实。

然而，即便在辛亥革命之后，当时在孙中山的心目中，完全视满人为国人，也还需要一个过程。他在其1912年初的《对外宣言书》中使用了“中华民族”（英文原文 the Chinese People）的概念，但是却包含在如下的表述中：

> “盖吾中华民族和平守法，根于天性，非出于自卫之不得已，决不肯轻启战争。故自满清盗窃中夏，于今二百六十有八年，其间虐政，罄竹难书，吾民族惟有隐忍受之……至于今日，实已忍无能忍。吾人鉴于天赋人权之万难放弃，神圣义务之不容不尽，是用诉之武

---

① 孙中山：《临时大总统宣言书》，1912年1月1日，《孙中山全集》第2卷，中华书局1982年版，第2页。

② 隆裕太后：《退位诏书》（1912年2月），《清实录·（附）宣统政纪》，宣统三年十二月戊午，第70卷，第1293页，中华书局影印1987年版，第60册。

③ “临时大总统袁世凯命令”，1912年4月22日，中国藏学研究中心等合编：《元以来西藏地方与中央政府关系档案史料汇编》第6册，中国藏学出版社1994年版，第2346页。

力，冀脱吾人及世世子孙于万重羁轭。”①

上文是将满人认同为“中华民族”之中，还是“吾中华民族”、“吾人及世世子孙”之外呢？从其行文中看，似乎并不十分清晰，恐怕更大程度上仍然没有将满族明确认同为中华民族。

尽管如此，辛亥革命之后“五族共和”毕竟很快成为大多数中国人的共识，成为知识阶层的建国理念和中华民国的建国纲领。边疆地区各族对于“中华民族”的认同尚参差不齐，有待时日，但是，随着时间的推移，汉族对于认同其他各族为中华民族，认同中国为一个多民族的国家已经基本没有争议了。

辛亥革命后，中国北方的内外蒙古地区发生了分裂。以哲布尊丹巴为首的外蒙古王公宣布独立，内蒙古王公则接受了清朝被推翻的现实与“五族共和”的口号，并坚决反对独立，拥护民国：

“数百年来，汉蒙久成一家，”“共和新立，五族一家……我蒙同系中华民族，自宜一体出力，维持民国”。②

辛亥时期“五族”中的“回”族，主要是指当时被称作“回疆”的新疆省以维吾尔族为主信奉伊斯兰教的各民族。由于新疆是中国北部、西部“蒙、藏、回疆”三大少数民族地区中唯一业经建省的地方，故此政权交接也与内地大部分省份的情形相同，并没有太多地诉诸武力。辛亥革命爆发后，新疆的各族革命党人建立了“五族共进会”，也接受了“五族共和”的口号。③

西藏的情形较为特殊。在清朝大民族主义政策的压迫和英属印度政府的拉拢下，十三世达赖喇嘛于辛亥革命前夕已经出逃英属印度，受到英帝国主义及一帮亲英贵族的影响。在辛亥革命爆发之后，西藏局面混乱，过去清朝在藏的一套军政体系瓦解。十三世达赖喇嘛于1912年年底返回拉萨，此前清朝驻藏大臣及驻军已被驱逐出境。西藏当局与中央政府的关系一度几乎中断。

---

① 孙中山：《对外宣言书》，1912年1月5日，《孙中山全集》第2卷，中华书局1982年版，第8页。英文原文载于《字林西报》（*North China Daily News*）1912年1月6日第7版，署名：孙逸仙（SUN YAT－SEN），题为：*CHINA TO THE POWERS*，由伍廷芳奉孙中山命用英文电报通告各国。

② 西盟王公招待处编辑：《西盟会议始末记》，商务印书馆天津印刷局代印，1913年版，第43页。

③ 参见胡岩：《“五族共和”口号的提出及其意义》，《西藏研究》1995年第1期。

但是，十三世达赖喇嘛并未宣布西藏独立，北京政府为解决西藏问题也采取了许多积极措施。1912 年 3 月，袁世凯发布“劝谕蒙藏令”。同年 10 月，又为停止康藏冲突而致电西藏当局，并宣布恢复十三世达赖喇嘛的封号。在致西藏当局函电中，反复提到“共和成立，五族一家”“五族联合，组织新邦”，呼吁以十三世达赖为首的西藏地方政府迅速恢复与中央的正常关系。[①] 1919 年朱绣、李仲莲及宁玛派喇嘛古浪仓等“轻骑减从，由青海赴藏，与达赖联络感情……（1920 年）濒行之际，达赖设筵祖饯，声言：‘余亲英非出本心，因钦差逼迫过甚，不得已而为之。此次贵代表等来藏，余甚感激。惟望大总统从速特派全权代表，解决悬案。余誓倾心内向，同谋五族幸福……’”[②] 这样，随着对英帝国主义分裂图谋和国内局势认识的深化，经过一段时间的观察思考，十三世达赖喇嘛逐步转变了民国初立之际对中央政府的态度，终于接受了“五族共和”的口号。

民国初期，还没有明确地以单一的“中华民族”来统合国家，而是以“汉满蒙回藏五族共和”为口号。[③] “中华民族”一词虽然已经产生并在一定范围内得到使用，但是尚未为社会所普遍接受，尚未进入官方语言。

孙中山大约在 1920 年开始较多地使用“中华民族”，同时对“五族共和”提出批评：

> “现在说五族共和，实在这五族的名词很不切当。我们国内何止五族呢？我的意思，应该把我们中国所有各民族融成一个中华民族；并且要把中华民族造成很文明的民族，然后民族主义乃为完了。”[④]

民国初年，在中国的法律和学术用语中，“种族”和“民族”两词往往并用或混用，界定尚不清晰，而“种族”被更多地作为正式法律用语。例如，《中华民国临时约法》（1912 年）规定“中华民国人民，无种族、阶级、宗教之区别，法律上均为平等”。《中华民国约法》（1914 年）规定“中华民国人

① 西藏社会科学院等编：《西藏地方是中国不可分割的一部分》（史料选辑），西藏人民出版社 1986 年版，第 456－457 页。

② 朱绣编著，吴均校注：《西藏六十年大事记》，青海人民出版社 1996 年版，第 48－50 页。

③ 参见村田雄二郎：《孙中山与辛亥革命时期的“五族共和”论》，《广东社会科学》2004 年第 5 期。

④ 孙中山：《在上海中国国民党本部会议的演说》，1921 年 11 月 4 日，《孙中山全集》第 5 卷，中华书局 1985 年版，第 394 页。

民，一律平等，无种族、阶级、宗教之区别”。北伐成功，南京国民政府建立之后，继续实行相关规定。中国存在多“族”，不是汉族一族的国家，已经初步成为中国人的共识。“中华民族”一词中的“中华”，已经逐渐有了新的明确含义，再也不是“驱除鞑虏，恢复中华”中的“中华”了。“中华民族”就是“中国所有各民族”。

四、抗日战争与中华民族认同的增进

中国人民的抗日战争极大地增进了中华民族的认同。日本帝国主义发动的侵华战争，使得中华民族面临生死存亡的危急关头。1937年全面抗战爆发后，当时中国国内两支影响最大的政治力量——国民党和共产党——实现了第二次合作，建立起抗日民族统一战线。在如何进行社会革命和国家建设等问题上，两党的政见有着根本的分歧，但是在抗日救国的大原则上达成了一致。就民族认同而言，正是在抗日战争期间，全中国的爱国力量都使用“中华民族”来指称中国人，除了少数汉奸、蒙奸和伪满洲国的傀儡，都在为中华民族的解放而与日本侵略者作战。义勇军进行曲中“中华民族到了最危险的时候”，唱遍祖国大江南北、长城内外。也正是从抗日战争开始，国共两党的领袖、全国的知识分子，都在同样的意义，即“中国所有各民族”的意义上理解和使用“中华民族”。

比较当时抗日民族统一战线中两党领导人对于中华民族的理解和论述，可以清楚地看出这一点。

中国共产党的领袖毛泽东1939年在延安发表《中国革命和中国共产党》。[①] 开篇第一章第一节即为“中华民族”：

> “我们中国是世界上最大国家之一，它的领土和整个欧洲的面积差不多相等。在这个广大的领土之上，有广大的肥田沃地，给我们以衣食之源……从很早的古代起，我们中华民族的祖先就劳动、生息、繁殖在这块广大的土地之上。
>
> ……
>
> 中国现在拥有四亿五千万人口，差不多占了全世界人口的四分

① 1939年12月，毛泽东主持撰写的《中国革命和中国共产党》第一章、第二章定稿。这两章于1940年春先后在《共产党人》第四期和第五期上发表。中华人民共和国成立后，编入《毛泽东选集》第二卷。第一章《中国社会》，是由其他同志起草，经过毛泽东修改的。第二章《中国革命》，是毛泽东自己写的。

之一。在这四亿五千万人口中，十分之九以上为汉人。此外，还有蒙人、回人、藏人、维吾尔人、苗人、彝人、壮人、仲家人、朝鲜人等，共有数十种少数民族，虽然文化发展的程度不同，但是都已有长久的历史。中国是一个由多数民族结合而成的拥有广大人口的国家。”①

随后，毛泽东发表了《新民主主义论》，系统阐述了中共的政治和文化主张：

“我们要建立一个新中国。建立中华民族的新文化……”②

在抗日战争胜利前夕发表的《论联合政府》中，毛泽东首先批评了国民党施行的民族政策：

“国民党反人民集团否认中国有多民族存在，而把汉族以外的各少数民族称之为‘宗族’。他们对于各少数民族，完全继承清朝政府和北洋军阀政府的反动政策，压迫剥削，无所不至……这是大汉族主义的错误的民族思想和错误的民族政策。”

接着，毛泽东对二十余年前孙中山关于三民主义中民族主义的解释表示赞成：

“一九二四年，孙中山先生在其所著的《中国国民党第一次全国代表大会宣言》里说：‘国民党之民族主义，有两方面之意义：一则中国民族自求解放；二则中国境内各民族一律平等’……中国共产党完全同意上述孙先生的民族政策。”③

---

① 毛泽东：《中国革命和中国共产党》，1939 年 12 月，《毛泽东选集》四卷合订本，人民出版社 1966 年版，第 584－585 页。

② 毛泽东：《新民主主义论》，1940 年 1 月，《毛泽东选集》四卷合订本，人民出版社 1966 年版，第 624 页。

③ 毛泽东：《论联合政府》，1945 年 4 月 24 日，《毛泽东选集》四卷合订本，人民出版社 1966 年版，第 984－985 页。值得注意的是，在这里毛泽东所引孙中山的著作原文，并没有使用“中华民族”，而是使用了“中国民族”。

在上列几篇著作中，毛泽东使用了“中华民族”和“少数民族”的范畴，而且在中华民族、（组成中华民族的）汉族和少数民族这样不同的含义上使用了“民族”的范畴。毛泽东最早何时使用“中华民族”一词，目前尚未见有专文研究和确切结论。但是以上论述将中国的“数十种少数民族”认同为中国人，则是确切无疑的，也是和最早提出“中华民族”概念的梁启超一致的。

正是从抗日战争时期，中国共产党开始有组织、有计划地开展国内的少数民族工作，并且设立了专门的机构——西北工作委员会（西工委）。这项工作初期的主要对象是西北地区的蒙古族和回族。中国共产党人清楚地认识到：

> “中华民族包括汉、满、蒙、回、藏、苗、瑶、番、黎、夷等几十个民族……中国是一个多民族的国家，中华民族是代表中国境内各民族之总称，四万万五千万人民是共同祖国的同胞，是生死存亡利害一致的”。①

在国民党方面，1943 年蒋介石发表《中国之命运》。其开篇第一章即名“中华民族的成长与发达”。文中，对于构成中华民族的各族，使用了“宗族”的名称，认为中华民族是由多数宗族融合而成的。随后论述了中国的地理环境，认为中国的山脉河流，自成完整的系统。从天山、阿尔泰山脉，到东三省，从昆仑山脉到东南平原，从喜马拉雅山脉到中南半岛，诸大山脉之间，有黑龙江、黄河、淮河、长江、珠江诸流域，形成中华民族完整的生存发展空间。其中没有一个区域可以自成一个独立的局面，也没有一个区域可以隔离或割裂。在这一完整的生存发展空间长期生活繁衍的中华民族，具有悠久的历史和光辉灿烂的文化，形成了一个不可分的整体。中华民族共同的祖国——中国，也成为一个不可分的整体。所以，他强调说，“……台湾、澎湖、东北四省、内外蒙古、新疆、西藏，无一处不是保卫民族生存的要塞。这些地方的割裂，即为中国国防的撤除”。②

国民党和共产党的建国纲领有着原则性的不同，但是在维护国家的领土主权完整和中华民族的统一这样的重大原则问题上，是基本一致的。国民党

---

① 八路军政治部：《抗日战士政治课本》（1939 年 12 月），中共中央统战部编：《民族问题文献汇编 1921. 7—1949. 9》，中共中央党校出版社 1991 年版，第 807－808 页。

② 蒋中正：《中国之命运》（增订本），正中书局 1946 年版，第 7 页。《中国之命运》最初发表于 1943 年，一般认为系蒋中正与陶希圣共书而成。

要建立一个三民主义的中国，共产党要建立一个新民主主义的中国，但是同样都是一个中国。除了汉奸傀儡卖国贼之外，在当时中国的主要政治力量中，没有哪个政党或个人提出中国可以分治，都自觉维护着中华民族和中国统一、独立自主的尊严。

蒋介石并没有自己成系统的民族理论。“宗族”的使用，在国民政府的官方用语中没有被确定下来。① 一个明显的例证就是，在《中国之命运》发表之后的1946年，国民政府在南京召开了国民大会，并在同年12月25日通过“中华民国宪法”。规定“中华民国各民族一律平等”（第五条），“中华民国人民，无分男女、宗教、种族、阶级、党派，在法律上一律平等。”（第七条），“国家对于边疆地区各民族之地位，应予以合法之保障，并于其地方自治事业，特别予以扶植。”（第一百六十八条），“国家对于边疆地区各民族之教育、文化、交通、水利、卫生及其他经济、社会事业，应积极举办，并扶助其发展。”（第一百六十九条）这样，在法律文件的正式用语中，基本上不再使用民国初年的“种族”，也没有使用“宗族”，而是使用了“民族”“各民族”的表述。②

蒋介石何时开始使用“中华民族”，同样有待查证。但是至迟在20世纪30年代中期，其在讲话、训词中已经频频使用“中华民族”了。③ 而且，也是用以指称中国各族，与最早提出“中华民族”概念的梁启超也是一致的。

抗日战争期间，国内学界还发生了“中华民族是一个”还是由多个民族

① 有资料表明，蒋介石个人直到20世纪60年代在台湾仍习惯用“宗族”一词。其1960年的一则日记，行文中已经写下“南非种族隔离政策……”而后又删去“种”字改为“宗”字。见《蒋介石日记》，1960年4月9日，美国斯坦福大学胡佛档案馆。另据笔者所见，直到20世纪40年代，国民党正式或非正式文件中对于“民族”“宗族”的使用是较为随意的，并无一定之规。班禅旧部国大代表在给国民参政会第四届第一次大会的提案中，可称“汉藏宗族间之感情”，参见“四届一次参政会早日完成西藏交通建设案”（1945年），胡佛档案馆，国民党档案（KUOMINTANG Project），胶卷编号：003－3582；而其他南方少数民族推荐族人参政议政，亦可称“土著民族”，参见“为呈请采纳民意准予推荐国民大会土著民族代表朱焕章选聘为宪政促进会土著民族常务委员由”（1947年），胡佛档案馆，国民党档案（KUOMINTANG Project），胶卷编号：003－3962。

② 台湾2005年增修的“中华民国宪法”仍然保留了上述涉及“民族”的内容：“‘国家’肯定多元文化，并积极维护发展原住民族语言及文化。‘国家’应依民族意愿，保障原住民族之地位及政治参与，并对其教育文化、交通水利、卫生医疗、经济土地及社会福利事业予以保障扶助并促其发展，其办法另以法律定之。”参见 http：//ishare. iask. sina. com. cn/download/explain. php? fileid＝23771671。

③ 参见蒋介石：《救国的基点——二十四年（1935年）九月一日出席峨嵋军训团第二期开学典礼训词》，美国斯坦福大学胡佛档案馆，国民党档案（KUOMINTANG Project）之“蒋中正总裁档案”，胶卷编号：ZONGCAI－132。

组成的争论。[①] 这实际上是关于中国是多民族国家还是单一民族国家的争论，是关于如何运用西方的民族理论认识和描述中国的民族国情的问题。争论的双方，都不认为中国汉族之外的其他各族成员不是中国人。此时的讨论，与辛亥革命之前满人是不是中国人的争论，早已不可同日而语。至此，中国人就整体上来说，无论其所属党派和个人信仰如何，认同少数民族和汉族同为中华民族成员的问题已经解决。

抗日战争是中华民族抗击共同的敌人日本帝国主义的战争，也是中华民族抗击侵略的伟大战争。抗日战争时期少数民族的中华民族认同，是近代中华民族自觉过程的重要内容，也是中华民族百年认同的重要组成部分。抗日战争的正面战场和敌后战场，大部不在中国西部的少数民族地区。但是祖国边疆东北、西北、西南、东南的少数民族，不论在敌后还是在敌占区，甚至在国界之外，都积极参加了这场伟大的卫国战争。在中国共产党的领导下，东北的满族、蒙古族、朝鲜族等提出“联合抗日”的口号，参加东北抗日联军，直接投身武装抗日斗争。冀中抗日根据地有回族抗日英雄马本斋领导的回民支队，在极端困难的条件下坚持平原游击战争。国民党领导下的青海马步芳组建的马家军，军中以回族为主，也有汉族、撒拉族、东乡族、保安族、藏族等各民族战士，坚持抗日，多有将士战死沙场，为国捐躯。西北的维吾尔族等少数民族成立了“新疆省民众反帝联合会”（简称“反帝会”）等各种类型的抗日救亡团体。1939 年 8 月，新疆各族民众用 152 万余元（法币）捐款购买了 10 架战斗机，命名为“新疆号”，送往抗日前线参加了武汉保卫战。西南地区藏族等少数民族，虔诚信奉佛教，生活在抗战大后方，也以捐款捐物、宣传慰问等方式踊跃支前。西藏许多寺庙的僧人还集会念经，“唪我军得胜之经，诅倭寇立灭之咒。”[②] 九世班禅大师、甘南藏区的第五世嘉木样活佛等，一面举办法会、传法唪经，一面揭露日寇的暴行，呼吁全国藏族同胞团

① 顾颉刚：《中华民族是一个》，发表于 1939 年 2 月 13 日《益世报·边疆周刊》第 9 期，后经《中央日报》等多家报刊转载。参见刘梦溪主编：《中国现代学术经典·顾颉刚卷》，河北教育出版社 1996 年版，第 773 – 785 页。关于这一问题，费孝通、翦伯赞等和顾颉刚是有分歧的。费孝通认为，中华民族应团结一体进行抗日，但是从民族研究学理角度也应该承认中国是一个拥有众多民族的国家，少数民族客观存在的事实应当受到尊重。翦伯赞认为，国家确实需要国内各民族的团结统一，但“团结”不是“消灭”，“团结”不但不应否定其他民族之存在，并且应扶助他们的独立自由之发展。参见赵志研：《中华民族是一个？——追记抗战初期一场关于中国是不是多民族国家的辩论》，《中国民族报》2008 年 12 月 26 日第 7 版。

② “热振为在藏各大寺院设坛修法祝抗日胜利并请吴忠信飞青督促灵童赴藏事致蒋介石电”（1939 年 6 月 7 日），中国藏学研究中心等合编：《元以来西藏地方与中央政府关系档案史料汇编》，中国藏学出版社 1994 年版，第 7 册第 3135 页。

结起来，拥护中央，抗日救国。1941 年，第五世嘉木样活佛率拉卜楞寺所属 108 寺院组织慰劳抗日前线将士代表团，前往重庆献旗致敬，并献羊皮万张。不久前出版的藏族作家达真的长篇小说《命定》，更是以真实的历史故事为背景，描述了两位藏族康巴青年加入中国远征军参加抗日战争的故事。[①] 台湾、海南岛的少数民族也以各种方式进行抗日斗争。中国各民族共同参加抗日战争，使得中华民族认同感极大增强了。

由此亦可看出，中华民族百年认同的过程，是近代以来中国民族国家构建的过程，也是“中华民族凝聚力更新和重构”[②] 的过程。对于民族认同来说，统一的国家，共同的历史文化，各民族之间长期的经济政治文化交往和现实的利益，都是认同的基础。同时，一个统一的为国民所普遍认可和接受的名称，也是认同得以实现和不断增进的基本条件。“中华民族”正是在中华民国建立之前已经出现，后来经受了历史的选择，而在中国人民的抗日战争期间为国民所普遍认可和接受的这样一个名称。“中华民族”这一名称的确立，是这一历史阶段中华民族认同所获得的最大成就之一。强烈的中华民族认同及“中华民族”这一名称在中国各民族中的共同使用，在当代中国的历史发展进程中，尤其是在祖国尚未实现统一期间，对于鼓舞激励两岸大多数中国人坚持“只有一个中国”“中国不容分裂”的理念，并为中华民族实现国家统一和伟大复兴而努力奋斗，已经发挥了并将继续发挥巨大的作用。

五、中华人民共和国成立以来更高层次的中华民族认同

中国共产党是中国工人阶级的先锋队，也是中国人民和中华民族的先锋队。早在建党初期，中国共产党就把彻底推翻帝国主义、封建主义、官僚资本主义在中国的反动统治，实现中华民族的解放和复兴作为自己的奋斗目标。在长期的革命斗争中，党带领全国各族人民同内外敌人进行艰苦卓绝的斗争，赢得了各族人民的信任和拥戴。为了废除民族剥削和压迫制度，党进行了艰辛的实践探索和理论创新，终于在建立中华人民共和国，成为执政党之际，确立了民族区域自治这一解决中国民族问题的基本政策，在实行改革开放之后，又提出了“三个离不开”的理念，把“各民族共同团结奋斗，共同繁荣发展”作为新时期民族工作的主题。

中华人民共和国建立后，各族人民获得翻身解放，成为自己生活和国家

---

① 达真：《命定》，四川文艺出版社 2011 年版。

② 王希恩：《中华民族凝聚力的更新和重构》，《民族研究》2006 年第 3 期。

的主人。中华民族百年来的认同有了新的基础、新的起点、新的内容。中国共产党成为实现中华民族伟大复兴的领导核心。六十多年间，中国社会的发展进步，国家的繁荣强盛和国际地位的提高，各族人民生活水平的提高，成为不争的事实。我们已经有了中国共产党这样一个坚强的领导核心，找到了中国特色社会主义的道路，提出了构建社会主义和谐社会的发展目标。中华民族在经历了近代以来的外敌入侵、国家危亡、民族屈辱的深重苦难之后，经历了社会主义革命、建设、改革开放的艰难探索之后，能够取得今天的成就，自立于世界民族之林，洵非易事！这些成就，令各族儿女为之骄傲，也极大地增进了中国人的中华民族认同和国家认同。

过去一百余年中华民族的认同过程已经成为历史。今天中华民族的认同，是在更高层次上的认同，是对各民族共同利益的认同，是对各民族共同祖国的认同，是对中华文化的认同，是对中国特色社会主义制度的认同，是对中国共产党领导的认同，也是对实现中华民族伟大复兴这一宏伟目标的认同。中华民族在过去百年间获得并不断增进的认同，是我们今天实现中华民族伟大复兴的宝贵思想资源和精神财富。

当代中国的经济社会发展取得了巨大的成就，民族平等、团结和各民族共同繁荣进一步增强。当前，随着经济社会的发展，国内的民族关系出现了一些新的变化，民族问题也出现了一些新的内容。这其中既有发展不够遗留下来尚未获得解决的问题，也有发展中新出现的问题，将来还不断会有新问题产生。然而，我国各民族之间的经济、政治、文化交往，较之中华人民共和国成立之前，不知密切了多少倍。中国各民族的共同性在不断增加。中华民族是一个整体，各族人民的根本利益是共同的，但是在一定的历史条件下，在一定的社会发展阶段，还会有经济的、文化的、观念的、具体利益的种种差异、摩擦和矛盾。与此相伴，中华民族各个民族的民族意识、民族感情的存在也是客观的、现实的，将会存在一个较长的历史时期。“我们不能简单地把特定民族的民族意识视为消极甚至等同于分裂意识，人为地去加以消除，这样容易引发民族的对立情绪；同时也不能让任何的民族意识超越国家意识和中华民族意识，这样不利于民族团结，甚至会成为分裂主义思想的温床。”①只要我们坚持全面正确贯彻落实党的民族政策，不断提高各民族同属于中华民族的意识，中华民族的认同，将会不断增强。

现今，我们需要大力增强中华民族的整体认同，也需要认识到，增强中

① 朱维群：《关于当前民族领域问题的几点思考》，《学习时报》2012年2月13日第1版。

华民族认同与尊重各民族自身的认同，并不是绝对对立的。在较长的时期，上述两种不同层次的民族认同还会并存。今后加强各民族的中华民族认同，也将是一种“求同存异”“不同而和”的认同。否则“认同”也将失去意义。正确认识在一定历史条件下客观存在的各民族认同，“各美其美，美人之美，美美与共，不同而和”，① 从文化自觉的高度，以彼此理解、相互宽容的态度，对待各民族的自身认同和民族意识，同时客观理性地分析探讨中华民族认同的历史规律和发展方向，正是增进中国各民族的国家认同、中华民族认同和中华民族凝聚力，实现中华民族伟大复兴的前提条件之一。

党的十八大报告中提出“全面正确贯彻落实党的民族政策，坚持和完善民族区域自治制度，深入开展民族团结进步教育，加快民族地区发展，促进各民族和睦相处、和衷共济、和谐发展”。② 习近平总书记指出：“实现中华民族伟大复兴，就是中华民族近代以来最伟大的梦想。这个梦想，凝聚了几代中国人的夙愿，体现了中华民族和中国人民的整体利益，是每一个中华儿女的共同期盼……实现中华民族伟大复兴是一项光荣而艰巨的事业，需要一代又一代中国人共同为之努力。”③ 在中国共产党的领导下，我国各民族一定能够继承中华民族百年认同的优秀成果和精神财富，在共同团结奋斗、共同繁荣发展的过程中，不断增进彼此的交往交流交融，增强中华民族的认同，实现中华民族的伟大复兴。

原载《民族研究》2013 年第 1 期。此文与已刊文章略有不同。

本文系国家开发银行资助、中央党校 2012 年度一般类项目“中国特色社会主义民族政策的完善与创新”的阶段性成果

---

① “各美其美，美人之美，美美与共，天下大同”，最初为费孝通提出，后改为“各美其美，美人之美，美美与共，和而不同”。笔者此处将最末四字改为“不同而和”，而成“各美其美，美人之美，美美与共，不同而和”，意在强调中华民族的各个成员虽然文化不同，但是和睦相处。

② 胡锦涛：《坚定不移沿着中国特色社会主义道路前进 为全面建成小康社会而奋斗——中国共产党第十八次全国代表大会报告》，《人民日报》2012 年 11 月 18 日。

③ “习近平在参观《复兴之路》展览时强调：承前启后 继往开来 继续朝着中华民族伟大复兴目标奋勇前进”，《人民日报》，2012 年 11 月 30 日第 1 版。

正确认识当代中国的民族关系

民族关系是当代中国重要的社会关系之一。正确认识当代中国的民族关系，既是一个理论问题、学术问题，也是一个重大的政治现实问题，不仅需要对当代中国民族关系的新变化进行理论思考和全面把握，而且需要深刻认识影响当代中国民族关系的历史因素。理论界、学术界和民族工作者应该多看我国民族关系的主流，多看民族团结的光明面，坚持从政治上把握民族关系，看待民族问题，坚定道路自信、理论自信和制度自信，牢牢把握各民族共同团结奋斗、共同繁荣发展的主题，促进民族关系的和谐发展。

一、正确认识当代中国的民族关系

民族关系是当代中国重要的社会关系之一，对我们这个统一多民族国家社会生活的方方面面发生着重要影响。民族关系问题是民族问题的重要内容，其中既包括民族之间的关系，也包括民族与国家、民族与阶级等等之间的关系。

正确认识当代中国的民族关系，树立对于当代中国民族关系的自信，不仅是一个理论问题、学术问题，而且是一个重大的政治现实问题。这是因为，怎样认识当代中国的民族关系，决定着怎样论述并进而决定着怎样促进民族关系的和谐发展。关于中国各民族之间的关系，在 2014 年 9 月召开的中央民族工作会议暨国务院第六次全国民族团结进步表彰大会上，习近平总书记特别强调："中华民族和各民族的关系，是一个大家庭和家庭成员的关系，各民族的关系，是一个大家庭里不同成员的关系。""新中国成立 65 年来，党的民族理论和方针政策是正确的，中国特色解决民族问题的道路是正确的，我国民族关系总体是和谐的，我国民族工作做的是成功的。"会议还指出："要正确认识我国民族关系的主流，多看民族团结的光明面；善于团结群众、争取人心，全社会一起做交流、培养、融洽感情的工作；加强各民族交往交流交融，尊重差异、包容多样，让各民族在中华民族大家庭中手足相亲、守望相助……"①

回顾历史，中国共产党和中国政府在六十余年处理中国民族事务、开展民族工作的过程中，进行了艰辛的实践探索和理论创新，为发展我国社会主义民族关系作出了不懈努力，既取得了辉煌成就，积累了宝贵经验，又走过弯路，有过沉痛教训。面对当代中国民族问题的新内容新特点，面对在新的历史条件下创新民族理论、全面正确贯彻执行党和国家民族政策并不断创新完善民族政策的新任务，不仅需要全面总结过去处理我国民族事务的经验教训，尤其需要正确认识当代中国的民族关系。实际上，正确认识当代中国的民族关系，树立对于当代中国民族关系的自信，也是我们全面总结过去经验教训、在今后全面正确贯彻落实党的民族政策的题中应有之意。只要还有民族，就会有民族关系。民族关系中存在着一定的矛盾和问题是正常的。但是如果像有些人所说的当代中国民族关系很有问题，那么我们就不得不思索涉及国家民族事务的基本制度、基本理论和方针政策是否有重大缺陷，是否需要改变；相反，如果当代中国民族关系的主流是正常的、健康的、和谐的，我们则应当对于党和国家处理民族事务的基本制度、基本政策以及指导我们建立这些基本制度、制订基本政策的理论有所自信，加以坚持，并在坚持的基础上不断完善和创新。

2008 年的拉萨"3・14"事件和 2009 年的乌鲁木齐"7・5"事件，以及近年发生的一些暴力恐怖案件，对我国社会稳定和民族关系的和谐发展造成了不良影响，也在学界、政界乃至社会各界引发了一段时间的"民族问题焦虑"和对于我国民族关系的担忧。近年来部分学者对于党和国家长期坚持的民族理论、民族政策，乃至作为国家基本政治制度之一的民族区域自治制度的讨论，表明认识上的差异和理论上的不同观点与意见分歧已经非常明显，争论有时相当激烈。有学者甚至质疑我国的民族识别和民族区域自治制度，提出民族政策的"更新换代"，要促进各民族"交融一体"②。这种对当代中国民族关系的基本判断已成为影响是坚持还是否定国家基本政治制度的重大问题。在这样的情况下，如何判断我国当前民族关系的主流，如何看待其中存在的问题，就更加值得慎重从事。

① 《中央民族工作会议暨国务院第六次全国民族团结进步表彰大会在京举行》，《光明日报》，2014 年 9 月 30 日第 1 版。

② 胡鞍钢、胡联合：《第二代民族政策：促进民族交融一体和繁荣一体》，《新疆师范大学学报》（哲学社会科学版）2011 年第 5 期。

二、当代中国民族关系的新变化

中华人民共和国建立之后的很长一个时期，我们说中国的民族关系是“平等、团结、互助”的民族关系。2006 年 10 月，党的十六届六中全会通过了《中共中央关于构建社会主义和谐社会若干重大问题的决定》。此后，开始用“平等、团结、互助、和谐”来界定我国的社会主义民族关系。这既是对于当代中国社会主义民族关系本质的判断和基本状况的描述，也是对于社会主义初级阶段我国民族关系发展目标和发展前景的展望。就前者而言，这种判断是认真负责的，这种描述是实事求是的。它彰显了中国共产党人执政和处理中国民族事务的价值理念，肯定了半个多世纪以来我国民族工作的光辉成就。就后者而言，这种展望也表明，党认识到当代中国的民族关系并非尽善尽美，促进民族关系的和谐发展仍然是构建社会主义和谐社会伟大工程中的一项任重道远的工作，为了实现我国民族关系“平等、团结、互助、和谐”这一发展前景，还要付出长期的努力，进行艰辛的探索。

列宁曾经指出：“发展中的资本主义在民族问题上有两种历史趋势。民族生活和民族运动的觉醒，反对一切民族压迫的斗争，民族国家的建立，这是其一。各民族彼此间各种交往的发展和日益频繁，民族隔阂的消除，资本、一般经济生活、政治、科学等等的国际统一的形成，这是其二。”“这两种趋势都是资本主义的世界性规律。”① 但是在列宁逝世将近一个世纪之后，在“各民族彼此间各种交往的发展和日益频繁”、“资本、一般经济生活、政治、科学等等的国际统一的形成”已经有了当年可能想象不到的巨大变化之后，这个世界“民族隔阂的消除”仍然是十分有限的。真正实现“民族隔阂的消除”还是非常遥远的将来的事。

改革开放以来，在建设中国特色社会主义，特别是发展社会主义市场经济的过程中，中国民族关系的发展也有两个历史趋向。而且这两个历史趋向似乎是并行的。第一个趋向是国内统一市场的迅速发育和各民族人口流动的迅速增加，各民族经济社会生活交往交流交融的增进，民族之间各种联系的日益发展和越加频繁，民族关系越来越密切，各民族的共同性在不断增加，越来越彼此分不开。第二个趋向是国内各民族干部群众对于促进本民族本地区经济社会发展和提高物质文化生活水平愿望的日益强烈，维护本民族利益

① 列宁：《关于民族问题的批评意见》，1913 年 10 – 12 月，《列宁全集》第 2 版，第 24 卷，人民出版社 1984 年版，第 129 页。

的权利意识，或曰“民族意识”也日益提高。随着两个历史趋向的发展，在整个国家从过去的计划经济体制向市场经济体制转轨的过程中，在社会转型的历史时期，一些地区一些民族之间的矛盾和摩擦也随之有所增加。

民族问题是我国的内部事务。但是近代以来，中国的民族问题始终是帝国主义列强利用来培植分裂势力，图谋侵略中国、分裂中国的工具和幌子之一。中华人民共和国成立后，民族问题又成为西方敌对势力分化、西化中国每每加以利用的一个问题。外部势力挑拨中国的民族关系，支持怂恿民族分裂势力、暴力恐怖势力和宗教极端势力从事破坏和犯罪活动，毫无疑问，这已不是民族问题、宗教问题了，但是也无疑地增加了中国民族问题的复杂性，影响到当代中国的民族关系。在中国实行改革开放之后，西方敌对势力支持下的民族分裂活动又采取了新的形式，对当代中国民族关系的影响也在继续。

三、影响当代中国民族关系的历史因素

当代中国的民族关系受到历史的、现实的和国内经济社会发展、国外敌对势力干扰破坏等多方面因素的影响。其中，历史因素对当代中国的民族关系至今仍然发挥着相当大的影响，决定着我们这个有着悠久历史的多民族大国的不同于当代世界其他国家的民族国情。毛泽东当年反对“言必称希腊”的教条主义，号召理论联系实际，曾经提出“不但要懂得中国的今天，还要懂得中国的昨天和前天”，提出“进一步地从中国的历史实际和革命实际的认真研究中，在各方面做出合乎中国需要的理论性的创造，才叫作理论和实际相联系。”① 对于这些基本原则，我们今天仍然需要坚持并加深认识。

例如，学术界往往将中俄（中苏）两国处理国内民族事务的政策作比较。但是中俄两国历史上的民族关系却大不一样。列宁曾经把沙皇俄国称作“各族人民的监狱”，封建社会帝制时代的中国和北洋军阀、国民党统治下的中国恐怕就不能笼统地这样说。② 旧中国无疑存在民族压迫、民族歧视和民族隔阂，但是也存在各民族的友好交往与和睦相处，存在各民族文化的相互借鉴

① 《毛泽东选集》第三卷，人民出版社 1991 年版，第 801、820 页。

② 在 1950 年代和其后的相当长一段时间，在特定的历史背景和政治环境下，国内理论界曾经存在这样的认识。例如，认为清朝、北洋军阀和国民党“这三个朝代或三个时期的反动统治，都是民族的牢狱”。“列宁说，俄国是民族的牢狱，旧中国也可以说是封建的民族牢狱，五十多个民族生活在中央和地方统治民族的牢狱之中。”参见李维汉：《统一战线问题和民族问题》，人民出版社 1981 年版，第 631 页。李维汉：《关于建立满族自治地方的问题》，1983 年 10 月，原件见“中共中央统战部统请字［1983］第 59 号”，1983 年 11 月 28 日。

与彼此交融，形成了你中有我我中有你的多元一体格局。在古代中国这个相对独立的地理单元，中华民族缔造了长期延续、辉煌灿烂的古代文明。中华民族的文明进程，各个成员之间的交往交流交融，从来没有中断过。这在世界历史上是独一无二的。近代以来，各民族又共同团结进行了反对列强和帝国主义侵略、争取国家独立民族解放的艰苦卓绝的斗争，并在这一斗争中强化了各民族的国家认同和中华民族认同，实现了近代中华民族的民族自觉。这样长期的统一多民族国家的发展历史，对于近现代中国的国家统一和民族团结，对于各民族的觉醒和中华民族认同，究竟发挥着怎样的作用和影响，使得近代以来中华民族屡挫屡起，团结奋斗，抗击帝国主义侵略，使得中国面对亡国灭种的危机，面对帝国主义的分裂图谋和席卷世界的民族主义大潮而不被解体？对于这些，我们今天也还仍然需要多维度思考并加深认识。

一个值得提出深入思考的问题是，近代中国在20世纪前半叶经历了两次全国范围的革命和国家政权的变更。一次是孙中山领导的辛亥革命，于1911年推翻了封建帝制和清朝的统治，建立了中华民国。一次是毛泽东领导的新民主主义革命，于1949年建立了中华人民共和国。两次革命之前的中国，处于封建、半封建、半殖民地状态，国家面临强大的内外敌人和严重的分裂危机；两次革命，革命党人都在向外部世界社会制度先进的国家学习。中国共产党人是“以俄为师”的，而辛亥革命在一定意义上也有榜样，这榜样就是当时被视为“共和国之母”的美利坚合众国。两次革命，中国建国的“老师”和榜样刚巧都是西方的联邦制国家。两次革命又大体时值今人所谓的两次世界范围的民族主义浪潮汹涌澎湃之际。然而，两次革命之后，中国却都没有选择“老师”的联邦制，而是建立起统一的单一制国家。特别是辛亥革命前夕，革命党人提出了“驱除鞑虏，恢复中华”的民族主义口号，武昌起义后各省纷纷宣布脱离清廷“独立”，有的地方还提出了“联省自治”的诉求，但是革命之后还是很快实现了“五族共和”，有的边疆省份还提出过“六族共和”“七族共和”的口号，拥护建立起统一的单一制的共和国。在这一重大历史转变关头，不仅清朝皇室认同自己是中国人，主张“仍合满蒙汉回藏五族完全领土为一大中华民国”，而且，以西盟王公为代表的内蒙古王公贵族还提出“数百年来，汉蒙久成一家……共和新立，五族一家……我蒙同系中华民族，自宜一体出力，维持民国”，明确反对外蒙古的独立主张，使得中华民族的整体认同达到了一个新的历史水平。[①] 清朝皇室及蒙古王公贵族的这种中华民族认同意识，也逐渐遍及于民间，并且反映在当时及后来的文学作品中。例如，著名满族作家老舍就在其剧作和小说中，让其笔下人物表达出“我是旗人，旗人也是中国人哪”、中华各民族和“我们穷旗兵们”“谁也离不开谁”这样的话，从而以文学形式一再表达了这种强烈的中华民族认同意识。[②]

中国共产党在民主革命时期较长时间主张民族自决之后，于中华人民共和国成立前夕决定以民族区域自治作为处理中国民族问题的基本政策，并获得中国人民政治协商会议第一届全体会议通过，载入了起临时宪法作用的《中国人民政治协商会议共同纲领》。新中国在少数民族聚集区实行民族区域自治，正是基于对于中国国情、特别是中国的民族国情不断加深认识和深刻把握的基础之上。今天回顾这些历史，深入认识其中的规律，有助于我们理解中国与世界上其他多民族国家的不同，看到我国民族国情和民族关系方面“中国特色”的历史沿革，也有助于认识为什么帝国主义不能瓜分中国，一次次的世界范围的民族主义浪潮也没有分裂中国的深层次原因，并深刻认识中国实行民族区域自治制度有其历史必然性。这也是我们树立对于当代中国民族关系的自信的坚实的历史依据。

四、关于民族关系方面的忧患意识与民族认同

民族关系方面的忧患意识与“民族问题焦虑”有着密切的联系。“生于忧患，死于安乐”。一般说来，忧患意识是一种值得肯定的精神状态。它能使我们不满足于已经取得的成就，不沉浸于“莺歌燕舞”，而是对于现存的问题保持警醒。但是，真理再向前跨一步，就是谬误。不恰当的忧患意识即忧患意识过度，也会带来负面影响，可能造成思想混乱，伤害我们的自信心，甚至可能损害国家、民族和公民的利益，带来社会的灾难。这方面我们是有过深

① 这方面的史料可参见李爱军：《近代中国“六族共和”论》，《西北民族大学学报》2013 年第 4 期。潘先林：《“七族共和”：云南军都督府对“五族共和”的丰富与发展》，《中国民族报》，2011 年 7 月 29 日第 7 版。辛亥革命时，云南军都督府结合云南实际，宣布云南军都督府的政纲为“汉、回、蒙、满、藏、夷、苗各族视同一体”。西盟王公招待处编辑：《西盟会议始末记》，商务印书馆天津印刷局代印 1913 年版，第 43 页。

② 老舍：《茶馆》，《老舍选集》第 4 卷，四川人民出版社 1986 年版，第 315 页。老舍：《正红旗下》，《老舍选集》第 2 卷，四川人民出版社，1982 年版第 265 页。参见：李宝玉、刘永文：《论满族说部中旗人的中华民族认同——以报刊小说〈消闲演义〉为中心》，《北京社会科学》2014 年第 10 期。滕绍箴：《试论满汉认同的几个问题》，《承德民族师专学报》1994 年第 3 期。

刻教训的。比如，“文化大革命”期间，我们患了“恐资症”。在“左”的思想影响下，我们担心资本主义复辟，担忧党和国家会改变颜色，把城乡私营经济的存在或农民的一块自留地都当作“资本主义尾巴”，必欲割之。这是导致当时人民生活贫困，国民经济濒临崩溃边缘的重要原因。殷鉴不远。这样的“忧患意识”造成的重大失误，教训深刻，我们要牢牢记取。

以这种不恰当的忧患意识看待当代中国的民族关系，认为今不如昔、我不如人，甚至由此而主张改变中国共产党民族理论的基本原则，改变党和政府多年来行之有效的处理国内民族事务的基本制度和基本政策，不仅是不慎重的，甚至是危险的。难怪有学者指出，“近些年来，党内一些领导同志左倾思潮有所抬头，思想理论界也有少数人跟着瞎起哄。有人现在又在鼓噪20世纪五六十年代的错误政策，要消除‘民族差别’，要‘促进民族融合’了，换言之，又打算瞎折腾了吗？对此我们应当予以高度警惕”。①

其实，当代中国的民族关系越来越多地体现为不同民族个体成员即个人之间的关系，表现为或在一定程度上体现为涉及民族因素的社会关系。② 随着国家和社会的发展进步，人际关系会发生相应的变化，反映到不同民族个体之间的关系也会发生相应的变化。千百年来，生活在边远地区的各民族农牧民热情好客，会乐于接待远方其他民族的陌生来客，甚至免费提供住宿。但是一旦他们居住的地方市场经济发展了，城市化了，情况就会发生改变。可以预见在这些地方如果民族兄弟姐妹开起了饭馆、旅社，免费食宿当然不再可能。人们也不必因此而认为我们的民族关系变得今不如昔了。应该清楚地认识到：我们再也无法回到昔日边疆和少数民族地区不通路、不通邮、几乎与世隔绝的时代。笔者以为，现在的民族关系在某些地方、某个时间段不尽如人意，亦不必过度焦虑，更不可因此而质疑宪法对于国家基本政治制度，如民族区域自治制度的规定，或者总希望找出办法“淡化”各民族的民族意识，并通过“淡化”民族意识来消弭必定会长期存在的民族问题。

2014年的中央民族工作会议强调要正确认识“我国民族关系的主流，多看民族团结的光明面”，意义即在于此。实际上，我们的社会生活中，随处都可以看到这种主流和光明面，看到各民族的四个认同在不断增进。试举田野调查一例，笔者数年来与在我所住社区工作的一位来自云南大理的家政服务员很熟悉。她是白族，和她的同乡们一起来京打工，老乡之间讲自己的白族

---

① 金炳镐主编：《评析“第二代民族政策”说》，中央民族大学出版社2013年版，第224页。

② 言轻：《理解民族关系的思路应与时俱进》，《中国民族报》2013年2月22日第6版。

语言，有着清晰的本民族意识。从她那里我知道，当地白族和彝族之间关系不是很融洽。但是有一天餐桌上聊天，她突发感慨："我们对国家实在是没有什么贡献。现在农业税也不交了。我们只是年复一年自己种地自己吃。一旦有天灾，国家还要救济"。我马上意识到她明确的国家认同感。她无疑有着清晰的自己是白族的民族意识，她的家乡的民族关系也存在一些问题。但是这种本民族的民族意识，乃至当地民族关系中存在的问题，究竟对于她中华民族的民族意识、对于她的国家认同有多大负面影响呢？对此要具体分析。今天，在中国各民族中，56 个民族层面的民族意识与中华民族的民族意识，是否一定是一种此消彼长的零和关系呢？增强国家意识、公民意识，是不是一定要以淡化各民族成员的本民族意识为条件或为导向呢？如果我们今天提出了这样的任务，那么它是适合我国国情的任务吗？我们的学者尤其是民族理论工作者，对此应该进行深入的思考，得出正确的认识，而不能先验地甚至贸然地下结论。

已经有不少学者通过实地调研和问卷调查，得出中国边疆地区的少数民族有着明确的国家认同的结论。一些少数民族中的大多数认为当代中国的民族关系是正常的，并为自己是中国人而自豪。特别是边境地区的少数民族同胞，他们可能文化水平和受教育程度并不高，但是却对自己是中国公民非常清楚。他们帮助巡边护边，他们每天升降国旗，在特定的环境中，表现出强烈的公民意识和中华民族自豪感。[①]

再举一例。大约在 2012 年，中央党校新疆班的组织员告诉我一个发生在其身边的故事：一位维吾尔族学员的读小学的孙子第一次来北京，吵着闹着第一件事就是去天安门广场看升国旗。时值暑假之前，天亮甚早，学员带着孩子打车在上课之前去了天安门广场。他的读小学的孙子一路都在唱中华人民共和国国歌。[②] 此事发生于 2009 年乌鲁木齐"7・5"事件之后，体现出西部地区新一代少数民族的国家认同，从一个侧面说明，西部少数民族地区多年来坚持进行的爱国主义教育和民族团结进步教育是有成效的。

再以西南边疆地区的西藏为例。1962 年 10 月中印边境自卫反击战期间，

① 参见曾江：《中国哈萨克族有清晰的国家认同》，《中国社会科学报》2012 年 5 月 14 日第 2 版；贾启龙等：《"中国二字"重千斤——记中吉边境柯尔克孜族护边员马塔郎・木沙》，《中国民族报》2014 年 11 月 7 日第 1 版；郭大利、王杰：《44 年每日升国旗，藏族阿妈获吉尼斯世界纪录》，《中国民族报》2009 年 11 月 17 日第 2 版。

② 这个故事，是出租车司机告诉新疆班组织员阎惠鸾的。讲述完亲历的故事，这位司机还感慨："你们党校的新疆人真好！"2012 年 6 月阎惠鸾同志告诉笔者后，笔者曾经电话采访当事人。

人民解放军作战越过“麦克马洪线”后很快即奉命撤回。其时麦线以南的门巴族聚居区已被印方非法占领十多年，但是当地门巴族百姓听说部队和工作队要奉命撤离的消息后，竟然推举曾经担任旧西藏地方政府官员的老人前来挽留，表示“我们门巴过去是大皇帝的老百姓，今天是解放军和工作队的老百姓，只要解放军和工作队留下来，我们乐意支差纳税”。今天的藏南地区，印度非法占领区姑置不论，墨脱县已经摘下了“全国唯一不通公路的县”的帽子。来自墨脱80后的人大代表，不仅可以操一口全国通用的普通话，而且能讲英语。[1] 这一代少数民族的国家认同、中华民族认同，他们同其他民族的交往交流交融，岂可与当年同日而语！邓小平在20世纪90年代所说“中国一个很重要的特点就是没有大的民族纠纷”[2]，今天仍然是我国民族关系上的现实。而百年来在反对共同内外敌人的斗争和建设伟大祖国过程中积淀的中华民族凝聚力，更不是少数人的分裂挑唆破坏活动可以瓦解的。我们在民族关系问题上的忧患意识，应该保持在适当的“度”之内。超过了这个限度，可能会导致怀疑我国的民族区域自治制度和基本的民族理论民族政策，伤害我们的道路自信、理论自信和制度自信，是不可取的。

肯定当代中国民族关系中的主流，多看民族团结的光明面，批评对于我国民族关系上的不恰当的“忧患意识”，并不是否认当代中国民族关系中存在的问题。中国特色社会主义在实践中，中国的民族区域自治制度也在实践中，需要坚持和完善。更何况还存在敌对势力的挑唆和破坏活动，人民内部还存在大民族主义和狭隘民族主义两种错误倾向，我们在民族工作的具体实践中也还会存在这样那样的失误。当代中国民族关系的进一步改善将是一种持久的常态，构建平等、团结、互助、和谐的民族关系也将是一个长期而艰巨的任务。所以，最近的中央民族工作会议强调要“让各族人民增强对伟大祖国的认同、对中华民族的认同、对中华文化的认同、对中国特色社会主义道路的认同”，要“善于团结群众、争取人心，全社会一起做交流、培养、融洽感情的工作……坚决反对大汉族主义和狭隘民族主义，自觉维护国家最高利益和民族团结大局”。特别是提出“加强中华民族大团结，长远和根本的是增强文化认同，建设各民族共有精神家园，积极培养中华民族共同体意识”，就具

① 阴法唐：《〈中印边境自卫反击战——达旺日记〉序言》，《阴法唐西藏工作文集》（下），中国藏学出版社2011年版，第857页。李寅：《80后门巴族代表白玛曲珍：我肩负民族的责任》，《中国民族报》2013年3月5日第4版。

② 邓小平：《共同努力，实现祖国统一》，1990年9月15日，《邓小平文选》第3卷，人民出版社1993年版。第362页。

有深远而重大的意义。

近年来，国内理论界、学术界围绕中国民族理论政策和当代中国民族关系问题的争论，犹如在这一领域进行的一次真理标准大讨论，使持有不同观点的双方视野扩大了，认识深化了。检验中国特色社会主义民族理论正确与否的标准，只能是实践，只能是当代中国民族关系的真实状况；而正确认识当代中国的民族关系，则需要运用马克思主义的立场观点方法，坚持历史唯物主义和辩证唯物主义。经过一段时间的讨论、辩论、争论，特别是在2014年的中央民族工作会议召开之后，理论界、学术界应该尊重和敬畏宪法对民族区域自治制度的规定，在“全面正确贯彻落实党的民族政策，坚持和完善民族区域自治制度”方面达成共识。在认识国内的民族关系问题时，还是要立足于中国民族国情的历史、现实以及未来发展的主流和大趋势，着眼于全国的大局，树立对于当代中国民族关系的自信；还是要讲民族平等、民族团结，讲“三个离不开”；还是要像党的十八大报告提出的那样，“牢牢把握各民族共同团结奋斗、共同繁荣发展的主题，深入开展民族团结进步教育，加快民族地区发展……促进各民族和睦相处、和衷共济、和谐发展”。要“坚持从政治上把握民族关系、看待民族问题”。在加强各民族交往交流交融的过程中，尊重差异，包容多样，多做交流、培养、融洽感情的工作，让各民族在中华民族大家庭中手足相亲，守望相助。要绵绵用力，久久为功，引导各族干部群众牢固树立正确的祖国观、历史观、民族观，把爱自己的民族与爱祖国、爱中华民族结合起来，逐步实现“各美其美，美人之美，美美与共，不同而和”的民族文化自觉，为实现中华民族伟大复兴的“中国梦”而共同努力奋斗！

原载《中共贵州省委党校学报》2015年第1期，《人大复印报刊资料·D5·民族问题研究》2015年第6期全文转载

从对满族问题的处理看中国共产党的民族政策

满族是中国的一个少数民族。17 世纪中叶，满族贵族建立了中国历史上的最后一个封建王朝——清朝。19 世纪中叶，当西方列强入侵中国时，统治中国的正是清朝。所以马克思称满族为“中国统治民族”。[①] 在中国近代历史上，满族占有特殊重要的地位。

辛亥革命之后，虽然中国人普遍接受了汉、满、蒙、回、藏“五族共和”的口号，但在北洋军阀和国民党的统治下，中国并没有真正实现民族平等。满族作为中国的一个少数民族，由于当时的社会舆论往往将其与反动卖国而已被推翻的清朝联系在一起，是受歧视的。“9·18”事变以后，更由于逊清废帝溥仪投靠日本帝国主义，在伪满洲国中充当傀儡皇帝，而使许多爱国但在民族问题上认识不清的满族人感到抬不起头。

满族初入关时，仅有几十万人。至清中叶全盛时期，大约有 400—500 万人。经过几个世纪的融合，尤其是经过辛亥革命之后的数十年，绝大部分满族人已经采用了汉语文、汉服，甚至改了汉姓。至中华人民共和国建立前后，表面上看来，满族与汉族已经没有什么差别了。中国共产党的领导人对满族也一度存在某些不正确的认识。这反映在当时对满族问题的处理上。

1949 年元月，当时担任中共中原局第三书记的邓子恢同志曾向中央请示，称：“开封郑州现有满族人（在旗）二千余，间接提出在联合政府中或人民代表会议中是否按民族单位派代表参加，此问题应如何答复?”同月中央指示：“满族人民自深入内地后因为居住分散及与汉族人民长期相处，其生活习惯大多已与汉人无甚差别或差别极小，其所通用的语文也是汉语文。这种民族界线的消除，是一种进步的现象。对于具备此种情况的满人，不应再当作国内一个民族来宣传来强调，而只要照顾他们的某些特殊需要就够了。”指示接着说：“开封郑州之二千余满人，如是聚居情况，保有若干民族特点，则仍应采

① 《俄国的对华贸易》，《马克思恩格斯选集》，第 1 卷，人民出版社 1995 年版，第 700 页。

取民族自治政策，允许其建立下层自治政权，并选举代表参加市人民代表大会。如既非聚居，又无民族特点，则不需采取民族自治政策。但在此种情况下，如仍有被汉人压迫情形，则应采取其他适当办法，帮助其解除这种压迫。如他们已有民族性的人民团体，仍可允许此项团体派代表参加市人民代表大会。或虽无此项团体而因为实际上有必要，亦可设法使人民代表大会中有满籍代表（但不是作为民族代表参加）。”指示最后要求中原局：“你们须按当地具体情况再加研究，采取适当措施，以保证汉人和满人之间的平等和团结。”①

后来的事实表明，当时我们党对于满族的认识是有偏差的。在这样一种认识的影响下。1949 年 9 月，当第一届中国人民政治协商会议第一次会议召开时，满族没有作为民族单位被邀请（被作为少数民族单位代表应邀与会的正式代表和候补代表共 12 人，分属回、彝、蒙古、苗、藏、朝鲜、黎等 7 个少数民族）。参加这次会议的两位满族人士罗常培和程砚秋是作为其他单位的代表与会的。若干年后，周恩来同志提及此事时指出：“在第一次政协第一次会议中满族没有作为民族单位被邀请，这是一个错误。当时以为满族已经没有什么特点了。到了召开第一次政协第二次会议的时候，才有了满族代表出席。”②

1950 年 6 月 14 日第一届政协第二次会议在北京召开，载涛是与会的满族代表。周恩来遇见载涛时，曾当面向他致歉说：“载涛先生，首届全国政协会议没请您参加，我把您这位几十万满族人民的代表给忘记了。”一席话，说得载涛十分感动。③ 周恩来还曾对满族作家老舍表示，新中国要找几个人代表满族，他很合适。老舍也高兴地答应下来。新中国成立初期，毛泽东同志等党和国家领导人也都十分重视满族问题。据老舍的子女回忆，老舍有一次去人民大会堂开会，休息时，毛泽东等人来找老舍聊天，谈起满族。毛泽东说，他自己的好多方法，例如统一战线，就是从康熙皇帝那里学来的。刘少奇等人也谈到了康熙等历史上最伟大的几个皇帝。老舍新中国成立前的作品中是有满族人物的，但他从不言明，不提“满族”二字，更绝口不谈他自己是旗人的后代。自从那次见到毛泽东、刘少奇等党和国家领导人之后，他一改过去，变得爱谈论满族了。④

---

① 中共中央统战部编：《民族问题文献汇编 1921. 7—1949. 9》，中共中央党校出版社 1991 年版，第 1218 页。

② 周恩来：《民族区域自治有利于民族团结和共同进步》，1957 年 3 月 25 日，载《周恩来统一战线文选》，第 337 - 338 页。

③ 名人传记丛书：《建国前后的毛泽东》，第 194 页。

④ 舒云：《老舍与他的满族人物》，《文汇报》1997 年 10 月 2 日第 8 版。

老舍的例子很有典型性。正如周恩来同志所说：辛亥革命之后，满族“采纳了汉族的文化，首先是文字，以后又逐渐采用了汉族的语言，把自己的语言文字丢了，好像跟汉族没有区别了，实际上还是两个民族”。“满族还是有它自己的民族感情的……当承认了他们的民族地位以后，满族人过去几十年来抑郁的感情才舒畅了。”①

值得指出的是，满族受歧视的问题，甚至在辛亥革命推翻清朝以前就已经存在了。当时的一些汉族士绅官宦之家，看不起不缠足的满族家庭的女子，不肯为自己的儿子娶满族女子为妻。辛亥革命以后满族受歧视的问题仍然一直存在。社会上许多人把满族与被推翻的清朝混为一谈，看不起满族人，致使许多满人隐瞒自己的民族成分。这一问题，在中华人民共和国成立之后才得到了根本的解决。1956 年 2 月 18 日，国务院发出通知：为增进各民族间的团结，今后各级国家机关、学校、企业、各民主党派、各人民团体，在各种文件、著作和报纸、刊物中，除了引用历史文献不便改动外，一律不要用“满清”这个名称。② 在 1953 年的第一次全国人口普查中，申报满族的仅有 2418931 人；到 1982 年人口普查时，申报满族的有 4304160 人；而到最近一次（1990 年）人口普查时，申报满族的已达 9846776 人。这三次人口普查的数字变化，充分表明党和国家的民族政策越来越深入人心，已经为广大满族人民所信服了。在河北省的青龙满族自治县、丰宁满族自治县、辽宁省的新宾满族自治县、岫岩满族自治县和凤城满族自治县等 5 个满族自治县中，满族和我国其他少数民族一样享有实行民族区域自治的平等权利，其他地区杂居散居的满族人民，大多建立了民族乡，也享受着民族平等的权利。我党对满族问题的处理，再次表明，民族问题是社会总问题的一部分，在我国这样的多民族国家，民族差异将长期存在，因而民族问题也将长期存在。当前我国处于社会主义初级阶段，是各民族共同发展、共同繁荣的时期。同时，我党对满族问题的处理也表明，我们党是实事求是的，为了国家和中华民族的根本利益，敢于承认自己在处理国内民族问题方面曾经出现的认识偏差，并勇于及时地加以改正。

原载《中国民族报》2002 年 10 月 15 日第 3 版

---

① 《周恩来统一战线文选》，人民出版社 1984 年版，第 370 页，第 337－338 页。

② 《当代中国的民族工作》编辑部：《当代中国民族工作大事记，1949—1988》，民族出版社 1989 年版，第 81 页。

我们新疆好地方

——写在中央新疆工作座谈会召开之际

2010年5月20日星期四是一个普通的日子。当晚间新闻联播传来中共中央、国务院召开的新疆工作座谈会在北京结束、中央明确提出要“举全党全国之力推进新疆跨越式发展和长治久安”的消息时，新疆各族人民兴高采烈，迎接这个并非年节的喜庆日子，热议中央新疆工作座谈会为天山南北带来的大发展、大开放、大建设的历史性机遇！

中央新疆工作座谈会提出了新形势下新疆工作的目标和任务：到2015年新疆人均地区生产总值达到全国平均水平，城乡居民和人均基本公共服务能力达到西部地区平均水平等；到2020年，促进新疆区域协调发展、人民富裕、生态良好、民族团结、社会稳定、边疆巩固、文明进步，确保实现全面建设小康社会的奋斗目标。中央做出的在新疆率先进行资源税费改革、把保障和改善民生作为新疆发展的首要目标等一系列决定，更是让新疆各族人民深感党中央国务院的关怀，备受鼓舞。

我们新疆好地方。新疆是伟大祖国的一个聚宝盆。新疆地处祖国大西北的地理位置和丰富的矿产能源资源，使得新疆在我们国家今后的发展建设中具有特殊重要的战略地位。在我们已经取得改革开放30年成就和经验的今天，新疆的各项工作必须以科学发展观为统领，坚持经济社会协调发展、又好又快地发展，推进新疆跨越式发展。

我们新疆好地方。新疆各族人民热爱祖国，热爱家乡，是这片热土的主人。共产党当年领导人民翻身解放，是为了让各族人民站起来；今天领导人民改革开放，是为了让各族人民富起来。党和政府一切工作的根本出发点和落脚点，就是加快改善各族群众特别是广大农牧民的生产生活条件。中央新疆工作座谈会明确提出，今后新疆的财力物力，更要重点用于保障和改善民生，新疆的资源开发，更要直接地惠及新疆各族群众。

我们新疆好地方。新疆各族干部群众渴望发展，渴望富裕，也渴望民族团结、社会和谐。新疆的维吾尔族等少数民族群众普遍信奉伊斯兰教。伊斯兰教是主张和平、和谐的宗教，广大信教群众是热情好客、淳朴善良的穆斯林。新疆一位少数民族干部在二十多年前率先提出的各族人民谁也离不开谁的思想，经过我们党的领导人的肯定和提倡，今天被概括为“三个离不开”，在全国各族人民中已经深入人心。在新疆今后的各项工作中，只有始终高举各民族大团结的旗帜，才能实现新疆的跨越式发展和长治久安。

我们新疆好地方。但是由于历史、自然、社会等多方面因素的影响，在过去一个时期，新疆同我国东部地区的发展差距有所扩大。而国内外客观存在着的敌对势力分裂中国的活动，又对新疆的社会稳定和民族团结造成伤害和威胁。新疆既存在着人民日益增长的物质文化需要同落后的社会生产之间的矛盾这一对社会主要矛盾，同时，又存在着各族人民同分裂势力之间的特殊矛盾。这就决定了新疆的工作必须紧紧围绕推进跨越式发展和长治久安这个重大而紧迫的任务来进行。

我们新疆好地方。不仅人民勤劳智慧、山川辽阔壮美，而且文化异彩纷呈。各民族传统文化中的精华，都是我们中华民族灿烂悠久文化的组成部分，是我们共同的宝贵财富。同时，各民族的传统文化中也都有糟粕，有各自的不足，需要吐故纳新。现在，内地 19 个省市的援疆工作正在部署中，在我们共同建设新疆、发展新疆的奋斗过程中，内地人民和新疆各族人民群众之间的交往交流交融将会与日俱增。这是历史的进步，是不可逆转的大趋势，也为我们各民族互相学习其他民族的优点和长处提供了新的机会。在科技进步、文化多元的全球化的当今世界，开放的民族、开放的文化必将焕发勃勃生机，拥有光明的未来。新疆的各族人民，将会在共同团结奋斗，共同繁荣发展的同时，各美其美，美人之美，美美与共，不同而和，不断增强对中华民族的归属感、对中华文化的认同感和对伟大祖国的自豪感，促进各民族的文化自觉。

中国是各族人民的祖国，新疆也是各族人民的家园。各族人民的根本利益是共同的，前途命运是共同的，面临的困难和挑战也是共同的。今天，新疆各族人民迎来了这个喜庆的日子，也担起了一副沉甸甸的担子，这就是推进新疆跨越式发展和长治久安。有党中央国务院的坚强领导，有全国人民的大力支持，有新疆各族干部群众的团结奋斗，新疆各族人民能够担起这副担子，踏上新的征程。

原载《中国民族报》2010 年 5 月 25 日第 1 版

宗教篇

承前启后的重要文献

——重读《关于我国社会主义时期宗教问题的基本观点和基本政策》

半个多世纪以来，我们党坚持与时俱进的思想，在解决我国宗教问题，特别是我国少数民族宗教问题的实践中，不断丰富和发展马克思主义的宗教观。而其中，1982 年 3 月，中共中央印发的《关于我国社会主义时期宗教问题的基本观点和基本政策》，从一个角度反映出我党与时俱进的马克思主义宗教观的发展历程。

事业发展的需要

《关于我国社会主义时期宗教问题的基本观点和基本政策》，即中共中央 1982 年 19 号文件（以下简称《19 号文件》），“比较系统地总结了建国以来党在宗教问题上的正反两个方面的历史经验，阐明了党对宗教问题的基本观点和基本政策”。

《19 号文件》的产生，有着特定的历史背景。当时，党在指导思想上已经完成拨乱反正的历史任务，然而，宗教方面的拨乱反正工作仍然举步维艰。一方面，我国宗教界的教徒和广大信教群众强烈要求尽快恢复党的宗教信仰自由政策；另一方面，对“宗教是人民的鸦片”这一马克思主义的观点，还存在教条主义的理解，使党的宗教政策的落实十分缓慢。形势要求我们在宗教工作方面进一步确立解放思想、实事求是的思想路线，对宗教工作中出现的新情况、新问题进行认真的理论思考。

在此期间，邓小平同志对于民族、宗教问题十分重视。他在 1979 年听取第十四次全国统战工作会议的情况汇报时指出，民族、宗教工作中还存在很多政策问题，应予重视。在 1980 年 8 月与十世班禅大师的一次谈话中也明确指出：“对于宗教，不能用行政命令的办法；但宗教方面也不能搞狂热，否则同社会主义，同人民的利益相违背。”这些指示，目的都是要避免在改革开放之初党和国家的宗教工作发生偏差。

《19号文件》印发之时，正值党内和理论界思想活跃，对于宗教问题的各种观点激烈争辩之际。一方面，“左”的思想还禁锢着一些人的头脑。仍然有人片面地、教条主义地理解马克思主义的宗教观，突出地表现为表面上坚持“宗教是人民的鸦片”这一马克思主义的宗教观，实际上拒绝在新的形势下进行理论创新。另一方面，关于改革开放条件下应当如何界定党的宗教工作的任务、目的，开始有新的观点提出，但是还不很成熟，尚未得到全党和理论界、学术界的认同。例如，当时及后来一段时间，学术界有一种提法是“促进宗教同社会主义社会相协调”。

在这种历史背景下，《19号文件》通篇没有提“宗教是人民的鸦片”，也没有提“引导宗教与社会主义社会相协调”，而是指出，“要坚定地贯彻执行宗教信仰自由政策，巩固和扩大各民族宗教界的爱国政治联盟，调动他们的积极因素，为建设现代化的社会主义强国，为完成祖国统一大业，为反对霸权主义，维护世界和平而共同奋斗。”实际上，这一表述中已经包含了“积极引导宗教与社会主义社会相适应”的思想。

《19号文件》把党在社会主义时期对于宗教问题的基本观点概括为：宗教是人类社会发展到一定阶段的历史现象，有它发生、发展和消亡的历史过程；宗教在社会主义条件下有其必然长期存在的根源；在社会主义时期我国宗教的状况已经起了根本的变化，宗教问题上的矛盾已经主要是属于人民内部矛盾，但是宗教问题还受到阶级斗争和国际复杂因素的影响；要善于体察民族问题与宗教问题的区别和联系，注意民族问题与宗教问题交织在一起的情况，警惕和反对任何利用宗教狂热来分裂人民，破坏各民族之间团结的言论和行为；处理宗教问题主要要反对“左”的倾向，但也要防止和克服放任自流的倾向；坚持独立自主、自办教会的原则，反对境外宗教团体和个人干预我国宗教事务，特别要警惕和抵制境外敌对势力利用宗教对我国进行的渗透活动；处理我国社会主义时期宗教问题和贯彻宗教信仰自由政策的出发点和落脚点，是团结全体人民，包括广大信教和不信教的群众，为建设现代化的社会主义强国而努力奋斗。

历史经验的总结

上述观点是在比较系统地总结“建国以来党在宗教问题上的正反两个方面的历史经验”的基础上提出的。在此之前（包括“文化大革命”之前），我党对于宗教工作没有做过如此全面的总结。然而，在20世纪50年代初期，党的统战工作部门在总结党的民族工作时，对于宗教问题已经有所涉及。

1953年7月，第四次全国统战工作会议讨论通过了《关于过去几年内党在少数民族中进行工作的主要经验总结》（以下简称《总结》），初步提出了我国的宗教具有群众性、民族性、长期性、国际性和复杂性“五性”；简明扼要地阐述了中国共产党人对于宗教的态度，认为宗教有其产生和发展的历史，宗教的存在是一个长期的过程。

《总结》还就在少数民族中发展党员和少数民族中的共产党员应当如何对待宗教问题做了规定，明确提出：“这些少数民族中劳动人民的觉悟分子和革命知识分子，虽然存有宗教信念和感情，却承认党纲和党章，并在实际上积极执行党所号召和指示的工作，对于这样的劳动人民中的觉悟分子和革命知识分子，在经过了一定的考验之后，应该允许其入党，不要把放弃宗教信仰作为入党的一个条件，让他们入党后，在长期的党内教育和革命实践中，帮助他们逐步冲淡和消失其宗教信仰。对于少数民族党员的一般生活习惯（如不吃猪肉等），不论其与宗教信仰有无关系，不仅不应干涉，而应加以尊重。对于那些整个民族信仰宗教的少数民族（如回、藏、维吾尔等民族）中的党员，还应该劝告他们在宗教仪式和生活习惯上不要脱离本民族的大多数人民。”

《总结》于1954年9月13日下发。《总结》产生的那个年代距今已经有将近半个世纪，我国少数民族信仰宗教的状况也发生了一定的变化，在今天已经不能简单地照搬那时的一些提法，然而毛泽东所称赞的《总结》中的实事求是和理论创新的精神，仍然是我们今天应当发扬光大的。

在《19号文件》中，提出了一个十分新颖的词汇——“随顺”，“我们的同志，特别是生活在基层的共产党员，既要在思想上同宗教信仰划清界限，又要在生活中适当尊重和随顺民族的风俗习惯。这当然不是说，对于那些不利于群众生产、生活和身心健康的风俗习惯也不应当依据本民族大多数人的意愿进行适当的改革；但是不加分析地把民族风俗习惯同宗教活动混为一谈，是不妥当的，是不利于民族团结和正确处理宗教问题的。”“随顺”一词反映出我党对于我国少数民族中宗教问题认识的深化，体现了党对于马克思主义宗教观的发展。据笔者所知，在我党关于宗教问题的文件中，此前从未使用过。

这样的宗教观是实事求是的，而不是教条主义的；是理论联系实际的，而不是脱离实际的。实际上，在新中国成立之初，毛泽东、周恩来都曾反复提到宗教存在的长期性。但是后来，在极“左”思潮泛滥的时代，我们的许多党员干部把毛泽东、周恩来的上述思想统统忘记了。

从《总结》到《19号文件》，其间经过了将近30年。然而，无论是在少数民族还是在汉族群众中对于宗教的信仰均未发生根本的改变。随着人口的增加和社会政治生活、文化生活环境的变化，加上其他一些原因，信教群众的人数还有所上升。

在这种情况下，特别是在少数民族当中，如何对待宗教，就成为一个迫切需要回答的问题。简单地把一切宗教斥之为鸦片，把少数民族中的那些虽然含有某些宗教色彩和宗教传统，但是实质上已经成为民族风俗习惯组成部分的传统婚丧仪式和群众性节日活动笼统地视为宗教活动，不讲“随顺”，表面上是坚持了马克思主义宗教观，实际上是行不通的；或者说短时间可以，长期则行不通。这样做，会使我们脱离群众，会降低党员干部在群众中的影响力，从而在实际上削弱而不是加强党的领导，特别是党对于少数民族地区基层工作的领导，会使我们自己变得耳不聪，目不明，变得信息不灵，会使某些矛盾逐渐积累。总之，会贻误而不是有助于我们的工作。

因此，《19号文件》要求：“在基本上全民信教的少数民族当中，生活在基层的共产党员……在这些民族中执行共产党员不参加宗教活动的规定时，也应当按照具体情况，区别对待，以利于联系群众。”另一方面，重申了“共产党员不得信仰宗教，不得参加宗教活动，长期坚持不改的要劝其退党”的规定。同时，要求党的各级领导“一定要善于具体地分析各个民族和各种宗教的不同的情况，善于体察民族问题与宗教问题的区别和联系，并且正确地加以处理。一定要警惕和反对任何利用宗教狂热来分裂人民，破坏各民族之间团结的言论和行动。”

根本大法的确认

1982年年底，新宪法颁布，进一步用根本大法的形式确认了宗教信仰自由政策：

> 第四条：“各民族都有使用和发展自己的语言文字的自由，都有保持或者改革自己的风俗习惯的自由。”
>
> 第三十四条：“中华人民共和国年满十八周岁的公民，不分民族、种族、性别、职业、家庭出身、宗教信仰、教育程度、财产状况、居住期限，都有选举权和被选举权；但是依照法律被剥夺政治权利的人除外。”
>
> 第三十六条：“中华人民共和国公民有宗教信仰自由。

任何国家机关、社会团体和个人不得强制公民信仰宗教或者不信仰宗教，不得歧视信仰宗教的公民和不信仰宗教的公民。

国家保护正常的宗教活动。任何人不得利用宗教进行破坏社会秩序、损害公民身体健康、妨碍国家教育制度的活动。

宗教团体和宗教事务不受外国势力的支配。”

以上条款把中国共产党的宗教政策作为国家意志用宪法的形式固定了下来，同时也为党和政府贯彻执行宗教信仰自由政策提供了法律依据。显然，1982 年《宪法》中有关宗教信仰自由问题部分内容的修改，与《19 号文件》的印发有着密切的联系。

1991 年 2 月，中共中央、国务院再次发出《关于进一步做好宗教工作若干问题的通知》。《通知》指出：“正确对待和处理宗教问题，是我国社会主义建设事业中的一个重要课题，是建设有中国特色社会主义的一个重要内容。做好宗教工作对于维护社会稳定、增进民族团结、促进祖国统一和四化建设都有着不容忽视的重要意义。《中共中央关于我国社会主义时期宗教问题的基本观点和基本政策》是指导宗教工作的重要文件，要继续认真贯彻执行。要保持宗教政策的连续性和稳定性。”

谱写新的篇章

然而，由于种种原因，一些从事宗教工作的同志，对于《19 号文件》，尤其是对于中国共产党对于宗教问题的不断深入的理论认识缺乏了解，不愿以与时俱进的科学态度对待马克思主义的宗教观，用以指导今天的工作，而是依旧简单地重复“鸦片”说。在某些少数民族地区工作的一些近年参加工作的青年干部，甚至不知道我们党在改革开放之初还印发过这样一份文件，并在若干年后的另一份文件中强调了它的重要性。这是很不应该的。

在社会主义制度建立之后，坚持辩证唯物主义和历史唯物主义（包括无神论）世界观的共产党人和社会主义国家的政权应当如何正确地对待宗教和宗教问题，应当如何积极引导具有悠久历史、已经适应了各种剥削制度的宗教与全新的社会主义社会相适应，是国际共产主义运动一个尚未解决的问题。《社会主义与宗教》曾经是列宁在十月革命前夕写下的一篇名著，今天，同样的题目有待于中国共产党人续写新篇。

2001 年 12 月，党中央召开了 21 世纪的第一次全国宗教工作会议。江泽民同志就如何处理好新形势下宗教与社会主义的关系问题作了讲话。讲话通篇贯穿着马克思主义与时俱进的理论品质，贯穿着“三个代表”的重要思想和尊重实践、尊重群众的科学精神与党性原则，体现了党的宗教政策的稳定性和连续性，丰富和发展了马克思主义的宗教观。他提出，在宗教问题上，要从革命年代主要强调与宗教做斗争，变为建设年代强调不信教群众与信教群众的大团结；要从一度强调宗教在阶级社会中被统治阶级所利用，因而具有精神麻醉的消极作用，变为实事求是地肯定宗教在社会主义初级阶段既有消极作用，也有积极作用，既要限制消极因素，也要调动积极因素；要从一度把信教群众视为落后面、消极力量，变为将他们视为自己人和积极力量。总之，要把宗教工作作为全党的、全局性的工作。讲话再次强调了宗教的群众性、长期性和复杂性，肯定了我国各宗教自身的改革和进步，重申了我国包括信教群众在内的各族人民群众根本利益的一致性，要求全党重视宗教工作，加强党对宗教工作的领导，积极引导宗教与社会主义社会相适应。

从20世纪50年代初期《总结》中党对于我国宗教问题（主要是少数民族工作中的宗教问题）的理论认识，到1982年3月《19号文件》，再到2001年12月江泽民同志在全国宗教工作会议上的讲话，可以看出中国共产党是如何在半个多世纪解决中国宗教问题、特别是中国少数民族宗教问题的实践中，坚持与时俱进，不断丰富和发展马克思主义宗教观的。而《19号文件》则在中国共产党认识和解决中国宗教问题的实践中起了承前启后的作用。

原载《中国民族报》2003年12月19日第3版

关于“积极引导宗教与社会主义社会相适应”的几个问题

一、“积极引导宗教与社会主义社会相适应”是怎样提出的？

“积极引导宗教与社会主义社会相适应”是中国共产党在20世纪90年代初期提出的。这句话以简洁而明确的语言，规定了在新的历史时期党和政府宗教工作的基本任务和目的，并且很快得到了国内学术界专家和宗教界人士的拥护和认同。但是，我们获得这样的共识，能够用“积极引导宗教与社会主义社会相适应”来概括地界定新的历史时期党和政府宗教工作的基本任务和目的，却经历了一个曲折的过程，来之不易。回顾这句话提出的经过，可以看出改革开放20年来党对于我国宗教问题认识的逐渐深化过程。

“十年动乱”期间，在极“左”思潮的影响下，党和国家的宗教信仰自由政策遭到破坏，宗教工作蒙受了极大的损失。十一届三中全会以后，关于真理标准的讨论使我们的思想获得了一次巨大的解放。在此基础上，1982年3月，中央书记处在专门研究了宗教问题之后，形成了《关于我国社会主义时期宗教问题的基本观点和基本政策》，系统地总结了新中国成立以来党在宗教问题上的正反两个方面的历史经验，阐明了党对宗教问题的基本观点和基本政策，指出：“在新的历史时期中，党和政府对宗教工作的基本任务，就是要坚定地贯彻执行宗教信仰自由的政策，巩固和扩大各民族宗教界的爱国政治联盟，加强对他们的爱国主义和社会主义教育，调动他们的积极因素，为建设现代化的社会主义强国，为完成祖国统一大业，为反对霸权主义、维护世界和平而共同奋斗。”这里虽然没有明确提出要“积极引导宗教与社会主义社会相适应”，但已经包含了这样的思想。

20世纪80年代中后期，我国学术界又开展了一场关于宗教问题的讨论，其焦点在于社会主义条件下宗教的本质及其作用，或者说，马克思关于“宗教是人民的鸦片”的论断，在今天的社会主义条件下是否过时了。当时学术界的争论相当激烈，以致有人戏称之为“第三次鸦片战争”。一种观点认为，在社会主义条件下，宗教的本质并没有发生变化。作为意识形态，宗教是与辩证唯物主义相对立的唯心主义思想体系，宗教本身不能适应社会主义的经济基础，宗教教义不能为社会主义服务。另一种观点认为，在社会主义条件下，尽管宗教的教理、教义没有发生实质性的改变，但宗教已不再是剥削阶级麻痹人民群众的精神工具。宗教不仅仅是相信有神的一种意识形态，而且还是包括宗教徒、宗教职业者和宗教组织在内的一种社会力量。我国宗教徒中的绝大多数是爱国守法的，他们既信仰幻想中的天堂，也拥护现实的共产党的领导和我国的社会主义制度。这就构成了宗教与社会主义社会相协调、相适应的基础。信教群众以教徒身份从事的纯宗教活动，只占其全部社会活动和精神生活的一小部分；而他们各自以工人、农民、牧民、工商手工业者、知识分子等各种社会劳动者身份参加的社会主义物质文明和精神文明建设，才是他们社会生活的基本内容。他们与不信教群众的基本利益是一致的，同样是社会主义中国的主人，而且实际上也正在为社会主义服务。这样一场争论，无疑有助于我们深入认识社会主义条件下我国的宗教问题。

1990 年 7 月，在《中共中央关于加强统一战线工作的通知》中，党中央明确提出“要引导爱国宗教团体和人士把爱教与爱国结合起来，把宗教活动纳入宪法和法律的范围，同社会主义制度相适应”。到了 1992 年 4 月，上述内容又写进了中共中央统战部拟定的《九十年代统一战线部门工作纲要》之中。纲要提出：90 年代统一战线工作的目标之一就是“全面贯彻宗教信仰自由政策，依法对宗教事务进行管理。广泛团结宗教界人士，进一步发挥爱国宗教团体的作用，支持他们加强自身建设，积极引导宗教与社会主义社会相适应”（见《新时期统一战线文献选编（续编）》，第 403 页）。1993 年 11 月，江泽民同志在全国统战工作会议上做了题为“高度重视民族工作和宗教工作”的讲话。他在讲话中指出：“在宗教问题上要强调三句话：一是全面、正确地贯彻执行党的宗教信仰自由政策，二是依法加强对宗教事务的管理，三是积极引导宗教与社会主义社会相适应”。“贯彻党的宗教信仰自由政策也好，依法加强对宗教事务的管理也好，目的都是要引导宗教与社会主义社会相适应。”“广大宗教信徒是拥护社会主义制度的，同全国人民在根本利益上是一致的，这是宗教能够与社会主义社会相适应的政治基础”（见《新时期统一战线文献选编（续编）》，第 616 页）。此后，党和国家领导人在谈到宗教问题时，也一再用这一表述概括党对宗教工作的任务和目的。

二、积极引导宗教与社会主义社会相适应的含义、条件和根据

所谓宗教与社会主义社会相适应的含义是什么呢？今年年初江泽民同志指出：积极引导宗教与社会主义社会相适应，主要包括两方面的含义：一是信教群众要遵守社会主义国家的法律、法规和方针政策。法律保障宗教信仰自由，宗教必须在法律范围内活动；二是宗教要服从和服务于国家的最高利益和民族的整体利益，宗教界人士要爱国、进步，要为祖国统一、民族团结和社会发展多做贡献（《人民日报》1999年3月5日第2版）。由此可见，我们所说的“积极引导宗教与社会主义社会相适应”，并不是要让宗教的唯心主义思想体系与唯物主义思想体系相适应，也不是要求宗教信徒放弃唯心主义和有神论的思想和宗教信仰，而是要求他们热爱祖国，在政治上拥护社会主义制度和共产党的领导，要求他们以宪法和法律来规范自己的宗教活动，并主动接受政府宗教工作部门的管理。同时，还应该在建设社会主义现代化国家的伟大事业中以自己独特的方式尽自己的一分力量。一方面改革不适应社会主义社会的宗教制度和宗教教义，一方面利用宗教教义教规和宗教道德中的某些积极因素为社会主义服务，为维护民族团结，实现祖国统一的大业服务，为我们的精神文明建设服务，为人类的和平和进步事业服务。当然，有关政府机构也必须依据法律对宗教事务进行管理。在实施行政管理的过程中，要依法办事，而不能依长官意志办事；要积极引导，而不能采取行政命令的简单办法或者放任自流。这就要求将党和国家的宗教信仰自由政策上升为法律、法规，变为国家的意志。由此可见，积极引导宗教与社会主义社会相适应并不仅仅是对宗教界单方面提出的要求，而是党和政府与宗教界双方面的事。实际上，“积极引导”的主体正是党和各级政府的有关部门，而宗教界必须接受党和政府的积极引导。引导的趋势和结果，既不是消灭宗教，也不是让社会主义去适应宗教，而是宗教与社会主义社会相适应。

宗教与其所赖以存在和发展的社会相适应，这是人类社会和宗教发展的一般规律。以世界三大宗教佛教、基督教和伊斯兰教为例，它们都已有了一千余年至两千余年的历史。其最初得以产生和发展的社会条件，早已不复存在。假如不是不断地适应发展变化的社会条件，三大宗教绝不会有今天的局面。而那些在历史上已经消逝了的宗教或者教派，其退出历史舞台的原因，虽然可能有种种不同，但说到底还是在于它们不能与历史上特定的变化了的社会条件相适应，不能与时俱进。这是一个不争的历史事实。另一方面，以中华人民共和国成立50年来我国各种宗教的发展为例，我们也不难看出，当

我们党制定并实行了正确的宗教政策时，便能得到宗教界的拥护，引导宗教逐步地与社会主义社会相适应，而我国宗教界广大爱国的教职人员和信教群众也能不断进步，积极参加祖国的各项建设事业，为社会主义服务。反之，信教群众的积极性便会受到压抑，对我们党有意见，党和国家的宗教工作就会受到损失。

今天，中国正处于社会主义初级阶段。我们党经过多年的探索，总结正反两方面的经验，找到了邓小平理论这一马列主义与中国当代改革开放和现代化建设的实际相结合的思想武器。我们有条件，也完全能够积极引导宗教与我国的社会主义社会相适应。人民当家做主，信教群众与不信教群众根本利益的一致，党和国家宗教政策的正确以及我国法制的不断健全，所有这些，正是我们能够积极引导宗教与社会主义社会相适应的条件和根据。

三、在西藏如何“积极引导宗教与社会主义社会相适应”

西藏是中国的五个省级少数民族自治区之一，是中国领土不可分割的一部分，也是我国距离内地最为偏远的一个地区。在长期的历史进程中，藏传佛教既对西藏地方的发展和西藏民族的进步，对于保存、丰富和发展西藏民族独具特色的古代文化起过直接或间接的促进作用，也对西藏民族的现代化起了一定的阻碍作用。自 18 世纪中叶藏传佛教格鲁派上层在清朝统治者的支持下建立起政教合一的地方政权以来，西藏社会经济发展停滞，人口不断下降，就是明证。佛教作为当时占统治地位的社会意识形态和上层建筑的组成部分，维护着三大领主对广大农奴的统治，维护着封建农奴制的社会秩序。西藏和平解放后，格鲁派上层僧人中的一小部分，也曾成为抵制和抗拒民主改革的一股反动势力。当年作为格鲁派两大领袖之一的达赖十四世丹增嘉措，1959 年出逃国外，至今已整整 40 年。他一直在鼓吹“西藏独立”或变相独立，进行分裂祖国的活动。他和他的追随者在国际反华势力的支持下，先后打起民族、宗教、人权和文化的旗帜，对西藏的社会主义革命和建设事业进行捣乱和破坏，其实不过是妄图恢复他们当年在政教合一制度下的权力和地位。80 年代末 90 年代初拉萨发生的多次骚乱，正是达赖集团在国外反华势力的支持下，鼓动西藏的一小撮民族分裂主义者挑起的。格鲁派僧人中的极少数人，无疑也属于那一小撮民族分裂主义者之列。他们在多次骚乱活动中起了极坏的作用。极少数寺庙则成了以达赖为首的民族分裂主义势力的基地。时至今日，虽然经过近年的寺庙爱国主义教育，西藏自治区格鲁派寺院中仍有少数僧尼不能与达赖集团分裂祖国的行径划清界限，没有树立正确的祖国观，不能自觉地用宪法和法律规范自己的行动。

但是我们必须认识到，今天西藏藏传佛教格鲁派僧人中的大多数，与那些信教或不信教的农牧民和其他劳动者一样，也是我们的基本群众。西藏和平解放近半个世纪以来，他们同广大农牧民和其他教派的僧尼一样，深切感受到中国共产党、中央人民政府的关怀帮助和祖国大家庭的温暖，耳闻目睹了内地汉族和其他兄弟民族对西藏人民的无私支援，亲身经历了西藏发生的巨大变化。他们也是西藏沧桑巨变的历史见证人。他们绝不会心甘情愿地跟着达赖集团跑，从事破坏民族团结和祖国统一的活动，绝不会允许任何人把西藏从祖国分裂出去。我们同他们在宗教信仰方面的差别，不可能使我们成为势不两立的敌人；我们在宗教观、人生观方面的分歧，并不必然导致我们在祖国观、民族观上的冲突。相反，在建设繁荣、幸福、文明的新西藏，发展团结互助的社会主义新型民族关系，提高西藏人民的生活水平，建设强大的社会主义祖国的宏伟事业中，如同在全国范围内我们党同其他宗教的大多数信徒的关系一样，我们与绝大多数格鲁派僧人的根本利益也是一致的。

格鲁派僧人在历史上具有光荣的爱国传统。他们近代曾经参加了西藏1888年和1904年的两次抗击英国侵略的斗争，为保卫祖国尽了自己的光荣职责；他们当中曾经涌现出像班禅九世、喜绕嘉措大师、班禅十世这样一批爱国的宗教领袖，长期与我们党真诚合作，肝胆相照，为西藏的和平解放、民主改革和各项建设事业贡献了自己的力量；就在今天，在党和政府的不断教育下，他们当中的大多数也能够在法律的范围内从事正常的宗教活动。这里，问题的关键在于“积极引导”。我们已经有了正确的宗教政策，还必须“全面、正确地贯彻执行党的宗教信仰自由政策，依法加强对宗教事务的管理”。既要看到藏传佛教格鲁派与我国其他宗教的共性，认识到格鲁派僧人的大多数同我国其他宗教职业者的大多数一样，是我们可以教育、团结的群众，又要看到在西藏藏传佛教格鲁派的个性，认清达赖集团和境内外民族分裂势力还会在相当一段时期内利用宗教从事分裂祖国的罪恶活动，我们同他们的斗争具有长期性、复杂性，因此要十分重视对藏传佛教格鲁派僧人的教育和西藏自治区寺庙及宗教活动的管理。不能放任自流，也不能片面地把他们一概视为我们的异己力量。要批评错误，澄清模糊认识。要把大多数和一小撮区分开来。要调动大多数人的积极性，不能再试图采取行政手段在短期内消灭宗教或迅速淡化宗教的影响。引导，就是引领和劝导。引领要讲究方式方法，进行爱国主义和正确的祖国观、民族观的教育是一种引领，打击违法、取缔非法、保护合法也是一种引领；劝导则要摆事实，讲道理，以理服人。要和爱国的宗教界人士交朋友，从他们当中发现“人才”，培养爱国、爱党、爱教、拥护社会主义制度而又有较高的宗教学识，在广大信教群众中有威望和号召力，能够影响信教群众的教职人员，并通过他们作广大信教群众的工作。这方面，老一辈革命家已经为我们做出了榜样。总之，我们对宗教的工作要积极，主动，而不能被动。

1996 年 5 月，自治区党委做出了在全区寺庙开展爱国主义教育的决定。首先选择了部分重点寺庙进行试点，1997 年初在全区铺开。截止到 1998 年年底，对全区 1 666 座寺庙和 4 万余名僧尼进行了整顿、教育，分别占全区寺庙、僧尼总数的 93. 7% 和 98. 7% 。全区寺庙爱国主义教育第一阶段的工作已经基本完成，取得了很大成效。也为今后在西藏自治区积极引导宗教与社会主义社会相适应摸索出了有益的经验。

我们的干部、党员则要真正理解和把握党的宗教信仰自由政策，弄懂我们党在相当长的一个历史时期为什么只能实行这样的宗教政策而不能实行别样的宗教政策，认识到党的宗教信仰自由政策不是权宜之计，而是根据马克思主义的宗教理论和我国社会主义初级阶段的具体国情制定的相对长期稳定的政策。它反映了我国宗教问题的规律，我们曾经因为违反这一规律而吃了苦头。在今天，为了调动最广大人民群众的积极性，我们一方面要逐步淡化宗教的影响，另一方面对宗教的作用还应该一分为二，正确认识。在某些特定场合，不能过分强调“宗教是麻醉人民的精神鸦片”。

1998 年 9 月 27 日，李瑞环同志在接见台湾佛教界人士时就曾指出：“在漫长的历史发展中，佛教文化对中国伦理道德等产生了很大影响，已成为中国传统文化的一部分，佛教许多主张和我们现在提倡的精神文明的思想是一致的……希望佛教界的朋友们把佛教中有利于社会文明进步的内容挖掘出来，在现实中发挥积极作用。”（《人民日报》1998 年 9 月 28 日）在今年的两会期间，江泽民同志再次指出：我国宗教界有爱国的好传统，要继续发扬光大。宗教界人士和宗教团体要运用自己的影响，引导信教群众爱国守法，抑恶扬善，服务社会。(《人民日报》1999 年 3 月 5 日)

深刻理解党和国家领导人关于宗教问题的上述讲话，无疑有助于我们在今后的工作中积极引导宗教与社会主义社会相适应，做好西藏自治区的宗教工作。

原载《西藏党校》1999 年第 3 期

正确认识宗教文化的社会功能

关于到底2000年还是2001年是新的千年之始的争论，已经被人们置之一旁。因为无论如何，我们已经跨入了新的千年。宗教这一远在人类成文史出现之前就在世界各民族中普遍存在的社会现象，也伴随我们跨入了新的千年。2001年12月11日，中国正式加入WTO。这不仅意味着中国的经济将进一步融入世界，而且预示着中国的文化也将进一步面向世界。中国的宗教文化是中国文化的重要组成部分。它历史悠久，在中华民族中影响广泛而深远。在这个科学技术日新月异，物质文明高度发达的现代社会，宗教存在的意义何在？发展的根据何在？在经济全球化的条件下，如何看待宗教文化的社会功能？宗教文化能够为生活在新的千年的中国人做些什么呢？

据统计，当今世界，有着各种各样宗教信仰的人达48亿。其中基督教徒约20亿，穆斯林约12亿，佛教徒约3.6亿，印度教徒约8亿，犹太教徒约1400万，新兴宗教的信奉者约1.2亿，加上其他各种宗教，约占世界61亿人口的80%，远远超过不信仰宗教的人。佛教、基督教和伊斯兰教等世界性宗教的影响，涉及东西方众多民族社会生活的方方面面。稍加思索，人们就不难想到，“新的千年”是以发端于基督教的西方的公元纪年法为基础的，所谓公元2001年，是指耶稣基督降生后的第2001年，因而这一世界通行的纪年法本身就与宗教有着无法割舍的联系。中国的两个“一亿多”，即一亿多少数民族人口，一亿多宗教徒，是中国国情的重要内容之一。中国各民族中，汉族占了总人口的绝大多数，而汉族被认为是一个宗教观念相对淡薄的民族。尽管如此，中国的宗教徒也达到1亿多，占了总人口的十分之一。在国内许多少数民族当中，佛教（包括藏传佛教和南传佛教）、伊斯兰教等宗教受到普遍的信仰，影响久远而深刻。在今日的中国，既有佛教、伊斯兰教、基督教和天主教等外来宗教，也有道教这样的在中国土生土长的宗教。我国有七个全国性的宗教团体。宗教问题对于民族关系、社会交往和人们的精神生活同样发挥着不容忽视的作用，宗教文化影响着千千万万人的日常生活，因而宗教工作也受到党和国家的重视。

2000 年，世界各国的宗教领袖在纽约举行千年大会，为和平而祈祷。人们意识到，在这个以和平和发展为主题的现代世界，人类仍然面临许多全球性的问题需要解决。如维护和平，保护环境，消除贫困，制止犯罪，化解地区性冲突，增进国家和民族间的了解，等等。上述问题，有些将因为各国宗教界的积极参与而变得容易解决，有些问题的解决，甚至离不开宗教界人士的努力。世界各国、各民族之间的文化交流，在相当大的程度上就是宗教文化的交流。所谓国家和民族间的了解，在相当大的程度上就是对各自不同的宗教文化的了解。而另一方面，宗教极端势力的活动也会影响世界和平。2001 年的“9·11 事件”就是明证。宗教信仰是个人的私事，但是宗教，尤其是影响及于广大人口的世界性宗教，无疑具有重要的社会功能。

在唯物主义者看来，无论何种宗教，都包含有非理性的和不科学的因素。共产党人从不讳言自己的无神论世界观。毛泽东同志就曾指出：“共产党员可以和某些唯心论者甚至宗教徒建立在政治上的反帝反封建的统一战线，但决不能赞同他们的唯心论或宗教教义。”（《毛泽东选集》第 2 卷，第 707 页）但是唯物主义者也同样承认，人类文明的发展史，就是一个对外部世界、人类社会和人的思维的认识从非理性日趋理性，从不科学日趋科学的过程。宗教感情至今是许多人感情生活的重要组成部分，而宗教体验也依旧给许多人以慰藉。宗教教义中不仅包含有对彼岸世界的向往和追求，而且凝聚了某些为人类社会所普遍接受的道德准则和生活哲理。宗教作为一种信仰是颠倒的世界观，但是作为文化，却无疑包含着许多积极而丰富的内容。在久远的将来，人类是否会根本摆脱宗教，应该被视为一个依然值得探讨、尚难遽下结论的问题。而在现实社会，宗教和宗教文化的社会功能更是不可忽视的。宗教徒是我国社会主义现代化的建设者，宗教文化可以为我国的精神文明和现代化建设做许多有益之事。

我们党在改革开放之初就十分重视精神文明建设的问题，提出物质文明和精神文明建设两手抓，两手都要硬的战略方针。90 年代初，又提出要积极引导宗教与社会主义社会相适应，提出党与宗教界人士在政治上团结合作，在思想信仰上互相尊重。最近，国家宗教事务管理部门的领导人又指出，我们建设社会主义现代化国家的伟大事业，不能离开爱国宗教界人士的努力。党与宗教界人士的爱国统一战线正在不断扩大和加强，党和国家的宗教政策得到爱国宗教界人士的衷心拥护。

实行改革开放二十余年后，我们的国家在经济建设方面已经取得了举世瞩目的巨大成就，这当中也包含着爱国宗教界人士的努力。同时，经济体制转轨和社会生活的迅速变化，给某些社会群体的生活带来了变化和压力、给他们的精神造成惶惑和失落感。社会主义市场经济体制的建立使得竞争不可避免。竞争中既有成功者，也有失败者。成功者值得歌颂和赞美，失败者也需要同情和关爱。社会保障机制为社会的贫困人口提供了物质生活的保证，然而他们的精神生活也同样需要社会的关心。我们在这方面的工作不仅目前远远不够，而且将会长期存在死角。所有这些都为宗教界在改造自身，创新发展的同时服务社会，利益国家提供了机遇。这也是宗教与社会主义社会相适应的重要内容。

据报道，某机构对5000名13—18岁的中学生进行了题为“你的信仰是什么”的问卷调查，其中三分之二的被调查人填写了“无”或者交了白卷。专家学者疾呼“教孩子建构科学信仰”，“应进一步关注和研究精神健康问题”。(《北京青年报》2001年2月4日第1版，2001年2月6日第15版）在我国的经济社会事业迅速发展的今天，在精神信仰和文化的领域，我国的宗教界能够比过去更加有所作为。

宗教与邪教有着本质的不同。目前具有较大影响的世界性宗教，都已经有了千年以上的历史，一般来说，宗教能够遵守其所在国家的法律、法规和道德准则，与特定的社会和谐相处。而邪教则一般具有反社会、反科学、反道德和反人类的特点，对社会生活造成严重危害，必须予以取缔。根据马克思主义的观点，任何社会占统治地位的思想都是统治阶级的思想。在我国，共产党是执政党，它以马列主义毛泽东思想和邓小平理论作为自己的指导思想。我们国家占据统治地位的思想当然是主张无神论的辩证唯物主义和历史唯物主义。但是这一结论本身就包含有在我们国家存在着不占据统治地位的其他思想的命题。主张有神论的各种宗教属于非主流的思想。在坚定信仰马克思主义的人和信奉各种腐朽、落后、迷信、反动思想，包括组织或痴迷于邪教的人之间，存在着一个“中间地带”。“中间地带”的人可能是爱国主义者、无党派民主人士、宗教徒，也可能是球迷、舞迷、网虫、追星族、美食家、素食主义者、文盲，等等。中国共产党提出用先进的思想鼓舞人，塑造“四有”新人，主要就是着眼于这个群体。

此外，在共产党员和共青团员中，仍然存在着组织上入党、入团，但是思想上尚未达到党员团员标准的人。如今为数并非“极个别”的贪官污吏中，大多数是党员，也未必所有人都是自始就不信共产主义。但是到了案发之日，他们身上可曾还有一点共产党人的味道？他们的贪赃枉法、腐败堕落的问题，哪里是什么“加强党性锻炼”“提高思想认识”“不讲假话空话”就可以解决的？触犯刑律者必须绳之以法。但是人们是不是可以设想，从宏观上看，在终于会无可避免地存在、无可挽回地堕落的这部分贪官污吏中，在我们的各项监督机制仍不完善的今天，如果有相当数量的人在他们已然抛弃了共产主义信念但尚能够掌权作恶时，心中多少有一点宗教意识，受一些宗教道德的约束和宗教文化的影响，或者对实际上并不存在的神灵、妖怪、地狱、火海之类有所敬畏，也不至于把“我死之后，哪管它洪水滔滔”作为自己的信仰，弄到“有多大本事，就干出多大伤天害理之事”的地步，庶几国家、社会和人民少受些损失。

事实是，6000 万中共党员，加上党的外围组织如共青团的团员，在今天的中国人中仍然是少数，在可以预见的将来很长一段时间里也不会成为多数；有些人今天信仰了共产主义，明天还会舍弃它而去。广大的各族群众中并非宗教徒但是多少存在迷信思想或宗教意识者，还大有人在，他们的宗教心理需要慰藉、宗教感情需要满足，不会因辩证唯物主义科学世界观的宣传教育而很快转变。更何况，我们这方面的宣传教育还很欠缺，也不可能在明天早上就培养出几千万政工师，把共产主义的科学世界观传遍工厂农村、穷乡僻壤。在这里，至少真正宗教徒的虔诚、自尊、自律、达观值得肯定；我国各种宗教教义和宗教文化所普遍宣扬、提倡的爱国爱教、奉公守法、诚实谦逊、克己利他、珍爱生灵、保护环境，乃至庄严国土、利乐有情的思想，则更值得弘扬。宗教在反对法轮功之类的邪教方面，也可以做更多有益的工作。

宗教道德是广义的宗教文化的一部分，也是为社会所普遍承认的宗教文化中的优秀内容。最近，江泽民总书记提出了“以德治国”的号召，这里的“德”，应该不仅包括共产主义品德和中华民族的传统美德，而且包括宗教道德中有益于社会的那部分内容。宗教道德中的弃恶扬善等内容，对鼓励广大信教群众追求良好的道德要求有积极的作用……当然，肯定宗教中的积极因素，目的不是为了发展宗教，而是要努力使已经存在的宗教，多为祖国统一、民族团结、经济发展、社会稳定服务。在处理这个问题时，分寸一定要把握好。宗教中的积极因素可以肯定，但不能夸大。

辩证唯物论的认识论认为，人的认识能力是无限的，是不断深化的。改革开放以来，我们在经济建设中所取得的成就，极大地得益于我们对于非公有制经济地位和作用的认识的不断深化——从资本主义尾巴，到有益补充，再到重要的组成部分。对于宗教，我们也改变了仅仅将宗教视作“精神鸦片”的观点，提出要积极引导宗教与社会主义社会相适应。可以预料，我们对于社会主义社会中宗教及宗教文化的功能、地位和作用的认识，也必将不断深化。

那么，在当代中国，宗教文化具有哪些社会功能呢？笔者认为大体可以分为以下几种：

1. **增进对外交流、维护世界和平的功能**。这就是通过我国宗教界与世界各国宗教界的交流，增进世界各国人民对中国历史文化、对中国改革开放的了解，增进他们对于中国共产党和中国政府宗教政策的了解。由宗教界来弘扬传统的宗教文化，呼吁和平，反对战争，反对诉诸武力和恐怖活动；提倡相互理解，反对彼此歧视；主张平等，反对霸权。

2. **对内稳定社会的功能**。这包括两个方面，其一是发扬我国各主要宗教教义中普遍具有的爱国主义精神，使宗教徒在爱教的同时热爱自己的祖国，热爱领导中国社会主义现代化建设事业的中国共产党，热爱祖国的社会主义制度，反对邪教和各种危害社会稳定的违法犯罪行为。其二是利用许多宗教教义中具有的超凡脱俗精神和淡泊名利的达观态度，来劝慰在生活中遭受疾病困扰和天灾人祸伤害，或者在激烈的市场竞争中遭遇失败的人，减轻他们心灵的痛苦，以另一种方式为他们提供心理治疗，排遣他们的挫折感，鼓舞他们振作精神，珍爱人生，或者至少使他们不要放弃生活的勇气，干出伤害自身甚至危害社会的事来。

3. **加强民族团结，协调人际关系**。我国的各个少数民族大多有自己的宗教信仰，汉族中也有许多人信仰宗教；我国各民族大杂居、小聚居、交错分布的情况十分普遍，因而信仰各种不同宗教的人也常常生活在一起。这是我国的基本国情之一。不同宗教信仰者的和睦相处对我国的民族团结与人际关系的和谐有着举足轻重的影响。各种宗教文化中都有与人为善，彼此尊重，相互帮助，和睦友爱的内容。这些内容与中国儒家传统中“仁”“和”等思想相互影响，成为中国宗教文化传统讲求仁爱、和平的一大特色。中华民族的历史上从未有过如同欧洲那样绵延数十年甚或上百年的宗教战争，也很少对异教徒的残酷迫害。这与中国文化的兼收并蓄、平和宽容传统及其影响下各种外来宗教在中国这片土地上的本土化不无关系。同时，这也是当代中国加强民族团结，协调人际关系的一笔可资利用的宝贵财富。

4. **保护环境，提高生活质量**。我国的各种宗教文化中或多或少都有保护环境，珍爱生命的内容，其中尤以佛教最为突出。佛教寺院附近，往往是当地绿化最好的地带。佛教的轮回之说，要人相信人之外的所有其他生命都同样是值得珍视的。这一观点当然是以佛教的唯心主义世界观为基础的，但是却有益于当今世界的环境保护和对于许多濒危物种的抢救，从而有益于改善人类自身的生活环境和提高人类自身的生活质量，因而为国内外越来越多的人所接受。保护环境已经成为人们的行为准则，而善待小动物也得到人们的提倡。笔者不久前在北京百鸟园见到的《动物保护行为规范》就有如下内容：

> "……
>
> 9. 不虐待、折磨、欺侮一切动物。动物也有尊严；
>
> 10. 张网捉鸟、下套捕兽是滥杀无辜，造子孙孽；
>
> 11. 开车莫压过路动物，可能有一窝待哺的小兽等妈妈回家。
>
> ……"

社会学家认为，在孩提时代培养儿童珍爱生命，有助于培养他们在成年后对于社会的责任感，形成善良友爱的性格和健康完整的人格。这对于社会无疑具有积极意义，而宗教文化在这方面显然是能够有所作为的。

5. **提高人的素质，促进人的自由而全面的发展**。江泽民总书记《在庆祝中国共产党成立八十周年大会上的讲话》中指出，中国共产党人要始终代表中国先进文化的前进方向。在谈到建设有中国特色社会主义的着眼点时，提出要推进人的全面发展（江泽民：《论"三个代表"》，第160、180页，中央文献出版社2001年版）。社会主义文化无疑是当代中国的先进文化。但是我们今天的社会主义文化，是社会主义初级阶段的文化。它要继承前人的优秀文化传统，也要借鉴世界各国各民族的优秀文化内容。我国的宗教文化应否成为社会主义文化的组成部分，至少是一个可以探讨的问题。目前中国不仅有一亿多宗教徒，而且有为数更多的唯心主义者。他们同样是社会主义现代化的建设者。中国还会有一代又一代的人不信仰唯物论、无神论。提高人的素质，推进人的自由而全面的发展，不能忽视这一社会群体。弘扬宗教文化中的优秀传统和合理内容，符合中国最广大人民的根本利益。

有学者认为，当前我国面临三种文化的撞击——中国传统文化、西方文化和社会主义文化。"我们应该从传统文化中剥离出适应现代文明和市场经济需要的精华，从西方文化中抽象出可供借鉴的人类普遍文明成果，从社会主义文化中概括出符合现代化建设和市场经济需要的人文精神，综合吸纳多方面的优秀文化成果，创建有中国特色的社会主义新文化。"（王怀超：《加大精神文明建设力度推动社会协调发展全面进步——关于制订1995—2010年精神文明建设战略规划的几点建议》，载《历史转折时期的沉思》，第555页。中共中央党校出版社1999年版）。创建有中国特色的社会主义新文化，不能也不应该忽视宗教文化及其社会功能。在新的千年，在精神文明建设和团结全国各族人民实现国家四个现代化的伟大事业中，我国爱国的宗教界人士和占全国人口总数十分之一的宗教徒的积极性将会得到极大的发挥，为国家和民族做出更大的贡献。我国各种宗教文化中的优秀传统和健康内容，将会得到发扬和充实。其服务社会的功能，也会得到更多人的认同。中国共产党人积极引导宗教与社会主义社会相适应的方针，也会借此而收到成效。

原载《中国社会发展战略》2002 年第 1 期

宗教·迷信·邪教

宗教是什么？汉语“宗教”一词由“宗”“教”二字合并而成，最早见于佛教传入中国之后，系佛教术语，“教”为佛陀所说，“宗”为佛陀弟子所传。源自英语宗教（Religion）一词的现代含义源自拉丁语，本意为“人与神的联系”“敬神”。有学者认为现代含义的“宗教”是近代自日文转译而来，与古代汉语中的“宗教”原意颇多不合，倒是与“道”字含义相符。

马克思主义经典作家多次论及“宗教是什么”的问题。马克思曾说：“宗教是那些还没有获得自己或是再度丧失了自己的人的自我意识和自我感觉”。他的另一句话更为著名：“宗教是人民的鸦片”。（《马克思恩格斯选集》第1卷，第1页）列宁指出：“宗教是人民的鸦片——马克思的这一句名言是马克思主义在宗教问题上的全部世界观的基石”。（《列宁选集》第2卷，第247页）

不同的宗教有不同的神，也就是说，有不同的信仰对象。这个信仰对象在基督教里是上帝，在伊斯兰教里是真主，在佛教里是释迦牟尼。他们有一个共同点——都被视为一种超自然而又控制着自然包括人类自身的力量，是至高无上的、绝对的、永恒的和无所不在、无所不能的。所以恩格斯说：“一切宗教都不过是支配着人们日常生活的外部力量在人们头脑中的幻想的反映，在这种反映中，人间的力量采取了超人间的力量的形式。”（《马克思恩格斯选集》第3卷，第354页）佛教、基督教和伊斯兰教被认为是三大世界宗教。

迷信则不同。“迷”是糊涂、分辨不清，“信”是相信或信奉。所谓“迷信”，就是糊里糊涂地信仰、盲目地崇拜。人们常说迷信书本、个人迷信，都是在广义上使用“迷信”一词。狭义的“迷信”，则专指“相信星占、卜巫、命相和神鬼等等”的思想和行为。一般来说，这些迷信活动是由巫婆、神汉、算命先生等等个人从事的骗人和牟利的活动，而群众相信并参与这些活动，是因为自身科学文化素质较低所至。越是受教育程度高的社会群体，参与迷信活动的人越少。

宗教与迷信相比有以下不同：

1. 宗教大多有悠久的历史、有被认为是创立了本宗教并为信徒所崇拜的神、有成文的经典和规范化的宗教仪式、固定的宗教场所和宗教节日；

2. 宗教均有由信仰者组成的宗教团体和组织，为政府承认，宗教职业者或教职人员需遵循一定的戒律，有教阶制，开办各种形式的宗教院校；

3. 宗教是一种世界观，有一套系统的教理教义和哲学理论；

4. 宗教是一种社会历史文化现象，对社会科学如哲学、文学、艺术，对自然科学如医学、天文学、建筑学以及人们的道德观念有很深的影响。

迷信不具备上述特点。它本身没有教主和成文的经典、系统的教理教义和固定的宗教场所，大多没有团体和组织，没有戒律和教阶制，也不是一种世界观，因而其活动方式、内容、目的和起到的社会作用均与宗教不同。此外，我国宪法规定宗教信仰自由，国家法律保护正常的宗教活动，任何人不得加以干涉，而迷信活动则为国家法律和政策所明令禁止和取缔。对于各种不属于宗教范围的，危害国家利益和人民生命财产的迷信活动，必须依法给予严厉的制裁。凡妖言惑众、骗钱害人者，一律严加取缔，并且绳之以法。党政机关干部利用这类违法活动敛财牟利的，更必须严加处置。此外，对于一切以看相、算命、看风水等为业的人员，应当教育、规劝和帮助他们劳动谋生、自食其力，不要再从事这类利用迷信骗人的活动。

邪教既非一般意义上的宗教，亦非迷信。狭义的邪教是一种偏激的信仰，一股邪恶的势力，有人将其称作现代人类社会的毒瘤。在现代汉语中，这是一个随着法轮功的出现，近年才被经常使用的新词，《辞海》《现代汉语词典》和《中国大百科全书·宗教卷》均未收入此词。

世界大多数邪教是一种秘密结社，有极强的组织性。此外，还具有如下特点：借用其他比较流行的宗教的形式、内容，加以改造，为己所用；鼓吹教主崇拜、教主个人至上；编造歪理邪说，如世界末日论、地球爆炸论、人类毁灭论，等等，蛊惑人心；对追随者许以拯救、解脱的美好前途，进行精神控制；蔑视生命，残害生灵，严重危害社会。邪教在本质上是反科学、反社会、反人类的，因此，世界各国政府都对邪教依法进行严厉打击。

原载《学习时报》2002 年 10 月 7 日第 5 版

民族宗教与国家宗教

民族宗教是指民族成员所共同信奉的宗教。这种共同的宗教信仰往往同该民族的民族意识紧密地相结合，其崇拜的神灵或信仰的对象有时就是本民族的守护神或传说中的始祖。民族宗教是由氏族—部落宗教（又称原始宗教）发展而来的。早期一般带有比较鲜明的民族性，不对外宣传，亦不争取外族人加入。民族灭亡后，其宗教也随之灭亡。随着国家的形成和民族文化的发展，特别是当某一民族上升为国家的主体民族或统治民族之后，民族宗教彻底摆脱了原始宗教的性质，转变成为古代的国家宗教。后来，一些宗教的发展超出了民族和国家的范围，演变成为世界宗教。例如，佛教、基督教和伊斯兰教就被认为是三大世界宗教。

国家宗教是指某些国家的统治阶级或政府通过法律确定为该国全民性信仰的官方宗教，简称国教（Established Church；National/State Religion）。国家宗教是实行国教制度的国家中占统治地位的官方意识形态，得到国家的支持和保护，并为维护国家政权的稳定和社会生活的秩序服务。在古代和中世纪，许多奴隶制和封建制的国家都有强制性的官方宗教。在现代仍然有实行国教制的国家。在这些国家，国教的地位一般不能由某个党派予以变更或否定，其教义、教规和礼拜仪式也不得随意更改。宗教在实行国教制的国家与实行政教合一或没有国教的国家均有所不同。在政教合一国家中，宗教的地位至高无上，国家元首和宗教领袖同为一人。例如今日之梵蒂冈（罗马教廷）和沙特阿拉伯、伊朗等国。在没有国教的国家中，往往存在多种宗教，法律规定各种宗教的地位是平等的，宗教信仰自由。例如今日之中国、美国等国。而在实行国教制的国家，国家政权具有独立性，不受国教的支配或约束，但是又需要依靠国教来确立自己的合法性和权威。同时，国教不具有凌驾于国家政权之上的权力，但是又通过满足国家政权的需要来获得优于国内其他宗教的生存、发展条件和特殊的地位。例如今日佛教之在泰国，圣公会之在英国，天主教之在意大利、西班牙，犹太教之在以色列，等等。

综上所述，民族宗教和国家宗教的含义既有联系，又有区别。他们是两个不同的概念，但是在某些情况下，这两个不同的概念是可以重合的。例如，在人类告别原始社会之初，由部落联盟脱胎而来的国家往往是单一民族的国家，当代世界也仍然有单一民族的国家，在这些国家中，民族宗教常常就是国家宗教。而在多民族国家中，民族宗教往往是指为国内某一个或多个民族所普遍信仰的宗教，并不一定就是国家宗教，因而是与国家宗教有区别的。另外，如果某一宗教虽有比较突出的民族性，但是在该民族中信仰并不普遍，不是民族成员所共同信奉的宗教，例如道教之对于中国的汉族，则该宗教也不应被视为民族宗教。

原载《学习时报》2002 年 10 月 14 日第 5 版

宗教·迷信·风俗习惯

宗教信仰种类繁多，历史长短、信众多少及影响大小各自不同。就广义而言，古往今来世界上的所有民族，无不有宗教信仰。许多民族历史上还有过宗教信仰的改变。今天的学者们很难给宗教下一个可以获得普遍接受的定义。多年来，中国学者十分熟悉马克思的话："宗教是人民的鸦片"，或者恩格斯的话："一切宗教都不过是支配着人们日常生活的外部力量在人们头脑中的幻想的反映，在这种反映中，人间的力量采取了超人间的力量的形式。"改革开放后，中国学者吕大吉提出："宗教是由宗教观念、宗教体验、宗教行为和宗教体制四要素有机构成的'社会文化体系'"，"是关于超人间、超自然力量的一种社会意识以及因此而对之表示信仰和崇拜的行为，是综合这种意识和行为并使之规范化体制化的社会文化体系"。一般认为，所有的宗教都具有如下的特征：包含一套能够激发人的崇敬感、敬畏感和归属感的象征符号，一系列由信众个人或集体实施的祈祷活动或仪式，一定的关于彼岸世界以及信徒如何在死后进入彼岸世界的说教。

迷信，顾名思义，"迷"是糊涂、分辨不清，"信"是信仰或信奉。所谓"迷信"，就是糊里糊涂地、非理智地和盲目地"信"。人们常说迷信书本、个人迷信，都是在广义上使用"迷信"一词。狭义的"迷信"，则专指相信占星、卜巫、算命和看风水信鬼神等等的思想和行为。新中国成立后出现了一个约定俗成的"封建迷信"的提法，所指亦不外乎上述内容。这些东西有的在原始社会、奴隶社会就产生了，但由于它们盛行于封建社会，因而人们称其为封建迷信。操此业而骗钱谋生者，则为神汉、巫婆、算命先生、风水先生，等等。他们为人抽签、卜卦、算命、看相、测字、扶乩、请神、驱鬼、看风水、判吉凶等。一般来说，这些迷信活动是他们个人从事的骗人和牟利的活动。与各种宗教的信仰者来自社会各个阶层和群体不同，越是受教育程度高的社会群体，参与迷信活动的人越少。

宗教与迷信相比有以下区别：宗教大多有悠久的历史、有被认为是创立了本宗教并为信徒所崇拜的神，有教主、成文的经典和规范化的宗教仪式、固定的活动场所和宗教节日；宗教均有由信仰者组成的宗教团体和组织，宗教职业者或教职人员需遵循一定的戒律，有教阶制，开办有各种形式的宗教院校；宗教作为一种世界观，有一套系统的教理教义和哲学理论；宗教作为一种社会历史文化现象，对社会科学如哲学、文学、艺术以及自然科学和人们的道德观念有很深的影响。

迷信则缺乏上述特点。一般来说，各种迷信没有教主和成文的经典、系统的教理教义和固定的活动场所，大多没有团体和组织，没有戒律和教阶制，也不是一种世界观。因而，其活动方式、内容、目的和起到的社会作用均与宗教不同。我国宪法规定宗教信仰自由，国家法律保护正常的宗教活动，任何人不得加以干涉，而迷信活动则为国家法律和政策所明令禁止和取缔。对于各种不属于宗教范围的，危害国家利益和人民生命财产、身心健康的迷信活动，必须依法取缔。

宗教的基础是信仰，信仰的基础是认识。但是人的认识又总是受到种种外在条件和自身能力的限制。人的认识是不断深化的，又总是有限的，也就为宗教和迷信留下了空间。我们今天的世界，既有宗教，也有迷信。有的人迷信可能并非宗教徒，对于抽签算命看风水一类活动，深信不疑并亲力亲为。但是也有的迷信的人，可能同时信奉某一种甚至多种宗教。同样，有的宗教徒可能并不参与迷信活动，但是也会有宗教徒迷信。

现代社会科技发达，人们认识世界、改造世界的能力较之一个世纪之前已经有了极大的进步，但是宗教并未衰落，迷信也在发展。社会风险和个人生活不确定性的增加，催生出了现代迷信。不再找算命先生抽签卜卦的办公室一族，转而用计算机算命；不再以生辰八字谈婚论嫁的城市白领，改信星座之类，上互联网查验自己的婚恋前途或财运官运。失恋的失业的人当中，都有转而迷信者。电子计算机这样现代高科技和高度智能化的电子设备被应用于迷信活动，想来也让人哭笑不得。

风俗习惯又称民俗，指人类社会的不同民族或族群在长期的历史发展进程中逐渐形成的喜好、风气、习尚和禁忌等，在特定的民族或族群中普遍存在、长期传承。它在整个民族或族群中流行，反映着一个社会群体的共同心理感情和价值理念，起着传承文化、维系和巩固该社会群体的作用。风俗习惯起源于人类社会的群体生产生活，在特定的时代和地域逐渐形成和演变，成为一个民族或族群成员在历史上相沿已久的习惯的“活法”。它不是因人而异，而是因人群而异。换言之，单个人或家庭的生活习惯不是风俗习惯。风俗习惯不是短暂的倏忽而逝的，也不是属于个别人或家庭的，它总会在一个较长的历史时期和一定的人群中形成和存在；但它又不是亘古不变的，在任何民族或族群的历史发展过程中，风俗习惯总会有所变化。

风俗习惯是民族文化的重要内容，体现在生产生活的方方面面——生产劳动、日常生活、衣食住行、社会交往、节庆活动。风俗习惯也体现在个人人生成长、生老病死的各个阶段，从呱呱坠地、成丁成女、结婚成家、生儿育女到死亡入葬。

各民族的风俗习惯都会受到宗教或迷信的历史影响。在中国，由于汉族的宗教观念普遍较为淡薄，其风俗习惯受到宗教的影响也较少，但是受到历史传说或迷信的影响较多。比如腊月二十三祭灶王爷，即源自对于“灶神”的崇拜。这一天，人们都要用糖瓜、糖饼等食物来祭祀俗称“灶王爷”的“灶神”。按迷信的说法，他是一家之主，是上天派往家庭的代表。腊月二十三这天，他完成了人世间一年的监督任务要回天界汇报情况，因而人们用糖瓜祭祀他，将灶王爷的嘴抹甜了，让其“上天言好事”，然后“回宫降吉祥”。这实际上是一种“贿赂”，但是这种迷信却寄托着人们的良好愿望。

少数民族的风俗习惯，有的虽然源自迷信，或与迷信联系在一起，但是却可能“歪打正着”，契合了自然界或人类社会发展变化的规律。例如云南有的少数民族对于土地和森林树木的崇拜。他们在日常生活中需要砍伐树木，但是认为山顶上的那片树林是山神的“帽子”，动不得，动了山神要发怒，人会遭天谴。这种说法祖祖辈辈流传下来，山神的“帽子”无人敢动，于是那些人们对于山神了无敬意地方的水土流失，在人们迷信的地方则得以避免。再如雪崩，这是在高原雪山地区人们登山中最担心发生的意外之一。西藏雪山地区的藏民大多知道，在爬雪山时不可大声呼喊，怕得罪神灵，引发雪崩。其实，由于山上经常下雪，积雪往往是一层一层的，在积雪压力和外界环境温度的变化过程中，积雪和山体以及各层积雪之间往往保持着脆弱的平衡，而大声说话导致的空气震动一旦足够大，便可能打破这种平衡，造成雪崩。在近代物理学传入之前，当地老百姓并没有相应的声学和物理学知识，但却凭借祖祖辈辈的经验知道不能怎样做，并且将其归之为超自然的力量。于是有了迷信的解释和习惯性的民俗。

中国共产党和国家一贯尊重少数民族的风俗习惯。在长期的革命斗争中，尊重少数民族的风俗习惯始终是党和军队的一条纪律。新中国成立后，党和政府教育并提倡各族人民互相尊重对方的风俗习惯，特别注意教育在少数民族地区工作的汉族干部和群众尊重当地少数民族的风俗习惯。我国宪法规定，各民族都有保持或者改革自己的风俗习惯的自由。刑法规定，国家机关工作人员非法剥夺公民的宗教信仰自由和侵犯少数民族风俗习惯，情节严重的，处二年以下有期徒刑或者拘役。各民族的风俗习惯中，都是既有精华，又有糟粕。为了尊重少数民族的风俗习惯，政府采取了很多具体措施。同时党和政府也号召并教育各民族干部和群众逐步地认识并改革本民族落后的、阻碍民族发展的风俗习惯，树立和发扬那些有利于民族进步、为社会主义物质文明和精神文明建设所需的新风俗习惯。李维汉曾经说过："有利于社会主义，有利于生产，有利于人民健康和民族发展的，要发扬；不利的要逐步改革；无多大害处的可以听其自然。应当改的，要根据群众的觉悟程度和自愿，逐步地去改，只能说服，不能强迫。"（李维汉：《关于民族理论和民族政策的若干问题》，第104页）

我国各民族的宗教信仰，都有着长期的历史，受到宪法"宗教信仰自由"规定的保护。对于还会长期存在的各种迷信活动，要予以取缔；对于以迷信活动骗财骗色者，则要绳之以法；对于有迷信思想的人，需要批评教育，帮助引导，使之逐步觉悟，最终使他们自己摒弃不科学的理念。而对于各民族的风俗习惯，则不仅要彼此尊重，还应当以一种包容的态度，各美其美，美人之美，以期达到美美与共，不同而和，实现各民族的文化自觉。

原载《学习时报/党校教育专刊》2011年4月19日第4版

从“不搞反宗教运动”到“不提利用宗教”

中国共产党对于中国宗教问题的认识经历了一个不断深化的过程，这样一个过程，是与中国共产党从革命党向执政党的转变密切联系的。早在20世纪50年代初，党对于宗教的长期性、群众性和宗教在中国的特殊性就已经有了初步的认识，并且依据这种认识制订了党的宗教工作的指导方针和政策策略。由周恩来提出的“我们不搞反宗教运动”就是其中之一。[①]

“我们不搞反宗教运动”是在当时大规模的急风暴雨式的阶级斗争尚未结束，社会主义改造尚未完成的时期提出的，是在新中国成立之初我们向苏联“一边倒”、经济工作和其他工作向苏联“老大哥”学习的情况下提出的，是在共产党的威望空前提高、社会主义价值观得到广泛认同的形势下提出的。“我们不搞反宗教运动”，意味着在共产主义的意识形态成为占统治地位的意识形态的同时，社会主义的新中国、无神论的共产党给有神论的宗教留下一席之地。这使得共产党与宗教界的统一战线有了一个现实的基础，促成了中国宗教界爱国主义感情的提升和进步力量的发展，也挫败了帝国主义和反华势力污蔑我们“消灭宗教”，企图鼓动宗教信徒反对中国共产党的阴谋。

“我们不搞反宗教运动”的策略，在新中国成立初期，对于中国共产党慎重稳进地在广大少数民族自治区进行革命和民主改革，提供了保证，减少了阻力。我国信仰宗教的人，从总体上可以分为汉族和少数民族。而少数民族中，无论广大群众中宗教信仰者占人口的比例，还是他们对于宗教信仰的虔诚程度，一般来说都要超过汉族。我国的许多少数民族长期保持着宗教信仰，有些少数民族在相当长的历史时期中信仰一种宗教；而有些宗教，例如佛教和伊斯兰教，又为多个少数民族所共同信仰。宗教信仰在这些少数民族中的影响很深，在很多情况下，宗教与民族文化和心理感情、宗教信仰问题与民

① 周恩来：《关于基督教问题的四次谈话》，《周恩来统一战线工作文选》，人民出版社1984年，第181页。

族问题是交织在一起的。因此，尊重和保护少数民族的宗教信仰自由，始终是中国共产党民族政策的重要内容之一。对于西藏，毛泽东曾于20世纪50年代告诉达赖，“你们的佛教，就是喇嘛教，我是不信的……但是你们要信，那有什么办法！我们是毫无办法的，信不信宗教，只能各人自己决定。”[①] 对于新疆，王震在赛福鼎等同志入党仪式上的讲话中指出：“宗教在新疆各族人民中还有重要的影响……我们对党外群众是发动反封建压迫剥削的阶级斗争，而不应当发动反宗教的斗争”。[②] 显然，在少数民族当中“不搞反宗教运动”，还有着不同于在汉族当中执行这一政策的特殊意义。

20世纪90年代初期中国共产党提出要“积极引导宗教与社会主义社会相适应”，党和政府对于藏传佛教的工作，从“文化大革命”结束之初的落实政策，逐步向积极引导藏传佛教与社会主义社会相适应转变。其间，西藏自治区进行了多年的对于藏传佛教寺庙僧尼的爱国主义教育和法制教育。随后，若干调整藏传佛教与国家和社会关系的法规和办法也相继出台。

进入21世纪，在改革开放取得重大成就、中国共产党深刻认识到自身从革命党到执政党的转变的新时期，江泽民提出“我们不提利用宗教”。[③] 我们从中可以看出中国共产党对待宗教问题理论认识的深化和处理宗教问题理念的发展。

“不提利用宗教”，是否意味着不提，但是悄悄地这样做呢？还是不仅不提，而且也并不“利用宗教”呢？

笔者认为，各种宗教的信徒也是我们构建和谐社会需要依靠的基本群众，是党的统一战线团结的对象，是中国共产党领导服务的对象，而不是异己力量，不是利用的对象。各种宗教的主体是信徒，他们构成了我们国家一个特定的和现实的社会群体，也是一个将会长期存在的社会群体。这个信仰宗教的群体人数相当大，在一定的历史阶段，其人口数量还会有所增加。没有哪一个社会群体愿意自己被人利用！因此，说利用宗教，是会很伤人心的，是会在宗教界人士和广大信教群众同党和政府间造成隔阂而不利于团结的。中国共产党不仅要代表中国大多数不信仰宗教的群众的根本利益，也要代表信

---

① 毛泽东：《关于西藏平叛》，1959年4月15日，《毛泽东文集》第八卷，人民出版社1999年版，第41页。

② 王震：《新疆共产党组织的建立是新疆人民政治生活中的一件大事》，1949年12月23日，《新疆工作文献选编》，中共中央文献研究室、中共新疆维吾尔自治区委员会编，中共中央文献出版社2010年版，第35页。

③ 江泽民：《论宗教问题》，《江泽民文选》第3卷，人民出版社2006年版，第388页。

仰各种宗教的群众的根本利益。中国共产党作为执政党，不能因为自己的指导思想是无神论的，就代表一部分不信教的人民群众（在中国是大多数，其中主要是汉族）去“利用”另外一部分信教的人民群众（在中国是少数，其中主要是少数民族）。

但是，这个世界上是会有人利用宗教的。这就是当今世界客观存在的西方敌对势力。江泽民指出，要积极引导宗教与社会主义社会相适应。这是我们党从社会主义初级阶段这一基本国情出发，总结新中国成立以来宗教工作的成功经验做出的科学论断，是我国宗教发展的正确方向。包括信教群众在内的广大人民群众的根本利益的一致性，我国各宗教自身的改革和进步，是宗教与社会主义社会相适应的两个基础。积极引导宗教与社会主义社会相适应，不是要求宗教界人士和信教群众放弃宗教信仰，而是要求他们热爱祖国，拥护社会主义制度，拥护共产党的领导，遵守国家的法律、法规和方针政策；要求他们从事的宗教活动要服从和服务于国家的最高利益和民族的整体利益；支持他们努力对宗教教义做出符合社会进步要求的阐释；支持他们与各族人民一道反对一切利用宗教进行的危害社会主义祖国和人民利益的非法活动，为民族团结、社会发展和祖国统一多做贡献。引导宗教与社会主义社会相适应是一个长期过程，需要党和政府积极引导，也需要宗教界自身不断努力。要鼓励和支持宗教界发挥宗教中的积极因素为社会发展和稳定服务。

由于世界观不同，在有神与无神问题上的信仰不同，信教群众有可能成为我们最容易脱离的一部分群众。这是需要加以注意的。但是在振兴中华，构建社会主义和谐社会的大目标面前，信不信宗教是次要的区别，我们的根本利益是一致的。因此，中国共产党人不仅“不搞反宗教运动”，“不提利用宗教”，而且也不“利用宗教”，不能这样做。我们今天需要做的，是要积极引导宗教与社会主义社会相适应，按照党章和“十七大报告”的要求，“全面贯彻党的宗教工作基本方针，团结信教群众为经济社会发展做贡献”。提出“发挥宗教界人士和信教群众在促进经济社会发展中的积极作用”，是党的十七大报告在正确处理社会主义初级阶段中国宗教问题方面的一个理论创新。早在20世纪50年代，中国共产党就预见到了宗教的长期性，但是着眼于宗教的消极作用，要求从理论上认识到这种消极作用的长期存在；20世纪90年代，中国共产党提出积极引导宗教与社会主义社会相适应，着眼于宗教方面存在与社会主义社会不相适应的一面；而“发挥宗教界人士和信教群众在促进经济社会发展中的积极作用”，则是着眼于宗教界人士和信教群众的积极作用。这种提法，并没有否认宗教具有消极性的一面，但是更多地指向积极作用。同时，党的十七大通过的《中国共产党章程（修正案）》总纲部分增写了“全面贯彻党的宗教工作基本方针，团结信教群众为经济社会发展做贡献”。这反映出，在提出构建社会主义和谐社会的大背景下，中国共产党对我国新时期宗教问题的认识更加清醒和自觉，着眼于发挥宗教界人士和信教群众的积极性，为经济社会发展做贡献。中国共产党和中国政府有这样的能力和胸怀，为包括信教群众在内的13亿中国人谋利益、谋福祉，领导信教和不信教的广大群众和睦相处，团结奋斗，在共同建设此岸世界美好生活的同时，听凭有宗教信仰的公民依据自己的信仰和愿望，追求各自的彼岸幸福。

原载《学习时报》2011年6月6日第6版

关于西藏政教分离的几个问题

从公元10世纪至20世纪中叶，处于封建农奴制社会发展历史阶段的西藏，其地方政权的统治形式逐渐发展成为典型的政教合一的形式。1959年3月，西藏地方僧俗农奴主阶级中的反动上层，利用他们在西藏地方政府中掌握的权力，蒙蔽和裹胁一部分群众，发动了全面武装叛乱。这场叛乱被平息之后，中央人民政府在西藏领导了民主改革，解散了实行政教合一的西藏地方政府，废除了西藏的封建农奴制，在西藏实现了政教分离。此后，西藏的社会发生了巨大的变化。在那之后的近半个世纪当中，藏传佛教既经历了民主改革过程中的改造，也同样经历了中国社会的改革、进步，其自身及其与政权的关系发生了巨大的变化。改革开放之后，藏传佛教的发展逐渐步入正轨，在党和政府的领导下向着与社会主义社会相适应的方向进步。

西藏的政教分离，是西藏近现代史上的一件大事。从20世纪80年代以来，国内外的专家学者对于藏传佛教以及西藏政教关系的发展演变进行了若干研究，取得了相当数量的学术成果。然而多年来，西藏的政教分离问题一直是藏学研究领域中一个较少受到关注的课题。学术界对于西藏政教分离这一专题的研究相对薄弱，论述较少，成果不多。国内学者对民主改革后西藏政教分离的历史性进步给予了肯定的评价，但是对于西藏政教分离的历史背景、过程和意义仍然缺乏充分的论述。国外一些学者的研究成果多从纯宗教角度对于藏传佛教各教派的教理教义和宗教仪轨进行研究，其中有的人对于和平解放和民主改革以来西藏的历史进步怀有偏见，其关于西藏政教关系的论述也大多是不正确的。[①]

一、“政教合一”与“政教分离”的界定

对于政教合一的界定，目前学术界仍然有不同的观点。一种观点以西方国家典型的政教合一政权为例，认为所谓政教合一制必须是政教两方面权力的最高首领同为一人。东嘎·洛桑赤列先生引用恩格斯评价加尔曼《普鲁士国王弗里德里希·威廉四世》一文中的观点，认为“所谓政教合一，是指世俗国王和教主由一个人来担任”。政权与教权集于一人之身是政教合一制的标志，是历史发展的产物。“在这一制度产生之前，经过了一个政教分离的阶段……政教合一制度在西藏也经过开初的世俗国王与教主分别存在的阶段，然后才发展为集国王与教主于一人而形成政教合一制度的”。另种观点则以新中国成立前中国藏区的情况为例，认为“政教合一制度是大农奴主阶级对农奴实行专政的特殊形式，僧俗区分只是表现而已。这一专政的特点是僧俗大农奴主结合起来，利用神权强化政权，又利用政权维护神权，两方面相互利用，以加强对农奴的统治”。[②] 换言之，中国藏区的“政教合一”，并不必然表现为政教两方面权力的最高首领同为一人。

《中国大百科全书·政治学》对“政教合一”的定义是：“政权和神权合而为一的政治制度，其基本特点是：国家元首和宗教领袖同为一人，政权和教权由一人执掌；国家法律以宗教教义为依据，宗教教义是处理一切民间事务的准则，民众受狂热和专一的宗教感情所支配……政教合一制度是宗教和

---

① 主要的有：藏族学者东嘎·洛桑赤列著：《论西藏政教合一制度》（藏文，民族出版社 1981 年版。有陈庆英汉译本，中国藏学出版社 2001 年版。唐景福汉译本，甘肃民族出版社 1984 年版。郭冠中、王玉平汉译本，中国社会科学院民族研究所民族学研究室 1983 年内部版）一书。王辅仁编著：《西藏佛教史略》（青海人民出版社 1982 年版），王森著：《西藏佛教发展史略》（中国社会科学出版社 1987 年版），张羽新著：《清政府与喇嘛教》（西藏人民出版社 1998 年版）等，此外还有若干论文涉及藏传佛教和西藏的政教关系问题，散见于各种藏学研究期刊或论文集。国外的研究比较分散，美国藏学家梅·戈尔斯坦著，杜永彬译：《喇嘛王国的覆灭》，从历史角度揭示了政教合一的西藏地方政权在 20 世纪中叶必然覆灭的历史命运；国外藏族学者次仁夏加（Tsering Shakya）的《龙在雪域——1947 年以来的西藏现代史》（*The Dragon in the Land of Snows——A History of Modern Tibet Since 1947*）一书，也从西藏现代史的角度涉及西藏的政教分离问题。笔者在著名的搜索引擎“Google”和“百度”查找“西藏政教分离”，并无与此题目密切相关的学术论文。近年国内对于西藏政教合一问题比较有研究的王献军博士，先后发表了若干篇论文（详见本文文末参考文献）。他在《西藏研究》2003 年第 3 期发表了《政教合一制在西藏的覆亡》，已经涉及了“西藏的政教分离”问题。

② 东嘎·洛桑赤烈著，陈庆英译：《论西藏政教合一制度》，中国藏学出版社 2001 年版，第 3 页。杨嘉铭：《甘孜藏区封建农奴制下的政教关系》，载《西藏研究》1991 年第 3 期。刘先毅：《也谈康区的政教关系》，载《西藏研究》1990 年第 3 期。

政治结合最紧密的形式。"《辞海》对"政教合一"的定义是:"剥削阶级国家政权与教权合而为一的政治制度。古代一些奴隶制国家有特别规定的国教,君主亦即国教首脑。这种制度也实行于欧洲中世纪的教皇国和宗教改革后的基督教新教国家。前者由教皇直接掌握政权,后者由封建君主改组本国教会,自任教主。"[①] 上述辞书对"政教合一"下的定义概括起来有两点:一是政教合一制是指"政权与教权(或神权)合而为一的一种政治制度";二是政教合一制度的首要特征为宗教领袖与政治领袖同为一人,教权和政权由一人执掌。

西方学术界对于政教合一还有另外的基于西方文化的理解。例如,《简明不列颠百科全书》的"政教合一"词条的对应英文为 caesaropapism,是英文"恺撒"(Caesar,引喻"专制君主")与"教皇"(Pope)两字构成的合成词。《远东英汉大辞典》的释义为:1. 君主对教会与国家之绝对控制;2. 国家高于教会。[②] 这种解释与西藏的"政教合一"在内涵上显然是不同的。

西藏的政教合一制度实际上是藏传佛教最高首领达赖喇嘛对于地方政权的高度控制,"教"的地位在"政"之上,这从藏文"政教合一"一词中"教"在前而"政"在后这一点也可以看出。目前汉文英译中的措辞(陈观胜英译东嘎·洛桑赤列《论西藏政教合一》一书的英文书名为"the Merging of Religious and Secular Rule in Tibet"),并未完整地反映出藏文的原意。柳升琪先生认为,藏文的相应汉译应该是"教政合一"。[③]

由此可见,判断一种政治制度是否"政教合一"的标准,要看它是否将"政权与教权合而为一",如果合而为一了,那它就是政教合一制,否则就不是。至于"宗教领袖与政治领袖同为一人,教权和政权由一人执掌",这只是历史上曾经出现过的某些政教合一政权的一个典型特征,不应将其视为衡量是否政教合一制的唯一标准。只要一个政权表现为政教不分、僧俗一体,政权与教权(或神权)二者合而为一,那它就是政教合一制度。政权与教权由一人执掌,只不过是其中较为典型的一种而已。[④] 本文作者同意上述对于西藏

---

① 《中国大百科全书·政治学》,中国大百科全书出版社 1992 年版,第 481 页。《辞海》,上海辞书出版社 1979 年版缩印本,第 1466 页。

② 《简明不列颠百科全书》,第 9 册,第 416 页,"政教合一"词条。梁实秋主编:《远东英汉大辞典》,远东图书公司 1977 年版,第 295 页。

③ 东嘎·洛桑赤列著,陈观胜译《论西藏政教合一》(英文版 *The Merging of Religious and Secular Rule in Tibet*),外文出版社 1991 年版。笔者对中国社会科学院民族研究所研究员柳升琪先生的采访。2003 年 2 月 11 日,北京市海淀区万泉新新家园。

④ 王献军:《对政教合一制定义的再认识》,《西藏研究》2002 年第 2 期。

“政教合一”的理解和认识。

古今中外的历史上，宗教与政权的关系是错综复杂的，一般表现为两个基本的方面：一方面政权制约着宗教，另一方面宗教也影响着政权。在阶级社会，处于统治地位的剥削阶级为了维护自己的既得利益和特权，巩固自己的统治，既要依靠国家机器和暴力手段，也要借助于宗教这一精神武器。而宗教也需要利用世俗政权的力量来发展自己的势力，扩大自己的影响。历史上，在某些民族、国家或地区的一定的历史时期，宗教与世俗政权相互之间的关系较为疏远，但是在另外一些民族、国家或地区的一定的历史时期，宗教与政权相互之间的关系则相当密切。在后一种情况下，就会出现各种各样政教合一的政权，产生各种各样政教合一的制度。

一般来说，宗教与政权，特别是与国家政权的关系，可以分为以下几种主要类型：①

1. 国教制

国教制是一个国家的统治阶级给予某种特定的宗教以独尊的地位，并以法律形式将这种地位确定下来，使君权与神权，或政权与教权紧密结盟的一种制度。国教被法定为国家的全民信仰的宗教，成为不受其他宗教挑战的官方意识形态，是维护统治秩序的最重要的精神力量。在国教制体制中，国教的僧侣往往拥有很高的地位和特权，对于国家和社会的政治生活发挥着排他性的影响。国教制在封建社会曾经普遍存在，近代以来，特别是资产阶级登上政治舞台和资本主义制度确立之后，宗教宽容和宗教信仰自由的理念得到普遍承认，实行国教制的国家数量已经大为减少。当代世界，实行国教制的国家也往往立法规定，在法律范围内，其他宗教的信徒享有信仰自由和参加各种宗教仪式的自由。

在国教制下，君权一般高于教权。国教制一般不被认为必然是政教合一制度。

2. 政教合一制

政教合一制是把君权和神权、政权和教权合二为一融为一体的一种统治形式，体现了宗教与政治的密切联系和紧密结合。这种统治形式一般来说是专制集权的。统治者的意愿和要求被披上了特定宗教的神圣外衣，被宣布为神的旨意，不容怀疑和挑战，而这种特定宗教及上层神职人员享有排他性的特权。政教合一制度一般具有下述特征：（1）宗教领袖与政治领袖同为一人，

① 参见桑玉成、朱勤军主编：《人类政治问题》，科学出版社2000年版，第192页。

宗教的和世俗的最高权力集于一人之身；（2）教权即是政权，教义即是法律，政权的行政、司法和立法职能均借助神权的力量行使；（3）国民或居民的绝大多数信奉同一种特定的宗教，具有深厚的宗教感情，将其收入的很大部分用于宗教方面的支出。

3. 神权统治制

这是一种神权高于君权或政权的政治统治形式，是政教合一制度的类型之一。它使世俗权力服从于宗教权力，宗教领袖以神和上天的化身或直接代表者的身份，通过君主或国家领导人实现世俗的政治统治。当代世界仍然实行神权统治的典型当属梵蒂冈，也有某些亚洲国家或政权实际上实行的是神权统治。

需要指出的是，政教合一制度在一定的历史时期既可以是一个主权国家的制度，也可以是一国内部某一地区通行的制度；上述特征在不同的历史时期，在各个具体的国家或地区，既可能全部存在，也可能部分存在。历史上阿拉伯半岛的哈利发国家是比较典型的实行政教合一制度的国家，民主改革之前我国的西藏则是实行政教合一制度的地区，西藏噶厦政府是一个政教合一的地方政权。

就西藏而言，历史上存在过政权与教权由一个家族执掌的情况，如元朝扶植的萨迦派政权就是由郎氏家族执掌的；也存在过政权与教权由一座寺庙执掌的情况，如明朝支持的帕莫主巴政权长期由丹萨替寺把持。有清一代，清朝中央政府授权藏传佛教格鲁派领袖人物达赖喇嘛执掌政权与教权，由此形成了西藏地方长达二百余年的由藏传佛教格鲁派一个教派独自执掌政权与教权的政教合一制度。

“政教分离”中的“教”的含义是比较清楚的，即“宗教”，然而对于“政”则可以有不同的理解，至少可以区分为“政权”“政府”和“政治”。这样，“政教分离”可以兼有政权与宗教分离、政府与宗教分离和政治与宗教分离的含义。实际上，我们通常所说的“政教分离”是兼有上述几方面的含义的。就西藏来说，宗教与“政权”“政府”的分离，经过和平解放和民主改革，已经从制度和体制上实现了，但是宗教与“政治”的分离，即革命导师所说使宗教成为个人的私事，还将是一个长期的过程。在社会主义初级阶段，对于“政教分离”不能从绝对的意义上去理解。“政教分离是指国家政权禁止对某一种宗教的特殊照顾；禁止依靠国家政权进行某种宗教活动……”是指国家政权同某一种曾经控制国家或地方政权的教会的分离。“‘政教分离’只是指宗教与政权相分离，并不能包括政治与宗教的完全脱离……那种把政教分离看作是宗教与政治完全脱离的想法是不切实际的。”[①] 宗教问题是社会问题的一部分，只要宗教存在，只要还有相当数量的群众信仰各种宗教，宗教就会是一支客观存在的社会力量，对于社会生活包括国家政治生活的影响就会存在。就我国的社会现实来说，各个宗教的领袖人物和宗教界人士被选举为全国人大和全国政协的代表、委员，参政议政，在像西藏这样的少数民族自治区，还有宗教界人士被选举为或被任命为地方政府的负责官员，等等，都反映了宗教对于社会政治生活的影响，也成为中国特色社会主义的一个方面的内容。党和政府要求宗教界做到“四个维护”，要求宗教界人士和信教群众从事的宗教活动要服从和服务于国家的最高利益和民族的整体利益，支持宗教界人士努力对宗教教义做出符合社会进步要求的阐释，支持宗教界人士和信教群众与各族人民一道反对一切利用宗教进行危害社会主义祖国和人民利益的非法活动，为民族团结、社会发展和祖国统一多做贡献，也是政治上的要求。而中央政府拨款支持全国性宗教团体和宗教院校改善办公办学条件，推动宗教团体加强自身建设，加快高素质宗教人才培养，依据不同情况为部分宗教职业者发放生活补助费和津贴等等，则是党和国家宗教工作的组成部分，符合中国的国情和积极引导宗教与社会主义社会相适应的要求。从这些方面说，在我国社会主义初级阶段，宗教与“政治”的分离就只能是相对的。

我国社会主义初级阶段政教分离的实质，是废除宗教在国家立法、司法和行政方面的任何特权，是宗教与社会生活关系的和谐。在我国，制度上的政教分离实现之后，社会政治生活方面的政教分离还将是一个长期的过程，有待于党和政府在今后构建社会主义和谐社会和积极引导宗教与社会主义社会相适应的过程中，在正确处理社会主义社会与宗教关系的理论探索和工作实践中，深化认识，创新机制，逐步推进。

政教分离是当今人类社会大多数国家和民众普遍接受的关于现代国家政教关系的理念，政教分离原则是大多数现代宪政国家对待宗教的基本原则，是承认宗教多元化价值观和实现宗教信仰自由的基础，体现了人类文明的进步。由于不同的历史发展与传统文化，各国对政教分离原则的理解与实践具有不同的特点和侧重。一般来说，政教分离原则包括国家对宗教的中立与宗教对国家的中立两个方面。对国家来说，政教分离原则意味着国家不能动用自己的资源支持或压制任何宗教、教派，其基本内容包括：（1）禁止设立国

① 朱晓明：《新时期民族宗教工作的实践与思考》，华文出版社 2003 年版，第 319 页。朱晓明：《合作论、管理论、适应论》，《中央社会主义学院学报》2006 年第 4 期。

教。国教是指国家对特定宗教的特别保护或赋予各种特权。否定国教意味着国家要尊重宗教的多元性，遵守宪法规定的宗教信仰自由与宗教的平等权，严格区分信仰世界与世俗世界的价值观；（2）国家不干涉宗教的内部事务，不对特定宗教进行优待或赋予特权，不把纳税人的钱或政府的财政资金用于资助特定宗教的活动。在具体的实践中，国家对宗教文化遗产的保护等不应被简单地理解为支持宗教活动；（3）宗教不干涉国家政治，不干预国家的立法、行政、司法、教育和公民的婚姻。

对比上述各种类型，就宗教的地位来说，在神权统治和政教合一制度下，宗教的地位最高，对于社会生活的影响是决定性的；在国教制度下，宗教的地位也比较高，对于社会生活的影响也很大；在政教分离制度下，任何宗教都没有特殊的地位，多种宗教并存，对于社会生活虽然发生影响，但是与在前两种社会制度下的地位和影响不可同日而语。

二、西藏政教分离的历史背景与社会条件

20 世纪中叶，西藏政教合一的封建农奴制度已经走到了它的尽头，面临着覆灭的命运。这一点，不仅中国共产党人认识到了，就是当时的西藏贵族以及和平解放前夕不得不离开西藏的英帝国主义分子，也都有人从不同的角度认识到了。

谈判签订《十七条协议》的藏方首席代表，担任过旧西藏地方政府噶伦的阿沛·阿旺晋美曾经撰文指出，早在 20 世纪 40 年代，他就“同一些知心朋友多次交谈过西藏旧社会的危机，大家均认为照老样子下去，用不了多久，农奴死光了，贵族也活不成，整个社会就将毁灭”。藏族学者东嘎·洛桑赤列也曾指出，西藏和平解放前夕，“政教合一制度也像灯油耗尽的灯火一样开始走向没落。”①

长期驻藏的英帝国主义分子黎吉生在 1950 年离开西藏之前曾经表示，当时西藏的政权掌握在一小撮富人手中，他们的日子已经屈指可数，西藏政教合一的封建制度行将就木。黎吉生还提到，生活在封建制度之下的西藏人民，可以被视为共产主义宣传的肥沃土壤，而唯一阻碍他们接受共产主义的是他们的佛教信仰。② 这里，黎吉生倒是在一定意义上对于那个特定历史时期藏传

① 阿沛·阿旺晋美：《西藏历史发展的伟大转折》，《中国藏学》1991 年第 1 期。东嘎·洛桑赤列著，陈庆英译：《论西藏政教合一制度》，中国藏学出版社 2001 年版，第 67 页。

② 参见拙文《柳升琪先生谈所谓的英国“驻藏办事机构”——从黎吉生的去世说起》，《中国西藏》2001 年第 3 期。

佛教维护腐朽没落的政教合一制度的社会作用有所认识。换言之，黎吉生已经认识到，旧西藏的封建农奴制和政教合一的噶厦政权的覆灭已经不可避免。

但是，西藏僧俗农奴主阶级作为既得利益者，不愿意西藏政教合一的社会制度发生任何变化。在帝国主义势力的支持下，辛亥革命之后的三十余年间，西藏当局同祖国中央政府的关系极不正常。西藏在一个时期处于一种事实上半独立的状况。十三世达赖喇嘛去世后，西藏当局甚至公开从事西藏独立的活动。中华人民共和国建立后，西藏僧俗农奴主阶级中的反动势力认为，要想保持自己的统治地位和阶级特权，就必须维护已经腐朽落后的政教合一的封建农奴制，阻挠西藏的解放，不使西藏回到祖国大家庭。他们希望在帝国主义势力的支持下把西藏从祖国分裂出去。

为此，西藏当局在中华人民共和国成立前后采取了一系列对内对外的措施。

首先，噶厦政府以“防共”为名，以中华民国政府蒙藏委员会驻藏办事处工作人员中有共产党为借口，于 1949 年 7 月 8 日制造了“驱汉事件”，将办事处的全体官员眷属强制送往印度。随后，噶厦政府给毛泽东写信，提出中国人民解放军不得进入西藏的要求。① 噶厦政府还向美、英两国政府发出求援信，请求他们支持其“西藏独立”的活动，并且把给毛泽东的信作为附件，以便让美、英两国政府知道其搞“西藏独立”的决心。声称假如人民解放军进军西藏，“藏政府将不得不采取各种可能的手段保卫自己的国家。”希望得到英美两国政府对其提出的要求“予以广泛的帮助，并且尽早做出善意的答复”。②

在上述信件中，西藏当局不仅公开提出“西藏独立”，而且强调西藏“盛行佛教”，“藏区一直是一个信仰佛教的民族的乐土”，反映出他们维护西藏政教合一制度的立场。此后，噶厦政府中以夏格巴为首的俗官中的亲帝国主义分裂势力和以大札活佛为首的僧官中的亲帝国主义分裂势力一直在与帝国主义，特别是美帝国主义勾结，企图在他们的支持帮助下实现“西藏独立”，维护旧西藏的政教合一制度。

刚刚成立的中华人民共和国还没有来得及制订国家的宪法，中国人民政

---

① 梅·戈尔斯坦著，杜永彬译：《喇嘛王国的覆灭》，时事出版社 1994 年版，第 643 页。信中写道：“西藏是神圣而盛行佛教的独特国家，她预先注定要由观世音的化身（达赖喇嘛）来统治。惟其如此，西藏自古迄今都是一个独立的国家，其政治统治地位从来没有被任何一个外国侵略势力接管过。藏人保卫着自己的领土，使其免遭外来侵略。藏区一直是一个信仰佛教的民族的乐土。”

② 梅·戈尔斯坦著，杜永彬译：《喇嘛王国的覆灭》，时事出版社 1994 年版，第 644 页。

治协商会议通过的《共同纲领》在当时起着临时宪法的作用。《共同纲领》在两处提到了宗教信仰自由，一处是第五条，“中华人民共和国人民有思想、言论、出版、集会、结社、通讯、人身、居住、迁徙、宗教信仰及示威游行的自由权。”另一处是第五十三条，“各少数民族均有发展其语言文字、保持或改革其风俗习惯及宗教信仰的自由。人民政府应帮助各少数民族的人民大众发展其政治、经济、文化、教育的建设事业。”《共同纲领》并未规定“政教分离”的原则。在5年之后的第一部《中华人民共和国宪法》中也无此规定。但是政教分离的精神是体现在《共同纲领》和《中华人民共和国宪法》中的。[①] 值得注意的是，第五条在谈及全体中华人民共和国人民时已经提到宗教信仰自由，第五十三条在谈到少数民族时，重申了少数民族的宗教信仰自由。这在当时是必要的。

这是因为，就全国范围来说，中国宗教与政治的关系远不如世界上其他一些国家那样紧密。尽管中国存在着本土宗教道教，尽管世界三大宗教佛教、基督教和伊斯兰教在中国都有传播，但是在长期的历史发展过程中，占全国人口大多数的汉族没有形成专一的宗教信仰，也没有形成强烈的宗教热情。汉族的大多数人奉行祖先崇拜，宗教观念相对淡漠。中国历史上没有“国教”，也没有建立过政教合一的中央政权。正如周恩来新中国成立初期在《关于基督教问题的四次谈话》中指出的：“中国不是政教合一的国家。在中国、宗教同政治一向是分开的，所以宗教问题不像欧洲政教合一的国家那样严重。”“中国一向是政教分开的。”[②] 然而，这是就整个中国、特别是广大的内地汉族地区来说的，在像西藏这样的少数民族地区，却恰恰一向是政教合一的。宗教在历史上对于藏族的形成和发展发生了巨大的作用，并且仍然受到人民群众普遍而虔诚的信奉。尽管西藏的政教合一制度已经腐朽落后，但是当时广大人民群众没有认识到这一点，没有宗教改革的要求和愿望，僧俗上层更不愿意放弃其特权，因此，当时并不具备改革的条件。从尊重少数民族的宗教信仰自由权利的角度，改革也不应该由外部力量越俎代庖。正如毛泽东指出的：“西藏政治、经济、文化、宗教的发展，主要靠西藏的领袖和人民自己商量去做，中央只是帮助。这点是在和平解放西藏办法的协议里写了的。

---

① 我国法学界学者认为，我国宪法文本没有具体规定政教分离原则，但依据宪法原理与宗教信仰自由的价值，可以肯定我国宪法规定的宗教信仰自由中实际上包括了政教分离原则。宗教信仰自由和政教分离原则是我国的基本宗教政策。因此，政教分离原则是具有法律效力的一项宪法原则和原理，约束一切国家机关的活动。参见韩大元：《试论政教分离原则的宪法价值》，《法学》2005年第10期。

② 《周恩来统一战线文选》，人民出版社1984年版，第180－187页。

但是要做，还得一个时间，而且要根据你们的志愿逐步地做。可做就做，不可做就等一等；能做的，大多数人同意了的，不做也不好。可以做得慢一些，让大家都高兴，这样反而就快了。”①

西藏政教合一地方政权的领袖人物达赖喇嘛·丹增嘉措曾经参加了中华人民共和国第一届全国人民代表大会，参加了中华人民共和国第一部宪法的制订工作。宪法中没有明文规定“政教分离”，这就使得当时西藏政教合一制度的存在并不违宪。然而，宪法中有关“宗教信仰自由”的规定，又蕴含了“政教分离”的精神，也为像西藏这样的少数民族地区“政教分离”的改革指明了方向。“宗教信仰自由”与“政教分离”的原则并不矛盾，正如周恩来在中华人民共和国建立之初已经指出的：“关于宗教信仰，是自由的，不可加以干涉，要尊重别人的信仰。西藏是实行政教合一，我们要逐步使政教分离。”② 当条件具备之后，经过民主改革，西藏政教分离的前途是明确的。

现代西藏的政教分离过程，正是在这样的历史背景与社会条件下开始的。

三、西藏政教分离与西藏社会的历史性进步

1. 西藏民主改革与噶厦政府的解散，西藏反动上层僧人干预政治的结束

西藏反动上层发动武装叛乱之后，中央被迫做出平叛的决定，并决定在平息叛乱的同时开始西藏的民主改革，提出了“充分发动群众，边平边改，先叛先改，后叛后改，未叛地区暂时缓改”的方针。中华人民共和国国务院总理周恩来于1959年3月28日发布命令：“查西藏地方政府多数噶伦和上层反动集团，勾结帝国主义，纠集叛乱分子，进行叛乱，残害人民，劫持达赖喇嘛，撕毁关于和平解放西藏办法的十七条协议，并且于三月十九日夜间指挥西藏地方军队和叛乱分子向驻拉萨的人民解放军发动全面进攻。这种背叛祖国、破坏统一的行为，实为国法所不容。为维护国家统一和民族团结，除责成中国人民解放军西藏军区彻底平息叛乱外，特决定自即日起，解散西藏地方政府，由西藏自治区筹备委员会行使西藏地方政府职权。”③

西藏地方政府的解散及其职权由西藏自治区筹备委员会行使，使得原来在政教合一制度下长期参与执政的藏传佛教中的反动上层僧人，一下失去了

① 中共中央文献研究室、中共西藏自治区委员会编：《西藏工作文献选编》，中央文献出版社2005年版，第103页。

② 西藏自治区党史办公室编：《周恩来与西藏》，中国藏学出版社1998年版，第113页。

③ 西藏自治区党史资料征集委员会、西藏军区党史资料征集领导小组编：《平息西藏叛乱》，西藏人民出版社1995年版，第136－137页。

往日干预政治的种种特权。1751 年由清朝中央政府授权建立的噶厦政府在西藏的统治，在 208 年之后宣告结束。藏传佛教格鲁派从此失去了在西藏社会政治生活中的统治地位和特权，旧西藏体制上的政教合一制度也宣告结束。

然而，尽管西藏体制上的“政教分离”实现了，僧人干政的特权和制度保障不复存在，但是历史上长期政教合一造成的藏传佛教的影响仍然是强大的。西藏和甘、青、川、滇四省藏区的绝大多数农牧民群众仍然笃信藏传佛教。西藏藏传佛教上层僧人中的反动势力虽然受到了沉重打击，但是不甘心于昔日政教合一制度下特权的丧失，他们同那些失去了特权的世俗贵族中的反动势力一起，还要为恢复旧制度而同我们进行斗争；达赖集团流亡国外，在以美国为首的西方敌对势力支持下，成为上述反动势力的总代表，打着宗教、人权的旗号在世界范围内从事分裂活动，利用宗教进行渗透；西藏自治区内一部分僧人，视达赖为藏传佛教的领袖和自己利益的代表，仍然愿意追随他，甚至铤而走险，从事破坏国家统一和民族团结、扰乱社会治安的分裂活动和其他违法犯罪活动。所有这些因素，使得西藏社会政治生活层面的“政教分离”仍然没有最后实现。

根据中国的国情和西藏的特殊情况，参照对于国内其他宗教及其领袖人物的政策，中国共产党和中央人民政府在西藏和平解放之初，并没有实行如同苏联和一些坚持政教分离原则的西方国家的做法。俄国十月革命后颁布的第一部根本法《俄罗斯苏维埃联邦社会主义共和国宪法》明确规定，修道士、教会人员和宗教祭司为不享有选举权和被选举权的人员。还在革命之后开展了大规模的反宗教宣传。① 而中国没有搞“反宗教运动”，中国领导人郑重宣布“我们不搞反宗教运动”。对于像西藏这样的少数民族地区，更是规定不得开展有神论和无神论的涉及意识形态的辩论。民主改革开始之后，仍然规定不得在寺庙中开展此类辩论。② 不仅如此，中央承认达赖喇嘛、班禅额尔德尼等藏传佛教的领袖人物也是西藏人民的领袖。作为藏传佛教格鲁派的最高首领，达赖喇嘛还担负着领导西藏地方政府的责任。而班禅额尔德尼领导的班禅堪布会议厅，也是后藏地区的一个政教合一的政权机构。他们还参加了 1954 年在北京举行的第一届全国人民代表大会和第二届全国政协，参与了制订宪法的工作，并被选为全国人大常委会副委员长和全国政协副主席，成为

① 中国社会科学院世界宗教研究所编译：《苏联宗教政策》，中国社会科学出版社 1980 年版，第 25 页。参见贺克著，高骅、杨缤译：《俄国革命前后的宗教》，学林出版社 1999 年版。

② 《周恩来统一战线文选》，人民出版社 1984 年版，第 181 页。西藏自治区党史资料征集委员会、西藏军区党史资料征集领导小组编：《西藏的民主改革》，西藏人民出版社 1995 年版，第 116 页。

国家领导人。西藏叛乱发生，国务院命令解散西藏地方政府之后，任命班禅额尔德尼代行西藏自治区筹备委员会主任职权。因此，藏传佛教领袖人物仍然参与西藏社会的政治生活。但是藏传佛教格鲁派僧人往日的特权不复存在了。

叛乱发生、达赖出逃后，在平息叛乱和民主改革的过程中，参叛寺庙遭受沉重打击，母子寺关系（宗教联系掩盖下的政治关系）被废除，部分寺庙毁坏，参叛僧人或出逃或被判刑关押，寺庙武装被宣布为非法，寺属农奴获得解放，参叛寺庙财产被没收，丧失了过去参与政治统治的经济基础，自治区筹委会中的僧人数量下降，其干政的潜在力量也被极大地削弱了。

2. 西藏藏传佛教寺院的改造与上层僧人封建剥削特权的被取缔

由于1959年西藏反动上层发动武装叛乱而提前开始的西藏的民主改革，历时两年，于1961年基本结束。民主改革最重要的成果是摧毁了旧的封建农奴制的土地制度，到1960年年底，西藏全区的民主改革基本完成，80万无地的农奴和奴隶分得了自己的土地。同时，政教合一制度下的上层僧人的封建剥削特权也被取缔了。

藏传佛教上层僧人曾经是旧西藏的三大领主之一，其把持的寺庙占有西藏全区三分之一以上的土地和大量牧场、牲畜，通过地租、牧租和高利贷等手段剥削压迫广大农牧奴。上层僧人享有种种特权。他们不仅在经济上残酷剥削农奴，而且在政治上对他们实行压迫。寺庙在其所辖的领地和庄园内设有法庭、监狱，对于农奴有生杀予夺之权。一些大寺院，如拉萨三大寺的上层僧人，在长达两个世纪期间出任包括噶伦在内的西藏地方政府的高级官员以及基层政权机构的各级官员，权势显赫。这些特权既有雄厚的经济基础和长期的制度保障，又蒙上了一层宗教的神圣外衣，因而具有很大的欺骗性。而作为既得利益者，上层僧人也自然地成为政教合一的封建农奴制的顽固维护者。

西藏上层反动集团发动叛乱后，约半数寺庙参叛。据中共西藏工委1959年9月一份文件中的统计数字，全区共有大小寺庙2138个，僧尼11.2万余人。其中参叛寺庙971个，占寺庙总数的45%以上；参叛僧尼6.8万余人，占僧尼总数的60%以上。当时还估计，如果进一步详细核查，参叛寺庙可能达到70%。[①] 鉴于“寺庙是维护封建农奴制的堡垒，是策动与组织叛乱的祸

① 西藏自治区党史资料征集委员会、西藏军区党史资料征集领导小组编：《西藏的民主改革》，西藏人民出版社1995年版，第143－144页，第160页。另有数据称，1961年1月，西藏全区共有寺庙2676座，僧尼11.4万余人。参见丹增、张向明等主编：《当代中国的西藏》，当代中国出版社1991年版，第293页。

根子”，于是，有人产生了“民主改革是消灭宗教的好机会”这样的认识，个别地方发生了发动、纵容和放任群众打佛像、烧经书、禁止僧俗群众正常的宗教活动的现象。①

针对工作中出现的偏差，中共西藏工委及时制定政策，予以纠正。在民主改革的总政策中，中共西藏工委单独列出寺庙民主改革的办法，做出特别的政策规定。其基本精神，是与中央制定的西藏民主改革的总精神相一致的。例如，1959 年 7 月，西藏工委下发了要求贯彻执行“关于在当前平叛工作中几个政策问题的决定”和中央对这一决定的批示的指示。在谈到西藏寺庙的民主改革问题时，指示要求：“必须认识宗教问题的长期性、群众性和国际性……必须在民主改革过程中，彻底解决寺庙的特权和剥削问题。应该狠狠地抓住寺庙的叛乱辫子，以便进一步地来反掉其特权和剥削。要彻底解决寺庙的特权和剥削问题……把寺庙特权、寺庙的压迫和剥削制度搞臭，割断其政治上、经济上与群众的直接联系。”为此，必须充分发动寺庙中的贫苦喇嘛，分化、瓦解寺庙中的上层内（寺庙内的贫苦喇嘛）外（寺外群众）夹攻。指示还要求：“在寺庙进行工作时，应坚决执行宗教信仰自由政策，保护爱国守法的寺庙和宗教界人士……把尊重信教自由与废除寺庙的剥削制度和特权区别开来。根据寺庙中的不同情况，采取区别对待的政策。”②

需要指出的是，此时的中央文件和西藏工委的文件一般均未明确提出“政教分离”问题。这是因为，随着武装叛乱的被平息和达赖等人的出逃，开始民主改革之后，西藏事实上已经不存在制度上“政教合一”的问题了。党需要领导人民群众彻底废除藏传佛教上层僧人在政教合一制度下所享有的政治经济方面的各项特权。彻底废除这些特权，也就在实质上实现了当时西藏的制度上的政教分离。

3. 民主改革与党和政府宗教政策在西藏的实行

西藏的民主改革开始后，中央马上制定了相应的政策。1959 年 3 月 31 日，也就是在西藏发生全面武装叛乱的当月和国务院宣布解散西藏地方政府数日之后，中共中央就拟定了“关于在西藏平叛中实现民主改革的若干政策问题的指示（草案）”。指示要求“继续坚持保护宗教信仰自由政策，红、黄、白、花、黑等教派一视同仁。参加叛乱的寺庙的土地、房屋、耕畜、农具和粮食一律没收，分配给农民，债务、乌拉和差役一律废除……今后所有

① 《西藏的民主改革》，第 115 页，第 223 页。

② 《西藏的民主改革》，第 115－116 页。

寺庙必须爱国守法，不得违反国家的政策法令和干涉政府的行政事宜；不得私藏枪支；不得强迫群众当喇嘛，群众有当喇嘛的自由，喇嘛也有还俗的自由。对寺庙财产，可由寺庙僧众组织管理委员会民主管理，取消寺庙间的隶属关系。”由于这是宣布平叛之后迅即拟定的草案，因此，赎买政策尚未提出，而是要求对于“没有参加叛乱的寺庙的土地和多余的房屋、耕畜和农具应经过与寺庙协商分配给农民，其多余粮食不予没收，但可经过协商，借一部分给农民，由农民在收获之后归还”。这些对于寺庙的政策，大体是同对待世俗贵族的政策相一致的。不同的是，明确规定了寺庙和僧人不得“违反国家的政策法令和干涉政府的行政事宜”，“取消寺庙间的隶属关系”。①

两周后，毛泽东在第十六次最高国务会议上的讲话中谈到西藏平叛问题，并且提出了赎买政策和藏传佛教的改革问题。毛泽东说：西藏的旧制度不好，一不人兴，二不财旺。“我跟达赖讲过。我说，你们要发展人口。我还说，你们的佛教，就是喇嘛教，我是不信的，我赞成你们信。但是，有些规矩可不可以稍微改一下子？你们一百二十万人里头，有八万喇嘛，这八万喇嘛是不生产的，一不生产物质，二不生产人。你看，就神职人员来说，基督教是允许结婚的，回教是允许结婚的，天主教是不允许结婚的。西藏的喇嘛也不能结婚，不生产人。同时，喇嘛要从事生产，搞农业，搞工业，这样才可以维持长久。你们不是要天长地久、永远信佛教吗？我是不赞成永远信佛教，但是你们要信，那有什么办法！我们是毫无办法的，信不信宗教，只能各人自己决定。”② 毛泽东这里所说同达赖的谈话，是在1954—1955年达赖进京参加第一届全国人民代表大会期间进行的。那时，西藏的改革尚无确切时间，所以还谈不到政教分离的问题。

实际上，在叛乱发生之前，毛泽东就对藏传佛教的改革和西藏政教关系处理有过反复的考虑。在宗教问题上，毛主席是非常慎重的，并且寄希望于西藏人民的觉悟。在人民觉悟之前，则主张等待。1954年3月23日，在中华人民共和国宪法起草委员会第一次会议上，毛泽东主席就特别提出了对于西藏的考虑。他说：“达赖是活佛，是活神仙，不是人民选出来的。现在想马上选又不行，究竟搞个什么形式，由那里大多数人民的意愿决定。”③ 这方面的考虑，甚至很有可能是我国的第一部宪法并没有写明“政教分离”的一个原因。

① 《西藏工作文献选编》，中央文献出版社2005年版，第204－205页。

② 《毛泽东文集》第8卷，人民出版社1999年版，第40－41页。

③ 《西藏工作文献选编》，中央文献出版社2005年版，第104页。

毛泽东还认为，西藏的宗教也是需要发展的。例如，早在1952年10月，在接见西藏致敬代表团的一次谈话中，他就指出："西藏地方大、人口少，人口需要发展……还有经济和文化也需要发展。文化包括学校、报纸、电影等等，宗教也在内。"一年后，再次接见西藏国庆观礼团时，他又说："西藏政治、经济、文化、宗教的发展，主要靠西藏的领袖和人民自己商量去做，中央只是帮助。"当然，毛主席和党中央也非常清楚，西藏上层人物是"有意识地、想方设法地要举起'发展佛教'的旗帜来维护其封建统治。"① 而我们所说的宗教的发展，实质上就是积极引导藏传佛教与社会主义社会相适应。

在毛主席、党中央上述思想的指导下，民主改革开始之后，西藏工委制定了一系列具体的政策措施，使得西藏的民主改革在两年左右的短时间内基本结束。在随之而来的土地制度改革和划分阶级、分配土地（西藏牧区不划不分，但是进行了"三反两利"即反叛乱、反乌拉、反奴役，牧工牧主两利的改革）过程中，广大农牧民群众在政治上彻底翻了身，经济上获得了巨大的实惠，感激共产党和人民政府，宗教热情有所降低，短时间内藏传佛教的社会影响下降，西藏的政教合一制度从此彻底结束了。

本文系中国藏学研究中心招标课题"论西藏的政教分离"（任务书登记号：CTRC－2005－07）之一部分，得到中国藏学研究中心的资助

原载《西藏大学学报》2007年第2期

① 《西藏工作文献选编》，中央文献出版社2005年版，第87页、第103页、第89页。

坚持政教分离　积极引导藏传佛教与社会主义社会相适应

西藏的政教分离是民主改革最重要的成果之一，是20世纪中叶西藏社会发生的一次历史性进步。西藏的社会生产力由此得到解放，党和政府宗教信仰自由政策在西藏的实行也由此具备了条件。民主改革以来，藏传佛教不可避免地发生了巨大的变化，但是仍然存在一些问题，如部分僧人不能与达赖集团在政治上划清界限、农牧民群众的生产、生活受到藏传佛教的影响，等等。正确认识和有针对性地处理好这些问题，才能坚持政教分离，积极引导藏传佛教与社会主义社会相适应。

一、西藏政教分离的历史必然性和历史意义

20世纪中叶，西藏政教合一的封建农奴制度已经走到了它的尽头，面临着覆灭的命运。这一点，不仅中国共产党人认识到了，就是当时的西藏贵族以及和平解放前夕不得不离开西藏的英帝国主义分子，也都从不同的角度认识到了。

谈判签订《十七条协议》的藏方首席代表，时任西藏地方政府噶伦的阿沛·阿旺晋美曾经撰文指出，早在20世纪40年代，他就“同一些知心朋友多次交谈过西藏旧社会的危机，大家均认为照老样子下去，用不了多久，农奴死光了，贵族也活不成，整个社会就将毁灭”。著名藏族学者东嘎·洛桑赤列也曾指出，西藏和平解放前夕：“政教合一制度也像灯油耗尽的灯火一样开始走向没落。”①

长期驻藏的英帝国主义分子黎吉生在1950年离开西藏之前曾经表示，当时西藏的政权掌握在一小撮富人手中，他们的日子已经屈指可数，西藏政教合一的封建制度行将就木。黎吉生还提到，生活在封建制度之下的西藏人民，

---

① 阿沛·阿旺晋美：《西藏历史发展的伟大转折》，《中国藏学》1991年第1期。东嘎·洛桑赤列著，陈庆英译：《论西藏政教合一制度》，中国藏学出版社2001年版，第67页。

可以被视为共产主义宣传的肥沃土壤，而唯一阻碍他们接受共产主义的是他们的佛教信仰。① 这里，黎吉生在一定意义上看到了旧西藏封建农奴制的覆灭已经不可避免，也看到了西藏长期而广泛的藏传佛教信仰及其影响，会成为阻碍西藏社会变革的因素。

西藏僧俗农奴主阶级作为既得利益者，不愿意西藏政教合一的社会制度发生任何变化，在帝国主义势力的鼓动怂恿下，西藏僧俗农奴主阶级中的反动势力正是为了保持自己的统治地位和特权，维护已经腐朽落后的政教合一的封建农奴制，才勾结帝国主义势力，阻挠西藏的解放，阻止西藏回到祖国大家庭。

中华人民共和国成立后，党和政府坚持实行宗教信仰自由政策。中国人民政治协商会议通过的《共同纲领》在两处提到了这一政策，一处是第五条，“中华人民共和国人民有思想、言论、出版、集会、结社、通讯、人身、居住、迁徙、宗教信仰及示威游行的自由权。”另一处是第五十三条，“各少数民族均有发展其语言文字、保持或改革其风俗习惯及宗教信仰的自由。人民政府应帮助各少数民族的人民大众发展其政治、经济、文化、教育的建设事业。”《共同纲领》并未规定“政教分离”的原则。在五年之后的第一部《中华人民共和国宪法》中也无此规定。但是政教分离的精神是体现在《共同纲领》和《中华人民共和国宪法》中的。在谈到少数民族时，重申了对于中国少数民族的宗教信仰自由政策。西藏实现和平解放之后，坚持实行这一政策。这是十分必要的。

1954 年中华人民共和国第一届全国人民代表大会召开，西藏政教合一地方政权的领袖人物达赖喇嘛曾经参加了中华人民共和国第一部宪法的制订工作。宪法中没有明文规定“政教分离”，然而，将来经过民主改革，西藏政教分离的前途是明确的。西藏反动上层发动武装叛乱之后，中央被迫做出平叛的决定，并决定在平息叛乱的同时开始西藏的民主改革。民主改革的一个重要成果是实现了西藏的政教分离，这是 20 世纪中叶西藏社会的一次历史性

① “At present Lhasa is ruled by a handful of very rich men but the days of their power are numbered.” “The people of Tibet were living under feudal conditions and might be expected to be fertile ground for Communist propaganda. The only obstacle to it is their Buddhist faith which is sincerely held and the people are prepared to go through great troubles if they consider that by doing so they would contribute to the glory of the Dalai Lama.” 英国国家档案馆：“NOTE OF CONVERSATIONS WITH MR. HUGH RICHARDSON ON DECEMBER 3RD AND 4TH”, FO 371/76317/19003。胡岩：《柳升琪先生谈所谓的英国“驻藏办事机构”——从黎吉生的去世说起》，《中国西藏》2001 年第 3 期。

进步。

（一）政教分离剥夺了西藏上层僧人干预政治的特权

民主改革使得原来在政教合一制度下长期参与执政的藏传佛教格鲁派中的反动上层失去了往日的种种特权。1751 年由清朝中央政府授权建立的噶厦政府在西藏的统治，在 208 年之后宣告结束。藏传佛教格鲁派从此失去了在西藏社会政治生活中的统治地位和特权，旧西藏体制上的政教合一制度也宣告结束。

（二）解放了西藏的社会生产力

民主改革最重要的成果是摧毁了旧的封建农奴制的土地制度，到 1960 年年底，西藏全区的民主改革基本完成，80 万无地的农奴和奴隶分得了自己的土地。作为西藏三大领主之一的寺院领主丧失了压迫剥削农奴的特权，西藏的社会生产力得到了极大的解放。

（三）为宗教信仰自由政策在西藏的实行创造了条件

西藏的民主改革开始后，中央马上制定了相应的政策，落实党和政府的宗教信仰自由政策。1959 年 3 月 31 日，也就是在西藏发生全面武装叛乱的当月和国务院宣布解散西藏地方政府数日之后，中共中央就拟定了“关于在西藏平叛中实现民主改革的若干政策问题的指示（草案）”。明确规定了寺庙和僧人不得“违反国家的政策法令和干涉政府的行政事宜”，“取消寺庙间的隶属关系”。①

对于藏传佛教的命运和未来，毛泽东认为，西藏的宗教也是需要发展的。早在 1952 年 10 月，在接见西藏致敬代表团的一次谈话中，他就指出：“西藏地方大、人口少，人口需要发展……还有经济和文化也需要发展。文化包括学校、报纸、电影等等，宗教也在内。”一年后，再次接见西藏国庆观礼团时，他又说：“西藏政治、经济、文化、宗教的发展，主要靠西藏的领袖和人民自己商量去做，中央只是帮助。”当然，毛主席和党中央也非常清楚，西藏上层人物是“有意识地、想方设法地要举起‘发展佛教’的旗帜来维护其封建统治。”② 而毛泽东当时所说的“宗教的发展”，实质上就是积极引导藏传

① 《西藏工作文献选编》，中央文献出版社 2005 年版，第 204－205 页。
② 《西藏工作文献选编》，中央文献出版社 2005 年版，第 87－89 页，第 103 页。

佛教与社会主义社会相适应，引导藏传佛教各个教派的僧尼以及虔诚信仰藏传佛教的藏族群众逐步走上社会主义道路。

二、民主改革以来藏传佛教的变化

（一）政治上从掌权到失权

1959年叛乱发生后，噶厦被中央人民政府解散，参叛的藏传佛教格鲁派上层僧人或随达赖流亡国外，或被依法惩治。随着民主改革的完成，藏传佛教格鲁派上层政治上参与执掌西藏政权的状况根本改变，丧失了昔日的特权和地位。西藏政教合一的封建农奴制社会制度成为历史。

（二）经济上从享有封建特权到以寺养寺

西藏的寺院既是宗教活动的场所，也是封建农奴制度的重要社会基础。绝大部分寺院都处于封建的主寺与属寺的联系之中，大喇嘛、活佛及其代理人构成了作为旧西藏剥削阶级的三大领主（官家、贵族、寺院）中的寺院领主，他们在宗教的外衣下对寺属农奴和普通僧人进行残酷的剥削和压迫。民主改革后，这种状况发生了根本变化，寺庙的封建剥削特权被废除，有劳动能力的僧人都要参加一定的生产劳动，不同程度地实现了以寺养寺。

（三）思想文化上从独尊和垄断到失去主流地位

藏传佛教是旧西藏居于统治地位的封建农奴主阶级的思想。在经历了将近半个世纪的社会主义革命和建设之后，西藏社会发生了巨大的变化。藏传佛教尽管仍然受到大多数农牧民群众程度不同的信仰，但是无疑已经不再是西藏占统治地位的思想，失去了昔日的主流地位。随着西藏经济社会的发展和人民群众物质文化生活水平的提高，随着西藏地区与祖国内地联系的日益密切和对外开放的不断扩大，随着科学教育的普及和无神论宣传的深入，随着西藏人口素质的提高，在西部大开发和全面建设小康社会的进程中，藏传佛教的社会影响从长远看将会更趋减弱。但是同时，藏传佛教作为西藏的一种社会意识形态和观念，还将长期存在。

三、藏传佛教当前存在的主要问题

据有关部门近期的统计，西藏现有藏传佛教寺院（包括滚巴、拉康、日楚等等）约1700座，僧人约46000人，他们分属格鲁、宁玛、萨迦、噶举和其他一些教派。另有少数苯教寺庙。西藏现存藏传佛教各个教派中，目前无论从僧尼人数、寺院规模还是影响上来看，仍以格鲁派为最多和最大，其他教派也有一定的影响。这是藏传佛教当前的基本状况。

目前藏传佛教和与之有关的问题主要有以下几个方面：

（一）部分僧人不能与达赖集团在政治上划清界限的问题

西藏宗教当前存在的首要问题，莫过于一部分僧人，尤其是一部分藏传佛教格鲁派僧人不能深刻认识达赖集团的真面目，不能自觉地用宪法和法律规范自己的行动，留恋过去的掌权地位和寄生生活，对于达赖心存幻想、盲目信仰。虽然经过平叛和民主改革之后将近半个世纪的时间，这些人仍然与党和政府离心离德。一遇风吹草动，就想挑起事端，恢复昔日的特权。从1987年“9·27”事件，到2008年的“3·14”事件，20余年来拉萨发生的多次骚乱，都有极少数僧尼打头阵，绝大多数都是由一些寺庙策划，以少数僧尼为骨干的。这说明当前影响西藏社会长治久安的主要因素是达赖集团的分裂活动，而藏传佛教中的少数不法僧尼，正是达赖集团在西藏重要的社会基础。藏传佛教的部分僧人对于达赖仍然心存幻想，仍把达赖视为“根本上师”，在思想上感情上并不认同今天的社会主义制度。还有一些年轻的僧人（包括个别寺庙主持或活佛），把今天藏区经济的迅速发展和社会生活的巨大变化视为对于宗教生存和发展的威胁，认为目前处于佛教中所谓的“五浊恶世”，借着向信众讲经说法的机会否定改革开放以来西藏和藏区经济社会发展所取得的成绩。这些人中的大多数可能并不敢公开从事违法乱纪的活动，但其内心深处却是与今天的社会主义制度有着很大距离的。

（二）农牧民群众的生产、生活受到藏传佛教影响的问题

当前西藏宗教的另一个问题，是普通农牧民群众的生产、生活仍然受到藏传佛教的很大负面影响。藏传佛教的一些教义与戒律，对发展生产、改善人民生活起着种种阻碍的作用。一些群众受佛教戒止杀生说教的影响，不肯在田间施用农药灭虫，牧区的一些群众则惜杀惜售，致使农区的病虫害得不到有效的控制，牧区的草场过载，牲畜的出栏率和商品率难以提高，从而影响了农牧业生产和农牧民的收入与生活水平的提高。佛教提倡的布施僧人的习俗，造成农牧民群众把大量钱财送到寺院，减少了他们扩大再生产的投入，使他们难以脱贫或脱贫后再度返贫。佛教轮回业报、淡漠今生、注重来世的说教，使广大农牧民群众缺乏积极投身社会主义市场经济的竞争意识和努力

创造今生今世美好生活的热情。

（三）部分党员干部信仰宗教和对党的宗教政策理解不深入的问题

部分党员干部信仰宗教是涉及西藏宗教的第三个问题。西藏目前仍然有少数党员干部有比较浓重的宗教意识，程度不同地信仰藏传佛教。这些现象虽然只是个别的，但是在农牧民群众和城市居民中，的确造成了不好的影响，损害了党的声望。另一方面，当前在西藏也存在着部分党员干部对宗教和宗教人士反感，不愿意和他们交朋友、做他们的思想工作，甚至疏远和歧视他们的现象。党员干部信仰宗教或对宗教和宗教界抱有不正确的态度，从两个不同的方面反映出对党的宗教政策理解不深入的问题。

共产党员不能信仰宗教，这是我们党的工人阶级先锋队性质和全心全意为人民服务的宗旨所决定的。党的宗教信仰自由政策，并不适用于共产党员。我们党曾经多次明确规定：共产党员不得信仰宗教，不得参加宗教活动，长期坚持不改的要劝其退党。[①] 西藏自治区党委也多次重申“四不准”（共产党员不准信教，不准挂达赖像，不准设经堂和佛龛，不准挂宗教标志）的规定。这些都是完全正确的。目前，藏传佛教在西藏大多数农牧民群众中还有很深的影响，达赖集团还在利用这些影响和他们在宗教上的传统身份破坏西藏的社会稳定和现代化建设，藏传佛教对于两个文明建设还有消极影响和阻碍作用。党员如果信教，必然损害党的形象，降低党在群众当中的威望，削弱党组织的战斗力，也不利于正确贯彻执行党的宗教政策。

西藏自治区党委提出，做好西藏的宗教工作，要“划清两个界限，尽到一个责任”，即：划清正常宗教活动与达赖分裂主义集团利用宗教从事分裂破坏活动的界限，划清共产党员不得信仰宗教与非党员群众宗教信仰自由的界限；各级党组织，特别是党员领导干部必须坚持唯物论和无神论，尽到引导群众崇尚科学文明、追求社会进步的责任。这是我们在西藏从事宗教工作、处理宗教问题应该长期遵循的指导方针。

（四）个别寺庙经济实力发展迅速的问题

西藏的藏传佛教寺庙，既是一个宗教组织，同时也是一个经济实体。寺

---

① 《关于我国社会主义时期宗教问题的基本观点和基本政策》（即19号文件），1982年3月；《中共中央、国务院关于进一步做好宗教工作若干问题的通知》，1991年2月5日，《新时期宗教工作文献选编》，宗教文化出版社1995年版，第66、221页。

庙的经济收入主要来自信众的布施、奉献和僧人自身的经商活动。实行改革开放以来，随着党和政府各项宗教政策的落实，西藏的一批著名寺院和宗教活动场所得到修复和恢复，正常的宗教活动得以开展。改革开放 30 年来，西藏寺庙的经济实力也开始发生分化。一些寺庙实力强大起来，资金日益雄厚，其中既有合法经营所得，同时也有非法收入。

个别寺庙凭借其经济实力扩大经营规模，带来了一些负面的影响，甚至危及基层政权的巩固和党在西藏农牧区的执政能力的加强。例如，当农牧民因生产或生活问题向基层政权申请帮助，从银行贷款遇到困难时，个别寺庙借机向农牧民发放高利贷。这不仅有可能使一部分贫困农牧民陷入难以摆脱的债务中，而且会损害当地政府和党的基层组织的威信和声誉，经济实力强大的寺庙还有可能凭借其实力干预行政、司法和教育、婚姻，等等。

四、积极引导藏传佛教与社会主义社会相适应的若干对策与建议

（一）对僧人要有一个正确的整体评价

十四世达赖喇嘛丹增嘉措 1959 年出逃国外，至今已将近半个世纪，在以美国为首的某些西方国家的支持下，长期进行分裂祖国的活动。20 世纪 80 年代末以来拉萨发生的多次骚乱，正是达赖集团在国外反华势力的支持下，鼓动西藏的一小撮民族分裂主义者挑起的。藏传佛教的少数僧人在多次骚乱活动中起了极坏的领头作用。极少数寺庙甚至在一定程度上被民族分裂主义势力所控制，成了骚乱分子出没的藏身之所。时至今日，僧人中仍有少数人尚未与达赖集团划清界限，不能自觉地用宪法和法律规范自己的行动。这些都是不可否认的事实。

但是应该看到，今天西藏藏传佛教僧人中的大多数，与西藏信教或不信教的农牧民和其他劳动者一样，也是我们的基本群众。西藏和平解放半个多世纪以来，他们同广大农牧民一样，耳闻目睹了内地汉族和其他兄弟民族对西藏人民的无私支援，亲身经历了西藏发生的巨大变化，感受到中国共产党、中央人民政府的关怀帮助和祖国大家庭的温暖。改革开放以来，他们也在分享党和政府贯彻落实各项宗教政策、国家经济社会发展的成果。他们中的许多人也是西藏沧桑巨变、社会进步的历史见证人。在今天建立社会主义和谐社会的过程中，从整体上讲，我们必须把藏传佛教僧人这一社会群体团结在党和政府周围，加强引导，通过长期的教育，使大部分人成为爱国爱教的有宗教信仰的公民，引导他们适应社会主义社会，为西藏经济社会各项事业的

发展和社会的稳定和谐做出贡献。

藏传佛教僧人，尤其是其中的格鲁派僧人，在历史上具有光荣的爱国传统。今天，在党和政府的不断教育下，他们当中的多数人也能够在国家法律政策规定的范围内从事正常的宗教活动。在建设社会主义和谐社会的今天，在西藏这样一个藏传佛教仍然受到农牧民群众普遍信仰的边疆少数民族地区，对于藏传佛教的僧人，要有一个正确的整体评价。尤其要注意不能把这一特殊的社会群体从整体上视为异己力量，不能因为他们当中曾经和仍然有少部分人坚持追随达赖集团，从事分裂活动，而歧视其全部或大部分成员。不能片面地把他们一概视为我们的对立面，而要着眼于教育其中的大部分人成为爱国爱教的有宗教信仰的公民。要把大多数和一小撮区分开来。要调动大多数人的积极性，孤立、打击一小撮坚持追随达赖集团的人。要批评他们的错误，澄清他们的模糊认识。要讲究方式方法，对他们进行爱国主义和正确的祖国观、民族观的教育，进行法制教育。要和爱国的宗教界人士交朋友，从他们当中发现和培养一支爱国、爱教、爱党、拥护社会主义制度而又有较高的宗教学识，在广大信教群众中有威望和号召力，能够正面影响广大信教群众的藏传佛教宗教职业者队伍，并通过他们做广大信教群众的工作，积极引导藏传佛教与社会主义社会相适应。

（二）加强对于藏传佛教僧人的引导和教育

首先，进行法制教育、爱国主义、历史知识和时事政治等方面的教育，培养僧人的法制观念和公民意识，使藏传佛教僧人懂得，我国是社会主义法治国家，在法律面前人人平等，任何组织或个人都不得有超越宪法和法律的特权。一名僧人首先是一名公民，必须守法，应当爱国。法制教育、爱国主义教育和西藏近现代历史以及时事政治等方面的教育，我们不能完全推给寺院，政府主管部门要承担起自己的责任。

第二，鼓励僧人爱教，按照藏传佛教的仪轨和要求学经修行，并为僧人学经修行提供必要的条件。由国家和地方的宗教事务管理部门出面指导、协调，适当恢复和建立若干藏传佛教的佛学院校，指导规范教材，完善僧尼的学经、考核、学位晋升与学衔授予制度，组织藏传佛教的高僧大德学习基督教、伊斯兰教等其他宗教的好的做法和经验，重新解释藏传佛教的经典及教义，使之适应今天构建社会主义和谐社会的需要。

第三，支持、鼓励僧人和寺庙从事合法的生产、经营活动，加以必要的引导和规范，给予适当的帮助。鼓励那些富裕起来的僧人和寺庙从事社会公益事业和慈善事业，增加收入，服务社会，并帮助当地群众通过发展生产致富。这项工作必须谨慎小心，不能允许寺庙经济力量强大之后，干预地方政府和基层政权的行政职能。对于那些通过非法的生产、经营活动得以致富的寺庙和僧人，则应加强管理，区别情况，对其进行必要的处罚。严禁寺庙对农牧民群众发放高利贷，逐步采取措施，规范对于僧人和寺庙从事生产、经营活动所得收入的稽查和税收，并通过必要的经济和社会管理与教育工作，增强僧尼的公民意识。在这方面，应该不断总结经验，树立典型，进而指导工作。

第四，提高藏传佛教僧人这一西藏特殊社会群体的整体素质。党和政府主管部门应当提出要求，并且帮助僧人找准自己的社会位置。使越来越多的僧人懂得，他们当中的一小撮败类，打着宗教的旗号从事破坏祖国统一、损害民族团结、危害国家安全和扰乱社会治安的犯罪活动，不仅违背藏传佛教的教规教义，而且触犯国家的法律，必将受到法律的惩处，走的是一条死路。而对于藏传佛教僧人中的大多数人，则应使他们活得有荣誉感。要逐步使他们明白，社会主义的中国是他们的祖国，社会主义制度适合中国的国情，符合历史发展的趋势，中国共产党的领导代表着包括他们在内的最大多数人民群众的根本利益，他们也在分享祖国统一、民族团结、社会稳定和经济社会协调发展的成果。要调动他们走与社会主义社会相适应的道路的积极性，真正认识到只有走这条路，藏传佛教和他们自己才有光明的前途和未来。

（三）坚持宗教信仰自由政策和对农牧民群众的唯物论、无神论教育

对于西藏的农牧民群众进行唯物论、无神论“两论”的教育，是一项长期的任务。既需要民族宗教工作部门负起责任，也需要其他各部门，尤其是文化教育部门的通力配合，还要与广大农牧民群众生活水平和文化素质的提高相适应。

唯物论、无神论的教育是一项长期的教育工作。农牧民群众普遍信仰藏传佛教的状况，在西藏已经有了上千年的历史，还会继续存在一个很长的时期。在坚持进行“两论”教育的同时，务必坚持宗教信仰自由的政策，坚持中共西藏自治区党委提出的“划清两个界限，尽到一个责任”的指导方针。而在坚持宗教信仰自由的政策的同时，也不能放弃或放松唯物论、无神论的“两论”教育。在教育过程中，应当注意掌握政策界限，不断总结经验，努力探索为群众所喜闻乐见、易于接受的方式方法。把“两论”的教育同建设社

会主义精神文明、同传播先进文化和农牧区实用的科学技术、同开展健康向上的乡村和社区文化活动、同不断提高农牧民群众的健康水平结合起来。同时，注意利用先进的信息技术和手段，如广播、电影、电视、互联网等等，低成本、高效益地开展“两论”的教育。

我们的基层党员、干部应当通过学习真正理解和切实把握党的宗教信仰自由政策，弄懂我们党在相当长的一个历史时期为什么只能实行这样的宗教政策而不能实行别样的宗教政策，认识到党的宗教信仰自由政策不是权宜之计，而是根据马克思主义的宗教理论和我国社会主义初级阶段的具体国情制定的相对长期稳定的政策。

（四）共产党员必须树立马克思主义的宗教观，不得信仰宗教

马克思主义认识论和唯物史观认为，人的社会存在决定人的意识。任何一个民族的党员、干部，其思想观念都不可能不受到本民族传统文化的影响，不可能不受到其生于斯、长于斯的周围社会环境的影响。藏族在一千多年的长时期中，全民族基本上虔诚信仰藏传佛教。藏传佛教的基本教义，不仅在很长的历史时期对于僧人的宗教生活、对于信徒的社会生活发生着巨大的影响，而且就是在西藏和平解放半个多世纪的今天，对于西藏党员干部思想意识的影响也是十分深刻的。一名西藏的藏族共产党员，其亲戚、朋友、家庭成员中的多数甚至大多数可能并不是党员，可能是虔诚的藏传佛教的信奉者，他们的宗教观念、宗教感情、宗教体验和宗教活动，不可能不对不信教的藏族党员发生影响。西藏的宗教文化，渗透到社会生活的方方面面，许多民间的节庆活动都带有或浓或淡的宗教色彩，而西藏的党员，特别是基层的党员不可能一概不参加这样的节庆活动。这些，会对西藏的党员发生影响，也使得西藏的党员干部、特别是藏族的党员干部更加需要不断增强党性修养，真正树立马克思主义的宗教观。

对于部分党员干部不能正确理解党的宗教信仰自由政策的问题，需要持续不断地进行马克思主义宗教观的教育，明确党的宗教信仰自由政策不是权宜之计，而是需要长期坚持的基本政策。必须用马克思主义的宗教观武装党员干部的头脑，使他们认识到，在社会主义初级阶段，宗教是引导的对象而不是消灭的对象，宗教职业者可以为社会进步发挥积极作用，信教群众是建设中国特色社会主义的积极力量，而不是异己力量。

此外，还应注意一些相关的问题。共产党员不得信仰宗教，不得参加宗教活动，这是我们党对于所有共产党员的统一要求，并无民族或地域的区别。

西藏的共产党员不能信仰宗教，内地的共产党员也同样不能信仰宗教。建议今后对于进藏的党员和领导干部，特别是援藏干部，在他们进藏之前，进行必要的马克思主义宗教观和党的宗教政策的教育。我们讲党员干部不得信仰宗教，不得参加宗教活动，指的是所有共产党员和具有党员身份的干部。严格地讲，并不包括在西藏政府机构和人大、政协等部门的非党干部。对于后者，仍然应当适用宗教信仰自由的政策。如何掌握好这方面的政策界限，坚持政教分离的原则，使宗教信仰在这部分国家公职人员中真正成为个人的私事，使那些在周围大多数人不信仰宗教的部门和单位工作的非党干部享有宗教信仰自由的权利，也是今后在处理西藏的宗教问题时应予注意的。

（五）关注寺庙经济实力的发展，依法加以调控

对于西藏个别佛教寺庙经济实力发展迅速的问题，各级政府和民族宗教事务工作部门应予重视，不可无所作为。建议有关部门尽快开展相关的调查研究，协同工商行政管理部门对经济实力发展迅速，而又有违规或非法经济活动，包括私下发放高利贷的寺院进行稽查，解剖若干典型案例，从中总结经验，摸索规律，用税收或其他经济的或行政的手段，依法加以处罚，明定规则，从而规范这些寺庙今后的经济活动，调节其收入和经济实力的发展。尤其不能听任此类寺庙通过放高利贷盘剥农牧民群众，扩充自己的经济实力，再凭借其强大起来的经济实力与我们争夺群众，威胁基层政权的巩固和西藏社会的长治久安。此事关系到西藏农牧民群众的切身利益，关系到党的基层政权的巩固，关系到党在西藏的执政能力，不可等闲视之。

（六）探索和总结揭批达赖的更加有效的方法，树立寺庙工作的先进典型

在漫长的历史发展过程中，佛教文化对中国伦理道德等产生了很大影响，已成为中国传统文化的一部分；同样地，藏传佛教文化对中国西藏和广大藏族地区的伦理道德等也产生了很大影响，已成为中国藏族和其他若干少数民族传统文化的一部分。藏传佛教的有些主张，特别是宗教道德的一些内容，同我们现在提倡的精神文明有一致的地方，而藏区的广大农牧民群众在相当长的时期还将普遍信奉藏传佛教，因此藏传佛教还有其存在的社会价值和社会基础，有其存在的必然性。与此同时，国外的敌对势力和达赖集团也还会利用藏传佛教从事分裂祖国的活动。我们必须深刻认识和认真面对这样一个现实，发挥统战工作的优良传统和优势，引导信教群众和藏传佛教界的大多

数僧尼爱国守法，抑恶扬善，服务社会。

宗教在社会主义初级阶段还将长期存在，在特定的时期和历史条件下还将有所发展并发挥一定的社会作用。运用马克思主义宗教观分析和认识西藏的宗教问题，丰富和发展中国共产党关于社会主义初级阶段宗教问题的理论，在今后的工作中不断探索和总结揭批达赖的更加有效的方法，树立寺庙工作的先进典型，使藏传佛教寺庙和僧人真正发挥“护国利民”的作用，在西藏坚持政教分离，积极引导藏传佛教与社会主义社会相适应，是一项长期的工作。

结　语

中共十六届四中全会提出了建设“和谐社会”的执政理念。中共《十七大报告》又提出了“促进政党关系、民族关系、宗教关系、阶层关系、海内外同胞关系的和谐”，“全面贯彻党的宗教工作基本方针，发挥宗教界人士和信教群众在促进经济社会发展中的积极作用”的要求。[①] 我们所要建设的社会主义和谐社会，是民主法治、公平正义、诚信友爱、充满活力、安定有序、人与自然和谐相处的社会。和谐社会的这些基本特征，都或多或少地与正确处理好社会主义初级阶段的宗教问题联系在一起。在积极引导藏传佛教与社会主义社会相适应的过程中，以建设“和谐社会”的执政理念统领宗教工作，正确处理宗教方面的人民内部矛盾，维护社会安定团结，是全面贯彻落实以人为本，建设社会主义和谐社会的一项重要任务，也是关系到提高党的执政能力、实现西藏长治久安和又好又快发展的大问题。

原载《西藏大学学报》2009 年第 4 期

① 胡锦涛：《高举中国特色社会主义伟大旗帜，为夺取全面建设小康社会新胜利而奋斗——在中国共产党第十七次全国代表大会上的报告》（2007 年 10 月 15 日）。《中国共产党第十七次全国代表大会文件汇编》，人民出版社 2007 年版。

共同迎接更加美好的明天

新年伊始，万象更新。2009 年元旦刚过，全国宗教工作会议在京召开。会上，贾庆林发表了重要讲话，在肯定 2008 年宗教工作扎实推进，取得显著成绩的同时，对做好 2009 年宗教工作提出了四点要求，希望各级宗教工作部门在新的一年里认真贯彻党的宗教工作基本方针，围绕中心，服务大局，强化管理，促进和谐，全力维护我国社会安定团结的良好局面，以优异的工作成绩迎接新中国成立 60 周年。

第一条要求是深入贯彻落实科学发展观，为保持经济平稳较快发展贡献力量。认真总结宗教工作的宝贵经验，不断推动宗教工作的理论创新、制度创新和实践创新，组织和支持广大信教群众积极发展生产、改善生活、勤劳致富，共同为夺取全面建设小康社会新胜利而奋斗。

30 年来的改革开放，我们的一条最基本的经验，就是始终坚持以经济建设为中心，聚精会神搞建设，一心一意谋发展。在发展经济、改善民生、造福社会、促进和谐稳定方面，宗教界有着发挥积极作用的广阔天地，可以在社会公益慈善事业、赈灾救助、环境保护、发展旅游文化等方面做出自己的贡献。政府各级宗教工作部门不仅要以科学发展观为统领，总结经验，在新的一年里更好地引导宗教界在上述领域发挥自己的积极作用，贡献自己的聪明才智，还要与学界和宗教界一起，进行理论、制度和实践的创新。尽管中国信仰宗教的人相对于不信教的人来说是少数，其绝对数量却很大。在全面建设小康社会和实现中华民族伟大复兴的共同事业中，他们也是我们的基本群众，是我们依靠的基本力量。他们的作用不可低估。

第二条要求是加强对宗教界人士和信教群众的教育引导，深入开展爱国主义、社会主义的教育活动，培养和造就一支政治上靠得住、宗教造诣好、人品能服众的宗教界代表人士队伍。充分发挥宗教界和宗教团体的作用，确保宗教领域和谐稳定，维护社会安定团结。

30 年来的改革开放，我们的另一条基本经验就是维护社会稳定。尽管 30 年间世界风云变幻，一些国家和地区因民族矛盾和宗教纷争而动荡不安。但我们在党中央的领导下，保持了社会的长期基本稳定，为改革开放的成功推进创造了必要的条件。中国社会的安定团结，特别是宗教领域的和谐稳定，宗教界人士和信教群众功不可没。国家的和平发展，符合各族人民、信教与不信教群众和信奉各种宗教的群众的根本利益。13 亿中国人，无论信教的还是不信教的，今天都在分享改革开放的各项成果，分享社会和谐稳定的安宁环境，分享我们不断进步、繁荣发展的伟大祖国的尊严和荣耀。爱国主义是中华儿女的光荣传统，建设中国特色社会主义是我们共同的事业。在促进社会和谐，弘扬宗教教义、宗教道德与宗教文化中有利于社会发展、时代进步的内容，带领和鼓励广大信教群众多做善行善举，努力促进信教与不信教群众和睦相处，维护不同宗教之间与宗教内部的团结方面，在联系信教群众，确保宗教领域和谐稳定，维护社会安定团结方面，宗教界代表人士的作用十分重要。培养和造就一支政治上靠得住、学识上有造诣、品德上能服众的宗教代表人士队伍，是不断壮大爱国宗教力量，确保宗教领域和谐稳定和做好宗教工作的关键。

第三条要求是认真落实宗教事务条例，不断提高宗教事务管理的能力和水平，把发挥宗教界人士和信教群众在促进经济社会发展中的积极作用与抵御境外利用宗教进行渗透活动结合起来，把依法管理宗教事务与健全宗教自身各种规章制度结合起来，进一步推进宗教事务管理的法制化、科学化和现代化。

中国是法治国家。依法治国，在社会生活各个领域大力加强法制建设，是我国成功构建社会主义和谐社会的保证。国家依法管理宗教事务，是依法治国的组成部分。依法管理宗教事务，需要两个方面的努力。一方面，作为依法管理的主体，政府主管部门的工作人员要加强学习，掌握必要的宗教学识，提高对于党的宗教工作政策方针和国家有关宗教法律法规的理解，深化对于我国宗教国情和本地区各种宗教历史与现状的了解，不断提高贯彻落实宗教信仰自由政策、依法管理宗教事务的能力和水平。另一方面，宗教界人士也要不断学习，提高认识，真正理解国家依法对宗教事务进行管理，有利于更好地保护正常的宗教活动和宗教界的合法权益，有利于防止和制止不法分子利用宗教和宗教活动制造混乱、违法犯罪，有利于抵制境外敌对势力利用宗教进行渗透，从而有利于国家的长治久安和发挥宗教在化解社会矛盾中的作用，更符合各族人民的根本利益。

第四条要求是强化基层宗教工作，进一步夯实宗教工作的基础，着力解决宗教领域的一些重点、难点问题，推动基层建立和完善宗教工作机制、工作网络和工作队伍。各级党委和政府要切实加强对宗教管理部门的领导，帮助他们解决工作和生活等方面的实际问题。

基层的宗教工作量大、范围广、头绪多，情况千差万别，任务琐碎庞杂。特别是远离大都市和经济发达地区的农村、山区和边疆少数民族地区，那里往往交通通讯不便、教育落后、医药卫生条件差、精神文化生活缺乏、人民群众面临的各种生产生活困难还很多。这一方面使得宗教和各种民间信仰的长期存在必不可免，使得一定数量信教群众的长期存在必不可免，另一方面也使得那里的宗教工作有着一些特殊的重点、难点问题。加之基层的党政领导干部和宗教管理部门的干部大多比较年轻，他们的理论素养和实际工作经验的提高与积累需要一个过程，开展宗教工作还需要创新机制、锻炼队伍。我们常说民族宗教无小事，基层的民族宗教工作和基层宗教管理部门工作人员工作和生活等方面的实际问题和困难，尤其需要各级党委和政府给予重视，妥善解决。

后 记

我们的共和国经过了 60 年的风风雨雨，经过了 30 年的改革开放，已经进入和平发展、协调发展、科学发展的历史时期。中国共产党已经提出了“全面贯彻党的宗教信仰自由政策，依法管理宗教事务，坚持独立自主自办的原则，积极引导宗教与社会主义社会相适应，加强信教群众同不信教群众、信仰不同宗教群众的团结，发挥宗教在促进社会和谐方面的积极作用”这一宗教工作的基本方针。党和政府有这样的能力和胸怀，为包括信教群众在内的 13 亿中国人谋利益、谋福祉，领导信教和不信教的广大群众和睦相处，团结奋斗，在共同建设此岸世界美好生活的同时，听凭每个公民依据自己的信仰和愿望，追求各自的彼岸幸福。在新的一年刚刚到来的时候，让我们全国信教和不信教的各民族兄弟姐妹携起手来，迎接更加美好的明天。

原载《中国民族报》2009 年 1 月 13 日第 5 版

其他篇

三十天穿越藏区

西藏因其远而荒，因其高而凉。青藏高原的荒凉，为她赢得了世界屋脊这个响亮的名字。就是这片荒凉的高原，千百年来孕育出一个伟大的民族——藏族；藏族人民创造的悠久历史与独特文化，受到整个世界的赞叹。

我与这片高原的缘分，始自大学生活的后期。撰写毕业论文时，我选择了在中国近代历史上颇有影响、也颇有争议的达赖喇嘛十三世，并因此而被领入了一片新的天地。1982—1985 年，我在中央民族学院（现名中央民族大学）民族研究所师从王辅仁先生学习藏族历史。毕业后，到中央党校任教，主要是帮助培训部西藏班的学员学习自己民族的历史。

1984 年，我有幸第一次到了西藏，那也是我第一次坐飞机。人生平第一次的许多经历往往是难以忘怀的。西藏的蓝天白云，碧水苍山，藏族人民和在藏工作的汉族同志的热情纯朴，给我留下了深深的印象。三个月的实习结束后，我搭乘一辆日产五十铃卡车，一路就坐在江苏籍司机陆泉水师傅的旁边，日夜兼程，从青藏公路翻越唐古拉山、昆仑山，经格尔木、敦煌返回北京。返程乘坐汽车的经历，让我对青藏高原的广袤浩瀚、博大宽广，又有了一份仅凭坐飞机进藏所绝不可能有的感触。

斗转星移，日月如梭。似乎是眨眼之间，我在中央党校为培训部西藏班讲授西藏地方史这门课程已有十多年了，但却一直无缘再进西藏。一批批学员毕业返藏，行前盛情邀我再去；一次次答应下来，却又言而无信。时间越长，我越不安。岂止不安，我甚至因为久违进藏，情况隔膜而感到羞愧和恐慌，快要不敢再上讲台了。

申请利用暑期进藏调研的报告，得到了学校的批准。我不胜欣喜。有了 1984 年的经历，我决定这一次走川藏线进藏，如果可能，再走新藏线，经阿里、新疆返京。于是有了 1997 年暑期的第二次藏区之行。

一、告别成都

盛夏的北京暑热难耐。我能前往西藏，不啻是找了个避暑的好去处。行前的准备十分简单。这些年来，我已经结识了西藏的许多学员，一路上肯定能得到他们的帮助和关照。这是我的一大优势。几位最熟识的学员朋友，我提前打了招呼。因为要去阿里，知道那里气温会很低，我带了一件旧羽绒服，一双旧棉鞋。进藏后的高原反应，我是知道的，估计问题不大。对我此行最为担心的是家人，但还是被我说服了。

为了节约学校的经费，我从北京乘火车，于 7 月 18 日到达成都，住到了设在簇桥的西藏昌都地区交通运输站。这是西藏昌都地区交通局属下的一个单位，经营西藏昌都至四川成都间的客货运输，并实际上“垄断”着客运这一块。我从未走过川藏公路，自然关心一路的安全。经向站里领导打听，才知道这条线上的客运司机不是一般人能当的，他必须有在川藏公路安全行驶 30 万公里以上的纪录。客运之有必要“垄断”，原因也在于此。由于管理严格，数十年来，川藏公路的长途客车很少出事。

我很幸运。每周两班的长途客车，次日一早刚好有一班。全程 1300 公里，车票连同保险费共计 270 元。19 日清晨，我被照顾在司机侧后方这个全车最好的座位上，与同车的四十余名乘客一起，踏上了川藏公路。

我们的司机名叫普布次仁，是个典型的康巴汉子，身材魁梧，看上去不过三十多岁。他的汉族妻子为他生了一对双胞胎，而且是一男一女，这次也一起去昌都“耍”。车开不久，我就为他的驾驶技术折服了。他手里的方向盘如同小娃娃手里的拨浪鼓，转起来毫不费力。他开车的动作，不禁使人联想到藏胞跳的踢踏舞。令人担忧的是那辆旧车。四川峨眉厂十几年前的产品，保险杠上赫然印着“安全行驶 68 万公里”的字样。车行半日，刚到双流，就爆了一只后胎。补胎时，我发现那轮胎已经是遍体鳞伤了。据说在这条路上，一副新轮胎用不了十个来回就要报废。就是这只轮胎，在后来的旅途中又破了两次。

当晚我们早早到了雅安。成都至雅安的高速公路已经初具规模，我们就不时走在已经修好的路段上。邻近雅安时穿过的金鸡岭隧道，宽敞而明亮，是我此行走过的唯一隧道。雅安号称雨城，地处四川平原与川西高原间的交通要冲，系当年康藏公路的东端起点，也是历史上藏汉两大民族进行茶马贸易的地方。1955 年西康省撤销，这条路以成都为东端起点，遂改称川藏公路。雅安过去，即是进藏要过的第一座大山——二郎山。古人云：蜀道难，难于上青天，所指乃由秦入蜀之道。如今由川入藏之道，路途之艰险，当居全国之冠，恐怕也不在古时蜀道之下，而二郎山又是其中的咽喉。由于路窄弯急，很多路段无法会车，翻越二郎山只好采取“单进双出”的办法。每逢单日，进藏车过山，双日则由出藏车行驶。为了等下一个单日，我们在雅安待了一天。但21日凌晨却听说二郎山又塌方了，已经堵了上千辆车。雨季塌方是川藏路上司空见惯的事。我们只好绕路石棉。没有被堵在二郎山上，固然是幸事，但不能翻越二郎山，又未免令人遗憾。二郎山隧道已经快修通了，那时，由川藏路进出西藏的汽车再不必“单进双出”，路况将大为改善，但我恐怕也就再无机会领略二郎山的风光了。

客车南行至石棉后，一路沿大渡河北上，傍晚时分到了泸定。当年红军飞渡的铁索桥仍然横跨在大渡河上。次日凌晨5时，我们继续上路。公路的一侧是壁立的高山，另一侧是湍急的河水。这是大渡河的一条支流，河床之中满是巨石。由于落差很大，水清浪急，河水完全变成了一条银白色浪花织成的飘带，缠绕在崇山峻岭之中。河与公路之间，是或宽或窄的农田，绿油油的水稻尚未抽穗。大约两三个小时之后，我们已经行驶在康定城外的跑马山上了。

二、进入藏区

康定旧称打箭炉，又被唤作炉城。清朝末年改为今名。相传三国时期诸葛亮曾遣部将郭达在此地安炉造箭，因而得名。其实，这本是一个藏语名字。康定为达、折二水汇流之地。藏语谓两水相会之处为“多”，音讹附会，“达折多”就变成了“打箭炉”。这里地处川藏交通的要冲，也是川省汉族地区与藏族地区的分界点。清朝初年设置正副驻藏大臣管理西藏，每三年一更代。至清中叶之后，此职已被满朝文武目为苦差。得任命者，多逡巡不前，为搪塞皇帝责问，一过康定，便驰奏已经入藏。后来到了民国初年，达赖喇嘛十三世受英人愚弄，派员参加西姆拉会议，提出独立要求，即以此为借口，把西藏的东界一直划到康定。为了抵御英人觊觎，南京政府成立后不久，设立了西康省，康定成为西康省的政治经济中心。当时康定的居民，大约是汉族藏族各占一半，一说汉族略多于藏族。近代以来康定之闻名全国，不在其物产民风，而是因为那首美丽的《康定情歌》。据说在风靡全球，会唱的人超过10亿的10首歌中，就有这首歌。令人不解的是，这首抗日战争期间诞生的歌曲，究竟出自谁的手笔，至今还是一个谜。

我们的车从康定城边绕过，不得一睹康定的风采，让我又多了一个遗憾。客车开过康定后不久，开始翻越川藏公路上的第二座高山——折多山。午饭前，到了新都桥镇，又名东俄洛。上路数日，我已知道应该把“早饭”这个概念暂且放下了。清晨匆匆上路，莫说早饭，常常连脸都来不及洗。一天的第一顿饭在哪里吃，何时吃，要由司机根据情况而定。22 日的第一顿饭，便是中午时分吃的。

乘长途车是一件很累的事，在川藏路上翻山越岭更累。但我们乘客再累，也比不上司机。乘客每到一地可以休息，司机却要先检查车况、修车。经过数百里颠簸，我们车前后轮的钢板全都坏了。修好后，已到下午，走不成了。当晚住在运输站。午饭后，同车的几个人结伴到镇里转了一圈，路上，已经有了缺氧的感觉。这一带能够见到不少新盖的民房，有藏式的，也有汉式的，更有一些藏汉结合式的，房屋的整体结构和窗户是下大上小的梯形，房顶则覆了瓦。路旁的农田里早已不见了水稻，而是一片片丰收在望的青稞。当地群众的生活显然是富足的。柏油路从镇中穿过，两旁的店铺既有汉族的，也有藏族的；既有本地人的，也有外地人的。从日用百货到米面菜蔬，应有尽有。这里白天并不冷，入夜却要盖两床被，再不必为暑热所苦了。

前一天少走了路，第二天我们又是凌晨 5 点就出发了。夏日天长，北京此时应已天亮了。但由于有时差，川西的群山之中正值黎明前的黑暗。我睡意未尽，上了车就打起盹儿。突然，车后的乘客大喊大叫起来，原来有贼从后面爬上了车顶。司机普布次仁马上停车，抄起一根铁棍跳了下去。贼人跳车跑了，我们继续赶路，但车上已无人敢再打盹儿了，大家心里都惴惴不安。此时正是上坡，我们的车速与步行无异。没走多远，路旁又闪出了一群黑影，石头从四周砸向客车，人们的惊呼声、玻璃的破碎声夹杂在一起。一块石头打碎了我座位旁的车窗，又打在我的胸部，碎玻璃划破了脸，并顺着领口落入衣服里。我们的车门平时都要用铁棍才能撬开，而且此时就是能打开，谁出去都会挨石头。人们在车里乱成一团，毫无办法。我们到底遇上强盗了。

川藏路上甘孜藏族自治州一段治安欠佳，我已有耳闻。会否出事，也是我们同车人几天来的话题。但是据司机讲，客车因为人多，一般不会遭劫，出事的大多是卡车。所以单车不敢行夜路，天黑前必须要找地方住下。这一带在历史上就是盗匪出没之地，明清两代，皇上赐给达赖班禅的物品也每每被抢。这类强盗，藏语谓之“夹坝”。20 世纪 50 年代平叛和民主改革之后，多年销声匿迹。当地群众额手称庆，感谢共产党消除了这一历代皇帝无如之何的祸害。但近年来，“夹坝”又出现了。看来，当地的治安综合治理工作，还有待于进一步加强。

所幸这些强盗并不如内地的车匪路霸，抢了车上的几件行李，便落荒而去了。我们的车开至前方有人之处，男人们下车捡了些石头在手里。天已渐亮，路上的车慢慢多起来了。清点损失，丢了六七个包，客车的玻璃被打碎了八块，好在除了我面部流了点血，再无人受伤。我们原路返回，报了案，10时许重新上路。

三、过金沙江

川藏公路在东俄洛折向正北。这是个三岔路口，向西是雅江、里塘、巴塘，过金沙江进入西藏。向北是乾宁（八美），再向西北，经道孚、炉霍、甘孜、德格，过金沙江进入西藏。从乾宁开始基本上见不到柏油路了，车行数十里不见人家，也很少见到其他车辆。路旁林木虽不浓密，藏上几伙强盗还是不成问题的。有了凌晨的那番经历，全车人都不免忧心忡忡。天未黑时，总算到了炉霍。次日晓行夜宿，上午过甘孜，下午过马尼干戈，7月24日傍晚时分，我们到了金沙江边。

乾宁至甘孜的一段，正是当年红军走过的路。1934年10月，中国共产党为了反对内战，北上抗日，领导中国工农红军进行了震惊世界的二万五千里长征。长征途中，红军第一、二、四方面军先后经过了云南、甘肃、青海的藏族地区。红军爬雪山过草地的故事，全都发生在四川境内今甘孜阿坝两个自治州的藏族地区。在红军的帮助下，1936年年初，乾宁、道孚、炉霍、甘孜等地先后成立了县区乡各级博巴政府，随后又在甘孜建立起中华苏维埃博巴政府。“博巴”是藏族的自称。博巴政府是藏族人民自己的政府，她得到了康区广大藏族僧俗人民的拥护。著名的甘孜白利寺的格达活佛，被选为博巴政府的副主席。红军走后，藏族人民千方百计保护伤病员，继续同国民党反动派做斗争，直到新中国的成立。所有这一切，不过是发生在五六十年之前。如今，这里大多数藏民的生活虽然还不富裕，虽然还存在这样那样的问题，但毕竟没有了国民党军阀、土司头人的欺压，当年只能骑马和赶牲口的山路上，跑起了汽车。路旁的山坡上，一群群的牦牛在蓝天白云之下悠闲地吃草。偶尔有几座牧民的帐篷出现在车窗外，炊烟袅袅升起。孩子们在附近嬉戏，向我们招手，一片祥和景象。人民安居乐业，已是不争的事实了。

在马尼干戈与德格之间，横亘着海拔5047米的雀儿山。这是川藏公路沿途14座大山中最高的一座，也是四川境内最后的一座。翻越此山时，缺氧的感觉已经很明显了。颠簸数日，我已总结出了一些规律。只要路边有树，海拔一般不会超过4000米，人坐在车上没有多少不适的感觉；到了只有草没有树的地方，大约是4400—4500米左右，已有了气短的感觉；一旦连草都不见了，路旁背阴处出现了点点积雪，则海拔至少在4800米以上，人就很不舒服了，只想躺下来。当然这也因人而异。与我同车的几位青年学生，在山顶仍然谈笑风生。我则只能斜倚在座位上，盼着客车早些驶过山口，开始下坡。我们的车似乎在山脊上走了好久，转过一座坡又是一座坡。我知道，按照藏族的风俗习惯，一座山最高的山口处必有玛尼堆和经幡，过了山口才会下坡。终于到了山口时，车上的藏族学生们高喊“拉索罗”，算是敬神，也算是向我们一路辛劳的司机普布次仁致谢吧！

翻过山口一路下坡，感觉很快就好了。但我还是吐了几口，这是我此行最重的反应了。

雀儿山一过就是德格，从德格向前，越过金沙江，便进入西藏自治区境内。金沙江边，我们在苍茫暮色中休息。望着脚下滔滔的江水，我不觉默诵起毛泽东的雄浑诗句：金沙水拍云崖暖，大渡桥横铁索寒。我会背诵这首诗已有三十多年了，何曾想到今天能亲临其地！所幸实多。

四、昌都沧桑

昌都地处西藏自治区东部澜沧江支流扎曲和昂曲两河的交汇处，海拔3232米，位于2400公里川藏线的中间，东接成都，西至拉萨，而且南北各有公路可通云南和青海。旧时昌都又称察木多，藏语意为“双河口”。实际上，昌都之“都”与打箭炉之“炉”，在藏语中本是一个字。川藏公路沿途所过藏区，大至县镇，小到乡村，有很多这样的位于两水相汇之处的居民点。邦达机场扩建后，昌都与成都之间已经通航。汽车一周的路，大型客机仅需一个小时。因其地理位置极为重要，昌都被称作藏东重镇。西藏和平解放前夕，噶厦政府就是在这里屯集了藏军的主力，企图用军事手段阻挠西藏的和平解放。而英美帝国主义也幻想，藏军的抵抗和高山大河的隔阻，会使中国人民解放军不敢轻易进军西藏。为了扼制新生的人民政权，帝国主义分子一面积极怂恿鼓动“西藏独立”，一面给予西藏当局种种支持。一个名叫罗伯特·福特的英国人就为驻守昌都的藏军操纵电台，与拉萨保持联系。当时任西南军政委员会委员、西康省人民政府副主席的格达活佛进藏劝和，在昌都遇害，他是插了手的。后来他回国后用英文自著的《在西藏被俘》一书，虽然极力推卸自己的责任，但并不否认格达活佛是被人毒死的。1995年我在英国进修期间，曾见到福特，他根本不敢同我提及当年此事。令人不解的是，如今却有人为文称格达活佛系“用错药而致死的”，并称这是经过调查的结果。毒药也可以用错吗？福特本人所不敢否认之事，我们国内却有人要为之翻案，岂非咄咄怪事！

经历了如许沧桑的昌都，现在已经变了模样。中华人民共和国成立初期，这里只有三千多人，今日已十倍于当年。这里原来连一颗螺丝钉都造不出，现在却已建起了电力、农机、建材、印刷、皮革加工和汽车修理等多种工业。居民喝的是自来水，照明用电灯。市场上出售的蔬菜和水果，大多来自四川或云南，品种繁多，价格也不算贵。时近初秋，周围牧区的牧民赶着牦牛来这里屠宰后出售，肉食供应充足。全国直拨的公用电话和来来往往的出租汽车，是这一两年昌都街头出现的新景致，不时还可以看见漫步街头的国外游客。

在昌都的几天里，我既未住旅馆，也未住招待所，而是住在地区交通局局长夏多同志的宿舍里。夏多数年前曾在中央党校学习，我们就是自那时起认识的。他在西藏交通系统已经工作了大半生，党和人民把他从一名普通的道班工人培养为一个部门的领导。此行一路上，我听到交通局的许多藏汉族同志都对他赞不绝口。他在局里只有两间宿舍，家住镇外，骑车需近半个小时。这在不大的昌都已算远的了。以他的级别和条件，上下班派车接送，既合情合理，也并非难事。但是多年来，为了节省国家千里迢迢从藏北运来的汽油，更为了以身作则，他始终是骑车上下班。工作一忙，就住在单位。直到去年，上级因工作需要给他配了一辆摩托，他才不再骑自行车了。他管着交通局大小三百余辆车，自己出差，从不坐好车。这与时下某些以权谋私，千方百计为自己换高级车的干部形成了鲜明的对照。夏多同志也因此而赢得了周围同志们的尊敬和爱戴。他办公室墙上“己身正，不令而行；己身不正，有令不从”的警句，正是他为“官”的座右铭。西藏的建设和发展，除了内地的支援和西藏各族人民的努力之外，靠的不就是这样一批好干部吗?

五、黑昌路上

一到昌都，我就请夏多帮我搭车去拉萨。昌都至拉萨间尚未通航，虽有长途客车，但要比小车慢得多，而且当然也没有小车安全。几经努力，夏多为我搭上了一辆昌都地委去山南开会的丰田车。这种日本产的越野车因适于跑山路，在西藏很多。据我所知，过去像这样搭车，大多是免费的，这次我却照章交了400元钱。显然这章程也是近年来市场经济的产物。其实这一点没什么不好，既服务了社会，又节约了开支。从这件小事，也可以窥见西藏的进步。

时值雨季，经由林芝地区的川藏路南线不通，我们只好走北线的黑昌公路（即昌都至那曲线。“那曲”的藏文意译为“黑河”）。小车跑起来到底不一样。我们7月30日清晨出发，当晚就住在丁青县的巴达接待站。据开车的藏族司机讲，此地位于西藏昌都和那曲两个地区的交界处，再往前走，就进入藏北高原了。我已经发觉，今天的旅途跨越了两种不同的地形地貌。刚从昌都出发时，公路两侧还是高山峡谷，可以见到一片片的森林，仍然是穿越横断山脉一路的风光。逐渐地，地势虽然越来越高，但却越来越平缓，不那么险峻了。树木也很难见到了。

巴达接待站位于路边一处山坳里，附近并无居民点，只有一所小学。接待站是由两排房子和两面围墙圈成的一个不小的四方院子，大约能停放十几台车。我们一行6人，4位藏族，其中还有一位女同志，2个汉族，我和一个老家在四川的姓郑的小伙子。找到管理人员，请他开房间，进门一看，仍然是木床，棉被，虽然没有电，条件也已远在我的预计之上。颠簸了一天，见到床实在是亲得很，没想到出了一点小问题。管理人员讲，客房不多，现在天还早，说不准夜里还会有车来，因此你们最好住在一起，免得半夜还要给别人腾房子。我多少有些吃惊，可再看看那几位西藏的同志，显然已把这当作常事了。他们没意见，我这搭车的还能有什么意见？其实，还不就跟火车上的卧铺车厢一样吗。不过那一夜我可能扰得人家够呛。行前去夏多家向他的夫人辞行，归途中淋了点儿雨，我到底感冒了。在这里感冒，弄不好是要出麻烦的。为了能控制住，我除了吃药，还使劲地喝水。那一晚不知出来方便了多少次。

安排好住处，再去吃饭。一大碗热汤面下肚，马上有了底。大师傅的手艺平平，我却吃得很香。饭后去河边洗脸，虽值盛夏，藏北的河水却是冰凉冰凉的。我和小郑同行，边走边聊。记得我去联系搭车时，他是最积极欢迎我的。当我问他何以不在乎多了我他们要挨挤时，背着同车的藏族同志，他对我讲了实话：“我的藏语不行，如果没你，一路聊天我都插不上嘴，该多寂寞！”看来要在藏区工作，还是应该过语言关啊。

从招待所到河边，要从小学校经过。那显然是一所尚未完工就已开始使用的学校。两栋教室夹着一个大门，四周的围墙还没有砌起来。一群藏族娃娃下了学还舍不得回家，正在教室与小河之间的空场上踢足球。走过教室，我探头向里边张望。地上放着孩子们的衣服和书包，只是墙边有几个课桌，黑板上方贴着一张毛主席像。

我这外来人的举动引起了那群藏族娃娃的注意。他们不再踢足球，停下来注视着我。我也一下意识到就这么扒着门窗看人家的教室有点儿那个，冲他们笑笑，准备离去。山里的孩子大方得很，并不怕生人，更何况他们又生长在公路边上，更是见过世面。其中一个起脚把球踢了过来，待我踢回去后，他们竟跑过来叫着笑着用球砸我。小郑早已回住处了，我一个人哪里是十几个孩子的对手，只好撤退。砰的一声，足球重重地打在我的背上。随之而来的欢呼声回荡在茫茫的暮色和空旷的山谷中。

入夜下起了雨。我颇有几分不安，担心明天的路会不好走。倘若遇上塌方，到拉萨的时间又要推迟了。好在菩萨保佑，次日一路顺利。我们清晨6时出发，中午时分已到索县。午饭又是一大碗面条，但味道比之昨晚的却有天壤之别。饭后众人休息时，我跑到旁边的邮局给儿子发了一个明信片，带着恶作剧之后的几分得意钻进了丰田车。离京前，家人对我此行很是担忧。我当然作了妥协，答应川藏路乘车只走一半，从昌都往拉萨一定坐飞机。其实昌都至拉萨间根本没有通航。我当然也就“夫在外，妻命有所不受”了。只不过和夏多说好，电话中仍然谎称飞往拉萨。等到这张写有“发自索县”的明信片到京，岂不真相大白了?

实际上，川藏路的这一段相当好走。虽然是土路，我们越野车的时速却可达到每小时60公里。下午3时许，藏北重镇那曲已在眼前了。

那曲位于怒江的源头。怒江的这一段，在藏语中称作“那曲”，意为黑河。此地是因水而得名的。西藏和平解放后的一段时期，汉族也是使用这一地名的。这里曾经是十八军独立支队驻黑河办事处、中共西藏工委黑河分工委的所在地。1960年设黑河县。后来在规范地名的工作中，因与黑龙江爱辉县的黑河重名，依据名从主人的原则，改为那曲县。现在它是藏北那曲地区行署和地委的所在地。4500米的海拔高度，使那曲处于“树线”以上。举目四望，见不到一棵树。与昌都相比，那曲要开阔得多，大片的建筑群一眼望不到边。青藏公路从格尔木北上，翻越昆仑、唐古拉两座大山联结拉萨，那曲是必经之地。如今，这条路已经全部铺上了柏油。川藏路的北线就在那曲与青藏路相汇，这意味着此去拉萨我们再不必颠簸于土路之上了。

车在那曲加油。我下了车，站在路边，来来往往的大小汽车风驰电掣般驶过，把我的思绪带回到13年前。1984年9月的一天，我搭了一辆卡车，曾自相反的方向从这里走过。记得那天离开拉萨已是中午时分，傍晚才到那曲。在满天的风沙中，司机师傅带我到路边的一个小饭铺吃饭。那天没电，灶膛的火苗把我们的身影打在墙上，不住地晃动。待到吃完饭，天已黑透，我们是冒着夹着冰雪的细雨上路的。从那曲到格尔木，用了整整两夜一天。那时还只是部分路段铺了沥青。唐古拉山口遇上堵车，我们在海拔5280米处冻了半宿。现在的情况较之那时已大有改善了。不时驶过的长途卧铺客车，用不了一天一夜，即可走完青藏公路全程。我真希望今晚就住在那曲，好好领略一下这个藏北重镇的风光。

六、又到拉萨

那一晚，我们并未住在那曲，而是在天黑前赶到了当雄县。昌都至拉萨间1000多公里路，我们两天就跑了900多公里。当雄至拉萨，仅剩下150余公里了。

晚餐是在街头吃的。明天上午，我们将在拉萨分手，这是分手前的最后一顿正餐了。我们点了正经的米饭炒菜，外加一瓶白酒。邻桌是一群道班工人，清一色的“半边天”，一人一大碗面条，桌上也摆着白酒。她们边吃边聊边唱边喝，欢声笑语简直要把小餐馆的房顶抬起来。同车的藏族司机笑着对我说，她们一定是刚刚领了这个月的奖金。

饭后找到当雄县招待所，规模比巴达可是大多了。尽管院子里有好几排空房子，我们一车人还是住到了一起。原因说来有趣。藏语分为卫藏、康、安多三大方言，大体上卫藏方言分布于西藏自治区内的大部分地区，康方言分布于四川、云南藏区及西藏东部北部一带，安多方言分布于甘南和青海的藏族地区，彼此间差异不小。那曲和昌都应该算同属康方言区，没想到昌都的几位藏族同志讲的藏话，那曲的服务员听不大懂，语言交流出了麻烦。我想，这大约如同北京人和上海人交谈吧。天色已晚，我们昨天已经这样住过来了，更何况今天的房子大得多，还分里外间，我们懒得再多说，反正就这一宿，赶紧躺下休息。这儿的条件好多了，地上还铺着地毯。天花板上赫然吊着一个200瓦的大灯泡，但却只有蜡烛头般亮。水是有喝的，没洗的，当然更没有什么卫生间。我怀着对明天见到拉萨的憧憬，很快就入睡了。

8月1日清晨，我们继续上路。丰田车以80至90公里的时速在黑色的柏油路上飞驰，我两眼凝视着窗外的藏北高原，心中在想，阔别13年，今日拉萨会是什么样？大约两个多小时后，路旁渐渐有了树木。海拔高度在降低，我们离拉萨越来越近了。不一会儿，布达拉宫的金顶映入眼帘。我终于又到了拉萨。

拉萨的变化实在太大了。布达拉宫前的广场宽阔而干净，广场中心高高的旗杆上，五星红旗迎风飘扬。拉萨夏日的阳光，简直耀得人睁不开眼睛。除了自治区党委、政府所在地附近的几条街道以外，其他地方几乎是面目全非了。市内的街道，像北京的许多街道一样，也是“三块板”铺成的，中间走机动车，两侧走自行车。水泥路面宽阔而平坦，路旁绿树成荫，饭铺、酒家、歌厅、旅社、商店、银行，鳞次栉比，从装修布局到经营方式，与内地的大城市别无二致。只有街头身着藏装的行人和上书藏文下书汉文的店名牌匾，告诉你这里是西藏自治区的首府。拉萨的人多了，车多了，一些路口经过改造，比原来宽敞了许多，但却常常被行人和车辆挤得水泄不通。八角街仍然是全城最热闹的地方。为了招揽外国游客，街道两侧许多旅店和饭馆的招牌都是用藏、汉、英三种文字写成的。这似乎也在展示着改革开放以来拉萨的新变化。

到了拉萨，此番西藏之行就算走了一半儿。我的下一个目标是阿里。然而能不能去得了阿里，可就全凭运气了。阿里地处西藏的最西端，平均海拔4000余米。30万平方公里的面积，只有6万人口，每5平方公里1人，很多地方是无人区。从拉萨到阿里地区党委和行署所在地狮泉河镇，如走北路，为1300余公里，南路稍远，1700余公里，有公路却并无定期的长途客车。要去阿里，如果没有专车的话，只有搭乘便车。离京之前，我已同党校将于暑期返藏休假的拉萨学员打了招呼，请他们帮我搭车。他们是乘飞机返回拉萨的，现在早已到家了。与同车昌都的几位同志告别后，我住进招待所，马上打电话。一则报告平安到达，二则找车。

中央党校援藏的刘志刚同志在中共西藏自治区区委党校工作，这次热情地接待了我。在我到达拉萨的第二天，就把我接到他那里住。区委党校坐落在拉萨市西郊的山脚下，校园幽静，绿树成荫。教学大楼、图书馆都是近几年新建成的，宽敞而明亮。一天清晨散步时，志刚指着校园后面的两栋房屋告诉我，那就是当年进藏的十八军军长张国华、西藏军区政委谭冠三同志的住宅。两位将军已经作古，那两栋木石结构的房屋，记述着他们的丰功伟绩，也是西藏沧桑巨变的历史见证。

8月3日是星期天，我和志刚一同去参观哲蚌寺。在藏语中，“哲”意为米，“蚌”意为聚，象征着繁荣和富足。哲蚌寺是简称，全称应为“吉祥米聚十方尊胜洲”。坐落在拉萨西郊距区党校不远处的这座藏传佛教格鲁派寺院，在西藏具有特殊重要的地位。它始建于公元1416年，是宗喀巴大师的著名弟子，后来被明永乐帝封为大慈法王的绛钦却杰主持修建的，时值格鲁派创建之初。后来，哲蚌寺与甘丹寺、色拉寺合称拉萨三大寺。清代定制为寺僧7700人，实际上僧人最多时达万人以上。就规模而言，世界上没有任何一个宗教教派的任何一所寺院或教堂可以超过它。自明代中叶藏传佛教格鲁派活佛转世系统形成后，哲蚌寺一度是历代达赖喇嘛长年居住的地方，成了达赖喇嘛的母寺。达赖喇嘛一世是宗喀巴的亲传弟子。直到五世初期，格鲁派还面临着敌对教派的威胁。达赖喇嘛四世就是年仅二十多岁时暴卒于哲蚌寺内的。与清朝入关大体同时，格鲁派开始在西藏得势。达赖喇嘛五世因前往北京朝见顺治帝，得清朝封号而声望大增。乾隆年间，在清朝的支持下，达赖喇嘛七世执掌了西藏的政教大权。哲蚌寺内达赖喇嘛所住的一座名叫“甘丹颇章”的三层建筑，后来演变成为旧西藏地方政府的代名词。

对藏区不熟悉的人，很难想象内地的佛教寺院与藏传佛教寺院的巨大差别。内地的寺院大多一种布局，进得山门之后，迎面便是由四大金刚护卫着的大肚弥陀佛，后面的大雄宝殿里安放着佛祖释迦牟尼像和十八罗汉，主体建筑在中轴线两侧是对称的。藏传佛教寺院则不讲什么对称。拿哲蚌寺来说，简直就是依山而建的一座城镇。如此宏大的一座寺院，既没有富丽堂皇的大门，也没有院墙。正面的两排建筑之间，就算是入口处了。参差错落的僧舍，簇拥着六座带有金顶的大殿。最大的叫措钦，是全寺僧人聚会念经的地方。另一个是甘丹颇章。其余四座分属哲蚌寺的阿巴、德央、果芒、罗色林四个札仓。如果把哲蚌寺比作一所宗教大学，札仓就是它下属的院系。白天念经、辩经是僧人们日常的活动，晚上，他们各回自己的僧舍居住，师徒往往在一起，彼此照顾。

1984 年夏天，我曾在这里住了十几天。当然并非剃度出家，而是经我的导师王辅仁先生安排，随西藏社科院进寺搞调查的。十三年后故地重游，没有觉出太大的变化。记得那时人民币的最大面值是 10 元，大大小小的佛像前颇不少见。如今，则很难见到普通信徒布施百元的大钞。另有一个变化，就是停车场旁出现了一间售票的小房子。数百年来，藏传佛教的寺院并无卖门票的规矩。按照佛教的传统，僧人化缘，收受布施，千金不为多，一文不为少。岂可令信徒尚未进门就掏腰包！可在市场经济的大潮下，这些寺院也绷不住了。票价不菲，15 元一张。涂改过的标价牌，明白地告诉你这票价还曾调过。但似乎也没人为了省这笔钱而绕路后山。

此后两天，我一面走访社科院、档案馆，搞调查，搜集资料，一面等去阿里的车。为了参加“1997 年北京藏学讨论会”，我应于 8 月 20 日前赶回北京。屈指计日，还要为归途留出时间，我不可能等太久。8 月 5 日，我已放弃了希望，准备实行另一套方案，到山南、日喀则两地区做些调查，然后返回北京。当天下午，刘志刚同志在区委党校组织了一个小型的座谈会，就西藏历史与现实的一些问题交换意见。晚上，我逐一打电话给拉萨的学员道别。

就在我几乎放弃希望时，藏族学员冯开原为我搭上了他的一位亲戚去阿里的车，而且是第二天就动身。这真是天大的喜讯，我高兴的心情简直难以用语言来形容。尽管冯开原在电话里告诉我，途中有的地方要露宿，而且搭的车只到阿里的普兰县，由那里再往狮泉河，得我自己想办法，我还是满口答应下来。别人能受的艰辛，我也问题不大；至于到普兰后如何，车到山前自有路，人到路头自有车。在没有公共交通的地方，搭车反倒容易。我是很相信自己的运气的。

七、奔向阿里

我搭乘的是一辆去中尼（泊尔）边界接外国游客的丰田越野车，虽然并不到狮泉河镇，但也能把我送到阿里的普兰。那里距狮泉河已经不远了。8 月 6 日中午，几位拉萨的学员为我送行。待车的主人办妥各种手续，已到了下午 4 点多。第一天准备在日喀则过夜，拉萨到日喀则 240 公里，完全是柏油路。我们的丰田车沿着拉萨河一路急驶。我遥望车窗外，想象着阿里的神秘和此行将会带给我些什么样的经历。

拉萨河水雪山来，流经拉萨，而后在曲水附近汇入雅鲁藏布江。融化的雪水常年冰冷刺骨，唯独在藏历七月上旬的盛夏季节，也就是相当于内地数伏时，河水变暖。此时，拉萨河两岸的藏民，无论男女老少，多喜欢到河边洗澡、洗衣。于是人们也称之为沐浴节。这一传统源于何时，已不可考，但是却和一个美丽的神话连在一起。据说很古很古的时候，草原上出了一位名叫宇托·云丹贡布的医生，他治好了许多穷苦百姓的病，被大家尊称为药王。他去世后，有一年，草原上发生了瘟疫，人畜大批死亡。一天，一位重病在身的妇女忽然做了一个梦，梦见宇托医生告诉他，当盛夏时节见到东南方向出现一颗亮星的时候，到拉萨河中洗澡，病就会好的。那妇女洗了澡，病果然好了。她把这个消息告诉大家，一传十，十传百，人们都去拉萨河中洗澡，果然都消除了疾病。原来，那颗明亮的星星是宇托医生变的，他用星光把河水变成了药水，治好了大家的病。可惜天帝只给他七天时间，那颗亮星只能出现七天。从此，藏民就把这七天定为沐浴节，每年的这几天都到河中沐浴，以祛除疾病。其实，这一习俗只流行于雅鲁藏布江流域的农区，许多牧民是无缘享受宇托医生的这一恩赐的。

我们的车转过一个山坳，一群藏族孩子正在河水中嬉戏。站在浅水处一个略高的女孩，显然已经到了懂得害羞的年龄。见有车来，她缓缓地转过身，背向着公路，乌黑的长发沾着河水，披盖在肩头。她身边的小孩子们则浑然不觉——公路上的汽车他们早已见惯了——仍然互相撩水、打闹。飞溅的水滴在夕阳的照射下，像无数颗珍珠熠熠闪光。藏族少女的背影，被笼罩在璀璨的珍珠和夕阳撒下的金色余晖中，有如一尊伫立于灵光之中的雕像。我们的车转瞬驶过。拉萨河畔这扑面而来美丽圣洁的一幕，又迅速地消失在暮色掩映下的崇山峻岭之中。

天快黑时，我们抵达日喀则市。前方半山腰处扎什伦布寺的金顶尚依稀可见，但我此次却无缘再去这座名刹一游了。

8 月 7 日清晨天刚破晓，我们又上路了。从日喀则往前，仍然有一段柏油路。在同司机罗桑次仁的交谈中得知，此行我们一共是三辆小车，一辆 5 吨的东风卡车。小车接游客，大车则拉着汽油、帐篷、睡袋和肉、菜、粮食。途中所经的很多地方是无人区，与川藏路上的情况不同。跑这一趟活，虽然辛苦，但一辆车能赚上万块钱。他开的这辆丰田是去年花十几万元买下的旧车，一年多下来，本钱早已捞回了。

两个小时之后，我们在拉孜县休息。一边吃早饭，一边等大车。大车总是跑得慢些。

直到 10 点多，大车赶来，我们一行人才聚到一起：四位司机，三名翻译，一个炊事员带了他的儿子，加我刚好是十个人。饭后大家又歇了好一会，中午时分重新上路。

离开拉孜县不久，柏油路就变成了土路，路旁的树木也渐渐地消失了，但路况还是蛮不错的。这是编号为 318 的国道，它在高原上延伸向前，至此一直陪伴它的，是路边的电线杆和里程碑。我们三辆车一路且走且停，不时等我们的生活车，担心它落下太远会出事。休息时，大家席地而坐，用喷灯烧茶。我发现，同行的九个人中还有一位汉族司机。再上路时，我便换到了他开的车上。

他叫陈少仁，父母都是当年第一代进藏的内地人，现已退休返回家乡。他在自治区党委车队，今年 36 岁，但已有了在西藏开车 19 年的经历。藏胞的豪放爽朗，已经变成了他性格的一部分。此后两天，我一直坐在他的车上，得以对西藏司机的工作和生活有了更多的了解。

“在西藏开车一定很苦吧。”车开之后我问他。

“苦，苦得你们内地人根本没法想象。”路上几乎见不到其他车辆。少仁见我在用心听，一边手把方向盘，一边继续聊起来。“夏天开车出远门，我们司机算是享福了。到了冬天，冰天雪地，如果再遇上车出毛病，那就倒霉了。挨饿受冻不说，要是生了病，一耽误还可能报销。”

“这么辛苦，你这一趟能赚多少钱呢?”

“我开的是单位的车。来回十多天，能给单位赚一万块钱，我提成百分之五。”

“百分之五”。我心里暗想，“那不就是五百块钱吗？北京城里的司机有谁会为了这区区五百块钱受这份儿累！”

“夫人在家不放心吧。”我接着问道。

“惯了，没事儿。起初担心，现在连电话也不打了。再说我们这次是几辆车一起走，互相能照应。要是出单车可就不一样了，你要不会修车，趁早别出门儿。不要说出大毛病，爆个车胎就够你喝一壶的。你得自己补好再打足气。大车发动后可以往胎中充气，小车就得用自行车气筒打。一个胎要打五六百下，少了不行。高原缺氧，一动就喘气，揣完这五百多下，人也快累趴下了。”

“这一路会不会有什么危险，阿里的治安还好吧？”我心中浮现出了在新都桥遭劫的那一幕。

“你也算够胆儿大的，敢一个人往这边跑。不过你放心，阿里的老百姓好得很。前几年拉萨闹事，阿里一直挺平静。”

我们就这样一路聊着，天黑时赶到了当夜住宿的地方。在大一点的地图上，你能找到此地的名字：道班。显然，此地之有名是公路修通后的事。但一路上的道班多了，何以单单让它出名呢？原来，这里是一个三岔路口。继续西行，经萨嘎、仲巴等县即可抵普兰。若向北拐，途经措勤、改则、革吉，就到了狮泉河镇。小小的道班，地处交通要道，而且东距拉孜，西距萨嘎都还有一段路，来往车辆常常在此过夜，所以也就出名了。道班的主人是一对藏族夫妇。他们白天养护公路，夜晚则招待赶上在此地住宿的客人。除了我和那个藏族孩子之外，其他人都是这里的常客。停好车后，大家钻进了主人的房子。手脚麻利的女主人已经在打酥油茶了。刚刚加添了牛羊粪的铁皮炉子轰轰作响，火光映红了墙和屋顶，房子里十分暖和。没有电灯，照明用的是一盏气灯，高挂在房梁上，很亮。沿墙三面是床铺，上面铺着卡垫，墙上贴着各种照片，毛主席的、十世班禅大师的，还有一些显然是亲友的，大多是黑白照片。一会儿，酥油茶打好了。主人依次给大家倒上茶，趁我们喝茶时，又煮好了面条。我突然觉得我们不像是来住店的，倒像是来作客的。当然，钱还是要交的。面条一共 25 元，住宿每人 20 元，假如用自己的被子，则为 10 元。我交了面条钱和自己的住宿费。在这远离市场的地方，这些价格均已约定俗成，没人讨价还价。

饭后，我们被引到隔壁的一间房子里住下。床不够，少仁和另一位藏族司机二话没说，拎起皮大衣到车上去睡了。

这一宿睡得好难受。我身下铺的是四块草垫，身上盖了两床棉被，加上羽绒服和脱下的所有衣服，仍觉得冷。缺氧的感觉十分明显。入睡后，每呼吸七八次就要不由自主地来一个深呼吸，张大了嘴倒气。黎明时，我睡不着了，索性穿好衣服来到屋外。天下着小雨，不远处的山坡上，覆盖着一层白雪。那里地势稍高，气温略底，但却足以把降雨变成降雪了。睡在车里的少仁和另一位藏族司机也醒了，“头疼死了！老胡，你头不疼吗？”少仁见了我就大喊起来。我知道，差不多可以说他是为了我而睡到车上的。他的头疼是由于缺氧加上没睡好造成的。如果让我睡车上，今晨恐怕就不只是头疼了。

昨晚到时已经天黑，天亮后我才见到，房前院落里竖着一块石碑，标明此地海拔 4725 米。这已经是在阿里地区平均海拔高度以上了。但我们此时尚未走出日喀则地区。

萨嘎是我们新的一天的第一站。在那里吃了早饭，继续赶路。昨天换到少仁的车上，除了想和他聊天之外，另有一非分之想：我刚刚学会了开车，很想在这高原上试试自己的本事。曾向罗桑次仁提起，被婉言谢绝了。少仁在一处较为平直的路段把方向盘让给了我。但只开了不到 5 公里，我就不敢再开了。果真如他所说，我控制不住车。碎石铺就的路面坑坑洼洼，车开慢了反而颠簸得厉害。可如果开到 50 公里以上，那车就会无缘无故地跑偏，后部乱摆。当地司机称之为“扭屁股”，就是多年的老司机也不可免，只不过可以控制住这种摆动。出了危险大家都麻烦，我不敢造次，以后也打消了这个念头。

路经仲巴县时，我吃了一惊。往阿里一路所经的这些县，就规模而言，不比内地一个大点儿的村子更大。乘车跑上半天路，穿过有百十间的一片房屋时，便是经过了一个县。我眼前的仲巴县是一片废墟，路旁的房屋大多没了门窗，房顶也不见了，剩下的只是断壁残垣。这里打仗了吗？没有。原来，仲巴县搬家了。这里水源不足，只有两口井，近年风沙也大了，因而迁往前边的山脚下。我们再前行不久，顺着右侧的一条岔路，便见到了山坳里一大片新建的房屋。整县的搬迁，在内地简直是不可思议的事，这里却时有发生。阿里的噶尔县，也已搬到了狮泉河镇附近。至于乡一级的搬迁，就更多了。

仲巴县一过，路况更差，遇上的车也更少，连一直伴随这公路的电线杆和里程碑也不见了。那天傍晚，我们住在帕羊。帕羊的条件比道班好，周围有几十户人家。但是用藏、汉、英三种文字写就牌子的小旅店，却是管住不管吃。等来生活车后，我们七手八脚地卸车。面、菜、肉，用喷灯改装的灶具、高压锅。点着汽灯后，又一起动手。上大学前我当过 6 年炊事员，做饭并不外行。一路受别人关照，总算能尽点儿自己的力了。

少仁和好了面，开始往高压锅里揪面片儿。我随口问道：“现和面多麻烦，怎么不带些干挂面呢?”“挂面”。他笑着反问我，“这一路颠下来，还不早成了挂面渣呀?”我也笑了，笑自己怎么会问出这么没水平的问题来。一大盘辣椒炒肉，一大盘胡萝卜土豆片，外加几包榨菜丝，拌上高压锅煮出的面片，一顿美餐。我无可奉献，到店主人房中买了两瓶沱牌曲酒。6 块钱一瓶，实在很便宜。吃完饭，天已黑透。今晚大家都可以住在房子里了。

8 月 9 日与前两天不同，我们吃了早饭才上路。隐隐约约地，人们心头似乎都有事，尤其是几位司机。原因我已经知道了——今天要过河。两天来，我们已经开车越过了许多不知名的溪流，但今天是真正过河了。地图上画得很清楚，那是雅鲁藏布江上游的一条支流——来乌藏布。在西藏，许多路段还没有桥，开车过河是常事，但也是司机们最发怵的事。河水不仅每年不一样，甚至每天都在变化。你上次平安过去的地方，这一次也许就会出事。其中也有规律。一般来说，下午河水最大，因为太阳照了大半天，融化的雪水多了。所以，过河一定要赶清晨。

离开帕羊约两个小时，我们就到了来乌藏布岸边。三四十米宽的水面把公路拦腰截断，河中插着几面绑在钢筋上的小旗，标出一条弧形的路线。几辆车停在水边不远处，司机们下了车往河水中扔石子儿试深浅。据少仁告诉我，那河中的小旗有可能是前边路过的哪个车队留下的，但也可能是别的什么人插的，不可全信。过去人们在路上互相帮忙，全不计较。如今你的车若陷在河里，或许得给拉你出来的人几百元钱。有的人为了挣这笔钱，会悄悄地在河水中挖个坑等你陷下去。社会生活中的另一面，在高原上也能见到。

罗桑次仁是我们一行中年龄最大的司机，经验丰富，为其他车探路。过河前，几位司机又把车检修了一遍。卡车发动机前的风扇皮带要卸下来，以免风扇转动时扇起的水花会打湿分电器，造成熄火。河中间熄了火可没办法摇车。

罗桑次仁的第一辆车平安冲过去了。大家的心情稍微轻松了一些。我坐进陈少仁的车，关好车门。他把车又倒回去十几米，挂上二挡，再挂上前轮的加力挡，松手刹，踩油门，加油！丰田车轰鸣着冲进了河水中。少仁全神贯注，手把着方向盘不住地调整方向。他此时只能凭经验和感觉来避开河底的大石头。水中行车，阻力很大。眼见河水已接近发动机顶盖的高度，我旁边的车窗玻璃距水面也没有多远了。就在已经驶过河中心时，我们的车突然熄火了。只见少仁迅速地换成一档，点火，不着，再点火，终于着了！发动机吼叫着把车拖出了水面。上了岸，我长出了一口气。开门跳出来，只见车身四周、发动机盖都在不住地往下哗哗淌水。很快，后边的两辆车也过了河。大家接着上路。

“刚才要是打不着火怎么办?”我问少仁。

“脱光了下河挂钢丝绳，让罗桑次仁拉我们。”他说。

“这水可不暖和呀。”我下意识地把身上的羽绒服拔紧。

“现在还嫌凉?”他一边开车一边说，“春秋河边挂着冰碴，你要陷了车，照样得往里跳。一瓶白酒下去，在家里早撂倒了。可你借着酒劲儿下到冰水里，就跟没喝似的。上来冷风一吹，那才叫受罪呢!”

“不想回内地吗?”

“怎么不想！可一来拖家带口的不容易，二来在西藏待久了，回去也不习惯了。我每次回成都休假，一见到那么多人、那么多车就心烦。”

是啊，像他这样的老西藏的后代，已经把西藏当成了自己的家乡。在高原上驾车奔驰，已经成为他生命的一部分。人在一个地方待久了，便会爱上那里的山山水水。更何况，他是生活在西藏高原这样一个充满神奇魅力的地方。

当天上午，又过了一两条河。每条河边，我都看见了架桥的工地。我知道，开车过河，在西藏也快要成为历史了。下午的某一时刻，我们驶出了日喀则地区，进入阿里地区。不知道究竟是何时进入的，因为路上没有任何标志。

八、神山圣湖

“看，神山。那就是神山。”司机少仁兴奋地告诉我。

车行前方左侧，正是闻名遐迩的神山冈仁波齐。藏语中，冈是雪，仁波齐是宝贝的意思。在藏传佛教的佛、法、僧三宝中，僧也是一宝，故而仁波齐又被用作对藏族高僧大德的称呼，因此有了“佛爷”之意。拉萨大昭寺中的那尊文成公主带进西藏的释迦牟尼佛像，就被称作“觉卧仁波齐”。冈仁波齐可以译为“雪的宝贝”，但这又难以表达藏民将其人格化、神话的意思。海拔 6714 米的冈仁波齐峰，坐落在阿里普兰县境内，是绵延千里与喜马拉雅山平行的冈底斯山脉的主峰。千百年来，它一直是中国、印度和尼泊尔三国佛教、本教、印度教和耆那教四种宗教数以亿计教徒心向神往的圣地。印度人称其为“凯拉施”。每年夏季，都可以见到四面八方前来朝拜神山的香客。他们跋山涉水而来，一路风餐露宿，备极艰辛；有的携儿带女，为了一次朝拜而倾家荡产；有的途中患病，就把神山当作了自己生命的归宿。来到冈仁波齐山脚下，善男信女们都要转山。据说，绕神山一圈，可以洗净一生的罪孽；十圈可免下地狱之苦；若转一百圈，便可成佛升天。

这一晚，我们就在神山脚下的巴噶宿营。小小的巴噶村大约有十几户人家，一个边防检查站，但却连个帕羊那样的管住不管吃的招待所都没有。过了巴噶村，我们又走了一程才择地宿营。宿营地的选择很有讲究：它应距公路有一段距离，以免夜里偶尔经过的车吵醒我们；应该在一条溪流的旁边，以便于洗漱和烧水做饭；当然，它还应该是一块平地，帐篷总不能搭在卵石上。

今天路上经过了许多溪流，还有已经干涸的水沟。沟底的坑洼处尚有湿气。一堆堆尺把长的死鱼躺在坑里，间或在岸边草丛中也能发现一两条鱼，还没有干透。这一切都说明，几天前它们还活着，溪水断流后，它们曾经挣扎过，但终未逃脱厄运。所有的死鱼都没了眼睛。少仁说是被乌鸦和附近湖里的水鸟啄吃了。大自然残酷的一面，在这里也表现出来。我想，只可惜我们来得晚了点儿，早几天，便有吃不完的鱼。其实在这里，汽车从溪水中开过，就能搅晕许多鱼。这时你只要淌水去捉就行了。那天的晚饭，我们就煮了一锅鱼。

我们的帐篷小了点，装不下所有的人。藏族翻译旺秋和我露宿。我们从生活车上取下几大块泡沫塑料当垫子铺在地上，旺秋又借给我两个鸭绒睡袋。少仁曾威胁说今晚要让我在车上冻一宿，以作为对我不做好准备就闯阿里的惩罚。此时他跑来说，我们哪能真的这么做！和这帮人在一起，有我们吃的住的，就有你的。其实用不着他说，我心里早有底。

鸭绒睡袋 1200 元一个，两个 2400 元。好家伙，我这辈子还从未睡过这么腐败的卧具。当然，也从未在这么高的荒原上露宿过。钻进睡袋，身体很快便暖和了，但是脑袋露在外面没有办法。受着不知哪年从哪里得来的科学知识的束缚，我又不情愿把头捂在睡袋里。感冒并未完全好，带的药却吃光了，我也就索性随它去。旺秋沉默寡言，同行两天之后，才开始和我聊得多起来。他的汉语还没有英语好。并排躺着，我们就半汉半英、英多汉少地聊起来，不时他还教我几句藏话。那一晚我们谈了许多，从西藏的旅游业，谈到近年经济的发展，又从他自己的经历，谈到西藏的未来。记得有一点我们的观点完全一致：达赖一伙在国外搞的“西藏独立”，违背西藏大多数人的利益，不得人心，因此绝对不可能成功。

午夜，旺秋睡着了，其他的人也都睡着了。高原上万籁俱寂，只有脚下的溪水在潺潺流淌。夜空中没有一丝云，满天繁星，足足要比在京城夜晚见到的多出好几倍！从西北到东南横贯夜空的，那不是银河么？我记忆里的银河已经很模糊了，而儿子的银河，恐怕只存在于童话和天文馆里了。由于大气污染和日渐增多的灯光，如今在京城的夜空已很难见到银河了。可在这儿，那道银河好醒目，连一道道支流都清晰可辨。明日到普兰，又有招待所可住了，我与这些藏汉族朋友也将分手。神山脚下的露营，也许只有这一夜，西藏的阿里，也许我无缘再来。人生有如白驹过隙，信哉其言。

夏季天长夜短，北京五点天就亮了。但这里与北京经度相差近 40 度，时间相差两个多小时，七点过后天才亮。宿营地距普兰仅剩下 100 多公里，我们懒觉睡到八点多。从睡袋里钻出来一看，睡袋外面一层霜壳，都冻硬了。吃了昨天的剩饭，拆了帐篷，我们从容上路。昨天见到的神山，离我们越来越近，越近就越让人觉得它的确有神气。在茫茫高原上，它如同一位高傲威严的君王昂首端坐，周围的群山，则如谦卑恭顺的臣民匍匐在它脚下。夏季，烈日将群山的积雪融化殆尽。唯有神山终年积雪，皑皑白雪覆盖着的峰顶，巍然伫立，耸入蓝天。仰望神山，令人不得不赞叹大自然的神奇造化。我请少仁停了车，取出相机，虔敬地拍下了神山的雄姿。

车行不久，当转过一个山口时，圣湖玛旁雍错出现在我们面前。藏语中，"错"即是湖。"玛旁雍"是"永恒不败"的意思。雪山脚下，面积达 420 平方公里的玛旁雍错烟波浩渺，好似平放在群山之中的一面巨大的明镜，映出蓝天白云和周围的一座座雪山。伫立湖畔举目远眺，直如置身仙境一般。据说，唐代高僧玄奘在《大唐西域记》中描述的西王母和随侍仙女们游玩的西天瑶池，就是这个圣湖。

近日湖边并不清净。不远处，支着数十座大大小小的帐篷，停放着上百台车。多数是我们这样的越野车，此外，还有油车、警车、发电车。原来，这是 8 月初自拉萨启程的一个规模庞大的旅游团。除自治区派出的司机和其他工作人员之外，全是来自印、尼等国的游客和朝圣者。他们还要在这里住一段时间，转神山、浴圣湖。虔诚的佛教徒们相信，圣湖之水不仅可以洗净人们的肌肤，使人延年益寿，而且可以洗净人们心灵上的贪、嗔、痴、怠、嫉等"五毒"，净化人的灵魂。有的游客在饮用和洗浴圣湖之水以后，甚至将自己随身的金银首饰抛入湖中，以求消灾免难，吉祥如意，然后，再用瓶或壶装满圣水，带给亲友。可惜我凡心不泯，观瞻之余，心底只是为西藏的旅游部门今年可以获得一大笔收入而高兴。

需要提及的是，圣湖旁边还有一个鬼湖拉昂错。与圣湖不同，鬼湖中是咸水，人畜皆不能饮用。虽然两湖相距不远，但圣湖波平浪静时，鬼湖却会波涛汹涌，以致无人问津。少仁认真地告诉我，孔繁森当年就是因为错把拉昂错当成了圣湖，在它旁边待过，后来才出事的。在西藏，你往往会听到这种带有神秘色彩的故事。

九、走下高原

远处河谷中，我看见了普兰县一片片的房屋和翠绿的青稞地。噢，还有树，绿油油的树！已经有好几天没有见到树木了，一股亲切感油然而生。我摇下车窗，张大嘴吸了几口气，似乎觉出这里的氧气真的是要浓一点。

普兰县位于西藏阿里地区的南端，靠近中尼边界。神山圣湖均在普兰县境内，作为藏族文化渊源之一的古象雄文化，就诞生在这里。普兰还是吐蕃王朝崩溃后王室后裔吉德尼玛衮的发迹之地，八大藏戏之一的《洛桑王子》中仙女拉姆飞升天庭之处。仅此数端，便足以确立普兰在藏民心目中的地位了。传统的中、尼、印三国贸易，沿着一条条的古商道经由普兰，已持续了多少个世纪。改革开放以来，普兰又恢复了当年的繁盛。当地藏民的日子好了，脸上露出对于生活的信心。邻国的尼泊尔人不仅有来经商的，还有来打工的。

第二天，我找到了在普兰县委工作的学员桑姆。首先要请她帮忙的，还是搭车继续前行。虽说在没有公共交通的地方，搭车反倒容易，但此地过往车辆少，要想尽快找到恰好是去狮泉河的车，也还要靠运气。热心的桑姆四处探询，终于为我搭上了车，却还一再向我道歉。原来，她帮我搭的是一辆运送邮件的邮车。驾驶室里已经有人了，我只有坐在车厢上，当地称之为“扛大厢”。8 月 12 日一早，桑姆送我上路。载重量为 5 吨的这辆东风卡车上，坐了男女老少足足 30 个人。其中有去转神山圣湖的，有去串亲戚的。五六个藏族青年，是当地的高才生，考上了内地的西藏中学，前往拉萨集合的。藏族青年没有不会唱歌的，这片高原养育了他们，也给了他们歌舞的天赋。车上当然没有舞蹈的空间，但他们的歌声几乎不曾停过。扛大厢的滋味毕竟与坐客车、吉普车不同，藏族司机车开得“火”，我们在有篷的车厢中又全然不知前方的路况，不时会被突然颠起尺把高，接着是一片叫声和笑声。即便这样，那些藏族青年还是在唱歌。一曲高昂悠远的《青藏高原》，经他们用嘹亮的嗓音，就在这青藏高原上唱出，给我留下了终生难忘的印象。

普兰到狮泉河间 435 公里，我们的邮车走了两天。我照章购买了 88 元钱的车票，但在距狮泉河镇约 2 公里处却被请下了车，背着包步行到镇上。原来，邮车客货混装也是违章的，司机担心被查罚款，不敢把我们一直拉到镇中心。

狮泉河是藏语“森格”（狮子）和“藏布”（河）的汉语意译。森格藏布发源于冈底斯山东北麓，因源头地形如狮子口状而得名。全镇人口不多，但占地面积很大。狮泉河水从镇边流过，跨河而建的大桥尚未完工。4300米的海拔高度，使得这里只有红柳和另外一种灌木状的柳树可以生长。虽然树木不过3—5米高，但已使此地比海拔4500米的那曲令人感觉舒服。三十多年前，这里还是一片荒原。1964年新藏公路通车后，才出现了这个新兴的城镇。现在，它是阿里地区地委和行署的所在地。20世纪90年代以来，改革开放的政策给这里带来了新的繁荣。当年按照常住人口800人设计的小镇，如今的规模已经翻了几番。各种蔬菜瓜果以及生猪从新疆叶城运来，蔬果的价格在夏季也是北京的1—2倍，猪肉、羊肉均为每市斤10元，与京城相差无几。街头的餐馆，以新疆和四川风味的居多，烤羊肉串的孜然味儿和川菜的麻辣味儿和谐地混杂在一起，飘荡在镇上。这里还是孔繁森同志生前工作过的地方。他当年住过的房子，就是我们一位学员的家。附近，新建的地委、行署的太阳能采暖办公楼即将竣工。在当地藏汉族人民的努力和全国人民的帮助下，狮泉河这个年轻的高原城镇正发生着日新月异的变化。

来阿里的人，没有不知道札达县古格王国遗址的。可是这次，因为归期已近，我却不得不留下了未访古格的遗憾。为了赶时间，也为了全部走完新藏公路，我打算从狮泉河前往新疆叶城，经喀什、乌鲁木齐返回北京。8月16日，汉族学员杨光辉同志帮我搭上了一队军车。这次是坐在驾驶室里。三天的旅途，使我对边防军人的生活多少有了一点了解。在这万里青藏高原上，最苦最累最辛劳的是三种人：道班工人、司机和军人。军车司机尤为辛苦。西藏阿里的各种物资，大多从新疆运来。狮泉河至叶城1096公里，军车北行下山需时4天，南行上坡要5天。现在沿途兵站条件改善了，正常情况下已不必风餐，但露宿是绝不能免的。按照部队的规定，停车过夜，一定要有人睡在车旁值守。8月中旬，内地正值盛夏，京城市民家中开足空调仍觉不够凉快。而在这莽莽高原之上，我穿的却是羽绒服和棉鞋。我真想象不出，严冬腊月，在高寒缺氧的露天，睡在汽车下面是个什么滋味。可我们的边防军人就是这样年复一年地过来的，从未让这条运输线中断过。义务兵在这里待的时间还稍微短一些，那些志愿兵和干部，往往一干就是十几年。当我问起带队的张连长对长年高原生活的感想时，他只是平静地说，“祖国的这块土地总要有人来守哇!”在艰苦的戍边生活中，官兵们编了不少顺口溜，其中一首是这样描述他们脚下这片高原的：地上不长草，天上不飞鸟，氧气吃不饱，风吹乱石满地跑。有的边防哨所，一年之中只有 7 月至 10 月间三个月可以通车，全年的补给都要在这三个月中备齐。这里又是没有女人的世界，战士们戏称为“连石头都是公的”。内地城里的茶楼酒肆，画廊歌厅，与他们相距太远太远了，但他们却无怨无艾地在这里为祖国尽职尽责。

西藏与新疆之间没有界标，我们是在 8 月 17 日这一天进入新疆的。那天上午，我们的车队翻越了界山大阪。我手中的一份地图标明山口海拔为 5406 米，而立在山巅的水泥桩上却赫然刻着“海拔 6700 米”。此山过后，便再也没有见到牦牛，再也没有见到藏民堆起的玛尼堆和他们扯起的经幡。真的告别青藏高原了。

车过大红柳滩后，司机小贺指着远方的山坳告诉我，那里有一片墓地，安葬着 1962 年中印边境自卫反击战中牺牲的官兵们。凝视着车窗外远方的墓地，我心潮翻滚。当年二十岁左右的战士，今天如果健在，应该已经有孙辈承欢膝下了，而他们却献身在保卫祖国的战斗中；内地的烈士陵园，应当是在苍松翠柏的掩映之下，有鲜花点缀其间。但是在这一带，夏季都难得见到一棵草。小贺告诉我，每年的清明节，前方兵站的官兵们会带酒来洒在墓前，朝天鸣枪，向烈士们致敬，祭奠他们。我们当年被迫进行了那场战争，英雄们长眠在这海拔 4000 余米的莽莽高原之上。他们来自西藏、新疆、四川、陕西和其他一些省区，有汉族，也有藏族、维吾尔族和其他少数民族。这场战斗的胜利，从一个特殊的角度反映出我国各民族人民的团结。为了国家的领土主权完整，为了中华民族的尊严，烈士们当年献出了自己的血肉之躯，如今仍在用自己的英灵守护着祖国的边陲。我们和我们的子孙后代都不应该忘了他们。

8 月 18 日中午，在麻札道班，我们遇见了一支维吾尔族文艺演出队。原来，这里沿途道班的养路工人大多是维吾尔族，演出队是来送歌送舞慰问各个道班的工人们的。带队的叶城公路养护总段的吐尔迪·吐尔逊书记得知我急于赶回北京，让我搭上了他们的车。当晚，我平安抵达新疆叶城县。次日，至喀什乘飞机，经乌鲁木齐转机，于 8 月 20 日下午返回北京，赶上了参加“1997 年北京藏学讨论会”。屈指计日，自 7 月 22 日车过康定进入藏区算起，刚好 30 天。

1997 年夏季的藏区之行结束了，结束得未免仓促。我是带着恋恋不舍的心情离开高原的，更由衷地感谢一路上给我诸多关照和热心帮助的藏族、维吾尔族和汉族的朋友们。此行给我留下了终生难忘的印象，也使我对青藏高原有了更多的了解和更深的眷恋。高原的山山水水有一种粗犷雄浑的美，高原的蓝天白云有一种不可名状的魅力。这种美，这种魅力，用诗用画用语言用歌声都无法完整地表达出来，你不置身其中便永远体验不到甚至想象不出。而当你亲身走进这片伟岸辽阔的高原时，你的心胸为之开阔，你的灵魂得到升华，你会有一种脱胎而换骨、羽化而登仙的感觉。

祖国的青藏高原，你永远是我魂牵梦绕的地方。

1998年3月16日，完成于中央党校76楼205号家中

连载于《党校报》1997—1998年第658、659、660、661、663、665、667、671、672各期，1997年11月17日，11月24日，12月1日，12月8日，12月22日，1998年1月5日，1月19日，3月23日，3月30日

巧逢望果节

今年夏天，中央党校副校长王伟光一行来西藏考察。当时我正在西藏自治区党校工作，受校党委的委托，陪同他们去了日喀则、山南两个地区。

山南不仅是西藏的两大粮仓之一，而且是西藏最有历史的地方。传说中，藏族的发祥地就在这里。热情好客的主人在短短一天的日程中，安排我们参观当地的名胜古迹雍布拉康。陪同我们的是山南地委副书记索朗卓玛同志。

雍布拉康是西藏历史上的第一座宫殿，相传它的建立者是第一代藏王聂赤赞普，后来演变为一座佛教寺庙，至今仍有十余名僧人住在里面。雍布拉康坐落在距离山南地委、行署所在地泽当镇十几公里的一个小山坡上，建筑规模不大，但却雄踞形胜之地。从山脚下沿山路缓步而上，不足 20 分钟，我们已经来到宫边。置身有如碉楼般的宫殿旁远望，雅砻河谷尽收眼底，由南而北，一直伸向宽阔的雅鲁藏布江。河谷两旁，是整齐的农田。清风徐来，地里已经成熟的庄稼，在青山和绿树的掩映下泛起金色的波浪，一派丰收的景象。

脚下不远处一面平缓而开阔的山坡上，搭起了一个大帐篷。三五成群的村民们围坐在帐篷前，更多的人正向那里走去。显然，今天有什么重大的活动。我们正在猜测间，几位衣着鲜艳的藏族姑娘也登上雍布拉康。她们每个人背上都背着用黄缎包裹的佛经，是来还经书的。

原来，我们今天刚巧赶上了此地的望果节。在西藏工作过一段时间的内地人都知道，在藏区，尤其是西藏的农区，老百姓的节日只比内地的汉族地区多，而不比汉族地区少。望果节是藏族一年中比较重要的一个节日。藏语中的这个词，“望”是农田，“果”意为转圈，是一个感谢神灵，庆祝丰收的节日。历史上，藏汉两个民族的联系和交流源远流长。不知何时，是哪一位兼通藏、汉文的学者把这个节日的藏语名称译成了“望果”这样两个汉字，既与藏语谐音，又十分准确地表达出企盼丰收的意思。

望果节这一天，村民们无论男女老少，都会把自己最漂亮的衣服穿上。清晨，举起彩旗，围着丰收的土地转圈。走在最前面的，是背着藏文佛经的年轻人。接下来，便是一整天的欢聚。藏族是一个欢乐的民族。如今生活一天比一天好了，更没有理由不高兴。在欢聚的日子里，酒和歌舞是绝对少不了的。喝着家中自酿的青稞酒，村民们会尽情地唱歌跳舞，直至夕阳西下，月上东山。

我们的下一个活动本来是走访当地的村民，可是今天村民们都不在家中了。我们于是决定与他们一同过这个不期而遇的望果节。村民们得知王伟光同志一行是北京来的客人，欣然把我们让进帐篷。这个帐篷实际上是临时搭建的舞台，大约十几米长，三四米宽，一面向观众敞开，另一面的幕布正中，端端正正挂着一幅毛主席像，还按照藏族的习俗围着一条哈达。那是 20 世纪 30 年代斯诺在延安拍摄的那张毛泽东头戴八角帽的半侧身像，印制在薄铁板上。“文革”期间，这样的主席像到处都可以见到，可如今在内地怕是不容易找到了。在西藏，农牧民群众却仍然珍藏着。从这件事上，也可看出藏族群众对于人民领袖的深厚感情。

节目还没有正式开始，我们一边坐着休息，一边听索朗卓玛同志介绍情况。位于著名的雍布拉康脚下的这个村庄，是山南乃东县昌珠镇的门仲岗 12 村。全村 97 户人家，477 人，耕种着 1200 余亩土地，1999 年亩产达到 400 至 700 斤。人均收入 1600 余元。此地是农区，但全村仍然饲养着 2400 余头（只）牛羊，归集体所有。支部书记扎西巴珠和村长多布青都很年轻，大约 30 岁上下。多布青看上去相当腼腆，说自己汉语讲不好，过了一会儿就去忙他的事了。伟光同志向扎西巴珠询问村里党的基层组织的建设情况。扎西答称，目前全村共有党员 17 人，年龄在 19—57 岁之间，1999 年一年中新发展了 3 名党员。看来，门仲岗 12 村党的基层组织的建设工作还是相当不错的。

这时，昌珠镇的镇长索朗欧珠也闻讯赶来了。索朗欧珠今年已经 57 岁，衣着整洁，显得很有风度。1966 年他曾经作为西藏民间青年文艺创作积极分子赴北京参加民间作家代表会，那时他还是这里的团支部书记，如今已近退休年龄了。交谈之际，几位藏族姑娘捧来了甘甜的青稞酒。索朗卓玛先接过了酒壶，为我们作鉴定。原来，青稞酒是各家各户分别酿制的，有的清淡，有的则稍稍浓烈一些，容易醉人。在索朗卓玛的建议下，我们只喝了些清淡的。

节目开始了，全部是村民们自编自演的歌舞。头一个节目是一群藏族姑娘淡妆登台，翩翩起舞，接下来是一位藏族小伙子的独唱。一曲我们这个年龄的中国人耳熟能详的“北京的金山上”，把我们的思绪带回到那个难忘的年代。大约是因为有客人在场吧，歌手将这首歌用藏语唱了一遍之后，又用汉语唱了一遍。我们报之以热烈的掌声，因时间已经不早，起身告辞。

返回泽当镇的路上，我想起了索朗欧珠早年自己创作的诗歌：

雅拉香波变成酥油山，我们没有切一块的权力；
雅鲁藏布变成青稞酒，我们没有喝一口的权力；
那雄沙滩变成糌粑，我们没有吃一口的权力；
旧社会农奴的苦难多如牛毛，
东方闪烁星星，民主改革了，
藏族人民翻身了，我们从此有了幸福生活。

藏族人民曾经在封建农奴制度下生活了若干世纪，近代以来，又遭受帝国主义的侵略。民主改革40余年来，这里的面貌已经发生了地覆天翻的变化；改革开放20余年来，西藏农牧民的生活水平更是有了极大的提高。在人类进入新千年的时候，随着祖国的发展和强大，一个团结、富裕、文明和民主的社会主义新西藏必定能使西藏人民的生活一天比一天幸福。

注：雅拉香波是一座雪山的名字，是雅砻河的源头；那雄是一处沙滩的名字；以上两地均在山南地区。

原载《学习时报/党校教育专刊》2000年10月9日第4版

史说藏汉通婚

翻检历史，有文字记载的藏汉通婚始自唐代，至今已经有了将近一千四百年的历史。这中间，既有载在史册的官方婚姻，更有大量的见诸稗史传闻中的民间婚姻。一个文明古国中的两个历史悠久的民族之间通婚，如藏汉通婚之源远流长，在世界各国的历史上恐怕还不多见。

统治阶级上层的通婚是一种政治行为，恩格斯对此早有论述。唐代的文成公主与松赞干布的联姻，就是如此。但是在古代中国与西方国家不同的是，前者对于民间的影响极大，后者影响则大抵限于王室内部。中国中原王朝的和亲政策始自汉代，到了唐朝已经相沿数百年。唐贞观年间文成公主远嫁吐蕃赞普，是西藏历史上的一件大事。布达拉宫中至今存有公主与藏王成婚的洞房遗址。西藏民间认为佛教是从古代印度和中原地区两个方向传入藏地的。拉萨大昭寺中最受藏民崇敬的那尊释迦牟尼12岁等身像，相传就是由文成公主带到拉萨的。藏族至今普遍信奉佛教，文成公主不仅把佛教传入藏地，其从人中有成百上千的工匠，还带去了各种中原地区的医药、历算、纺织、造纸等各项技术，与老百姓的生活有着密切的联系，这也是她与松赞干布的联姻千百年来被传为佳话的重要原因。文成公主之后，又有金城公主嫁给吐蕃赞普赤德祖赞。两位公主入藏，为促进唐蕃之间的友好交往做出了贡献。

官方婚姻之外，历史上藏汉通婚更加大量的是民间的。试举唐代两例：

在今四川理县县政府驻地杂谷脑镇，杂谷脑河自西北经县南流过，河北岸残存古墙体依稀可辨，系唐时维州城故地。据《旧唐书地理志》载：“武德元年，白苟羌降附，乃于姜维城置维州……上元元年……吐蕃赞普更欲图蜀川，累急攻维州不下，及以妇人嫁维州门者，二十年中生二子，及番兵攻城，二子内应，城遂陷。吐蕃得之，号无忧城。”清同治《理番厅志》云，维州古城“三面临江，殊陡险”。

这里所述是在藏汉交界、兵戈屡兴之地的故事。连年的战乱没有阻止不同民族民间百姓互结秦晋之好，而唐军首领竟然不闻不问，虽有疏忽失察之责，但也不难看出，当时当地人们对于藏汉通婚习以为常，所以才听凭迎娶藏妇多年并且生儿育女的军士承担把守城门的重任。

另外一例则见于唐代著名诗人白居易的《缚戎人》。中国古代以中原地区为“中国”，视周边各族为夷狄戎蛮，有所谓东夷南蛮西戎北狄之说。但也并不仅此而已。西方北方各族亦称胡人，至今人们可能脱口而出的“胡言乱语”“胡说八道”等成语或惯用语，就反映了历史上中原汉族对周边民族的歧视。而青藏高原上的藏族等又被泛称之为羌。“羌”字从羊从人，以高原各族大多过着逐水草而居的游牧生活之故。白居易的诗歌因为通俗易懂而脍炙人口。《缚戎人》的诗风一如白居易的其他名篇。所吟咏者，是一个被唐军（汉军）抓获的吐蕃俘虏，但是他的经历却不平常。

诗一开头，先以第三人称交代了籍贯属今甘肃省的主人公的身世：

缚戎人，缚戎人，耳穿面破驱入秦。
天子矜怜不忍杀，诏徙东南吴与越。
黄衣小使录姓名，领出长安乘递行。
身被金创面多瘠，扶病徒行日一驿。
朝餐饥渴费杯盘，夜卧腥臊污床席。
……
其中一虏语诸虏，尔苦非多我苦多。

接着，全诗又改用第一人称叙述主人公的悲惨遭遇：

……
自云乡贯本凉原，大历年中没落蕃。
一落蕃中四十载，遣著皮裘系毛带。
唯许正朝服汉仪，敛衣整巾潜泪垂。
誓心密定归乡计，不使蕃中妻子知。
暗思幸有残筋力，更恐年衰归不得。

要从藏地经由今天的青藏线逃回甘肃原籍，谈何容易：

蕃候严兵鸟不飞，脱身冒死奔逃归。
昼伏宵行经大漠，云阴月黑风沙恶。

惊藏青冢寒草疏，偷渡黄河夜冰薄。
忽闻汉军鼙鼓声，路旁走出再拜迎。

历尽千辛万苦，九死一生，总算见到了唐朝的汉军。然而，意料不到的事情发生了：

游骑不听能汉语，将军遂缚作蕃生。
配向东南卑湿地，定无存恤空防备。
念此吞声仰诉天，若为辛苦度残年。
凉原乡井不得见，胡地妻儿虚弃捐。
没蕃被囚思汉土，归汉被劫为蕃虏。
早知如此悔归来，两地宁如一处苦。
缚戎人，戎人之中我苦辛。
自古此冤应未有，汉心汉语吐蕃身。

这位没有留下姓名的戎人好后悔呀！不知他后来想明白没有，他以为自己仍然是“汉心汉语”，其实，在有了“胡地妻儿”并在藏地生活了四十年之后，他当然已经是满口藏话，就是能说几句汉语，也早已走样，肯定会被当作是“蕃语”了。汉军怎么能不抓他的俘虏呢？吐蕃政权是一个奴隶制的政权，当时唐蕃双方谈谈打打，时战时和，但是战争并没有阻止两族人民的友好交流甚至联姻，汉人俘虏被抓进藏，照样可以婚配藏妇生儿育女。缚戎人怀念家乡，希望“落叶归根”，但是显然也是在经历了种种的思想斗争之后，才做出了抛妻别子冒死回乡的选择。而诗人笔下他与自己的妻子儿女的感情，也是十分真挚的。

藏汉通婚自唐以降延续了千余年。到了清朝，特别是清末就更加司空见惯了。自从清朝雍正年间在藏设立驻藏大臣，率军驻藏，初时三年一更代，至清朝末年各项制度废弛，清军官兵多年不得内返，遂有在藏娶妻成家者。至于边陲行商坐贾，往来西藏与内地之间，他们当中藏汉两族乃至藏族与其他民族的通婚，更是所在多有。

西藏和平解放后，政府进行民族团结教育，藏汉通婚的后代还有了一个家喻户晓的美丽称号——团结族。随着西藏与内地通了汽车、飞机和火车，越来越多的藏胞到内地上学读书，越来越多的内地人到西藏旅游打工创业，援建工程。藏族男大学生内地毕业后，把自己的汉族女同学带回西藏成亲，或者在藏打工的汉族小伙子被藏族姑娘看中，入赘藏家当了女婿，这样的故事已经不再新鲜。有着千余年历史传统的藏汉通婚，今天更为普遍了。

原文系应约为中国新闻社《喜马拉雅·西藏特刊》2011 年 3 月 30 日创刊号供稿，网络版刊出时约稿方配有图片

读巴荒《西藏古文明之旅》

书籍是迄今为止人类文明传播的最重要的载体，是现代人生活中不可或缺的精神食粮。在今天这个信息爆炸的时代，我们似乎一下拥有了太多太多的书。而要在这茫茫书海中觅得一本令人开卷怦然心动，读罢难以忘怀的精品，已绝非易事了。

巴荒的《西藏古文明之旅》，令我读之怦然心动，令我掩卷难以忘怀。

厚厚两大册的《西藏古文明之旅》，1997 年由台湾雄狮图书股份有限公司出版，作为最佳大陆图书出版物，荣获 1997 年台湾“金鼎奖”。这是巴荒继画册《阳光与荒原的诱惑》（四川美术出版社 1994 年版），散文《阳光与荒原的诱惑》（东方出版中心 1997 年出版，系著者在同名画册中部分文字的基础上扩展而成）之后的又一部力作。如果说《阳光与荒原的诱惑》带领读者走过了大半个青藏高原；那么，《西藏古文明之旅》则要引领读者徜徉于那片高原的西北部——阿里地区。

青藏高原，荒远神秘。藏族文化，博大精深。阿里是青藏高原的尽头，是藏族文化的源泉。我们当中的绝大多数人，甚至包括许多在西藏土生土长的藏民，可能一生无缘走进那片神奇的地方，一睹阿里的风光。这本来是一个无奈的遗憾。现在好了。巴荒有如一只勇敢而辛勤的蜂，将这绝域的自然之美人文之美采撷回来，凝聚其精华于一部画册之中。于是，读者足不出户，便可作一次西藏古文明之旅了。

《西藏古文明之旅》的上册名为“冈底斯・象泉河梦幻”，我们的西藏古文明之旅就从冈底斯山脉的主峰冈仁波齐出发，先领略神山圣湖的风采，纳木那尼峰的英姿，继而走过强拉山口的古商道，来到孔雀河畔的普兰。我们与朝圣的香客擦肩而过，与异乡的商人挥手作别。途中，我们侧耳聆听达喀拉山的传奇故事，回首遥望贤柏林寺的断壁残垣。象泉河边的托林古寺废墟，日土宗的远古岩画，逐一映入我们的眼帘。最后，我们被带到了札达县境内的古格王宫遗址。

古格之于阿里，在某种意义上有如敦煌之于甘肃。面积 30 余万平方公里的阿里，地处中亚、南亚两大佛教流行区的交汇处。西藏的古代文明，就浓缩于古格这数十平方公里的土地上，又被著者凝聚在《西藏古文明之旅》的下册“古格王朝夕拾”之中。对西藏阿里略知一二的人，没有不知道古格的。藏族史学家普遍认为，西藏古老的原始宗教本教，以及最早的历算、医学等等都发源于此。在古汉文的记载中，这片土地被叫作羊同，古藏文则称其为象雄。象雄文与古梵文一样，被认为是公元7世纪初松赞干布年代所创制的藏文的渊源。至于古格王朝，则是9世纪中叶吐蕃王朝崩溃后，由王室的一支欧松及其后裔建立起来的。古格王朝曾经有过自己的辉煌，曾经是西藏佛教后弘期所谓上路弘法的发源地。直到17世纪初年，葡萄牙传教士安夺德来此地传教，还曾得到过古格王的允许和支持。但是在后来的一场与拉达克的战争中，古格战败。从那时起，一个绵延了数百年的王朝就此灰飞烟灭了。现在留下的，仅仅是当年王宫的遗址和守城将士的甲胄与尸骨。古象雄文明与古格王朝有没有直接的渊源关系？古格王朝究竟经历了多少代？它的疆域有多大？何以在与拉达克的那场战争中彻底崩溃？地理环境的变迁，对于古格王朝的消逝有多大的影响？现今仍然生活在札达的藏民，是否是当年古格人的后裔？所有这些，从史书中都找不到确切的答案。有关古象雄的资料主要源于敦煌的古藏文文献和本教的经典，而有关古格王朝的历史，则大量地存在于藏族民间的口头传说之中。在今人所编为数不多的几本关于西藏历史书籍中，只有些许零星的东鳞西爪的记载。

巴荒不是历史学家或藏学家，但是我们惊讶地发现，在述及古格王朝历史的时候，著者却做了大量的文化史、宗教史方面的十分专业的考证工作。从相关图片的选择，史实叙述的顺序乃至某段文字的取舍，我们不难想象著者付出了多少心血。与古格与阿里与西藏有关而又知名的古人、今人甚至外国的旅行家、探险家，一一出现在这部《西藏古文明之旅》中。读者可以从中了解到，最早进入阿里的西方人是1624年乔装为印度人由玛纳山口抵达札达的葡萄牙传教士安东尼奥·狄·安夺德，最早进入阿里的西方藏学家是19世纪来藏的匈牙利人乔玛，而20世纪在西藏西部考古方面最具权威的意大利著名东方学家杜齐（一译图齐）先生，虽曾于40年代考察过托林寺和古格遗址，却由于对古格的历史知之甚少，未曾对其予以应有的重视。此外，还有瑞典人斯文·赫定、英国人纳恩·辛格（实际上是一个具有英国国籍的印度人）和麦克沃斯·杨、德国人海因利希·哈雷（最近西方报端披露此人是一名法西斯分子），等等。在本书的说明文字中，著者引证或提到了《大唐西域记》《摩诃婆罗多》《五部遗教》《本教史》《西藏王臣史》《黄琉璃史》《青史》《西藏考古》《古格王国建筑遗址》《古格故城》等大量的藏、汉、中、外、古、今各种文字的文献资料或其译本。与藏族和阿里的历史有关的众多人物，如本教的祖师辛绕米沃且、雅隆悉补野部落的第一代藏王聂赤赞普、第一代古格王意希沃和他的后代拉喇嘛、藏族史诗中的格萨尔王、从孟加拉前来藏地传播佛教的阿底峡大师、藏族大译师仁钦桑波、藏戏的创始人唐东杰布乃至20世纪80年代末仍在看守古格遗址的当地藏民旺堆，在《西藏古文明之旅》文学语言的描述中，一个个栩栩如生，呼之欲出。著者将其爬梳检索得来的点滴资料，沿途探访搜集的民间传说融会贯通，加上自己的想象和推断，努力把古格王朝的历史故事编织在一起。难怪有的评论家说，这部画册虽非学术大著，但它纵览古今之阿里，差一点儿就复原了一个地区的历史文化史了。它给人以美的享受，史的启迪。当我们了解到神山冈仁波齐原来是佛教、印度教、本教和耆那教四种宗教的教徒朝觐的圣地时，我们可以想象，她简直是东方的耶路撒冷；当我们欣赏过托林寺那一幅幅精美绝伦的壁画后，我们简直要惊叹，那不啻是西藏的敦煌。

顾名思义，《西藏古文明之旅》所介绍的主要是人文景观。但是著者并未忘记把西藏阿里充满了神奇和魅力的自然景观展示给读者。在这部画册中，读者可以看到藏北无人区那绵延数十公里的荒凉的碛石滩，纳木那尼峰海拔5600米处的巨大冰川，咋达布热神奇的熔岩地貌，象泉河两岸的莽莽苍山。自从近代工业文明产生之后，火车、轮船、汽车、飞机，越来越先进的交通工具把各个国家不同地区不同肤色不同语言的人们之间的距离日益拉近。今天，我们正迈向网络社会。人们惊呼我们所居住的地球正变得越来越小。但是在西藏，在阿里，在那一望无边的世界屋脊的屋脊之上，我们仍然感到自然界之伟大。我们越发珍爱这片洒满阳光的荒原，这片远离尘世的净土。

没有读过《阳光与荒原的诱惑》的读者，也许会想象巴荒是一位某名牌大学考古专业的高才生，或得到某项大额资助的摄影家，是个身材魁梧，体格健壮的男子汉。不，不是。巴荒的本名叫蔡蓉，是一位生长于四川、毕业于中央戏剧学院舞台美术系的女画家，或者如她自己所说，是一个“阿里人”，一个在西藏越走越深的“特殊的旅行者”。但就是这样一个身材不高，又自幼体弱多病的川妹子，居然在20世纪80年代末四度进出西藏，三番独闯阿里，在那被称作世界第三极高原上，度过了三四百个日日夜夜。在这有人一年可以炮制十本书的年代，她用十年时间才完成了这样一部作品。她曾孑然一人在阿里的荒原中过夜，体验孤寂与悠远，陪伴她的是古格的星空和满川的碎石；她曾屏气凝神在古格洞窟的一幅幅壁画前驻足，探究苍凉与永恒，牵动她的是壁画上那流畅的线条和古朴的遗风。她用一架普通的单镜头反光照相机，为世人奉献出一幅幅精美的图片，做出了许多男人所不曾做出的牺牲，也成就了他们所不曾成就的事业。

《西藏古文明之旅》是新中国成立以来第一部比较全面地介绍西藏阿里自然风光和古代文明的画册。当然，我们不能指望这样一部画册会解答读者关于阿里和古格的所有疑团——如果朦胧中也有美，有些疑团不妨永远地存在下去；画册中的图片和文字也不乏值得商榷和修改之处（如个别图片有所重复等等）。但是，为探索阿里古老的历史文化，巴荒“筚路蓝缕，功在开辟”，这是毫无疑问的。

我有幸走过著者为作《西藏古文明之旅》而前往的那片高原，觉得在一定意义上，她的画册是一部“译作”。优美流畅的译笔固然可以使原著生辉，但永远不会是原著本身。因此，要想真正体会原著的意境，还得读原文。西藏的高山与河流有一种粗犷雄浑的美，西藏的阳光与荒原有一种不可名状的魅力。这种美，这种魅力，用诗用画用语言用歌声都无法完整准确地表达出来，你不身临其境便永远体验不到甚至想象不出。然而，对许许多多渴望了解那片高原，了解高原上生活的那个勤劳智慧的民族和她所创造的灿烂辉煌的文化，却又无缘走进西藏的人们，怎么办呢？请读巴荒的《西藏古文明之旅》。

原载《中国藏学》1998 年第 3 期，署名“周新”

让世人更清楚地了解中国西藏的历史和现实

——评介益多《十四世达赖言行评析》

近日刊行的《十四世达赖言行评析》一书，是作者益多2006—2012年间所撰41篇文章的文集。文集的主旨，在于评析第十四世达赖喇嘛·丹增嘉措的公开言论和所作所为。如作者在自序中所言，这些文章均直面问题，言必有据，穷追猛打，目标明确。所谓目标明确，就是揭露丹增嘉措其人若干年来说过的假话，指出其错误，从而让世人更清楚地了解中国西藏的历史和现实，了解所谓"西藏问题"的真相。

西藏自古以来就是中国领土的一部分，然而近代以来，发生了所谓的"西藏问题"。"西藏问题"的要害是所谓"西藏独立"问题。其实质，是在近代帝国主义侵略中国西藏这一历史背景下产生的由部分西藏僧俗上层领导的分裂国家的活动。这个问题，随着中华人民共和国的成立和西藏的和平解放，本来已经解决。但是在以美国为首的西方敌对势力蛊惑支持下，1959年发生了西藏反动上层发动的武装叛乱。第十四世达赖喇嘛·丹增嘉措流亡国外，成为一个从事"西藏独立"分裂国家活动的达赖集团的首领，也成为理解西藏现代史的一位关键人物。西藏因其独特的地理位置和藏族独具特色的历史文化，多年来为世人所瞩目；同时，也因为青藏高原过去的交通不便，以及达赖集团和西方与中国人民为敌的一些势力的造谣歪曲，而使世人多有不解其历史和现实之真相者。近年来，特别是2008年拉萨"3·14"事件以来，达赖喇嘛在国际上的奔走游说，更是在世界许多地方混淆视听。为了维护中国的国际形象，需要正本清源。而正本清源，评析十四世达赖的言行正是最好的办法。集为《十四世达赖言行评析》的益多的系列文章，正是在这样的背景下撰写的。

益多的这部文集中的文章大多不长，三五页或七八页，超过十页的没有几篇，较好地适应了当今社会快节奏的生活和大多数读者的阅读习惯。文章往往针对近年来达赖的某些言论，以犀利的笔触，或直指其谬误，或揭露其谎言，辨伪存真，澄清真相，毫不含糊。

试举几例。2008 年 4 月的《达赖真的放弃“西藏独立”了吗》一文，不过一千余字，纵观达赖 1960 年至 2008 年的数十篇纪念叛乱的“3. 10 讲话”，分析其近半个世纪中如何从公开鼓吹“西藏独立”改为“变相独立”（第 52 页），其间值苏联、东欧剧变，还有过反复。《看达赖如何下这个台阶》一文，则针对其否认自己说过的要让西藏“非军事化”“中国军队完全撤退”的话（第 83 页），找出其公开提出的“五点和平计划”和“七点新建议”，加以引述，有理有据，戳穿谎言。

《到底有没有“西藏问题”》一文，是作者 2012 年年初之作，颇有新意。“西藏问题”虽然有许多人不详其由来，但是“西藏问题”这一提法确是存在了几近百年。在旧中国，这是一个确确实实存在的问题，也是近代史上中国人民的心头之痛。20 世纪 20—30 年代的中华民国时期，以《西藏问题》为书名的著述就有至少五种。国民党政府统治中国 22 年，非不欲解决“西藏问题”，然而却一兵一卒无法派进西藏，中央政府与西藏地方的关系一直处于不正常的状态，而亲帝国主义分裂势力却在西藏坐大。面对帝国主义的分裂阴谋和西藏一小撮分裂分子的活动，包括西藏人在内的爱国的中国人，谁不为之扼腕！

随着中华人民共和国的成立和西藏的和平解放，所谓“西藏问题”逐步得到解决。然而，1959 年，发生了西藏反动上层发动的武装叛乱。但也正是此后的平息叛乱和民主改革，宣告了政教合一的封建农奴制的旧西藏的结束和一个人民当家做主的新西藏的诞生。自此，历史上构成“西藏问题”的特别因素，例如盘踞在西藏的帝国主义侵略势力和西藏僧俗上层统治集团中的亲帝国主义分裂势力，不复存在。“西藏问题”皮之不存，毛将焉附？

但是，在印度建立起流亡政府的达赖集团却不甘心失败，半个多世纪以来始终在从事分裂国家的“西藏独立”活动。他们得到了西方某些国家的支持，因为“西藏独立”的活动符合这些国家在冷战中遏制中国的目的。西方某大国明知道“西藏是中国的一部分”，而本国政府多年来也从未否认这一点，一面不得不拒绝了达赖集团提出的承认“西藏独立”的要求，另一面，却又支持“西藏独立”的活动，以便“继续保持西藏问题在世界上作为一个活生生的问题的存在”。同时，还开导达赖集团“不应当在联合国强调侵略……基于人权的申诉将会更加有力”（《美国外交文件》Editorial Note，FRUS，1958—1960，vol. XIX）。

西方敌对势力怂恿支持下的达赖集团，一直致力于分裂国家的活动，也一直致力于将历史上的所谓“西藏问题”延续下去并国际化，这已经成了他们谋生的手段。我们今天需要认清这一点。《到底有没有“西藏问题”》一文，首先回顾毛泽东主席是在什么样的历史条件下使用“西藏问题”一词的，而后得出了自己的结论：

其一，毛泽东使用“西藏问题”一词不是指西藏的一般问题，而是特指一定历史条件下涉及整个西藏的重大政治问题，即：解放西藏和废除封建农奴制度问题。其二，“西藏问题”在不同时期有不同的内涵，在1950年前是西藏还没有解放的问题，1959年是平叛和民主改革问题。现在这两个问题早已解决。其三，“西藏问题”所指西藏是今天西藏自治区范围，不包括四川、青海、甘肃、云南诸省辖下的藏区。

上述结论是有说服力的。实际上，党和国家领导人近年来已经用“涉藏问题”取代了过去“西藏问题”的提法。提法的改变，表明了认识的深化。而益多此文，让读者注意到了这一点并阐释了其中的道理。

《十四世达赖言行评析》一书，因为直指达赖这位理解西藏现代史的关键人物，所以通过评析其言行，可以收到让世人更清楚地了解中国西藏的历史和现实之功效，值得一读。由于国际上有许多人关心西藏但是对于真实的西藏并不了解甚或抱有偏见，这本文集如能译成英文和其他西方国家的文字，刊行海外，将会发挥更大的作用。

原载《人民日报》2012年6月11日第16版

藏族文化与柔克义

柔克义（威廉·伍德维尔·罗克希尔 William Woodville Rockhill，1854—1914）很可能是最早踏上中国西藏土地的美国人。他肯定是19世纪末20世纪初美国、甚至整个西方世界最权威的藏学家之一。他是第一位能够熟练运用藏语文、并且曾经和达赖喇嘛面对面交谈的美国人，也是第一位把西藏的情况直接报告给美国总统的美国外交官。

受到神秘的西藏和博大精深的藏族文化的强烈吸引，柔克义刚满18岁，就在远离中国的欧洲大陆开始了藏语文的学习。在当时西方著名藏学大师的指导下，更加上兴趣的驱使，柔克义又继而涉猎佛教，学习梵文和汉语文。而这一切，据柔克义自己后来说，在一定意义上都是为了学好藏语文，了解更多有关西藏和藏族的知识，以便有朝一日能够到西藏去，到拉萨去。

1884年，柔克义谋得了美国驻华公使馆二等秘书的职位，这使得他终于有可能实现自己前往遥远的东方、前往中国西藏的梦想了。1888年年底，柔克义开始了他的第一次西藏之旅。1891年年底，他再度进藏。1899年的美国门户开放政策，实际上出自柔克义的手笔。1900年8月，柔克义奉命作为美国政府的特使，前往北京，与列强一起同清朝政府进行签订《辛丑条约》的谈判。1905年3月，柔克义受命出任美国驻华公使。1908年，他在五台山和北京两度见到达赖喇嘛十三世，并把他同达赖喇嘛的交往报告美国总统罗斯福，得到罗斯福的极大关注。离开中国后，这位美国政府的外交官加藏学家与西藏的达赖喇嘛一直保持联系。藏族文化在柔克义的一生中留下了深深的印记。

如果说，柔克义因为熟悉中国的情况而胜任驻华公使一职，那么，这一切都起因于藏族文化对他的强烈吸引和他对于藏族文化的挚爱。作为帝国主义列强之一的美国政府的外交官，柔克义是为维护美国大资产阶级的利益服务的。然而，他对于中国西藏的认识，是以他对于西藏历史文化的深刻了解为基础的。柔克义始终认为西藏是中国（中华帝国）的一部分。为把中国的西藏比较客观地介绍给美国人民和美国政府，柔克义做了一些有益的事。我们对于柔克义的了解和认识，至今仍然是不够的，因而也还谈不到做出全面而中肯的评价。

一、柔克义对于中国西藏的了解及其在藏区的活动

美国同中国西藏的最早接触，是民间的而非官方的。正是那些从 19 世纪末开始前往中国西藏和藏区游历或传教而又撰写了游记、著述的美国人，最早记述了他们对于中国西藏的了解，并将其介绍给美国人民和美国政府。他们当中最著名的，就是柔克义。

这里首先需要指出的是汉语中“西藏”和“藏区”的区别。“西藏”得名于清朝康熙年间，其所指一度仅限于拉萨及其周围地区。后来概念泛化，但是外延也从未等于“藏区”。有清一代，青海、甘南、滇西北的藏族地区在行政区划上各有归属，为西藏地方政府管辖所不及。只有康定以西，不归清朝督抚将军直接管辖，已被时人目为“藏”境，是“藏区”。

其次，需要说明的是英文中的 Tibet 与汉语中“西藏”和“藏区”的关系。英文中的 Tibet，大体等于汉语中的“藏区”，它更多的是一个人文地理而非行政区划的概念，并不限于清代之“西藏”，更非今日之西藏自治区。柔克义的大部分活动是在“藏区”，但是他自己理所当然地认为是在 Tibet。而这正是 Tibet 与“西藏”的歧义之处。在一个世纪之前西方人绘制的地图上，China，Tibet 和 Mongolia 往往并提，其间并无明确的疆界，但是它们都被认为是中华帝国 The Chinese Empire 的组成部分。柔克义当然也是这样认为的。这一认识，既反映了客观的历史实际，后来也为美国政府所接受。

柔克义出生于 1854 年，童年时期的家境并不很好。1863 年，他们全家从美国弗吉尼亚移居法国巴黎，柔克义开始接受法语教育。1872 年年初，在美国驻法国公使的帮助下，柔克义进入圣西尔军校（St. Cyr）学习。该校素有“法国的西点军校”之称。在这里，他阅读了法国传教士胡克（Huck）描述其 1840 年代在西藏旅行、在拉萨传教的著述，受到极大的影响。据柔克义自己后来讲，正是胡克令其产生了学习藏语文的愿望。胡克在拉萨的传奇经历，使他对那片陌生、遥远而又神奇的土地心向往之。时年刚刚 18 岁的柔克义，在远离中国西藏的欧洲大陆开始了藏语文的学习。

在当时西方著名藏学大师的指导下，更加上兴趣的驱使，柔克义的学习进步很快，并且开始涉猎佛教，学习梵文。受胡克的影响，柔克义在欧洲时也已经开始了汉语文的学习。而这一切，据柔克义自己后来说，在一定意义上都是为了学好藏语文，了解更多有关西藏和藏族的知识，以便有朝一日能

够像胡克那样到西藏去，到拉萨去。

1884 年，柔克义谋得了美国驻华公使馆二等秘书的职位，这使得他前往遥远的东方的梦想终于可以实现了。然而，在当时的北京，无法找到能够教柔克义藏语文的西方人。经过一番努力，柔克义结识了从拉萨来北京的一位喇嘛。在 1884 年到 1888 年的四年间，他师从这位兼通藏汉两种语言文字的喇嘛，在北京继续学习藏语文和汉语文。

从 1886 年开始，已经升任公使馆一等秘书的柔克义屡次向上级提出进藏考察的申请，却遭到他的上司、当时的美国驻华公使田贝（Charles Denby）的一再拒绝。田贝认为柔克义是不务正业，两人之间的关系此后越发不和。1888 年，柔克义返美休假，得知田贝向国务院行文称其不称职，遂于 7 月间毅然辞去公职，旋即返回北京，准备自费入藏。

柔克义的第一次西藏之旅是从 1888 年年底开始的。他于 12 月 17 日离开北京，打算由甘肃、青海一路前往拉萨。这次旅途的经过，成为柔克义后来所著《喇嘛之地，穿过中国蒙古和西藏的旅行笔记》一书的基本内容。在这本书的开篇第一句话中，柔克义就告诉读者："西藏是我一生的兴趣所在。我从大学时代就开始阅读欧洲人写的为数不多的几本关于西藏的书籍。后来我开始学习汉语文，也只是为了将其作为一种手段，以便更多地了解那片土地和它的居民。"

柔克义乘马车经西安府、兰州府至西宁府，一路顺畅。时值 1888 年英国发动第一次侵藏战争后不久，柔克义十分清楚，当时中国的清政府不允许外国人擅自进入西藏。他在西宁躲过了清朝官员的盘查，于 1889 年 2 月 14 日抵达青海塔尔寺，赶上了那里藏历新年的酥油花灯节。他用生动的笔触描写了清朝的西宁将军前来观看酥油花灯的情景。"正月十五（2 月 14 日）西宁将军（柔克义称之为'安班'）和该省这一地区的中国高官们前来观看当晚在塔尔寺展示的酥油花灯。喇嘛们在他们途经的道路两侧盘腿席地而坐，排成长达半英里的行列，而寺院的长老与其他僧官则列队站立一旁，恭候安班和中国高官们的光临。"西宁将军的随从吹着喇叭，打着黄伞，显示出清朝大员的气派。

在塔尔寺逗留了数周之后，柔克义继续悄悄南行，试图前往拉萨。他经过青海湖、柴达木，抵达黄河源头。后来因为花尽了旅费，在距离拉萨 400 英里的地方折向藏东，经玉树、德格、格达抵达康定，从雅安、重庆东行回到上海。此行历时半年多，行程 4900 余英里。返回中国内地后，柔克义整理出《喇嘛之地，穿过中国蒙古和西藏的旅行笔记》，详细记述他这一次中国藏区之行的经历。尽管没有到达拉萨，此行还是给柔克义留下了难忘的印象。他在书末称："吃糌粑，喝酥油茶，还有其他我在'喇嘛之地'享受的奢华生活……在我的心中留下了那样甜美的回忆。"

在这部游记中，柔克义记述了他沿途了解到的藏族习俗，例如天葬（Celestial Interment），也叙述了一些清代发生在西藏的重大历史事件。由于柔克义的游记既源自实地考察，又佐以历史纪录，所以往往是很精当的。作为一个学者和旅行家，柔克义较少民族或种族的偏见。一般来说，他在自己的著述中只是客观地介绍他所了解的西藏和藏族。引用前人著述，也是同时介绍不同的观点。他对于藏传佛教的客观评价，甚至惹恼了美国的某些基督教团体，抨击他有亲佛教的倾向，并且一度影响到他后来的提升。然而，他对于西藏的深刻而独到的了解，却在日后为其获得了罗斯福总统和海约翰国务卿的欣赏与友谊。

1891 年年底，柔克义开始了他的第二次西藏之旅。此次，他以前任美国驻华公使馆秘书的身份，得到了清朝政府总理各国事务衙门签发的护照，获准前往甘肃、四川、云南、新疆和青海游历，但是不包括西藏。

柔克义计划从甘肃南部进入藏区，向西南方向前往拉萨，再经由尼泊尔、锡金离开西藏。此次的路线更为荒凉，柔克义还要有意避开牧民，以免被人认出告发，使其无法到达拉萨。因此，旅途更加困难重重。他和从人时时要为食物发愁。在柔克义的笔记中，有如下的记载："俗话说，一个蒙古人一年要吃 3 磅畜毛，一个西藏人一年要吃 3 磅沙子，一个汉人一年要吃 3 磅尘土。我现在就过着蒙藏汉相结合的生活，每餐都要与可怜的食物一起咽下尘土、畜毛和沙子。尘土沙子很容易吞咽，但是畜毛令人毫无办法，无论怎样咀嚼也不可能嚼碎。"1892 年 7 月，在人无粮、畜无草，而且难以确定方位的情况下，柔克义只好放弃避开人迹悄悄前往拉萨的计划，向就近的牧民求助。随之，在距离拉萨 110 英里的地方被阻。柔克义在其笔记中称，他当时的位置距离日喀则还有 10 天的路程，距离英属印度边境还有不到 25 天的路程。"天命，这是天命！"柔克义的第二次西藏之旅仍然没有实现他前往拉萨的愿望，但是他却获准取道昌都返回内地，而不必原路折回。这使他有可能踏勘一片未知的藏区，从事民族学和地理学方面的考察。

1892 年 10 月，柔克义再度回到上海。这一次 10 个月的旅途，柔克义穿越 8000 余英里，翻过 69 个海拔 14500 英尺以上的山口，拍摄了 300 余张照片，收集了 300—400 件植物学、地理学和民族学的标本，其中包括藏族的服装鞋帽、珠宝首饰和生活用具，至今仍然保存在美国华盛顿的史密森国家自然历史博物（Smithsonian National Museum of Natural History）。这些成就使得柔克义声名鹊起。回到华盛顿后，柔克义得到海约翰等人的支持，于 1893 年重返国务院，在后来的 3 年中出任克利夫兰总统的助理国务卿。1897 年，反感柔克义的传教士们成功地阻止了他出任美国驻华公使。柔克义被任命为美国驻希腊公使。1899 年，在海约翰的提议下，柔克义出任国务院美洲事务局主任，兼任国务卿远东事务顾问（Director of the Bureau of American Affairs, with an additional portfolio the Secretary of State's consultant on Far Eastern Affairs）。他在这一年薪 8000 美元的职位上任职达 6 年之久。

柔克义关于西藏的民族学论文于 1895 年由史密森博物馆（Smithsonian Institute）刊行，题为《西藏人类学笔记——以美国国家自然博物馆收藏品为基础》。这篇不足百页的学术论文附有 52 张照片，内容包括藏族的服装、鞋帽、饰物、日常用具、武器、乐器、宗教物品，等等。就在此文中，在介绍完西藏的地理位置之后，柔克义谈及西藏的政治地位，毫不模糊地点明：西藏构成中华帝国整体的一部分。

柔克义晚年向美国国会图书馆捐献了 6000 卷的“中国”文献，其中包括蒙古文、满文和藏文的书籍，以及一部 1733 年版的藏文大藏经《甘珠尔》。显然，他认为蒙古族、满族和藏族等中国的少数民族都是中国人。

19 世纪末 20 世纪初，也就是柔克义重返国务院，出任海约翰国务卿的远东事务顾问之际，世界各主要资本主义国家已经进入了帝国主义阶段。在东方，帝国主义列强掀起了瓜分中国的狂潮。当列强在中国争相划分势力范围时，美国正忙于和西班牙争夺古巴、菲律宾。在帝国主义瓜分中国的狂潮中，美国遗憾地发觉自己来迟一步。时至 19 世纪末，用美国一位驻华公使的话说，中国“除了直隶一省而外，事实上没有其他地方剩下来给美国了。”但是美国并没有放弃参与列强在华竞争，而是为在中国获得和维护自己的利益进行努力。1899 年，美国国务卿海约翰分别向英、俄、德、日、法、意等国提出了关于对华实行门户开放政策的照会。在给英国政府的照会中，美国明确提出，希望看到中国“为全世界商业保留一个开放的市场，消除国际摩擦的危险根源，从而使各列强在北京采取一致的行动。”

国务卿海约翰对于中国了解不多，对他的远东事务顾问颇多倚重。所以，这个以海约翰命名的照会，实际上出自柔克义的手笔。在随后就门户开放政策与列强进行的谈判中，柔克义一直扮演着重要的角色。他的目光已经超出了纯粹商业的范围，提出要保护中国的独立和领土完整。在当时的历史条件下，这不是什么感情问题，而是利益问题。因为在柔克义看来，假如清朝政府崩溃了，中华帝国瓦解了，随之而来的必将是列强把中国分割为各自的势力范围，是中国这个巨大的市场对于美国商人的关闭，美国从中得不到任何好处。所以他认为，保护中国的统一和完整，对于实现美国的长远利益至关重要。而柔克义心目中的中国，从而实际上也是当时美国政府心目中的中国，正是包括了西藏、新疆和蒙古在内的中华帝国。这个中国的地图，早已附在《喇嘛之地，穿过中国蒙古和西藏的旅行笔记》一书中了。

海约翰代表美国政府提出门户开放政策的同年，中国爆发了反帝爱国的义和团运动，招致八国联军的镇压。1900 年 8 月，柔克义奉命作为美国政府的特使，前往北京，与列强一起同清朝政府进行签订《辛丑条约》的谈判。有关签订《辛丑条约》的谈判展示出柔克义的外交才干。1905 年 3 月，柔克义受命出任美国驻华公使。担任公使后，柔克义仍然著述不辍，于 1905 年出版了《15 世纪至 1895 年中国与朝鲜的交往》一书，1907 年在伦敦出版了依据藏文史料编译的《佛的一生》。由于柔克义身份的变化，他与中国西藏和达赖喇嘛的接触，显然已经超出了纯粹民间的性质。但是柔克义依然具有外交家和学者的双重身份。就学术上的地位而言，柔克义是欧美中国学家中的佼佼者。据说，当时西方世界可能仅有的三个兼通汉藏语文的权威中，他是其中之一，而且是其中唯一一个广泛涉猎藏传佛教文献的权威。

二、柔克义与达赖喇嘛十三世的交往

1903 年 11 月，英国政府发动了第二次侵藏战争。达赖喇嘛十三世违背清朝政府“不抵抗”的旨意抗击英国侵略，第二年战败逃离西藏，出走蒙古。为此清朝褫夺了他的达赖喇嘛名号，英国也明确反对他重返拉萨。达赖喇嘛既痛恨英国人，也对清政府满怀怨望。正是在此次逃亡蒙古期间，柔克义与这位西藏藏传佛教的领袖人物开始有了交往。

那时的达赖喇嘛虽然已经年近 30 岁，但是对于列强之间的关系仍然所知甚少。达赖喇嘛给柔克义的最初信件是请求帮助的。他希望能够通过这位美国驻华公使，使自己的声音上达“满洲皇帝的金耳朵”。1905 年，达赖喇嘛给柔克义写了一封信，派了 2 名使者携带礼品前往北京拜访柔克义，探询柔克义个人对于他能否及早返回拉萨的看法。从此，他和柔克义的书信往还一直持续到 1914 年柔克义辞世。

1907 年夏，达赖喇嘛十三世离开库仑，穿越蒙古草原，于同年 11 月抵达青海塔尔寺，次年春天，动身前往位于山西的佛教圣地五台山朝圣，并准备进京。

得知达赖喇嘛驻锡五台山的消息，柔克义于1908年6月13日打点行装，由美国驻华公使馆的托马斯·哈斯金斯（Thomas Haskins）陪伴，用了五天时间赶到那里。这是一位美国外交官与中国西藏达赖喇嘛的第一次会见。这位美国驻华公使陪伴达赖喇嘛在五台山的菩萨顶待了整整一个星期，直接与达赖喇嘛交谈，不需任何人居间翻译。他劝告达赖喇嘛遵从清朝皇帝的旨意，改善与英属印度政府的关系。为了感谢柔克义的来访，达赖喇嘛送给他一幅珍贵的唐卡。7月，达赖喇嘛上奏清朝政府，表示将于9月下旬前往北京。

事后，柔克义给罗斯福总统写了一封信，报告他的五台山之行。他告诉总统："我和达赖喇嘛像老朋友一样交谈。我背后站着一位僧人，用达赖喇嘛的蝇甩为我驱赶头顶的苍蝇；达赖喇嘛注视着我的茶杯中注满了热茶，要求我和他保持通信联系。这一切简直太不寻常了。我难以相信自己的耳朵和眼睛。"此信长达12页，柔克义还有话要讲，但是担心信已经过长了。

罗斯福总统十分高兴地给柔克义回了信：

> "我觉得，对于我们这一代人中的任何一个人来说，这都是一番非常有趣、异乎寻常的经历。据我所知，这是史无前例的。简直令人难以置信！我祝贺你，我也为在这个世界上此事恰巧让我们美国的一位外交代表亲身经历而感到庆幸。现在，我应当如何答谢达赖喇嘛送给我的那个装在盒子里的佛像和那条长长的白色丝织哈达呢？我应该回赠他什么样的礼品呢？我曾经送给教皇一套我写的书。"

不等柔克义复信，总统的第二封信又到了。罗斯福告诉柔克义，他发现柔克义与达赖喇嘛的会见"从英国政府的角度来看太重要了"，所以他同意让英国特使布赖斯勋爵阅读此信。这就把达赖喇嘛对于英国态度的转变传达给了英方，而上述转变在一定程度上是柔克义促成的。罗斯福还告诉柔克义："在此事上，我们乐于给英国人帮些忙，假如你能够得到喇嘛与北京之间交往的任何消息，请让我知道每一个细节。"

9月22日，达赖喇嘛与他的从人在清朝政府派来的卫队护送下离开五台山，于9月28日抵达北京。在火车站，达赖喇嘛受到理藩院和内务府官员的迎接，而后住进德胜门外的黄寺。那是250多年前清朝顺治皇帝为迎接达赖喇嘛五世进京朝觐而修建的。这期间西藏先后出了8位达赖喇嘛，西藏地方与清朝政府的关系已经发生了很大变化。达赖喇嘛十三世希望得到当年达赖喇嘛五世的礼遇，却没能如愿。

达赖喇嘛知道清朝在考虑褫夺他的世俗权力，到北京后的第二天，就派了追随他多年的俄籍布里亚特蒙古僧人德尔智拜访柔克义，请他前来相见。德尔智说，达赖喇嘛十三世十分担心，清朝皇帝会削减他的前辈曾经享有的世俗权力。柔克义告诉德尔智，无论过去如何，达赖喇嘛现在的身份就是清朝皇帝的一名臣属（Vassal）。德尔智对此不能争辩，只是说，达赖喇嘛的最大愿望就是清朝皇帝一如既往维护藏传佛教，并允许达赖喇嘛不经驻藏大臣而将西藏的情况直接上达圣聪。柔克义觉得达赖喇嘛的这些要求都是合情合理的。在后来与达赖喇嘛的交谈过程中，柔克义发现，与上次在五台山见面时相比，达赖喇嘛情绪糟糕，常常发火，烦躁不安而且不爱说话。柔克义后来得出结论：达赖喇嘛对于他的人民没有兴趣，关心的只是保持自己的现有的特权。此后他又多次与达赖喇嘛见面，给他提供咨询和建议，帮助他用藏文起草奏折。

不久，发生了达赖喇嘛觐见西太后和光绪皇帝的礼仪问题。

达赖喇嘛接到通知，皇帝将在10月6日接见他。届时皇帝将站立接受他行磕头的大礼，简短的问候之后，皇帝落座，也让达赖喇嘛在其旁边一个较低的座位上坐下。随后上茶，皇帝将询问藏事。达赖喇嘛听说要叫他磕头，当即拒绝。后来几经劝说，达成妥协，达赖喇嘛得以免去磕头，但是下跪还是不能少的。结果，原定6日的觐见推迟并改为在颐和园的仁寿殿进行，达赖喇嘛得分别觐见皇太后和光绪皇帝。10月30日，皇帝在紫光阁为达赖喇嘛设宴，皇帝进场和退场时，达赖喇嘛要在“入宴座次跪迎跪送”。11月3日是西太后的生日。生日当天，祝寿的行列中加进了光绪皇帝本人，达赖喇嘛只好和满朝文武一起行三跪九叩的大礼。

所有这些下跪磕头换来的，是光绪皇帝在祝寿典礼过后的一道圣旨：“兹特加封为‘诚顺赞化西天大善自在佛’……并按年赏给廪饩银一万两，由四川藩库分季支发。钦此。”

依据当时的清朝政府的官方公报，并参阅各种史料，柔克义详细记述了达赖喇嘛十三世在京活动的各种细节，进而缉成《拉萨的历辈达赖喇嘛及其与中国的历代满洲皇帝的关系》一文。该文最初刊载于1910年的《通报》（T'oung-Pao Series III，Vol. 1，No. 4，Leyden），征引了大量汉藏文史料，在关键地方注明藏文的拉丁文转写和汉文原文。例如英文的Kowtow、Genuflexions后面的括弧里，就加注了“叩首”“跪或叩谢”等字，达赖喇嘛的封号“诚顺赞化西天大善自在佛”也在英文解释之后加注了汉文原文。

清朝皇帝固然没有公开削减达赖喇嘛的权力，但是也同样没有满足他回西藏后直接上奏的愿望。据达赖喇嘛告诉柔克义，他行前给朝廷的奏折，是朝廷为他拟写好的，“虽一字不得增饰”。当他探询柔克义的看法时，柔克义说，自己唯一的建议就是他尽快以该折上奏，毋再羁延。即便在皇太后和皇帝驾崩之后，柔克义的意见也没有改变。

1908 年 12 月，达赖喇嘛带着对于清朝政府的强烈不满离开北京。柔克义把这些情况报告给了罗斯福总统。他说，他担心达赖喇嘛在未来不会同清朝政府合作，“我可能成为这位藏传佛教领袖的世俗权力被取缔的见证人”。柔克义不幸没有全部言中。达赖喇嘛返回西藏后的确不肯与清朝政府合作，他与驻藏大臣的冲突甚至愈演愈烈；然而三年之后，垮台的不是达赖喇嘛在西藏的权力，而是清朝政府在中国的统治。

柔克义毕竟对西藏地方与清朝中央关系的历史和现状有着深刻的了解。这种了解可能比任何一个与他同时代的西方人都更为清晰。他在《拉萨的历辈达赖喇嘛及其与中国的历代满洲皇帝的关系》一文结尾的话，即便今天读来，都不乏真知灼见：

> 直到清朝的最后岁月，“藏人也并没有提出从中国完全独立出去，或者享有比以前更大程度的独立的要求……藏人的不满是针对着中国官员在西藏行使职权，或者毋宁说是对他们玩忽职守、未能恰当地行使职权的所作所为，是针对着他们各种各样的需求勒索，是针对着他们在藏人遇到困难或麻烦时，不能或不愿给予正确的指导和适当的支持，是针对着他们无力帮助藏人革除弊端，建立公正。这些才是他们不满的理由，才是他们一次次犯上的起因，也才是令藏人闭关自守，其感情与汉人日渐疏远的根源。”

作为一个美国外交官，柔克义在 20 世纪初年讲的这些话，可能并不为今天的某些美国人所赞同，然而柔克义讲的却是事实。

1909 年，柔克义奉命出任美国驻俄国大使。他依旧心系西藏，在圣彼得堡与达赖喇嘛保持通信联系。

中华民国建立后，袁世凯先后聘请了莫里循（George Morrison，伦敦泰晤士报的记者）和柔克义做他的私人顾问。1914 年，柔克义从美国前来中国就职，在途中病故。此后，直到 1933 年达赖喇嘛十三世圆寂，再也没有出现另一个像柔克义那样深入全面地了解西藏，与达赖喇嘛保持长期联系的美国政府官员。

从19世纪末开始，柔克义多次试图进藏。他的足迹遍及我国边疆蒙古、藏等少数民族地区，以自己的亲身游历为基础，撰写了不少有关蒙古、藏等少数民族历史、文化、宗教、语言方面的笔记、论文和著述。他坚实的汉、藏语言功底和佛学知识，使他一开始就站在一个远高于一般西方探险家的起点上；他的外交官身份，又给了他与达赖喇嘛交往和把这一交往的情况直接上报美国总统的便利条件。他的上述活动是在清朝末年特定的历史条件下进行的，一方面已经在事实上干涉了中国的内部事务，另一方面，又或多或少有助于维护清朝政府加强对于西藏的治理。

从柔克义的时代开始，美国政府和民间一直处于不断了解中国西藏的过程中。尽管到20世纪20年代末为止，这种了解仍然是零碎的，不系统的，但是美国始终是把西藏作为中国的一部分的。这不仅是因为西藏之作为中国的一部分是一个实实在在的历史事实，尤其是因为承认西藏是中国的一部分体现了美国自身的利益。美国从自身利益出发，反对其他列强在中国割占领土或划分势力范围的活动。在西藏问题上，从20世纪初美国政府开始对于西藏有所了解时起，其的态度就是比较明确的——这就是视西藏为中国的一部分。就像美国学者拉铁摩尔（Owen Lattimore）后来指出的那样："美国的原则是中国的完整……美国关于中国完整的观念是：西藏、蒙古和新疆都是中国的一部分。"而对于上述原则的形成和美国人对于西藏地位的正确认识，柔克义所发挥的作用，可能远在其他任何一个美国人之上。

原载喜饶尼玛等主编：《中国少数民族文化研究》，中央民族大学出版社，2005年版

爱国爱教的九世班禅大师

九世班禅曲吉尼玛生于清光绪九年正月十二日（公元 1883 年 2 月 19 日），是前藏塔布地方噶夏村人，乳名仓珠嘉措。八世班禅丹白旺修圆寂以后，扎什伦布寺派出代表多人，在西藏地方找到了三名“灵童”。清朝驻藏大臣文硕于光绪十四年（公元 1888）正月 15 日，在布达拉宫主持了金瓶掣签仪式，仓珠嘉措被掣定为九世班禅呼毕勒罕（蒙古语化身之意，特指业经认定但尚未成年的活佛）。随后，在布达拉宫的日光殿上，九世班禅拜十三世达赖喇嘛土登嘉措为师，剃发，取法名为吉总罗桑曲吉尼玛格勒南结贝桑布，简称曲吉尼玛。光绪十八年（公元 1892 年）正月，九世班禅在扎布伦布寺坐床并受沙弥戒。清光绪二十八年（1902 年）受比丘戒。

九世班禅曲吉尼玛从出生到成年这一时期，正值英帝国主义对中国西藏地方进行武装侵略，西藏僧俗人民奋起英勇抗击之际。九世班禅和十三世达赖曾经团结一致，领导了 1888 年、1904 年的两次抗英战争。而十三世达赖在 1904 年、1910 年两次逃离西藏，清廷都曾降旨革去其达赖喇嘛名号，令班禅代行职权。班禅虽然坚辞不就，却从此招致达赖的不满，种下了双方不和的种子。1912 年达赖返藏，在英帝国主义挑拨和拉拢下，对九世班禅进行排斥和打击。1923 年 11 月 15 日深夜，九世班禅被迫离开扎什伦布寺逃亡祖国内地，经青海、甘肃和陕西等地，于 1925 年 2 月抵达北京。北洋政府决定按清朝乾隆皇帝接待六世班禅的前例和规格，隆重欢迎，并决定以中南海瀛台为行辕，供九世班禅驻锡，指定蒙藏院总裁贡桑诺尔布等筹办招待事宜。

同年 8 月，北京段祺瑞临时政府颁金册金印，册封班禅大师“宣诚济世”封号，并批准成立班禅驻北京办事处。以后又陆续成立了班禅驻青海、四川、奉天（沈阳）、绥远（呼和浩特）办事处。1927 年南京国民政府成立，派人慰问班禅并征询治藏意见。不久，班禅驻南京办事处成立。1931 年 5 月，班禅应邀赴南京出席国民会议，随后发表了“西藏是中国的领土”的重要讲演。7 月，国民政府颁玉册玉印，封他为“护国宣化广慧大师”。1932 年 12 月出任“西陲宣化使”。1934 年 1 月，被选为国民政府委员。1935 年 3 月提出回藏计划。当时，西藏僧俗民众“欢迎班禅入藏声浪甚高”。国民政府拨付经费100万，建立护送卫队和护送专使行署。1936年年底，班禅一行取道甘南拉卜楞寺到达青海玉树。由于英帝国主义插手、西藏当局阻挠，九世班禅大师返藏受阻。不久，卢沟桥事变爆发，日军大规模侵占华北，国民政府令九世班禅“暂缓返藏”。班禅回藏受阻，心情抑郁；加之长年漂泊，身心交瘁。1937年12月1日，他怀着一腔忧愤圆寂于玉树大寺甲拉颇章宫，享年54岁。国民政府追赠“护国宣化广慧圆觉大师”名号，派特使戴传贤致祭。他的灵柩于1941年2月4日运抵札什伦布寺。

九世班禅大师不仅佛学造诣极深，而且深明大义，热爱祖国，在政治上具有远见卓识。九世班禅大师的爱国主义精神，首先表现在他对于“五族共和”的拥护和宣传上。来到祖国内地之后，他就通电全国，呼吁各方停止内战，团结救国，为祖国的统一富强与中华民族的团结幸福而奔走呼吁。他号召中国“五族人民同心合力如兄弟、如手足”，共建国家。南京国民政府成立后不久，九世班禅即在其驻南京办事处的成立宣言中，向“最亲爱之中华民国五族同胞”揭露帝国主义侵略和分裂西藏的阴谋。他指出：“征诸历史与地理上之关系，西藏欲舍中国而谋自主，实不可能；反之中国失去西藏，亦犹车之失辅。”他用辅车相依，唇亡齿寒（辅为颊骨，车为牙床）的成语来比喻藏汉两大民族谁也离不开谁的道理，是非常贴切的。此后，他遍历中国南北各地，举行法会，发表演讲，为弘扬佛法，振兴国家，促进民族团结而奔走呼吁。

九世班禅晚年经常提及的“五族人民”“五族同胞”，系指汉、满、蒙古、回、藏五个民族。这一提法，始自辛亥革命时期“五族共和”的口号。当时的中国人对于我国民族的构成虽然尚不十分清楚，但是已经明确地认识到，中国不是一个单一民族的国家。孙中山先生在领导资产阶级革命，推翻清朝政府反动统治的斗争中，提出了“五族共和”的口号。所谓“五族”，就是中国民族特征最为突出、在20世纪初年已为国人公认的汉、满、蒙古、回、藏五个民族；“共和”则表明这场资产阶级革命的目的是要推翻清朝的封建专制统治，建立一个共和制的民主国家。

辛亥革命爆发后，孙中山就任中华民国临时大总统，于1912年元旦发布中华民国第一张文告，内称，“国家之本在于人民，合汉、满、蒙、回、藏诸地为一国，即合汉、满、蒙、回、藏诸族为一人，是曰民族之统一。”此后不久，清朝以隆裕皇太后名义发布“清室退位诏书”，称“今全国人民心理，多倾向共和……人心所向，天命可知。予亦何忍以一姓之尊荣，拂兆民之好恶。是用外观大势，内审舆情，特率皇帝将统治权公诸全国，定为立宪共和国体……总期人民安堵，海宇乂安，仍合满汉蒙回藏五族完全领土为一大中华民国。”上述文告和诏书，反映出中国人的共识：中国是由汉、满、蒙古、回、藏五大民族构成的。

祖国内地各族人民对于辛亥革命的支持和拥护，以及中华民国政府关于“共和成立，五族一家”的宣传，影响了远在祖国西南边疆西藏的藏族领袖人物，得到了十三世达赖喇嘛与九世班禅的赞同。1919 年，朱绣、李仲莲和藏传佛教宁玛派喇嘛古浪仓等人从甘肃经青海入藏，十三世达赖喇嘛排除英帝国主义的干扰和阻挠，予以欢迎。在拉萨，十三世达赖喇嘛就曾告诉朱绣：“余誓倾心内向，同谋五族幸福”。在中央政府和藏族领袖人物的号召倡导下，在社会舆论的宣传影响下，到了 20 世纪 20—30 年代，辛亥革命时期在祖国内地已经深入人心的“五族共和”口号，为西藏的僧俗上层和知识界所了解和拥护。

需要指出的是，“五族”既然源出于“五族共和”，其所指中国境内汉、满、蒙古、回、藏五个民族的含义就是十分明确的。当时的中国人认为，中华民族就是由这五个民族所组成的。十三世达赖喇嘛、九世班禅等藏族领袖人物和其他僧俗上层接受和赞同“五族”的提法，“同谋五族幸福”，表明他们明确认为西藏是中国领土的一部分，藏族是中华民族的一员。

1931 年，日本帝国主义悍然发动了“九·一八”事变。在外敌入侵、祖国危难的关头，十三世达赖喇嘛驻京代表贡觉仲尼、九世班禅驻京办事处处长罗桑坚赞、西康诺那活佛等旅居南京的康藏人士奋起成立了“康藏旅京同乡抗日救国会”，召开会议并发布“告全国同胞书”，表示：“同人等籍隶康藏，万里来京，大义所在，不敢后死。爰成立抗日救国会，以与我全国同胞同立一条战线，赴汤蹈火，在所不辞……宁为刀下之鬼，不作亡国之奴。”会后，十三世达赖喇嘛和九世班禅分别命令各自所属寺庙的数十万喇嘛，举行诵经法会，诅咒侵略者，为祖国抗战胜利祈祷。在九世班禅等藏传佛教领袖人物的号召下，全国藏胞纷纷响应，川西藏区 57 寺僧侣联名表示，“暴日入寇，五族同仇”，决心抗战。各地各寺许多活佛全力奔走，广大藏胞或捐款捐物，或与汉、回等族共同组成“抗日救国义勇军”，积极参加抗日斗争。①

九世班禅在 1932 年出任国民政府“西陲宣化使”后，奔走于我国东北、内蒙古、甘肃、青海等满族、蒙古族和藏族地区，宣传“五族一家”的精神，

① 《发扬西藏社会文化优秀传统》（专论），《人民日报·海外版》2001 年 5 月 19 日；《抗日战争与中华各民族的爱国主义》，《人民日报》1995 年 8 月 18 日。

致力于维护国家统一，呼吁政府和全国同胞“群起注意藏事”，“贯彻五族共和，共同抵御强邻之侵略”。在其羁留内地的最后岁月，他积极投身于动员中国各族人民抗击日寇的斗争中。他明确表示，自己承担“西陲宣化使”之职，在祖国西南边疆蒙藏地区宣传文化，提倡宗教，目的在于“使蒙藏民众明了中央实际之意旨与五族联合之必要”。1933 年，日寇侵占华北，班禅通电声讨：“近闻暴日不顾公理……仗其武力，攻我榆热，揆彼用心，无非欲实现大陆政策之阴谋。现我军民时至忍无可忍，官兵义师前赴后继，为自卫而抵抗，为正义而舍生，救国热忱，中外皆钦……班禅目击时艰，忧愤不已，虽身属空门，而于救国图存之道，何敢后人？除召集当地蒙藏喇嘛千余……虔诵藏经，恣施供养，建立法坛，祈祷和平，并追荐前方阵亡将士，藉佛力之加被，弥战祸于无形。”① 日寇侵占北京、天津、上海等大城市后，抗战形势日趋严重，班禅即从玉树行辕捐献三万元，购公债二万元，还动员行辕全体同仁踊跃捐款，汇集前方，慰劳抗战将士及救济伤兵与难民，并在玉树寺诵经祈祷抗战早日胜利。在他的呼吁和号召下，西藏人民以种种方式支援了祖国内地各族人民的抗日斗争。三大寺曾经致电南京国民政府：“西藏为中国领土之一”、“中国立国四千余年以迄于现在，从未遭遇外侮如是之甚。现在要将敌人驱出境外，必须五族同心……”直到圆寂之前，他还不忘呼吁“促成五族团结，共保国运昌隆”，“实现藏族与中国各民族的团结”，拳拳爱国之心，溢于言表。

对于返藏问题的处理，也反映出九世班禅热爱祖国、深明大义的崇高品质和维护中央政府权威、反对帝国主义干涉中国内政的坚定立场。众所周知，十三世达赖喇嘛与九世班禅失和，是英帝国主义侵略西藏的后果。由于英国的反对和挑拨，九世班禅长期羁留内地，不能返回自己的故乡西藏。20 世纪 30 年代初期，十三世达赖喇嘛对于英帝国主义的阴谋有所醒悟。然而，正当他准备欢迎班禅返藏时，不幸圆寂。在这种情况下，九世班禅坚决依靠中央，始终坚持由国民政府派卫队护送回藏。而英国则怂恿噶厦政府多方反对，甚至直接出面与南京政府交涉，干涉中国内政。英驻华大使贾德干（Cadogan）亲往南京政府外交部表示，反对南京政府派卫队护送班禅返藏。英方声称拟向噶厦出售更多的机枪和山炮，对南京政府施加压力。此后英方又多次递交备忘录、照会，企图派人赴青海与班禅直接接触，还提出要做调解人和班禅

① 中国藏学研究中心、中国第二历史档案馆合编：《九世班禅内地活动及返藏受阻档案选编》，中国藏学出版社 1992 年版，第 56－57 页。

返藏的担保人。英印政府甚至提出劝诱九世班禅前往印度“避难”的建议。九世班禅断然拒绝了英帝的“调停”，派代表正告英方：“卫藏事件系吾人内部事，吾人自能办妥”。[①] 当得知噶厦政府执意不许他由国民政府派卫队护送回藏后，他表示“宁愿牺牲个人，不愿中央威信陷于隳堕”。由于种种原因，九世班禅有生之年终未实现返回西藏的夙愿，但是英帝国主义企图借班禅返藏问题分裂中国西藏的阴谋也终于没有得逞。

班禅大师是西藏近代史上一位杰出的反帝爱国领袖。他自从 1923 年离藏，直至 1937 年圆寂，度过了整整 14 年离乡背井漂泊动荡的生活，但却始终顽强地为维护祖国统一、促进民族团结而奋斗。在他身上，集中反映出近代以来藏族对于中华民族的认同。这种认同不是偶然的、孤立的，而是有着深厚而坚实的历史基础的。藏族成为中华民族的一员，是中国历史长期发展的结果。自从一千三百余年前的唐代开始，青藏高原上的藏族与中原地区的汉族和其他民族就逐渐建立起了密切的联系。元代以来的七百余年间，西藏与中国其他地区一样，同处于一个中央王朝的统治之下。西藏僧俗首领从中央王朝取得各种封号，以号令部属，治理地方，并形成传统。清代中央政权对于西藏的治理达到了十分完备的程度，建立起一套规范的政治、军事和宗教制度。鸦片战争爆发后，帝国主义势力侵入了中国，也侵入了西藏。西藏人民同全国各族人民一道，英勇地抗击帝国主义的侵略，尽到了自己的光荣职责。正因为如此，当近代中华民族面临亡国灭种的危机而迅速觉醒的时候，藏族也同中华民族的其他成员一样，参与了这个觉醒的过程。藏族对于中华民族强烈的认同感，也体现出中华民族所具有的强大凝聚力，符合历史发展的趋势。

九世班禅大师的一生，也是爱国爱教的一生。作为一名佛教徒，他虔诚信仰自己的宗教，以一个藏传佛教领袖的身份，为维护祖国统一做出了杰出的贡献。尤为难能可贵的是，他在自己所处的时代，努力对佛教教义给予积极的、富于时代精神的阐发，以宗教为自己的民族服务，为自己的祖国服务，献身于维护祖国领土完整、抗击日寇侵略的斗争，实践了一名佛教徒“庄严国土，利乐有情”的崇高理想。他的爱国主义精神，值得我们各族人民缅怀和学习。

原载《中国民族报》2004 年 2 月 20 日第 3 版

① 《蒋致余报告英帝分子在拉萨阴谋活动情形及西藏爱国人民情形各电》，国民政府蒙藏委员会档案第 141 卷，1936 年 9 月 3 日。转引自唐洪波：《九世班禅返藏问题与英国的阻挠活动》，载《藏学研究论丛》编委会编：《藏学研究论丛》第 8 辑，西藏人民出版社 1996 年版，第 71－72 页。

深切怀念我的导师王辅仁先生

王辅仁先生是我国著名的民族学家和藏学家，是我1982—1985年在中央民族大学攻读硕士学位期间的导师，也是把我带进藏学研究园地的领路人。王老师1995年9月7日病逝，至今离开我们已经整整10年了。师恩如海，没齿难忘。10年来，我时常回忆起在母校中央民族大学3年的读书生活，每忆及此，王老师的音容笑貌和当年给我上课，指导我写作论文的情形就会浮现在眼前。王老师为学执教处事待人的精神和风范，永远令我怀着一种高山仰止的心情。

先生博闻强记，学识渊博，为学勤奋严谨，一丝不苟，终身手不释卷，笔耕不辍。先生身后留下的著作文章，在中国20世纪的藏学研究领域占有重要的地位，其中相当部分具有开创性的意义。刊行之后，受到学术界的重视和广大读者的欢迎，往往一版再版。这些成果，今天读来，尽管其中某些观点留下了时代的印记，或不无值得商榷之处，然而在20世纪80年代、“十年浩劫”之后藏学研究学科在国内甫经形成，研究成果屈指可数的情况下，是难能可贵的。先生为此付出了艰苦的劳动。

先生极为重视藏学研究年轻人才的培养，执教认真细致，尽职尽责。我至今清楚地记得，先生经常说的一句话就是：“我是一名普通的教员，教书育人是我的本职工作”。“文化大革命”耽误了先生这一代人，更耽误了我们这一代人。我给王老师做学生时，已届而立之年，说来也是恢复高考之后的大学历史系本科毕业生，但是专业知识水平十分有限，更遑论国学、外语等方面的功底。可以想见，王老师带我这样的学生是相当费力的。但是王老师想尽办法弥补我的不足，制订了详细的教案，并且在日常的接触中随时点拨教诲，循循善诱，如春雨和风。王老师注重藏语文、古汉语和英语的学习，在我入学之初，就为我找好了上述几门课程的任课老师，并时时加以督促。而“藏族史”“藏传佛教史”两门主课，则由他亲自讲授，采取每周一次面对面、一对一的方式。在将近2年的时间里，我每个周末到王老师家中，或听王老师讲课，或接受考试。半天时间，精心安排，充分利用。对于我的作业、论文中的缺点错误，王老师批改得非常认真，直至错别字甚至标点符号，从不轻易放过，要求极为严格。

先生待人平易宽和，处事豁达大度。对于同事或学生学术上的求助，可谓有求必应。对于个人的一些福利待遇，则从不计较。先生起初居住在西直门内北草场胡同12号，1988年搬迁至安贞西里，后来担任了民族研究所的所长，每天要坐班。他年纪大了，责任重了，居家却离学校远了。60岁的人，往返学校，上班上课，就靠一辆旧自行车作为代步工具，若干年如一日，甘之如饴，毫无怨言。这份辛苦，我们如今四五十岁的人又有几人甘愿承受?!特别给我留下深刻印象的是老师对于同辈和同行的态度。俗话说，人无完人，金无足赤，在中央民族大学读书3年，我也听到过一些先生彼此之间的议论，某人这方面不行，某人那方面欠缺，等等。有的也涉及王老师。但是在我给王老师做学生的3年期间，乃至毕业之后与他的接触中，不曾有过一次听他说起自己如何比别人强，或者哪个人在哪方面不如自己。自我吹嘘和贬抑他人之事，先生终身所不肯为。

先生把我国的藏学研究视为党和国家的一项事业，而不仅仅是个人的专业领域。他明确提出，要以马克思主义指导藏学研究，“藏学研究必须有鲜明的政治立场和正确的历史唯物主义的观点。藏学研究的成果要为国家统一和民族团结服务”。先生自20世纪50年代初开始从事藏学研究，40余年间锲而不舍，深深地热爱着自己的专业。年逾花甲之际，先生尤为关心国家藏学研究人才的培养，为藏学研究新成果的不断涌现、为藏学研究人才的脱颖而出备感欣慰。同时，对于藏学研究新领域的开拓积极提出建议，如提出要开设“安多藏族史”课程等。他对于年轻一代藏学研究工作者寄予厚望，勉励青年藏学工作者要有自讨苦吃的精神，“到藏族地区去，把自己置身于藏族人民的现实生活之中，做深入的、而不是浮光掠影式的社会调查，关心藏族人民的疾苦，做他们的知心朋友。要把艰苦和逆境的生活磨炼看作一种必要的手段，用以砥砺革命的意志，树立和巩固为藏族人民服务、为藏学事业奉献力量的信念。”这些话语，虽然带有十余年前的时代印记，然而对于有志于毕生奉献藏学研究的中青年教师、学生来说，却是先生的肺腑之言，也是我们应当切记的金玉良言。

先生的过早去世，不仅是我国藏学研究事业的巨大损失，也使我失去了一位在藏学研究专业领域令我引以为骄傲的导师，失去了一位在人生旅途中为我指点迷津、树立楷模的长辈。先生已逝，风范长存。先生的道德文章，是我们可以长久享用的精神财富；先生的人格力量，将激励我们为了中华民族的复兴，为了我国藏学研究事业的不断发展，竭尽自己的绵薄之力。值此参加此次王辅仁先生追思会之际，谨以此文表达我对于先生的深切怀念。

2005 年 12 月 22 日晚于北京西郊中共中央党校

原载《中国民族报》，2005 年 12 月 30 日第 6 版，并以《师范长存》为名刊载于李丽主编《王辅仁与藏学研究》，中央民族大学出版社 2006 年版

深切怀念柳升琪先生

一、我与柳先生的交往和得到的教益

光阴荏苒，柳升琪先生离开我们已经五年多了。柳先生是我国当代藏族社会历史研究的开拓者之一，是国际著名的藏学家。在我心目中，他还是一位可亲可敬的爱国老人、藏学前辈。先生晚年曾经给予我特殊的指点和关照，先生为学、待人、处事的风范，和他的音容笑貌一起，给我留下了终生难忘的印象。

我知道柳升琪先生的名字，是在 1982 年师从王辅仁先生学习藏族史之后。在我的教材《西藏佛教史略》的自序中，王先生提到了他要特别感谢的他的三位老师：柳升祺、李有义和王森。此后若干年，无缘得识柳先生，只是对于我的老师的老师怀着一种高山仰止的敬畏之心。

最初面见先生，应该是 1994 年赴英进修之前。当时我已经多少了解了 20 世纪 40 年代先生作为国民政府蒙藏委员会驻藏办事处英文秘书，驻在拉萨，为维护国家主权和领土完整与英帝国主义分子黎吉生之流斗争的那段历史，也知道英国藏学家兰姆等人的情况，行前向先生请教一些问题。先生热心地接待了我，详细回答我的问题。他博闻强记，宽和儒雅，让我感觉和蔼可亲。一年多之后返回北京，我又登门向先生报告在英国见到黎吉生、兰姆和内维尔·马克斯维尔等人的情况，介绍我所了解到的英国藏学研究的状况，东鳞西爪，挂一漏万。先生饶有兴味地听着，一边随时回答我的问题，一边纠正我的错误，指点迷津。

记得我问得较多的有英汉翻译的问题。例如，关于黎吉生（Hugh Richardson）的名字，当时就有理查森、黎吉逊等不同的译法，究竟应当以何为准，我并无把握。先生告诉我，翻译人名不仅要参考一般的人名词典或约定俗成的译法，更要遵守“名从主人”的原则。黎氏当年曾经当面告诉他，“黎吉生”三个字是其为自己取的汉文名字，这样，黎氏的汉文译名应以此为准。实际上，英美等西方人士中长期在华者，大多起有汉文姓名，英译汉时，应该用这些他们自起的姓名。以后的翻译中，我便懂得了要对此加以注意。例如著名的美国汉学家和藏学家、1905—1909年出任美国驻华公使的柔克义（William Woodville Rockhill），他的姓名，就不宜依据一般的人名词典译作"洛克希尔"。

我从先生那里得到的教益还有许多，试再举一例。

黎吉生著《西藏简史》一书，1979年经中国社会科学院民族研究所印行内部版，其中提到了1921年的"寇松备忘录"："中国政府被提醒……如果不立即开始谈判，英国政府将有理由停止承认西藏为中国宗主权下的自治邦，并且决定以此为今后与西藏往来的基础。"① 其时正值第一次世界大战之后，拟议中的华盛顿会议之前，英国要催逼中国重新参加一个类似于西姆拉会议的谈判，用所谓"宗主权"否认中国在西藏的主权。这条材料无疑十分重要。所以，休·黎吉生、内维尔·马克斯维尔、谭·戈伦夫、范·普拉赫及梅·戈尔斯坦等人在自己的著作中都使用了它。然而，此处的译文却并不准确。其英文原文为：

> In view of the commitments of His Majesty's Government to the Tibetan Government arising out of the tripartite negotiations of 1914, and in view of the fact that the Chinese Government accepted, with the exception of the boundary clause, the draft convention of 1914, providing for Tibetan autonomy under Chinese suzerainty, and formally re - affirmed their attitude in this respect in their offer of 1919, His Majesty's Government do not feel justified, failing a resumption of negotiations in the immediate future, in withholding any longer their recognition of the status of Tibet as an autonomous state under the suzerainty of China, and intend dealing on this basis with Tibet in the future. ②

经过柳升琪和邓锐龄两位先生的指点，我将其译作如下文字：

---

① 【英】休·黎吉生（Hugh E. Richardson）著，李有义译：《西藏简史》（*Tibet and its History*, London 1962, Revised edition, Boulder & London, 1984），中国社会科学院民族研究所1979年内部版，第106页。

② 英国国家档案馆，FO371/6609/F2994，致中国公使备忘录，1921年8月26日（Memorandum to Chinese Minister of August 26, 1921）。

1914年的条约草案规定，西藏在中国的宗主权之下实行自治。鉴于1914年三方谈判中英王陛下政府对西藏政府所作的承诺，鉴于中国政府接受了除边界条款之外的1914年条约草案，并在1919年的提案中正式重申了其在这方面的态度这一事实，英王陛下政府认为，如果在近期仍不能重开有关西藏问题的谈判，我们就没有理由继续拒绝承认西藏是一个处于中国宗主权之下的自治邦。英王陛下政府今后将以此为基础与西藏进行交往。

两段译文的差异在于，就寇松而言，在20世纪20年代初期还根本无从否认中国对于西藏的“宗主权”，故而其威胁不在于“停止承认西藏为中国宗主权下的自治邦”，而在于威胁要不再顾及各种条约规定的“国际义务”，今后直接与西藏当局“交往”。至于连承认“宗主权”都要以中国政府承认“西藏自治”作为交换条件，乃是1943年“艾登备机密忘录”中才提出的。

实际上，在《印度对华战争》中，这段文字已经有了准确的表述：“1919年英国人企图诱迫中国恢复三边谈判，威胁说，中国如果拒绝，英国就要承认西藏是‘一个在中国宗主权之下的自治邦，并且……以后就据此与西藏打交道’”。《元以来西藏地方与中央政府关系档案史料汇编》中的“顾维钧致外交部电”也收入了这条史料：“……此事如不从速续议，英政府以为对于西藏为自治国一层不便再稽承诺，嗣后对藏拟以自治国待之。”① 顾氏当时在伦敦出任中华民国驻英公使，是接受寇松备忘录的当事人。他在电文中的措辞当然是准确无误的。

柳升琪先生在指点我理解此段译文时，还告诫我，翻译之事不可图快，快则易于出错。先生为学的缜密，给我留下了深刻的印象。

2000年年底，黎吉生在英国去世。得知此消息后，我转告柳升琪先生，并约请先生介绍黎氏在藏期间分裂我国西藏的活动及国民政府驻藏办事处与他们的斗争，先生慨然应允。2001年2月中旬的一个上午，我去了先生在皂君庙的寓所。那天陈乃文先生和《中国西藏》杂志社的卢颖女士也在座。先生谈兴颇浓。时值西藏和平解放50周年，围绕黎吉生的话题，先生抚今追昔，告诉我们，50年前，他做梦也没有想到，共产党和新中国的中央人民政

---

① 中国藏学研究中心等合编：《元以来西藏地方与中央政府关系档案史料汇编》，中国藏学出版社1994年版，第6册，第2459页。【澳大利亚】内维尔·马克斯韦尔（Neville Maxwell）著：《印度对华战争》（*India's China War*，Jonathan Cape，London，1970），生活·读书·新知三联书店1971年内部读物，第50页。

府能够在掌握全国政权不到两年的时间里，就用和平解放的办法妥善地解决了南京政府在统治中国的二十二年中无法解决的西藏问题。不久后，中国人民又在抗美援朝战争中与当时西方世界最强大的美帝国主义打了个“平手”。这两件事，令他从心底佩服中国共产党，也是促使他下决心从印度返回祖国的根本原因。中午，陈乃文先生还请我们在附近的一家饭店吃了午饭。后来我整理出谈话记录，加上自己搜集的一些资料，写了《柳升琪先生谈所谓的英国“驻藏办事机构”——从黎吉生的去世说起》一文，记下了与先生的这次难忘的交谈。[①]

不久之后，先生离开了他在皂君庙的寓所，和她的女儿柳晓青女士生活在一起。先生晚年已经不再参加更多的学术会议，对许多慕名而来的访客也基本上谢辞不见。但是对于我的求见，先生总是不加拒绝。我深知这是给我的一份特殊待遇，也十分珍视向先生求教的机会。先生晚年没有中断自己的研究工作，偶尔还曾要我代为查找一些资料或借阅书籍。我则把每次拜访的时间控制在一小时之内，免得先生过于疲劳。每次拜访先生，总能收获许多教益。现在想来颇觉后悔的是，应该多见先生几次。先生曾经问过我对于“印茶入藏”这个题目有无兴趣，我因自己的学识和功力有限，对此不甚了了，也未就此问题就教于先生，实在是一件憾事。

2003 年春节过后，是我最后一次拜访先生。那一次，我专门从同事处借了一支录音笔，留下了与先生不到一个小时的交谈。此后一个多月，就得到了先生病逝的消息。想到今后永远失去了请教先生的机会，想到先生的离去在我国藏学研究领域留下的空白，我默然良久，哀恸不已。

二、柳先生的《西藏与西藏人》和他的西藏历史研究

先生在 20 世纪 50 年代初完成了《西藏与西藏人》一书，于 1953 年在美国出版。此书与 1956 年在美国出版的李铁铮先生的《西藏的历史地位》,[②] 是最早的两本由中国学者用英文撰写的介绍中国西藏历史文化的学术著作。先生的《西藏与西藏人》一书，又以文笔优美、通俗易懂而见长。这是与先生

---

① 见《中国西藏》2001 年第 3 期。英文译文载于 *China's Tibet*，Vol. 12，No. 3，2001，题为“*Mr. Liu Shengqi on H. E. Richardson*”。

② 李铁铮著，夏敏娟译：《西藏历史上的法律地位》，湖南人民出版社 1986 年版。（Li Tieh－tseng：*The Historical Status of Tibet*，New York 1956。此书的修订版以《西藏今昔》为名，于 1960 年再度印行（*Tibet*，*Today and Yesterday*，revised edition of *The Historical Status of Tibet*，Bookman Associates，New York 1960）。

有着多年在藏生活工作的亲身经历分不开的。大凡西藏千余年的历史文化、藏族独特的风俗习惯、藏传佛教的神秘、雪域高原的壮美，先生在书中娓娓道来，如行云流水，挥洒自如，令读者耳目一新。字里行间，既反映出先生对于藏族历史文化的了解和尊重，又不乏实事求是公正评价的客观态度。既有对于普通藏民劳苦群众的同情，也有对于僧俗贵族和达官显贵的讽刺鞭挞。

例如，在谈到僧侣鞭打那些朝拜达赖喇嘛的藏民信徒时，有这样一段文字：

> 宗教领袖对于信徒偶尔给予的祝福，以及西藏百姓对宗教领袖那种疯狂的痴迷，让外人感到强烈的反差。曾记得，有一次达赖喇嘛意外地来到拉萨城里，在大昭寺举办了一次法事活动。他所到之处，被崇敬他的百姓挤得水泄不通，只为了能看他一眼，其场面令人震惊。这是一种源于忠诚，发自内心的冲动。这种忠诚，在任何别的地方都会得到善意的认可，而在这儿，却得到了意想不到的回报。为了让达赖喇嘛突破重围，那些卫士猛然冲入人群，狠狠地左右扬鞭，打在最不应该挨打的人们身上。西藏朋友让我们放心：老百姓根本不在乎这种对待。我看不是不在乎，而是尚未在乎，一旦他们醒悟过来，有什么能压制他们的愤怒呢?![1]

读者不难看出，先生的同情是在那些与他素不相识的普通藏民百姓一边。而对于靠剥削压迫农奴为生的旧贵族官员的虚伪和无知，先生则给予了无情的嘲讽：

> （他们）向来是以含蓄而著称，更为突出的是他们在任何情况下都表现得泰然自若。他们喜欢自谦愚昧无知，而很多情况下，这并非客套而是事实……[2]

读到这里，又不禁令人哑然失笑。

文中对于藏北牧民、藏南农民和行商坐贾各色人等日常生活的描述，文

---

① 沈宗濂、柳升祺著，柳晓青译：《西藏与西藏人》，中国藏学出版社 2006 年版，第 166－167 页。

② 同上，第 173 页。

笔轻松欢快，语言优美流畅。在介绍西藏风土人情的同时，也用了相当篇幅论述旧西藏的社会制度、主权归属和中华人民共和国建立之后政局的迅速变化。对于那个旧西藏的终结和一个新西藏的诞生，先生毫不怀疑，并且给予了热情的期盼。

《西藏与西藏人》是一部用英文写成的书，是主要为西方读者而写的。为了让他们了解旧西藏政教合一神权统治的落后，先生尽量贴近他们的阅读习惯，照顾他们的知识背景。书中第 4 部分的标题“一个属于神，被神统治并为神服务的政府”，其英文原文为“A Government of the God，by the God and for the God”，套用了南北战争时期美国第 16 任总统亚伯拉罕·林肯在其著名的葛底斯堡演说结尾处，对于美国政府性质的理想化的界定——“（A）government of the people，by the people and for the people”。这样的处理，不仅令一般西方读者感到熟悉，而且足以让他们仅仅从标题上就能领略到旧西藏封建农奴制政教合一的神权政体与当代代议制的西方国家政体的本质区别。若非学贯中西、对英语语言文化有着极深造诣的大师，是难以写出这样的文字的。

先生文章中最令我钦佩的一篇，是《评范·普拉赫先生的西藏历史观及其他》。1987 年，荷兰人范·普拉赫所著《西藏的地位》一书出版。[①] 先生的这篇评论文章，即是为批驳范氏而写成的。撇开其他不论，范氏此书反映了西方人从事西藏近现代史研究普遍的弱项或通病——不使用汉文或藏文史料。这类学者不懂汉文、藏文固然是原因之一，但是其背后更深层次的原因恐怕还是他们根深蒂固的偏见。令人费解的是，没有足够史料的支撑，并不妨碍他们妄下结论。不懂汉文的范·普拉赫，居然敢说中华民国政府宣布汉满蒙回藏“五族共和”是“历史上第一次提出西藏、蒙古应成为中国领土的一部分，其人民应当是中国的公民”。柳升琪先生是如何批驳范氏的呢？先生并未多费笔墨，而是引用了清帝的退位诏书：

> 朕钦奉隆裕皇太后懿旨：……今全国人民心理，多倾向共和……予亦何忍以一姓之尊荣，拂兆民之好恶。是用外观大势，内审舆情，特率皇帝将统治权公诸全国，定为立宪共和国体……总期人民安堵，

① 【荷兰】范·普拉赫（Micheal C. van Walt van Praag）著，中国社会科学院民族研究所译：《西藏的地位》，（*The Status of Tibet*：*History*，*Rights and Prospects in International Law*，Boulder，Colorado，1987）。中央统战部 1991 年内部汉译版。

海宇乂安，仍合满汉蒙回藏五族完全领土为一大中华民国……

随后，先生告诉范氏，此前孙中山先生出任中华民国临时大总统时发布的宣言书中也是这样说的。先生提请范·普拉赫注意："上面那段仍合五族为中华民国的话，正是由一位你们称作'不是中国人的中国皇帝'一方提出来的"。先生还指出，"近世以来，民族和国家是不同的两回事，已经是常识问题了。由单一民族组成的国家固然有，然而由几个民族组成一个国家，或由一个民族组成若干国家都同样是常见的事。为什么中国就必须是单一的汉民族国家呢？"[①] 这样的批驳，是何等有力！清帝退位诏书这样一条切中范氏谬论要害的史料，先生似乎是信手拈来。但是我们可以想见，没有深厚的学养和对于中国历史特别是民族关系史的深刻理解，如何能够在批驳对手的时候，举重若轻，得心应手地使用这样一条史料呢？

除了国内藏学界，国际上一些客观和知名的专家学者也对柳升琪先生赞誉有加。英国学者阿拉斯太尔·兰姆在其《西藏、中国与印度，1914—1950年，一部帝国外交史》一书中曾经这样提及柳先生：

Shen Tsung - lien, with his assistant Liu Shen - chi (Liu Shengqi), later wrote a book about Tibet, *Tibet and the Tibetans*, Stanford, California, 1953. Liu Shen - chi went on to work on Tibetan questions for the People's Republic of China and in 1988 was still publishing in China. These were men of the highest calibre, a fair match for the diplomatic skills of George Sherriff and Hugh Richardson. The present author has had the privilege of being able to talk about this period of Tibetan history with Liu Shen - chi (who used to play tennis in Lhasa with Hugh Richardson; but it is not recorded who usually won).

"沈宗濂和他的助手柳升祺后来写了《西藏与西藏人》一书……柳升祺继续为中华人民共和国从事西藏问题方面的研究，直到1988年仍然在发表著述。此二人才智超群，其外交才华足堪与乔治·谢里夫（George Sherriff）和休·黎吉生对垒。本书作者曾经有幸与柳

① 【荷兰】范·普拉赫（Micheal C. van Walt van Praag）著，中国社会科学院民族研究所译：《西藏的地位》，（*The Status of Tibet: History, Rights and Prospects in International Law*, Boulder, Colorado, 1987）。中央统战部1991年内部汉译版，第6页。

升祺讨论这一时期的西藏历史……”①

从这样一个文末的注释中，也不难窥见西方学者对于先生的敬重。

三、柳先生的遗稿《西姆拉会议与麦克马洪线》（笔者暂定名）

先生晚年以很大的精力从事中印边界麦克马洪线问题的研究，做了大量摘记和笔记。此外，还搜集了大约20幅包括中华民国时期和中华人民共和国建国初期的中英文地图。有的地图显系购自国外，有的并非公开出版物，可能是孤本，弥足珍贵。承蒙柳晓青女士的好意，我曾于数年前见到了这部遗稿和先生辛辛苦苦搜集的地图。

“麦克马洪线”记载着中国人民的屈辱。柳升祺先生当年曾经对我说过，我们绝不能承认这条麦克马洪线！即便日后的边界订得差不多。我以为，先生这样说是非常有道理的。因为麦克马洪线是在一个非法的会议——西姆拉会议上，经由英属印度政府和无权签署国际条约的西藏当局秘密换文产生的。尽管中印边界在历史上从未正式划定，但是存在着一条传统习惯线。然而，以西姆拉会议的召集者麦克马洪而得名的“麦克马洪线”，却把中印边界东段历史上属于中国西藏地方的大约9万平方公里的土地，划入当年的英属印度。在20世纪50年代初期，独立不久的印度政府又把这条臭名昭彰的带有殖民主义、帝国主义侵略印记的线从地图上搬到了地面，并且强迫中国政府接受。1962年，我国被迫在中印边界进行了一场自卫反击战。然而，麦克马洪线以南的大片土地，包括达赖喇嘛六世仓央嘉措的出生地达旺地区，目前仍然被印方非法占据。半个多世纪以来，印度当局先于1954年在该地设立“东北边境特区”，把印度官方出版的地图上的“麦克马洪线”由“未标定界”改为“已定界”，继而于1972年将该特区改为“阿鲁纳恰尔中央直辖区”，再于1987年将其改为“阿鲁纳恰尔邦”。中国政府至今未予承认。中印边界问题的谈判已经旷日持久。可以预料，这一问题的最终解决是不容易的。

先生的笔记大约有20万字左右，中文英文并见，记载了他读过的大量中英文书籍和档案资料，也留下了先生准备撰文揭示有关“西姆拉会议”和“麦克马洪线”历史事实真相的种种构想和考虑，是他晚年研究的成果。惜后

① 【英】阿拉斯太尔·兰姆（Alastair Lamb），《西藏、中国与印度，1914—1950年，一部帝国外交史》（*Tibet*，*China & India* 1914—1950，*A History of Imperial Diplomacy*，Hertford，Roxford，1989），第347页。

来先生年事已高，且无人襄助，终未完成此稿。现在这份多年研究的成果和笔记、地图等仍然由其家人保存着。这部未完成的遗稿，不仅饱含先生的心血，也是留给我们后人的一份沉甸甸的责任。整理这部手稿，需要有一定研究能力的学者付出艰苦的劳动。

改革开放三十年来，我们国家强大了，富裕了，教育有了长足的发展，已经成为每年培养硕士博士学位研究生最多的国家。可是多年来，我们疏于培养这方面的专门人才，科研成果也十分有限，缺乏高质量的、堪与英印学者媲美的学术专著，国际上也很难听到我国学术界在此问题上的声音，而达赖喇嘛却在日前表示承认"阿鲁纳恰尔邦"和达旺地区是印度的一部分。这种态势不应该再继续下去。借此机会，我想呼吁有关部门重视这一问题，早日组织人力，整理出版柳先生的这部书稿。

柳升琪先生是从旧中国过来的知识分子。他拥护中国共产党的领导和社会主义制度，首先不是由于意识形态的原因，而是因为他热爱自己的祖国，一生怀着用自己的学识报效国家和人民的志向。积贫积弱、受人凌辱的旧中国，曾经在他心头留下永远的痛。1944 年进藏，要等待英属印度政府的签证；从亚东到江孜，要住英国人管理的驿站。国民党统治中国 22 年，西藏地方与中央政府的关系极不正常，国民政府一兵一卒不能进藏。在拉萨的数年中，他要和他的同事与英帝国主义分子黎吉生之流、与西藏当局中的分裂势力斗智斗勇，苦撑危局。新中国成立前夕，西藏当局驱逐驻藏办事处全体人员并家属，他们毫无办法。谈到帝国主义强加给中国人民的不平等条约，先生曾说，当年对于废除这些条约，他连想都不敢想。但是所有这些，废除不平等条约、实现西藏的和平解放、祖国大陆的统一，在中国共产党的领导下，随着一个新中国的诞生，迅速地变成了现实。他对于这样的一个新中国的诞生，心中该有多么高兴啊！正如柳晓青女士在《西藏与西藏人》一书的译后记中告诉我们的，先生为祖国服务的深厚的爱国情结伴随着他的终生。"他用毕生的精力从事西藏问题的研究，为维护祖国的领土和尊严，为还历史的本来面目而著书立说。""不能白吃老百姓的小米，要回报社会"，是先生常说的话，也展示了先生崇高的爱国情怀和社会责任感。①

先生一生从不计较个人名利待遇，待人谦和诚恳，为学严谨扎实，潜心藏学研究，鞠躬尽瘁，奖掖后学，诲人不倦。无论道德文章，皆堪为我辈楷模。但是最值得我们景仰的，还是先生的爱国情怀。值此先生辞世五周年之

① 沈宗濂、柳升祺著，柳晓青译：《西藏与西藏人》，中国藏学出版社 2006 年版，第 255 页。

际，谨以此文追念先生，并与各位同仁共勉，学习先生精神，努力为我国的藏学研究、为国家统一稳定和民族团结进步而尽我们的绵薄之力。

2008 年 9 月 20 日

原载郝时远、格勒主编：《纪念柳升琪先生百年诞辰暨藏族历史文化论集》，中国藏学出版社 2008 年版

社会主义在西藏四十年

今年是中华人民共和国建国50周年，也是西藏实行民主改革40周年。回顾近半个世纪中国共产党领导西藏各族人民走过的光辉历程，回顾社会主义革命和建设在西藏所取得的伟大成功，对于我们总结过去，开辟未来，无疑是十分有意义的。

一、西藏的和平解放

西藏自古以来就是中国领土的一部分，这是包括西方国家在内的世界各国都知道，也从未有哪个国家的政府敢于公开否认的事实。但是近代以来，以英国为首的帝国主义，为了扩大对中国的侵略，维护其殖民利益，一直阴谋把西藏从中国分裂出去，并为此而在中国的各民族之间制造分裂，在西藏民族内部挑拨离间，在西藏僧俗贵族和上层中培植起一股亲帝国主义的分裂势力。西藏地方在从辛亥革命到新中国成立的数十年间与祖国的关系极不正常，处于一种实际上的半独立状态。由于地理和历史的种种原因，中国共产党在国内领导的三次革命战争和抗日战争，并未直接波及西藏；党的革命理论、斗争纲领、各项主张、方针和政策，西藏人民并不十分清楚；直至新中国已经建立之时，党在西藏仍然没有自己的组织。西藏政教合一的封建农奴制虽然已经成为当时世界上非常落后的社会制度，但是在帝国主义势力的支持和帮助下，加上高山大河的隔阻和藏传佛教长期的思想禁锢，西藏地方政府噶厦仍然基本控制着这片一百余万平方公里的高原和大约100万的藏族人口。历史上形成的藏汉两大民族之间的隔阂也还很深。

在这种形势下，如何实现西藏的解放，就成为对我们党和新成立的中央人民政府的挑战和考验，成为摆在新中国面前的一个严肃的问题。西藏的解放事关中国的主权完整和大陆范围内祖国领土的统一，不仅为全国人民所关注，尤其为与西藏相毗连，已经获得解放的甘肃、青海、四川和云南的藏族人民所企盼。1949年仍然羁留青海的班禅十世大师于新中国成立之日致电毛主席和朱总司令，代表全体西藏人民表达了期待新成立的中央人民政府早日解放西藏的愿望。同年年底，党中央把解放西藏列为1950年的一项任务，毛主席适时发出了“进军西藏宜早不宜迟”的指示。

这时，以大札、夏格巴等人为首的噶厦政府在帝国主义的挑唆下，也在加紧进行“西藏独立”的活动。他们一面在国际上制造“西藏独立”的舆论，乞求帝国主义国家的支持，一面进行军事部署，企图负隅顽抗。为了最终实现西藏的和平解放，我人民解放军被迫进行了昌都战役，歼灭了藏军的主力。在当时的国际形势下，慑于以苏联为首的社会主义阵营，更由于中国政府和人民的坚决反对，美、英等国并未敢公开支持西藏独立。只是到了这时，噶厦政府才按照中央人民政府的要求派出了谈判代表团，来京与中央签订了《十七条协议》，实现了西藏的和平解放。

西藏的和平解放与中国人民解放军进军西藏，最后完成了大陆范围内中国领土的统一，将帝国主义势力从西藏驱逐出去，结束了自辛亥革命后数十年间由于帝国主义的侵略所造成的西藏地方与祖国的不正常关系。但是，当时的西藏地方政府仍然是一个代表西藏封建僧俗农奴主阶级对广大农牧民群众进行统治的地方政权。根据协议的规定，“有关西藏的各项改革事宜，中央不加强迫。西藏地方政府应自动进行改革，人民提出改革要求时，得采取与西藏领导人员协商的方法解决之。”这样，在西藏和平解放之后，在中国共产党领导的、人民民主专政的新民主主义的中华人民共和国内，就保留了一个反动、落后的实行政教合一的封建农奴制的省一级的地方政权。这个政权与新中国国家的性质，与中国的社会主义前途，都是格格不入的；西藏人民还没有摆脱受剥削、受压迫的地位，还没有获得彻底的翻身解放。

然而，西藏毕竟从此摆脱了帝国主义侵略势力的羁绊，回到了祖国大家庭的怀抱。按照协议的规定，西藏人民有根据中国人民政治协商会议“共同纲领”的民族政策，在中央人民政府统一领导之下，实行民族区域自治的权利。对于西藏的各项改革，当然也包括社会制度的改革，中央不加强迫，西藏地方政府应自动进行改革。这实际上已经宣告了封建农奴制作为一种社会制度在西藏的灭亡，确定了西藏地方和藏族人民将与祖国内地和全国各族人民一样，有一个社会主义的光辉前途。

在国际共产主义运动的历史进程中，革命导师马克思和恩格斯曾经设想，社会主义将在几个资本主义得到充分发展的国家内首先获得成功。列宁没有局限于马克思恩格斯依据当时条件得出的这一具体结论，领导了十月革命，使社会主义率先在资本主义发展相对落后的俄国一国取得了胜利，从而发展了马克思主义。第二次世界大战结束后，世界上出现了一批社会主义国家，但在任何一个社会主义国家中，都不曾存在像中国西藏这样的情况，不存在像西藏这样的一个封建农奴制政权。社会主义革命在中国的西藏遇到了它从未遇到过的问题。毛泽东同志为首的中国共产党人把马列主义的普遍真理与中国革命的具体实际相结合，与西藏的实际相结合，决定在西藏采取“慎重稳进”的方针，在一段时期内，在新民主主义的中国保留这一反动的封建农奴制的政权，并让其继续行使地方政权的职能。应该说，这不仅是新中国实行一国两制的一次光辉实践，而且是国际共产主义运动史上的一个创举，是中国共产党人为发展马克思列宁主义做出的宝贵贡献，也是社会主义原则取得的一次伟大胜利。西藏的和平解放与党的“慎重稳进”方针的确定，为后来西藏社会制度的改革、为在西藏建立社会主义新型民族关系和进行社会主义建设奠定了基础。

二、西藏社会制度的伟大变革

西藏和平解放后，进藏的中国人民解放军指战员、干部和工作人员严格遵守并认真执行《十七条协议》的规定，尊重西藏人民的风俗习惯和宗教信仰自由，按照党中央、毛主席的指示，不仅不提西藏社会制度的改革，甚至不像在内地那样做群众工作，搞阶级教育。据当年亲自在西藏工作的老同志回忆，那时像《白毛女》这样在祖国内地家喻户晓的电影，在西藏都是禁止放映的。在 1951 年至 1959 年的 8 年中，中共西藏工委主要做了两方面的工作：一是在僧俗上层中广泛开展反帝爱国统一战线工作，团结西藏各阶层人民为执行《十七条协议》而斗争；二是在力所能及的范围内积极开展影响群众的工作，做那些让西藏人民能亲眼见到，能亲身得到实惠的好事，例如筑路、架桥、建机场、办学校、免费治病、发放贷款等西藏上层同意，人民群众拥护的好事。那时的西藏，尚不具备进行社会制度改革的条件。1956 年，随着内地各省农业、手工业和资本主义工商业社会主义改造的基本完成，社会主义制度在我国全面确立，中共西藏工委的一些领导产生了急躁情绪，开始在西藏进行民主改革的准备。党中央和毛泽东同志发觉后，立即予以制止，指出西藏实行民主改革的条件还不成熟，并明确规定从 1957 年起，6 年内不进行民主改革。6 年之后是否改革，要看那时的情况再定。

中国共产党是中国工人阶级的先锋队，代表着中国各民族人民的根本利益。社会主义的本质是解放生产力，发展生产力，消除贫困，使中国各族人民最终实现共同富裕。但是这一切只有在推翻反动落后的封建农奴制之后才能实现。西藏和平解放已经 5 年，为什么说改革的条件仍不具备呢？这是因为，由于历史上帝国主义的挑拨离间、封建统治阶级实行的民族压迫政策和西藏上层反动分子的造谣污蔑，藏汉民族之间的隔阂还严重存在。广大藏族人民一方面对中国共产党和中央人民政府的民族、宗教政策还不够了解，他们还想再看一看；另一方面，他们对于西藏僧俗贵族这一小撮自己的剥削者、压迫者的真实面目也还没有看清。按照马克思主义阶级分析的观点，以达赖为首的西藏三大领主无疑是藏族人民的敌人。但是当时，广大藏族人民群众实际上是把他们当作自己的领袖、自己民族的代表来看待的。在一段时间内，长期受到清朝政府和国民党大民族主义压迫和帝国主义挑拨离间、长期受到藏传佛教精神禁锢的西藏人民，尚不具备马上投身于民主改革的阶级觉悟。在某种程度上，他们关于共产党对西藏人民好不好，共产党的政策好不好的判断，是通过观察我们党对达赖、班禅的态度，对藏传佛教的态度而得出的。在这种情况下，民主改革的条件显然尚不具备。仓促改革，不会收到好的效果，因而也不符合西藏人民的长远利益。

正是基于上述原因，党中央和毛泽东同志做出了暂缓改革的决定，希望以这样的让步，换取西藏的经济、政治和社会制度在一个较长的时期内，实现和平的、渐进的、不流血的改革。但是，西藏上层反动集团与我们的分歧，不是何时改革或怎样改革的问题，而是要不要改革的问题。他们把我们的耐心等待视为软弱可欺，以为在帝国主义和外国反华势力的支持下，可以用武力把我们赶出去；他们提出了“西藏独立”的反动口号，叫喊永远不改革，企图永远阻止西藏社会的进步。一场武装叛乱和平叛的斗争成为不可避免之事。西藏的民主改革，也正是在彻底平叛的基础上得以开展并最终取得胜利的。

在西藏进行的这场社会革命，是西藏的百万翻身农奴在中国共产党的领导下，彻底埋葬政教合一的封建农奴制度的伟大社会变革。它不是社会主义性质的革命，而是中国新民主主义革命的组成部分。如果说在整体上中国的新民主主义革命推翻了压在中国人民头上的帝国主义、封建主义和官僚资本主义三座大山，那么，在西藏，由于社会发展的滞后，并未形成官僚资本主义。压在西藏人民头上的，是帝国主义和封建主义两座大山。西藏民主革命的任务，就是分两步完成反帝反封建的任务，推翻这两座大山。1951 年西藏和平解放，驱逐了帝国主义的势力；1959 年的民主改革，又推翻了封建农奴制。西藏的民主革命任务，至此已经完成。通过民主改革，建立起人民的政权，百万农奴真正翻身成为国家的主人。这样，这场民主改革虽然不是社会主义性质的革命，但却完成了社会主义革命的任务。在推翻了封建农奴制的新西藏，虽然还存在一定范围的阶级斗争，但是已经不复存在一个反对和阻碍西藏人民走社会主义道路的敌对阶级了。如果说，在1956年，当我国内地的大部分省区和城市，随着农业合作化与对资本主义工商业的社会主义改造的基本完成，开始建立起社会主义的经济制度，进入了社会主义初级阶段，那么，在1959年，当着平息西藏少数反动上层发动的武装叛乱并完成了民主改革之后，西藏人民也就已经走上了社会主义的道路。从1959年开始，西藏与全国一样，也进入了社会主义初级阶段。民主改革已经为西藏走社会主义道路创造了必要的条件，在特定的历史条件下，西藏已经实现了社会制度的巨大跨越，不需要再进行一场本来意义上的社会主义革命了。

但是，我们认识到这一点，却用了数十年的时间，付出了相当大的代价。

从1964年起，中共西藏工委就开始了在西藏进行社会主义改造的准备工作。到了1966年年底，已在全区试办了150余个人民公社。1970年年底，中央发出了《关于西藏社会主义改造问题的指示》，当年全区就建立起1000余个人民公社。至1975年年底，在西藏除阿里地区之外的将近2000个乡中，先后建立起了1921个人民公社。

1975—1976年，中共西藏自治区委员会又领导了全区范围内对城镇商业、手工业的社会主义改造。在全区共划出资本家206户，其中拉萨城区140户，包括商业资本家121户、房产资本家13户、手工业资本家6户。

西藏高原地广人稀，农牧业的生产条件与内地迥然不同。民主改革前的西藏是一个封建农奴制的社会，商品经济很不发达，几乎没有近代工业，商业也不发达，只有一些传统的、家庭作坊式的手工业工场和数十家由大农奴主开办的商号。因此，在西藏既没有形成现代的工人阶级。也并不存在一个民族资产阶级。在西藏照搬内地的经验，在农牧区搞“政社合一”“一大二公”的人民公社，在城镇进行“社会主义改造”，在客观上不存在资产阶级的情况下划资本家，显然是脱离西藏地方的实际的。这种做法又值“文化大革命”强调“以阶级斗争为纲”的特殊时期，更其难免“左”的倾向。它不仅严重挫伤了农牧民和工商业者的生产积极性，而且阻碍了西藏生产力的发展和社会的进步。

1959年西藏民主改革的目的，是彻底埋葬政教合一的封建农奴制度，消灭作为阶级的封建农奴主阶级，但并不是要从肉体上消灭所有僧俗农奴主个人。对于参叛的僧俗农奴主，人民政权没收了他们的土地等生产资料，分给广大贫苦农奴；对于未参叛的僧俗农奴主，我们则比照对于民族资产阶级的做法，采取了赎买政策。这一做法，反映了代表着最广大人民根本利益的中国共产党人的博大胸怀，表明了我们党和我们的社会主义制度有能力把旧的剥削阶级中的大多数人改造为奉公守法、自食其力的新人。这也是中国共产党人对于社会主义运动的一个贡献。

三、西藏的社会主义建设和改革

尽管西藏的各项工作在民主改革以来的40年间走过弯路，有过挫折，但是中国共产党人在这40年间领导西藏人民取得的光辉成就，为全世界所瞩目。

社会主义在解决国内民族问题上的一个基本原则就是民族平等。新中国成立后，把民族区域自治规定为我国的一项基本国策和处理我国民族问题的一项基本制度。而无论是民族平等还是民族区域自治，都只有在西藏完成了民主改革之后才能实现。

叛乱发生后，国务院明令取缔西藏地方政府，由西藏自治区筹委会代行其职责。1965年，在完成了民主改革的基础上，西藏自治区成立。依据宪法的要求，西藏实行了民族区域自治。民族区域自治制度充分保证了西藏人民与国内其他各少数民族人民一样，在中央人民政府的统一领导下，享有管理本民族内部事务的权利。西藏人民不仅获得了彻底的翻身解放，获得了人身自由、人格尊严，不仅通过各种不同形式占有了一定的生产资料，成为自己生活的主人，争得了生存权、发展权等基本人权，而且享受着政治平等和民族平等的权利。

40年来，党和国家一贯十分重视培养西藏的藏族和其他少数民族的干部。现在一支以藏族为主体的干部队伍已经成长起来。截止到1998年，西藏的68000余人的干部队伍中，藏族和其他少数民族干部达51000余人，占西藏全区干部总数的将近75%。目前，西藏自治区人大、政府、政协的主要领导均由藏族干部出任。大力培养、选拔和使用藏族和其他少数民族干部，充分体现出广大西藏人民享有并行使着当家做主的权利，也是西藏各项政治制度建设中所取得的最重要的成绩之一。

40年来，西藏的经济发展和各项社会事业取得了巨大的进步。旧西藏野蛮落后的封建农奴制严重束缚着西藏农牧业的发展，民主改革极大地解放了西藏的生产力。特别是党的十一届三中全会以后，1980年，党中央召开了第一次西藏工作座谈会，决定从西藏的实际出发，采取特殊政策，使西藏的农牧民得到休养生息，使他们的生活逐步得到改善。自1980年起，在西藏免征农牧业税，并取消一切形式的派购。在全区的农区和牧区，普遍实行了以包产到组、联产计酬为内容的责任制。至1985年，在总结试点经验的基础上，基本完成了区内的撤社建乡工作，改变了不适应西藏实际的人民公社管理体制，为农牧区的深化改革准备了条件。1984年，中央召开了第二次西藏工作座谈会，总结了1980年以来西藏工作的经验，对西藏农牧区提出了“两个长期不变”的政策，即：在土地、草场、森林公有制的前提下，实行“土地归户使用，自主经营，长期不变”和“牲畜归户，私有私养，自主经营，长期不变”的政策。“两个长期不变”政策的施行，深受西藏广大农牧民群众的欢迎，适应了西藏生产力发展的水平，促进了西藏农牧业经济的发展。1994年，中央又召开了第三次西藏工作座谈会。这次会议全面分析了在社会主义市场经济条件下西藏经济社会发展的特殊性，制定了给予西藏的一系列新的优惠政策和措施，提出了切合西藏实际的发展目标。

40年来，西藏的经济和各项社会事业长足发展，西藏的建设和改革，得到了以毛泽东、邓小平和江泽民为核心的党中央三代领导集体的亲切关怀，得到了全国各族人民的大力支援。中央先后无偿给西藏财政拨款达400多亿元。第二次西藏工作座谈会后，由中央出资在西藏援建的43项工程和第三次西藏工作座谈会后中央为西藏安排的62个援藏建设项目，产生了较好的经济效益和社会效益，大大增加了西藏的综合经济实力。党中央的关怀、全国人民的支援，加快了西藏现代化建设的步伐。1998年，全区国内生产总值达到98.18亿元，其中农牧业生产总值达43.8亿元，分别比1959年增长47.1倍和30.4倍。如今，西藏已经有了四通八达的公路网。在拉萨市，可以接入因特网，向全国和世界各地发送电子邮件、浏览国内及世界各个网站的信息。西藏经济在社会主义制度下所取得的这一高速增长，是过去在奴隶制和封建农奴制度下一千余年间、在近代帝国主义势力侵略西藏的一百余年间所绝不可能取得的。

民主改革40年来，社会主义在西藏取得了伟大的胜利，社会主义制度已经在西藏这片土地上深深地扎下了根，社会主义的原则和思想已经深入人心。40年来的西藏历史雄辩地证明，在中国共产党的领导下，在统一的中华人民共和国祖国大家庭中，坚持走社会主义道路，西藏一定会有一个更加光明美好的前途和繁荣昌盛的未来。

原载《西藏党校》1999年第4期

达赖喇嘛的新“橄榄枝”

达赖喇嘛的一支新“橄榄枝”，拿在一位西方人士的手中，透过一份西方的报纸伸了出来，向世人晃动。

2008 北京奥运会开幕的当天，尼古拉斯·克里斯托夫（Nicholas D. Kristof 纪思道）在《纽约时报》（New York Times）的一篇文章中称，达赖喇嘛第一次愿意表明，他能够接受共产党领导下的西藏的社会主义制度（For the first time, the Dalai Lama is willing to state that he can accept the socialist system in Tibet under Communist Party rule.）。达赖喇嘛告诉他，“重要的是要保存我们的文化，保存我们的特征。这些，而不是政治，才是最重要的。”（The main thing is to preserve our culture, to preserve the character of Tibet, That is what is most important, not politics.）

西藏文化出了什么问题？西藏特征面临何种危机？以至于达赖喇嘛为了“保存它们”而如此殚精竭虑，不惜做出“重大妥协”，甚至连社会主义制度都愿意接受了？

这个题目太大了，且让我们大题小作、远话近说。前几天我去东单，就在距离协和医院不远的地方，见到一爿小店，橱窗里摆满了藏传佛教的佛像，墙上挂满了绚丽的唐卡、贴满了不知何方藏传佛教僧人的照片。我真想用数码相机随手拍几张，只为传给我的西方朋友，告诉他们西藏文化在今日京城如何。可惜那位态度友善的店主出于商业原因不肯答应。据我所知，这样的店铺，藏族开的、本地人开的，在北京还有多家。能否经营下去，完全以能否赚钱为准。这能不能展示当今藏族文化的一个侧面呢？

就在昨天，我去中国藏学研究中心办事。这座典型藏式建筑风格的大厦，就在刚刚举行了2008 北京奥运会开幕式的“鸟巢”以东大约两公里处。在它附近，还有同样藏式建筑风格的西藏大厦、西藏中学、藏药浴大厦。刚刚落成的西藏民俗博物馆，拆去脚手架还没有几天。所有这些建筑，都粉饰着藏传佛教寺院和布达拉宫顶部所特有的绛紫色，那也是西藏僧人僧袍的颜色。这么多藏式建筑集中在这里，使其俨然成了北京的西藏村。藏族文化的确有特色，仅就建筑已经可见一斑。这还只是街头可以看到的。至于图书报刊、文学艺术、出版发行、音乐歌舞，等等，可以说，藏族文化在古老而年轻的京城从没有像今天一样异彩纷呈。

说到西藏的特征，在长期的历史发展中确实存在。但是既有精华，也有糟粕。落后的、过时的“特征”，例如政教合一的封建农奴制度、藏传佛教寺院和庞大数量僧人的封建特权，早已成为过去，谁想保存恐怕也无力回天。世界各国、各民族历史上都有这样的“特征”存在。倘若大多数西方人今天也不再钟情于他们祖辈经历过的中世纪的宗教裁判所、什一税和赎罪券，那么西藏为什么就应该保存这样的特征呢？

“橄榄枝”还谈到了“大部分西藏会被淹没在汉族移民的汪洋大海之中”的令人担忧的前景（much of Tibet is likely to have been drowned in a sea of Chinese migration）并且开出了处方，这就是“通过中国现行的居住许可制度限制进入所有藏区的移民，中国当局停止为任何藏区的非藏人签发被称作户口的居住许可（证）……”（to restrict migration into all Tibetan areas，inside and outside the“autonomous region，”through China’s existing system of residence permits. The Chinese authorities would stop issuing resident permits，known as hukou，to non－Tibetans for any Tibetan area……）中国政府并无达赖喇嘛所说的大规模向藏区移民的政策，但是随着中国国内经济联系的密切和社会生活的进步，东西部人口流动的增加确是不争的事实。西藏有东部地区的各民族人口，东部地区也有包括藏族在内的西部地区各民族的人口。民族/族群的流动也是世界上许多国家曾经经历并至今存在的事实。在中国，所有民族都是平等的。假如不许内地其他各族进藏，许不许藏族前来内地呢？假如限制是单方面的，那就不啻是给了某个民族以特权，其他民族怎么办？而假如一概限制，岂不又生出了所谓“人权问题”？进而言之，藏汉通婚早在1300年前的唐朝初年就见于文字记载了，藏族与其他民族的通婚，更是西藏文化的一个特征。真要限制了人口的流动，达赖喇嘛不怕失去了这个“西藏特征”么？以后藏区乃至内地不同民族的年轻人还能不能自由恋爱？结婚之后只能两地分居么？数十年前、数百年前进藏的内地人，有着二分之一、四分之一或者八分之一藏人血统的“团结族”和他们的后代，是留还是走？我看没有哪个现在的中国领导人有此能力解决如此复杂的问题。

达赖喇嘛的确又一次释放出了“回国”的愿望，那就痛痛快快承认自己错了、承认现实吧！不要再同中央政府像做生意一样讨价还价了。达赖流亡生涯，明年将满半个世纪，无乃太长乎？平心而论，几十年来，达赖在那些与中国为敌的西方势力的支持怂恿之下，做了太多的错事、坏事。歪曲西藏历史，糟蹋祖国形象，伤害民族感情，破坏国家统一。如今垂垂老矣，倘能幡然悔悟，后世也将传为佳话。但若抱定只有自己才能代表西藏、代表藏族人民（no one would be able to unify the Tibetan people behind a new plan.），继续与中央政府打太极拳，那实在不是上策。

2008 年 8 月 12 日

英文节译“Dalai Lama holds out ‘olive branch’ again”，见《中国日报》(China Daily) 2008 年 8 月 29 日第 9 版

后　记

收录在这部文集中的论文和文章，是我自1985年以来在中共中央党校从事教学科研工作30年的部分成果。我想，它不仅记载了我个人的学术努力，也可以从一个侧面反映出近些年来民族理论界对于相关热点问题关注和探讨的轨迹。文集分作“民族篇”“宗教篇”和“其他篇”，只是一个大概的划分。其中有报纸杂志的约稿，但更多的是自己有感而发的文字。除了个别篇目系最初发表于互联网之外，绝大部分已经见诸相关的纸质媒体。

与大多数同行不一样的是，把我领进民族问题研究大门的，不是学校的老师，而是我的父亲。我的父亲胡钧，新中国成立前夕即经组织分配到中共中央统一战线工作部的前身城工部工作。统战部成立后，是民族处最早的几位工作人员之一。他在那里一直工作到“文化大革命”期间。父亲在学术上给予我的影响是巨大的。记得《达赖喇嘛传》《印度对华战争》等书，就是“文革”及工作之后在他的书架上出于好奇而取出随便翻阅的。后来在教学科研工作中遇到问题，或偶有所思所得，也常常回家和父亲讨论。这本文集中有的文章，我今天感觉就好像是伏在父亲的身影下写成的。例如，在《中国共产党为什么能团结带领各民族共同奋斗》一文中有这样一段话：“在内蒙古牧区，党把中央机关从事民族工作的干部一直派到牧民群众的蒙古包里，和他们同吃同住同劳动，宣传介绍党的民族政策，了解情况，调查研究，并把牧民群众生产生活中的问题带回北京，以便中央采取措施予以解决。”这段文字，我并不需要从哪本书或哪篇文章中读到，也不必去做田野调查采访记录，因为我的父亲当时就在中央统战部民族处工作，就是被派到“牧民群众的蒙古包里”的干部当中的一个。从记事到小学四年级“文化大革命”开始，记忆中父亲在京和不在京的时间大约是一半一半。那时父亲一出差就是数月半年。孩提时代的我，会在父亲回家后的小饭桌旁，一边吃饭一边听他讲述那些对于城市娃娃来说近乎天方夜谭的少数民族地区的故事。于是懵懵懂懂地知道了，当蒙古族阿妈把你当作贵客，用衣袖擦净家中最好的小瓷碗，给你倒上一碗奶茶时，这奶茶是一定要喝的；当蒙古包里的女主人为全家人和首都来的客人做饭，用一副筷子灶里拨弄牛粪、锅里搅拌面条汤之后，这面条是一定要吃的！不喝，不吃，就是失礼，就会伤了热情纯朴的蒙古族牧民群众的心！也就没有完成好上级交办的任务。

我小学就读的北京第一实验小学，刚好是“文革”之前有接待外宾任务的少数小学之一。从学校老师那里又受到了不可尾随围观黑人或其他有色人种，不可有伤害残疾人的言行及反对种族歧视、禁止欺负弱者的谆谆教诲。所以，民族平等、种族平等的理念，在我和我的同学们幼小的心灵中，是深深地牢牢地扎下了根的。

我常常想，中国共产党和人民政府六十余年民族工作的成就，可以总结出方方面面许多许多。比如民族地区经济社会的发展进步，少数民族干部队伍和各种各类人才的成长，等等。但是有一条似乎说得不够，那就是培养教育出一批出身汉族的民族理论方面的研究者和工作者。他们服膺马克思主义民族观和中国共产党的民族理论，不断自觉提高自己的理论修养和学术水平，开展学术交流，宣传倡导民族团结进步的理念，批评社会上存在的涉及民族问题的错误、缺点以及在民族观方面的不正确的认识。他们和出身少数民族的同行一起为维护祖国统一、加强民族团结，为增进各民族的交往交流交融和相互理解沟通，批评大汉族主义和狭隘民族主义的错误倾向而共同努力，促成了马克思主义民族观在我们这个统一的多民族国家始终居于主流和主导地位，也推动着中国共产党民族理论的与时俱进和创新发展。我愚拙过人，能忝列其中，为幸实多。

为学如饮水，冷暖自知。每个学者的学术生命，都有一个成长的过程。三十而立，六十耳顺。耳顺之年，不经意间得出这样一本文集，要感谢的师友太多。比较系统地学习民族理论与民族政策，我是从在中央民族大学攻读硕士学位期间开始的。何润、王国栋和刘锷三位先生是我的业师。中央民族大学的王辅仁教授、中国社会科学院民族学与人类学研究所的伍昆明研究员，是我攻读硕士、博士学位的导师。他们当年的教诲，也已经凝聚在这本文集之中。中央民族大学世界民族学人类学研究中心张海洋教授、中央民族大学中国少数民族研究中心副主任丁娥博士，为这本文集的问世付出了许多心血和汗水。没有他们的努力，就不会有这本文集的出版。文集所收篇目，自忖亮点无多，蒙中国社会科学院民族学与人类学研究所民族理论研究室的王希恩研究员慨允为之作序，给予肯定和鼓励。30 年来，我所在的中共中央党校文史教研部和科学社会主义教研部领导为我的教学科研、田野调查尽力提供便利条件，民族与宗教理论教研室的各位同事给我以帮助和启发。特别是在数年前我生病期间，大家的关爱和帮助，让我深感集体的温暖！没有这些鼓励和启发、关爱和帮助，便不会有我学术上的进步，也不会有今天的这部文集。

值此文集付梓之际，谨向多年来给予我各方面帮助和指教的师友深致谢忱。文集中缺点不足乃至舛误错谬之处定必不少，敬请各位同行专家和读者不吝赐教。

胡　岩

2016 年 9 月 26 日于北京中共中央党校